海陆一体化维度上的东方秘境

The Oriental Field in the Sea-land Integrated Dimension

海陆一体化维度上的东方秘境
The Oriental Field in the Sea-land Integrated Dimension

THE SERIES RESEARCH OF CHENGYANG HISTORY CULTURAL

〖 城阳历史文化研究丛书 〗

海陆一体化维度上的东方秘境

THE ORIENTAL FIELD IN THE SEA-LAND INTEGRATED DIMENSION

巩升起 著

不其文化研究

FUJI CULTURE RESEARCH

文物出版社

〖城阳历史文化研究丛书〗

编 纂 委 员 会

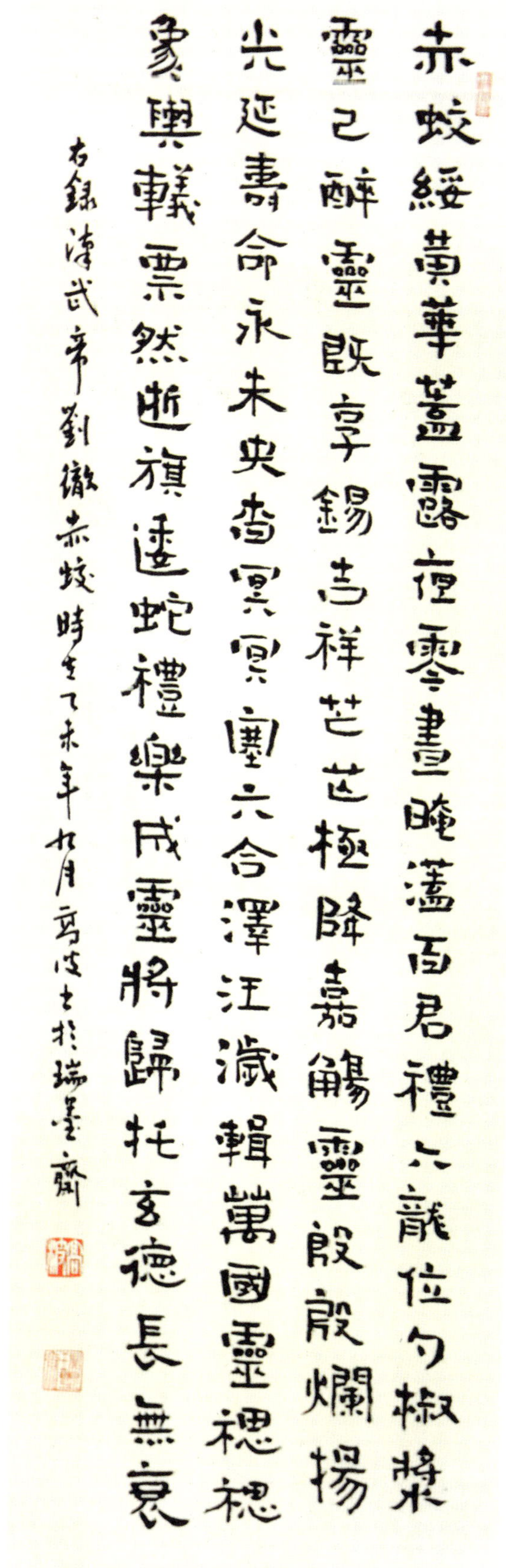

汉武帝《赤蛟》
（《交门之歌》）
高波 书

赤蛟绥，黄华盖。
露夜零，昼晻濭。
百君礼，六龙位。
勺椒浆，灵已醉。
灵既享，锡吉祥。
芒芒极，降嘉觞。
灵殷殷，烂扬光。
延寿命，永未央。
杳冥冥，塞六合。
泽汪濊，辑万国。
灵禗禗，象舆轙。
票然逝，旗逶蛇。
礼乐成，灵将归。
托玄德，长无衰。

【注】

《汉书·武帝纪》载："夏四月，幸不其，祠神人于交门宫，若有乡坐拜者。作交门之歌。"经考证，《交门之歌》即《汉书·礼乐志》所载录《郊祀歌十九章》之一的《赤蛟》，系汉武帝于太始四年（前93年）夏四月作于不其。详见本书《绪论》部分。

王吉《谏上昌邑王疏》
王守常 书

《汉书·王贡两龚鲍传》载录汉谏大夫王吉所撰《谏上昌邑王疏》，其中有言："夫广厦之下，细旃之上，明师居前，劝诵在后，上论唐虞之际，下及殷周之盛，考仁圣之风，习治国之道，欣欣焉发愤忘食，日新厥德，其乐岂徒衔橛之间哉！休则俛仰诎信以利形，进退步趋以实下，吸新吐故以练臧，专意积精以适神，于以养生，岂不长哉！"

夫广厦之下，细旃之上，明师居前，劝诵在后，上论唐虞之际，下及殷周之盛，考仁圣之风，习治国之道，欣欣焉发愤忘食，日新厥德，其乐岂徒衔橛之间哉！休则俛仰诎信以利形，进退步趋以实下，吸新吐故以练臧，专意积精以适神，于以养生，岂不长哉！

录汉谏大夫王吉谏上昌邑王疏 乙未年春 守常

不其秘笈 绘
初剑 绘

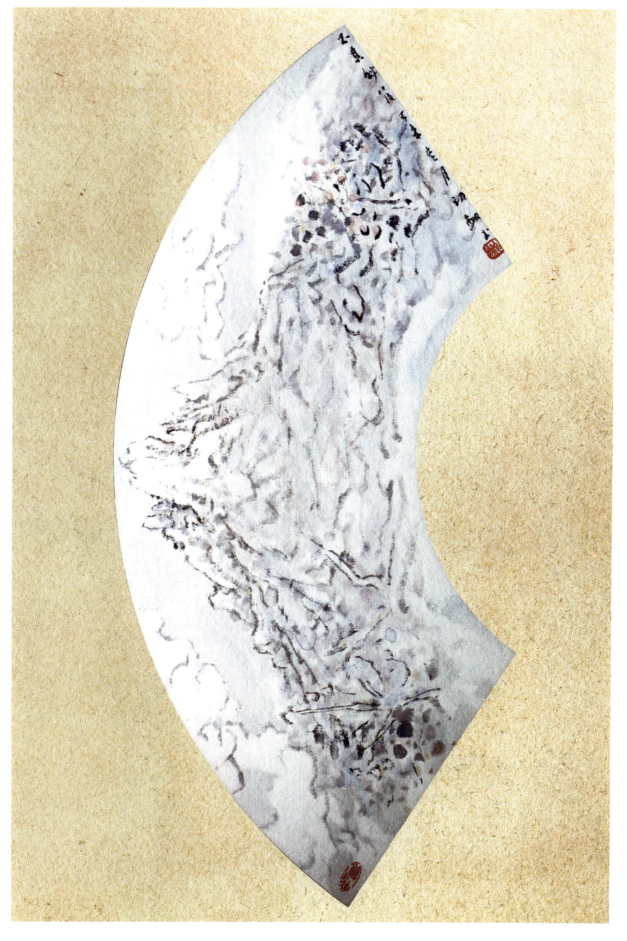

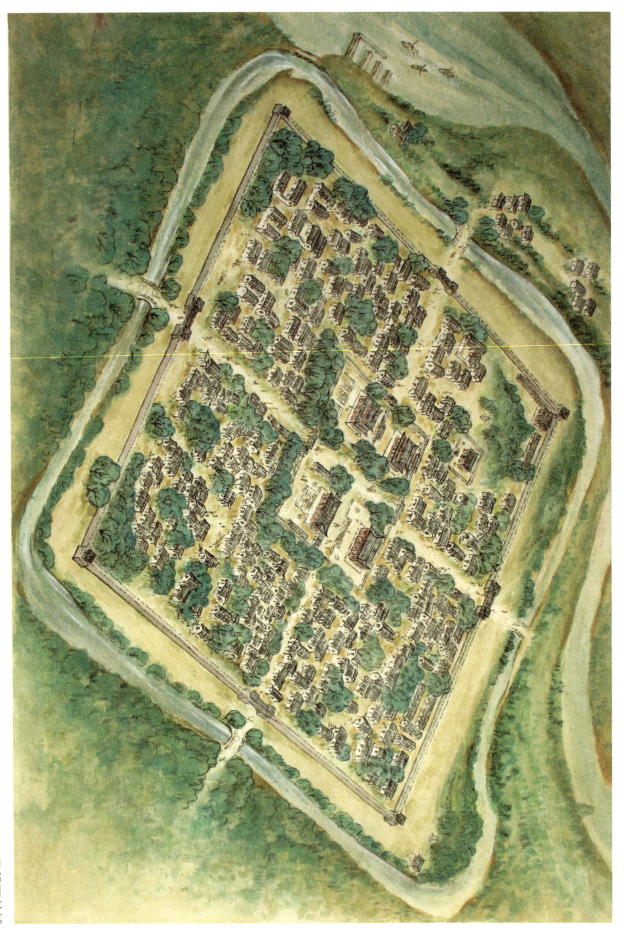

回望不其城

陈洪坤 绘

《城阳历史文化研究丛书》编纂出版说明

　　城阳地处青岛市主城区北部，临胶州湾，崂山西北麓绵延其间。这里山海卓荦，历史悠久，形成了深厚的文化积淀。为深入挖掘传统文化资源，实现区域文化自觉，增益中华民族伟大复兴的中国梦，特编纂本丛书。

　　"不其"为城阳的古称，不其文化为城阳历史文化的一个经典形态，亦为古代中国一种有特色的地域文化形态。就文化内涵之独特、历史结构之复杂与文献史料之舛缺等方面而言，不其文化足称千古迷案。这是历史研究的一大难点，当然其重要性绝非仅仅存在于地方文化范畴内，汉朝的东方视野缘此而开张，古代中国的东方意识在此深有蕴含。上溯新石器时代，这里既已作为东夷民族的精神家园而映现文明曙光。汉置不其县，治所在今城阳区，辖域包括胶州湾以东的今青岛市各区以及即墨市东南部。汉魏晋南北朝之际，在中国文化的大背景上，不其文化流布其光影，集结着诸多经典的文化内涵，近八百年间声闻史籍，在中国东方海岸线上奠立了一座独特的文化海标，涵容八方，独树一帜。

　　现在推出的是本丛书的第一辑，全书共计26万字，收录各种文物图片230幅。本书从整体上对不其文化的基本内涵、地域特征、文化个性、历史渊源、流变轨迹及价值体系等方面进行研究，以期澄清不其文化的基本脉络及其内在生命力，以期探索建立在历史、现在与未来契合点上的文化自觉之路。这是历史上首部关于不其文化的系统性研究著作，填补了这一领域的学术空白，具有重要的学术价值。我们希望以此为起点，不断将不其文化和城阳历史文化的研究引向深入。

编委会

2015年6月

【序】

我们为什么需要文化诗意

北京大学教授 中国文化书院院长 王守常

今日接好友升起来电，得知他的"不其文化"终于完稿了，很替他高兴。

在此之所以先将"不其文化"这个词语置于引号中，我是担心不这样做会引起阅读上的误会，在大多数人看来，这是一个极其陌生的概念，我们知道今青岛地区有琅琊，有即墨，有胶州，有崂山，等等，都是声闻史籍的文化秘府，却少有人知道"不其"的具体含义是什么，好像我们不常说起这事，确如本书所言，某种程度上，如同阿特兰蒂斯的沉没，淡忘很久了。当然是不应当淡忘的，其中蕴含着诸多重要的学术命题，不过说起来，对某些古代文化形态的淡忘倒也不足为奇，一者与这种文化形态自身的存在方式有关，它可能已经失去了在当下被研究和理解的价值，或者说已经不具备激活的条件；一者与我们当今的研究与阐释力度有关，也就是说，造成某种古代文化形态埋没的原因首先与当下的我们相关，古代文化是自是其是的，关键在于我们今天如何去面对它，在尊重历史的基础上激活传统资源，这是文化自觉的必由之路。说到这一点，我想起费孝通先生阐释何谓"文化自觉"时说过的十六个字，这就是"自美其美，美人之美，美美与共，天下大同"。意思是我们要善待自己的文化传统，而且还要善待其他民族的文化传统，要善于相互学习，彼此理解，以臻于共同的理想之境。说到底，当今中国的一切都是与文化自觉相关的，这是我们拥有未来的一个重要前提。我想，任何一种地方文化形态同样如此，你能理解它，阐释它，从中发现生生不息的文化诗意，它就是活的。历史与当下从来就不是两分的，而是一个严密的整体，这是不言自明的事。

通过目前这部书，我们可以对不其文化有充分了解，据此，确实可以展开与不其文化的对话了。不其为汉置县，其中心在今天青岛市城阳区。历史上，不其文化曾表现出异乎寻常的深刻性，是一种极具典型价值的区域文化形态，特别是在汉文化背景上更是如此，这一点是超乎想象的。早先升起告诉我准备写一本研究古代不其文化的书，我就等着读到这部书。一晃几年过去了，看到书稿，心生感慨，不知这又耗去了他多少宝贵光阴。我知道，这只是他研究不其文化的一部分内容，早先我曾经看到他专门阐释汉武帝东巡的一些内容,好像在此没有专章出现,可能是某些环节上尚需完善之故,抑或准备另行结撰一书。当然,我也知道升起兄的一贯做法,这家伙往往是写下百万字却只拿出个十万八万字而已,他的严谨,推迟了我们的享受,不过我也乐意耐心等下去。两月前我到即墨讲学,得与升起兄一晤,曾问他一事,二十年前他在北大写的那些诗稿何时公开,他淡然一笑,说不急,一副无所谓的样子。这事我问他不下十几回了,因为我知道其价值非凡,我是有幸看到其吉光片羽的少数几个人之一。可他本人似乎是给忘记了,他不会将那些珍贵诗稿献给古人吧,或者像对不其文化一样也来一番"对话"吧?

我对升起的学术风格一向不陌生,二十多年前在我燕东园的书房中,我们常彻夜长谈,思维上的相互启发是常有的事,不过那时他似乎并未太多关注地方文化,而兴趣更多是在哲学史和比较文化的研究上,我还曾多次劝过他早把相关研究成果拿出来,别老在青岛这等山清水秀的地方呆着,意气消磨久了,学术锐气也就没了。后来,我陆续读到了他研究青岛地方文化的几部书稿,倒是颇感意外,当然这既与他现在的工作相关,也反映出了一种新的研究方法。学科无限界,跨学科研究的意义已经表现了出来,他可以恰如其分地将某种地方文化形态与中国文化大体系有机结合起来,微观分析的深刻性与宏观把握的高超性相得益彰,因此某些地方文化命题也就与我们常说的一些本质性的文化母题联系了起来,对相关问题的阐释也就自然而然地闪烁着一种文化诗意,其意义不限于一时一地,这是尤其难能可贵的一点。读他的书多半是一种享受,他可以把深奥、枯燥的东西阐释得那么生动,很好地将哲学性、文学性与具体研究对象结合在一起,行文中往往可见一种诗性哲学智慧的渗透,这是一种禀赋,也是对历史精神的还酬,我们的历史本来就应当是博大而鲜活的,我们的文化自觉也是要建立在对历史的真正理解和有效阐释的基础上的。克罗齐不是说"一切历史都是当代史"吗?返本开新,这是一个永恒的文化主题,也是一个基本的学术使命,这也是我们从事哲学、考古和历史研究的出发点所在。无疑,这也是文化自觉的应有之义。

展读书稿,不知为何,竟想起了荣格在第一次读到卫礼贤所译《易经》时的感受,荣格说要感谢卫礼贤为他打开了一扇理解东方智慧的窗户。在不其文化研究领域,这部书就具有这种价值,填补了一个学术空白,激活了一种古代文化形态,而且借此我们可对一种陌生的古代文化形态有真切了解,无异于一扇窗的开启。不过坦率地说,初次见到目前这部书稿的时候,我还是大吃一惊,原来不其文化如此诱人,更让我意外的是,在古代典籍中只留下极少片段性记载的不其县,在这里竟展示出了如此深邃而丰富的文化史形象。早先听升起说他要写这样一部书的时候,我是深表怀疑的,这很不容易。我可知道他一如既往的风格,不是泛泛而谈,而是要探出历史真意的,就如同他在本书的结语中提出的一个观点,我们面对古代文化,要"求其是,思其过,传其神",要做到其中任何一方面都是艰难的。不过意义也正在这里,对于区域文化形态的研究,往往是一些碎片化的罗列,是很难沟通整体意脉的,遑论"思其过",遑论"传其神"。做到这一点,是要承受巨大历史重力的。试想,有多少人知道"不其"为何物呢?这几乎就是一个沉陷于历史荒原上的概念,生僻、冷寂而古雅至极,是一个令人望而却步的学术难题,如顾炎武"史文阙佚，考古者为之茫昧"之慨叹，相关资料少之又少，要通过古代文献中的寥寥数语来建构一个相对完整的区域文化体系，这实在是蜀道之难，对于不其文化来说尤其如此。恰恰在这一点上，本书提供了一个范本，做出了极具说服力的探索，不仅澄清了不其文化的历史渊源，基本完整地描述了不其文化的历史脉络和地域特征，而且做出了有哲学深度的阐释。书中的许多观点令人耳目一新，如通过胶州湾古地理环境的演变来勘验古史奥秘，对明堂、太一祠和交门宫的理解方式，对道教史前史在不其及周边地区的存在，对两汉经学在不其及周边地区存在及相关经学家的心理状态的分析，对法显登陆及早期佛教传播问题的阐释，等等，特别出乎意料的是，他竟然从看似不相关的浩茫史籍中挖出了汉武帝的《交门之歌》，埋没不闻两千年之后，我们得以再度看到这部汉代的郊祀歌，这实在是一件可遇而不可求的事。关于《交门之歌》，通过作者对文本的分析阐释，可以相信这是一个合理判断，但似乎偏重文本分析，而未对一部作品埋没的原因及重新发现的理由进行阐述，这是美中不足的一点。对于今天的学术研究来说，可以通过历史文献而发现历史遗珠的机会其实是很少的，除了文本分析之外还需要相关证据，这里存在着严密的逻辑链条。我问过作者，为何只在绪论中披露了汉武旧作，而未予专章论述。他说《交门之歌》的逻辑链条倒是完备的，可是涉及明堂、太一信仰和交门宫的来龙去脉，还要更慎重一些，以后可能会专门就汉武帝东巡不其并作《交门之歌》的相关史迹进行梳理，届时会做出更严密的论证。

许多年前，我到城阳讲过课，记得讲的是中国智慧与传统文化转型问题。就是那一次，我得知当地正在谋划筹建一家综合性的博物馆，不知现在进展如何。这些年来，我本人对博物馆的关注加强了，每到一地，总希望有机会看上一两家博物馆才好。记得有一次在康有为先生的天游园，我与升起一边品茶，一边讨论康有为的博物馆思想，戊戌变法失败后他在海外流亡了十六年，专门考察过欧洲各国的诸多博物馆，在意大利看到不少两千年前的古罗马时代的遗迹，感慨良多，想到故国，除了长城以外，唐以前的地上建筑几乎踪迹全无了。在法国他还发现了多件乾隆玉玺，亦为之感慨良多。康有为极力主张中国应借鉴西方经验，重视公共博物馆建设，一个基本目的就是传承文化、开启民智。无疑，这里面也有一种返本开新的智慧。其实，早在《大同书》所设计的理想社会中，就有博物院置身其中。康有为绝对想不到的一点是，今天博物馆在中国发展得有多快，恐怕不下三四千家吧，这是特别令人高兴的事，中国文化记忆就在博物馆中，当然也在我们的日常生活之中，只不过是以不同的方式存在罢了。言及此，升起兄说有意将康有为先生的海外游记整理出来，加以阐释，并配上康有为故居的文物藏品。这可是一件极艰难的事，不仅是康有为的海外游记要有数百万字之巨，而且对康有为的理解恐怕一点也不亚于对东夷文化的理解难度。一般的介绍容易，可要参透人与物的文化历史渊源、文化个性与精神格调则是极其不易的。在康有为研究方面，对今天最有启发意义的一点就是，康有为是中国文化之近代命运的一个标志性人物，一只脚立在旧学上，一只脚立在新学上，萧公权说他是旧学的殿军，亦是新学的开山。他的成功与失败都是极富启示意义的，对当前中国加深改革与实现传统文化转型，都是很有意义的。我们每天都生活在传统之中，也会不断为传统注入新的力量并开拓未来，借用本书的提法，这也就是"传统与未来的一体化"。

关于本书，我想再申明的一点就是，"海陆一体化"这个定位是至关重要的。本书建构了一种有阐释力的逻辑框架，就是将东夷文化置于"海陆一体化"的维度上考察。基于此，不仅可对一种上古文化形态的历史渊源与独特价值予以确证，而且可以进一步唤醒中国文化的一种本质情怀。其实，这也触及了我们固有历史思维的某些惰性，我们文化传统本应是富于这种一体化观念，而非将陆地和海洋作为两种地理、文化时空来看待。过去我们的文化思维特别强调的是"天人合一"，其中就含有"天地一体化"的内涵，却相对忽视了"海陆一体化"的精神。我想，在走向文化自觉的时代，这是一个意义深远的视角，也是对某些传统思维的纠偏。着眼于此，我建议作者可以将研究范围再拓开一步，不囿于某一种地域文化形态，就从"海陆一体化"视角着手，对中华文明起源时期的文化精神做出阐释，我想那一定是别有意味的，希望早日看到这样的著作，届时我还愿意写个小序。

说了这么多，终于可以补上一个题目了，这就是：我们为什么需要文化诗意？很复杂也很简单的一个问题，我们的历史充满着深沉的文化诗意，当下更需要充沛的文化诗意，而未来同样需要博大文化诗意的激扬，这是中国智慧的贯通之道，这里面有沟通历史和未来的因缘和能量。尊重历史传统，激活文化诗意，走向文化自觉，也许这就是活在当下的意义之所在。

2015年6月于中国文化书院

目 录

007 | 序　我们为什么需要文化诗意

001 | 绪论　汉朝的"东方"，东方中的东方
　　　　——一棵树或者"不其文化"的十片叶子
002 | 　1. 一地之兴必有一地之史：导向"不其文化"的自觉
005 | 　2. 面对不其文化：这是一个迷津吗
009 | 　3. 不其，或者阿特兰蒂斯的沉没
013 | 　4. "东方"意归何处，从东夷到汉朝
016 | 　5. 明堂、太一祠与交门宫：汉武东巡视野中的东方世界
020 | 　6. 重闻《交门之歌》，多少岁月已声沉绝响
024 | 　7. 不其与道教史前史：从太一信仰导向道教的路径
028 | 　8. 两汉经学的黎明与黄昏（上）
033 | 　9. 两汉经学的黎明与黄昏（下）
042 | 　10. 船与岸：中国航海的"不其津渡"及其他

049 | 第一章　不其文化解题：基本内涵及时空范畴
050 | 　1. 历史序列：不其文化八百年及其历史渊源
054 | 　2. 空间关系：不其历史地理的分布范畴及其九重境域
054 | 　　2.1 不其地：不其历史中心及其基本的历史地理范畴
055 | 　　2.2 不其地的九重境域
058 | 　3. 三知不其
058 | 　　3.1 知其一：中心所是
060 | 　　3.2 知其二：渊源所自
061 | 　　3.3 知其三：路径所由

063 | **第二章 "不其"音义，历史语言学图景与东夷文化渊源**

063 | 1. "不"与"其"，两字的基本音译及特殊内涵

064 | 1.1 "不"：缘起飞鸟之灵

064 | 1.1.1 "不"字的基本用法及其音读

065 | 1.1.2 第三音读的缘起及适用范围

066 | 1.1.3 "不"之本意及其形象之源与图腾秘影

069 | 1.2 "其"：虚实相生之间藏深意

069 | 1.2.1 "其"的常规用法

070 | 1.2.2 "其"为专有名词及其音转

071 | 1.2.3 "其"之本意、象形之源与图腾之秘

072 | 2. 甲骨文与金文视野："其"与"不其"之谜

073 | 2.1 受年卜辞：甲骨文中的"不其句式"

076 | 2.2 秘影所踪：甲骨文中的其族与其国留痕

077 | 2.3 奠器、东夷方国及相关问题

081 | 2.4 回看父辛尊，复思鸟图腾之谜

085 | 2.5 不其簋，关于不其县非秦置的一个旁证

087 | 3. "不其县"暨"不其山"之名溯源

087 | 3.1 文字与地理，不同寻常的显影

088 | 3.2 "不其"渊源再思考

090 | 4. "不其"在汉史及后世典籍中的记载情况

090 | 4.1 "不其"为县名

093 | 4.2 "不其"为县官名

094 | 4.3 "不其"为侯爵名

096 | 4.4 "不其"为侯国名

096 | 4.5 "不其"为县城和国都名

097 | 4.6 "不其"为山名

098 | 5. 比较：古代含"不"字的地名

098 | 5.1 《山海经》中含"不"字的山名

099 | 5.2 汉朝含"不"字的县名

101 | 6. 不其与邿其：秘可示人之印

103 | **第三章 海与山的对话：从胶州湾参验古史奥秘**

103 | 1. 关于"海陆一体化"的初步思考

105 | 2. 不其海陆环境及其构成要素

106 | 3. 海的序曲："胶州湾"意味着什么

106 | 3.1 从从三里河到城子的时光之旅

110 | 3.2 不其山（崂山）意味着什么

112 | 3.3 来自《山海经》的启示：自然与文化心象的重合

112	3.3.1 东海之外大壑
113	3.3.2 沧海桑田的意味
113	3.3.3 回看胶州湾之变
116	4. 少昊之国何在
116	4.1 凤鸟适至
118	4.2 少昊族的起源时空：一个猜想和一个论证
119	4.3 少昊一族的迁徙路线
122	5. 胶州湾文化带与"泰山—胶州湾轴心"
123	5.1 胶州湾文化带：概念及其分布范畴
125	5.2 关于"泰山—胶州湾轴心"的初步思考
128	5.3 东方与海洋的名字
131	第四章　不其历史道路暨相关文化史迹略述
132	1. 汉以前：不其地渊源有自
132	1.1 从北阡到城子的文明之路
132	1.1.1 北阡风雨
133	1.1.2 龙山时代别有奇章：城子人的故事
137	1.2 夏商周：三代之间如闻韶乐
138	1.2.1 夏为嵎夷和莱夷地
139	1.2.2 商周（西周）分属莱国、夷国和纪国
143	1.2.3 春秋战国之际归齐国
146	1.3 秦朝：从琅琊郡到胶东郡
147	2. 汉：不其县、不其侯国与泛乡侯国的光阴流转
150	2.1 西汉：置不其县，奠立汉帝国东方之门
150	2.1.1 三分即墨，不其县出现在汉东方
151	2.1.2 诸侯国的历史留痕
152	2.1.3 经学之光照临不其
153	2.1.4 王仲东渡朝鲜半岛
154	2.1.5 汉武东巡及明堂、太一祠和交门宫三大汉史纪念性建筑的出现
157	2.2 新莽：两汉之间的过渡
157	2.3 东汉：从琅琊到东莱，人物辐辏，不其成一代经学重镇
160	2.3.1 皋虞地的并入与不其县隶属关系的变化
161	2.3.2 诸侯国的重置
163	2.3.3 童恢往事：入载国史的不其令
165	2.3.4 隐逸者与复归者的往事
166	2.3.5 一道经学之光所照亮的事物
168	3. 汉以后：不其县延续于乱世风云之中
168	3.1 魏晋：历史变幻与佛教登陆
168	3.1.1 历史的重叠、变幻与回旋

171   3.1.2 法海寺的创建

172   3.1.3 法显登陆，初传弥勒信仰，见证盂兰盆会

175   3.2 南北朝：风雨路上的旷世微笑

176   3.2.1 战争与和平的历史变奏

177   3.2.2 北朝佛造像：在佛教海陆入华与早期传播的历史图景中

180   3.2.3 弥勒三会：再思不其佛教因缘

185   3.3 隋朝：不其县复置而旋废，佛教重光

186   3.3.1 不其县的重现与消失

186   3.3.2 不其佛教组团，慧炬院的重修与崇佛寺的出现

189   **第五章 取精用弘：多重文化关系中的不其文化**

190   1. 第一重景深：通史视野中的不其文化

190   1.1 东夷文化视野

192   1.2 齐文化视野

193   1.3 汉文化视野

195   2. 第二重景深：儒释道视野中的不其文化

195   2.1 不其与道教史前史

197   2.2 不其与两汉经学

199   2.3 不其与佛教的早期传播

202   3. 第三重景深：区域文化视野中的不其文化

202   3.1 岁月包孕：不其文化与即墨文化之关系

205   3.2 时空呼应：不其文化与琅琊文化之关系

208   3.3 一体两面：不其文化与崂山文化之关系

211   **结语 融古开新："海陆一体化"的再思考**
        ——一片海或者与"不其文化"相关的五个问题

211   1. 天地苍茫，云何"海陆一体化"

214   2. 东方理想国意识：为什么要探索东方，探索海洋

217   3. 世界很小，何以知见"大九州"

219   4. 奥义更新，历史在哪一重"中心—边缘"图景中回旋

221   5. 万方交响，何必重温不其文化

223   **参考文献**

227   **作者附言**

【绪 论】

汉朝的东方，东方中的东方

—— 一棵树或者"不其文化"的十片叶子

一切文化之中，"我们"是谁，来自哪里，去向何方？

一瞬与亘古之间，那如星辰般稀有而丰富的语言可以参透自我，参透世界。为同一片大地和海洋所负载，我们和汉朝故人，和东夷故人一样仰望苍穹，感到群星无言而全言，发出启示性光辉，照在对话与探索之路上，极其深刻地影响了人类的精神活动和文化创造，古代文明之船在天人一体化和海陆一体化的维度上航行。

说起来，我们与所有古人无不处于一个有着共同命运和共同梦想的文化体系之中，是这个文化体系的有活力的构成因素。可今天又不同于既往岁月，我们是历史和未来的联结点，是历史和未来的沟通者，我们的精神世界中有历史和未来同时贯注的光辉，理应承担起新的人文使命，鉴古知今，善待历史并创造未来，这是文化自觉的应有之义。今天，如何理解历史并阐释其内在的文化精神，如何从历史之中获取未来文化创造的能量，实现历史与未来的双向激活，这是一个重要课题。面对古代文明，我们是聆听者亦是对话者，或出入今古之间，或圃于此时此刻，不其然乎？历史自有其自身的存在理由和运转逻辑，而今天是恰恰以历史与未来联结点的意义而存在的，这也是理所当然的事。

天地之间有大秘密，万变而守恒，不其文化正因着这大秘密而生成而流变，在汉朝的东方，在中国的东方昭显着海陆一体化气象，意味着今古同时启航。现在是一个新起点，在大地是海洋的起点，在海洋是大地的起点，你已经分不出彼此，因为本来就是一体。在时间开始的地方，我们与不其文化相遇，与历史对话，为的是重温东方、海洋和大地的秘密，恰好北斗七星指向了东方。

地上和天上的机会均等，在诗意栖居的维度上，众神选择了天空，我们选择了土地，古典岁月的持久性魅力也同样是与未来世界对等。漫思太古，心生感慨，当地老天荒的思绪弥漫开来，海上一颗天地之树如约盛开，中国精神所及之地，一个无穷无尽的东方在延展，从前那些探寻日出圣地的东夷故人知道东方意味着什么，我们也知道，这是属于每个人的东方世界，真切至极，鲜活至极，那些因着星辰之梦而运行的人们将何时归来？

今古之间，文化何为？无论有多少条道路在消失和复现，我们所面对的必然是取精用弘之路，必然是返本开新之路，这是用一条路在过去和未来的双向展开。从孩子们群星般闪烁的明眸中，你可以明白历史与未来的共同旨归，今天我们与不其文化对话的意义也正体现在这里，文化史与生活史浩瀚无垠，鉴往知今的学术使命要求我们善待历史，而穿越历史是为了更好地接触未来。

1. 一地之兴必有一地之史：导向"不其文化"的自觉

何言"不其"？写为"不其"，然音读为"fújī"，亦可写为邞其。

何谓"不其文化"？简而言之，这是存在于中国东方的一种地域文化形态，以汉置不其县为基本支点，勾连汉以前和汉以后的漫长历史于海陆交接处，以胶州湾东岸并东北岸的不其县传统辖域为其基本的历史地理空间，包括今青岛市东部各区和即墨市南部，其中心地带位于今城阳区。此为不其地，回溯五千载以上，东夷文化在此集结，以太阳和北极星为旨归的东方精神自新石器时代绵亘于三代之间。秦时属琅琊郡，汉初兴立不其县，遂以东方海标之形象矗立于海岸，经两汉之转而绵及后世，流布于魏晋南北朝风雨中，北齐时一度裁撤，隋开皇十六年（596年）复立而旋废，地归即墨。至此，不其跨越了近八百年的县制时期，其历史记忆中还包蕴着不其侯国、泛乡侯国、长广郡及东青州的存在。

汉史昭昭其光，一泓海水为之倾注，天赋异禀已见卓然，特因汉武东巡并在此敕建明堂、太一祠和交门宫之故，不其获得了绝不混淆于他者的文化个性，在成就一时一地之文化史价值的同时，亦以其特殊方式创辟海陆一体化的东方秘境，昭示汉朝东方的海洋文化巅峰，构成"东方中的东方"，对古代知识、信仰与航海体系多有增益，反映了汉魏晋南北朝时期中国文化转型的历史轨迹，亦深刻见证了多元文化对话的初始因缘，在帝王巡狩史、海上求仙史、明堂渊流史、太一崇拜史、道教史前史、经学流布史、佛教传播史、海外交通史及中外文化关系史上留迹深远，展开了一部恢弘而夐绝的古代文化长卷，其内涵之繁复、精神之致密、场景之瑰丽无不令人印象深刻，张扬着天人合一、海陆并尊的精神气象。

汉不其文化自与汉朝相终始相流转，约自公元前两百年至公元后两百年之间肇兴于胶州湾及其东岸诸山之间，异峰突起，独树一帜。察两汉之际，不其文化渊源有自：在西汉，作为帝王巡狩的目的地之一，不其继琅琊之后成为汉武帝的海上求仙基地，以明堂、太一祠和交门宫三大海陆一体化建筑为标志，历史性地奠定了汉帝国东方之门和东方海岸祭祀中心的形象，对汉武时代的精神世界形成渊深映照，隐现着大一统王朝半开半启的海外视野，也透示了道教史前史的重大因缘。辩证地看，西汉是不其文化奠立其精神基脉的时期，这既是不其文化的第一座高峰，亦为汉东方文化之张本。究其因，一切断非偶然之故，显系当时特定的天地关系与海陆关系使然，当是一系列精密推演并参合某种天启的结果，涉及复杂的天文、地文与海文奥秘。到了东汉时期，则主要以经学文化为景深，不其侯伏氏家族的经学辉煌与命运畸变令人叹惋，而一代经学泰斗郑玄的讲经荣光中也包容着王吉、房凤等出自本地的经学大家的传世记忆，给出了苍阔海岸上一座经学重镇的风貌。在大历史的拐弯处，我们看到了不其文化的第二座高峰。

魏晋南北朝大分裂时期，不其文化整体上相对平淡下来，然亦不乏异彩华章。与大历史脉络相合，数百年间，不其及整个山东半岛地区处于诸朝征战之中，政权频繁更迭，岁月动荡不已，文化冲突日益加剧，历史在纷纭变幻中艰难推进，演绎着战争与和平的二律背反。西晋咸宁年间复置长广郡，设郡城于不其，自此始沉寂了半个多世纪的不其城再度演进为胶东半岛的一大历史中心，刘宋时还一度设为东青州首府。东晋义熙八年（412年），高僧法显赴天竺取经之后沿海路归国，九死一生之际与高山相遇，在不其牢山（崂山）南岸登陆，随后一度驻锡不其城，虽说匆匆南下，未及在此地译经、著书和建寺，然登陆本身既已足称伟大和神奇了，况有初传弥勒信仰之大智，和对盂兰盆会之东土缘起的偶然证解，厥功至伟，在昭显大乘佛教精神并标志佛教中国化的同时，也确立了海上丝绸之路的新高度，而且对佛教在山东半岛的初始因缘有所提醒。山海之间，一道佛光映照出的正是不其文化的第三座高峰。自是观之，北齐佛造像的出现显得愈加意味深长了，不仅对一个半世纪以前高僧法显之登陆事形成庄严呼应，而且标志着中国早期佛造像艺术分布地域的东极。至于其渊源，来自陆上抑或来自海上，一切尚待推思。佛光中的不其地沉静如海，内中也可能隐含着佛教海上入华的某些秘密。

不其文化是一个有机生命体，在汉朝也在今世的东方等待着我们的理解，这不仅关系到一种古代文化形态自身的存在价值，而且关系到当下的文化气度与未来的文化远景。可以说，能在多大程度上澄清不其文化的渊源、本质和意义，即可在多大程度上实现区域文化自觉，以获取真正的历史启示并开启宏阔的未来视野。如同千瓣莲花的每一瓣都与整体相包孕，文化史之局部与整体是不可分割的，显而易见的正是这一点，从不其开始，你将关注和理解东方，对汉文化体系中的一些重大命题特别是汉武时代的宗教倾向与文化选择，可以做出更好的理解。

想起李商隐"沧海月明珠有泪，蓝田日暖玉生烟"的诗句，不禁怅然，多少人因着一片沧海的缘故而耗尽了一生的渴望，无悔于一片玉的钟情之意，因为这是所有人的共同忧伤，在生命中的某一瞬想起了亘古。汉唐并称盛世，然精神旨趣同中有异，相对来说，唐人的精神世界均衡、朗润了许多，与鬼神的关系也相对简单了许多，已不需要承受汉时天人两分、人神互证的精神重力，可以接获更充沛的审美喜悦。可随着矛盾的相对化解，探索未知世界的原动力也大多失落了，可以沉醉于审美，以尽量释放宗教压力。汉时明月未如此圆满，那些昙花往事变得悠长，若言今古之间尚存真正理解的可能性，那一定不是因为月亮的遗忘，那从高处降下的智慧之光也不仅仅意味着天地往复，虽说今古时空悬隔，但人总是要参与到这场天地大循环之中的，从而有了今古相遇的可能性。

理所当然要对古代文化有客观、深刻而生动的理解，否则我们将失去传统根基不说，现实生活的丰富性也必将大大减损，而理解的意义也永远是要指向今世的。我们身处一个文化自觉的时代，而汉朝同样充满了文化自觉的味道，这也就是我们与汉朝对话可以有更大收获的一个基本理由所在。今天我们面对不其文化，既是为了澄清一个历史迷津，也是为了导向真正的文化自觉，以达成历史与未来的共同自觉。然则何谓"文化自觉"？费孝通先生有这样一个说法：

> 文化自觉只是指生活在一定社会中的人对其文化有"自知之明"，明白它的来历、形成过程、所具的特色和它发展的趋向，不带任何"文化回归"的意思，不是要"复归"，同时，也不主张"全盘西化"或"全盘他化"。自知之明是为了加强文化转型的自主能力，取得适应新环境、新时代文化选择的自主地位。[1]

说到底，理解历史，善待传统，这也是建设未来文化的需要。这是一个基本的"自知之明"。没有完全过去的历史，也没有完全陌生的将来。意大利哲学家克罗齐（Benedetto Croce）所谓"一切历史都是当代史"的意图也是清楚的，表明了历史与现实的内在关联。对此，克罗齐解释道：

> 我们论证了当代性不是某一类历史的特征（如同经验性范围所持之有理的），而是一切历史的内在特征之后，我们就应当把历史跟生活的关系看作一种统一的关系；当然不是一种抽象意义的同一，而是一种综合意义的统一，它既含有两个词的区别，也含有两个词的统一。[2]

一本万殊，活在当下，这是另一个说法。过去、现在与未来密切关联，视域重合于现实世界，重合于人的思维中，生命力因着当下的理解与运用而激活，这也是历史存在、延续与更新的应有之义，我们有限的生命也会因此而加入无尽的循环之中，与永恒对话并进入未来的回忆之中。

历史变幻不居，但我们也必须关注文化价值的永恒性和文化精神的统一性，从这一角度来理解历史。时间流转的过程也就是不断发现与更新的过程，千秋万世之变幻往往表现出一些共同特征不说，人类内心的本原情感是具有超时空融慑力的，过去已经发生的事情、现在正在发生的事情与未来可能发生的事情，这三者本身就是一个相互印证相互完成的整体，人文精神系统尤其如此，一切时空互为张本，只有不善于发现本质联结的眼睛，而没有不存在本质联结的事象。你若是怀有深情地阅读历史并理解历史，或许就可以发现历史所具有的未来启示。这说法一点也不矛盾，因为时空是圆的，而不断完善今古沟通的能力正是历史研究的本能。在此，有必要听一听卡西尔（Ernst Cassirer）的忠告，他关于话语重建的观点闪烁着现代解释学的智慧，他说：

> 历史学家必须学会阅读和解释他的各种文献和遗迹——不是把它们仅仅当作过去的死东西，而是看作来自以往的活生生的信息，这些信息在用它们自己的语言向我们说话，然而，这些信息的符号内容并不是直接可观察的，使他们开口说话并使我们理解它们的语言的正是语言学家、语文文献学家以及历史学家的工作，……历史就是力图把所有这些零乱的东西，把过去的杂乱无章的细枝末节融合在一起，综合起来浇铸成新的样态。[3]

李白所谓"今人不见古时月，今月曾经照古人"的诗句道出了一个至简奥秘，说的就是有限与无限、无常与永恒的关系，当然这也必然是对立统一的关系，就是这回事。宇宙的永恒性启示我们珍惜有限人生并关注文化的经典价值，否则我们就

[1] 费孝通：《中华文化在新世纪面临的挑战》，《中华文化与二十一世纪》上卷第2页，中国社会科学出版社，2000年。

[2] （意）克罗齐：《历史学的理论和实际》，第2页，傅任敢译，商务印书馆，1997年。

[3] （德）卡西尔：《人论》，第224~225页，甘阳译，上海译文出版社，1986年。

将被那些无常、变幻的力量所击垮。就文化史而言，变异与稳恒是相对的，从具体的时间和事件中把握其本质，把握其恒常韵律与万变节奏，这也是历史研究的意义所在，也正因此，历史可以突破其变乱而呈现那迷人的持久一面。

与古代文明对话的每一天都转瞬即逝，可这也必然是一瞬与永恒的往复回旋，伴随着诗意宇宙的涅槃新生。重拾这段断裂的盛史，是为了澄清不其文化，是为了理解汉朝的东方精神，而且是为了更好地理解海洋中国。

我们可同时置身于一重重文化时空的此岸和彼岸，伟大的理解之舟也在一点点成型，如同一个久远的问候那样悠然显现了出来。这是新的一天，群山之间的青岛百合如约盛开了，天地开启了海陆一体化维度上的的东方秘境。

面对不其文化，这是一个终结点，也是一个新起点。

2. 面对不其文化：这是一个迷津吗

今世话语体系中，提起"不其文化"，许多人会感到茫然，乃不知所云。即便是在它所存在的青岛地区，也远不如琅琊文化、即墨文化、崂山文化和胶州文化等地方文化形态那样广为人知。在不其文化这个命题中，"不其"是一个有着特定含义的历史、地理和文化概念，集结着多重历史奥秘。所谓不其文化，这是围绕着古代不其县而生发、而聚合、而裂变的一个古代文化体系，其前缘在东夷文化，自汉置不其县以后，不其文化以其内蕴深厚而独树一帜的形象出现在了中国东方的海岸线上，昭显着海陆一体化的博大气象。

不其？没错，就是这两个字，为山名，为县名，为侯爵名，为侯国名，为城郭名，是一个很古雅的词汇，虚实之内见真意，有着层层叠加而相互包孕的意涵，形成了多种相互衍生而环环相扣的旨趣，指向了多姿多彩的文化时空。

苍穹下的山海一如既往，要把完美的灵魂交给未来，那里有过去有现在。然则无言独化者并非我们，我们未被允许如此超然地面对自我和世界。那么，我们还能怎样澄清"不其文化"的基本内涵并展开有适应力、创造力和包容力的文化对话？长久以来，我们已迷失于语言和无言的丛林，失却了对既往历史的关怀力。于是当"不其文化"像一个旧梦那样重现于眼前，全部疑惑都聚集到了这一边，一时间竟有千古凋零而青春不再之感，不知旧梦为何物。那么你想想吧，这究竟是怎么一回事？东夷文化如何钟情"东方"，汉史如何眷顾"不其"，而后世漫长岁月又如何遗忘了它？今世面对不其文化，我们如何能不感到深深困惑，切莫说别的，仅仅是"不其"这两个字就已足够令人费解了，不其然乎？

恍若隔世之际，文字与历史变幻其光影，像一座岩岩高山横在我们面前，多少个千纪的飞鸟曾在那里盘旋过，为一点点星光筑巢，徒劳构筑着太一之境，在万仞绝壁上投下秘不可知的影迹。于是危乎高哉的感慨自然而然地生发了出来，通往秘境的道路不在这一边，而呈现于视野中的事物深不可测，从前那些在暴风雨中采摘水晶的人可曾如此茫然地面对荒山，而一道闪电发出的启示可曾如此接近于那最终的未知之境？

面对不其，何异于面对中生代的荒凉星球，时空完美到了极致，没有路标，时间似乎也已失去了方向，只有一重又一重非时间性的绝世之光在那里闪烁。起初，天地荒凉而完美，你可以看到事物的本源，也许这就是我们这个世界的初始面目，这也就是不其文化的初始时空，其深刻性、特殊性与丰富性决定了探索、对话和理解的难度。无疑，这是历史研究的一大难点，我们全部知识与经验都有可能面临失效的危险，或许不可对话就是历史的本意？不过有一点是无可置疑的，历史并非往世之物，那属于历史的一切无不在当下生活中映现，可又无不像星际飞船那样偏离了航道，考验着我们的历史良知、文化智慧和思维方法。说到底，我们所面对的就是一个迷津中的迷津，但是你不能指望它像花中之花那样忽然盛开，如今我们所能做的也只能是尽量接近那个历史原点并有限还原其真相，《汉书·东方朔传》所谓"以管窥天、以蠡测海"，说的就是这回事吧。

于是一泓海水倾泻，"不其"两字复现于星光尽染的岩壁上，在历史与非历史的双重背景上复现，不弃纷纭思绪之真容，却又保持着沉静丹青之大美。它究竟出自哪里，音义如何，何所为用？在哪一个紧要关头被刻在汉简上，可是又将被沧桑复沧桑的历史多少次抽象为一个模糊印痕，就像万有引力之虹的影骨一样冰冷，而灵骨又珍藏在哪一重宇宙的美丽心窝？这样说吧，诸多往事已成迷，我们的历史遗忘往往大于历史记忆，像"不其文化"这等古文化标本久已失落于乌有之乡。即便偶尔被提起，亦是残花成泥矣，不知此物为何物，遑论其生命肌理与精神旨趣。在一切事物中看见自我，在所有自我中看见太一，这倒是一件妙不可言的事。那么，你可否如汉朝故人那样自然而然地读出这个词，就像读出你自己美丽的名字？关于"不其"两字的音义及其源流，我们将在下一章进行详细讨论，简而言之，两字应读为弗基[fújī]，亦可写作弗其，汉有"弗其丞印"封泥为证。

可究竟是哪一重历史的沧海遗珠，更多信物失落于何方？千万重星光打在封泥上，仿佛永世不再开启的一个旧梦那样沉重。不其之星悬置于空中，从这个点一直向前延伸就是北极星了。想不到不其文化竟与此相关，因为那是太一神的居所。幸好还不是更遥远，可以看得到，而一片花瓣尚触手可及。我们与汉朝故人相距并不遥远，不过好像都在大森林中迷路了。

于是，想起了但丁《神曲》中的话：

> 在我人生的中途，
>
> 走入一片幽暗的森林，
>
> 这是因为我迷失了正确的路径。
>
> 啊！这森林是多么荒野，多么险恶，多么举步维艰！
>
> 道出这景象又是多么困难！

置身于此刻，一切犹豫不决的意图、眼神和行为都被无情谢绝了。几度春秋为之徘徊，那些新纪元的伟大欢宴都被耽搁了。你知道无人从那里归来，而这又何尝不是历史唯一的真相，天堂与地狱一步之遥，或者陷入亘古迷津而无以知返，或者把迷津变成璞玉，从前那些加工玉璇玑的东夷人曾经做过这件事，为同一个梦想而雕刻着万变时光，以一瞬为千古，然后抹去了思维痕迹。云火卷过长空，汉朝故人曾猜度的事物重现于山巅。

那么今天，在"幽暗的森林"中，我们如何才能找回那久已迷失了的"正确的路径"，让那些饱受苦难的灵魂重返阳光。

既如此，我们更希望面前出现的是这样一种情景：

　　东方蓝宝石的柔和光彩

　　汇集在明朗的天色之中，

　　碧空纯净，一直延伸到第一重……

彼时，那些加工玉器的知识种族不曾如此凝视过自己，他们耗尽一生的经历不仅仅是为了取得一个完美的形式，他们要为一个古老的信仰作见证。无数灵魂走在往生之路上，却忘记了名字。那么今天，你还将如何面对历史？

你已知道，此刻并非天堂的另一个早晨，这只是从地狱出来后第一眼所见的真实情景，是人间宇宙存在的一个具体证明，是自然而然的事物。这景象无数次出现在"东方"，每一天都是这样，是一种自然常态，是我们活在当下的自然因缘，已不需要任何契约，却维持着永生的诺言，以至于天堂的大门被荒弃了。你以为永生之谜的揭开只需一刹那而已，多少个千纪的多少个梦想已为之殉身。

从前帝王降坐明堂的时候，眼神不曾如此柔和纯净，被幻影无数次袭击过，变得空旷，乃至于来世的燕子想要在里面筑巢。交门宫中的岁月又何尝不是如此，万神宴飨的时光被白白浪费掉了，那些延伸到第一重或者最后一重天宇的灵魂想起了自己，却无法不感到忧伤，回望今世，感到荒古肩头上又一片芳香紫霞凋落了。至于那在山中传经授业的老师也未曾如此犹豫不决，晨昏之际，他和弟子们一起耕耘荒田，唱着古雅至极而清亮如水的歌，用无意识的书带草把天命扎紧，让阳光照进课堂，让那些隐逸的时岁变得温暖。

天地之间有故乡，犹如心宇之内有天地，你说这是不是一回事？沿着花落缤纷的林中小径，我们可以回到汉朝，进而从那里回到东夷社会，与他们或往昔的我们相遇。思念漫太古，万世沧桑花朵一样落下了，每一片花瓣都是真实的，上面写着无名世界的本意，持花相守的灵魂站在海风中瞩望，同时提出的竟是同一个问题：你是谁？置身于天地之门前，我们将进去还是出来？在第一座高山和最后一座高山面前，星辰转航，留下了新世界。当那个无比单纯的问候被一群未来的盲童给重新拾起，我们还将如何回答问题？在人类尚未被星辰的科学思维所垂顾的岁月，我们与汉朝故人都是迷惘的，所以才有了海上求仙的事，以至于大海的全部意义都被这事给遮蔽了，甚至那些随船远航的孩子也被遗弃在了异乡。

所有学者都在和大历史一起反省自己，不知海上今夕是何夕。我们被要求报出名字，终将重新面对那些来自东方美丽故乡的灵魂，接受他们的询问并给出我们的回答。海上还是海，彼岸还是彼岸，群星之路彼此贯通，延伸着东方，却从来不导向任何无意义的悔恨，也不导向任何有限度的冷漠。阳光培育着古老语言的种子，当"不其"孵化出翅膀，等待着飞翔。

深夜的星空是最真实的，博大而精微的呼吸此起彼伏。彼时，不其城外一个古老的造船村落亮着灯，叩击着未来。如今我们依旧可以见到这样的情形，感到龙山时代一只蚌锯的运行轨迹如此清晰，超越了立体几何逻辑，而鸟形鬶、蛋壳陶和玉璇玑同样如此，维持着太阳信仰和图腾的精度。

那出自东方世界的朴素与神圣之物彼此关联，第一次给出了礼乐文明的种子，而且在每一重未来发出呼应。每当这时，就会有深沉歌音从九天之外响起，唤醒那比神话更美的翅膀，让凤凰复现于当下。

于是，你听到了这样一支歌：

卿云烂兮，礼缦缦兮。日月光华，旦复旦兮。

同时听到了这样一支歌：

明明上天，烂然星陈。日月光华，弘于一人。

天人之际，谁在歌唱和复归？为了这光明礼赞，多少个世界改变了轮廓。惟有太阳的崇拜者和理想的建设者才能唱出这支歌。他们是东方的神子，出自东方并归于东方，与生俱来保有天人合一的奥秘，保有着非凡的东方格调。群山之上，恰好尧舜的盛大典礼开始了。歌音响起之际，今世或者汉朝学者都放下思想史的重负，所有走在路上的灵魂都停下脚步，所有回忆和被回忆者都在光中凝神默想，从不同时代的不同方向上聆听，朝向唯一的东方聆听，听见了自己？因为这是同一回事，无论东方还是西方，无论中国之内的东西方还是世界两端的东西方，这都是我们的共同精神，一切岁月无不与此相关，无不在天堂与地狱、生命与死亡、良善与邪恶之间延展，在天命中承担着荣耀和罪愆，把同一个梦想撒在星辰辽阔无极的大平原上，在万方星辰的伟大观照下发芽，成为天地之树。天地已到今朝，我们还能如何返归单纯，面对不其文化，理解汉朝故人的绝世梦想和传世希望？

以迹求心，抑或以心融迹，这是研究方法问题，目的是实现心迹合一，让历史活起来。考据其史迹，描述其情境，揭示其精神，三个方面都是不可或缺，也可以说这是历史考古、文学叙事和哲学阐释的一体化行为。古代文献只提供节点，留下了巨大的历史空间，在澄清历史基本脉络的前提下，对历史予以哲学和心理学沉思并深度阐释其精神旨趣是绝对必要的，目的是达成历史与未来的共同理解。历史与未来并至，这就像文化史的双螺旋结构，意味着融古开新。

当然，历史本身有更为直接的诉求，虽然我们不知道那是什么，可每每感受到思想的重力。唯有天地自是其是，以一种更纯粹方式运行着，要我们对历史本身予以哲学、美学和心理学的沉思，深度阐释其意味，在激活那些精神因子的同时回到自身，在收获那些从过去传向今天并将持续传向未来的灵性与理性享受的同时，想想这世界叫什么名字。所以，这是发现、理解和创造的三重奏。

诸多你不知道的事物也在以他们自己的方式真实存在着，无论显现还是隐匿，都在漫长历史的某一瞬想起你自己。那些光沉绝响或者声闻四海的事物也是有的，可能就在不远处，就在梦想、命运和希望的不远处。今天我们所面对的终究是这样一个迷津：它神秘、荒寂而悠远，与上古以迄秦汉的东方世界深刻关联，沉埋着古代知识、思想与信仰的宝藏，特别是在海陆一体化维度上观察，显得尤为奇绝，而一旦开启这迷津，那异彩纷呈的景象可能会是完全出乎意料的。

然则，犹如夜观天象一样，模糊不清者其实并非浩瀚星空，而是我们自己久已被重重遗忘和种种迷误所遮蔽的视野。那么，在历史到历史之间，在过去与未来的契合点上，我们还将如何领受启示并把握机遇，开启自然与文化的共同迷津，导向新的文化自觉？

为了这件事，我们将反复面对自我和世界，寻求一致性、差异性和均衡性，在一切有梦和无梦的眼神中寻找世界本源，却有可能在道路的远方遇见自己。这里是东方一棵树上的果实，未曾被任何知识、理论和逻辑所禁锢，只是以一个初始笑容面对自我，如同面对一个陌生的新世界。

融古开新，这就是秘密，而所有秘密无非人的秘密。

一千重岁月之门前，我们将如何叩击，进去并归来？

3. 不其，或者阿特兰蒂斯的沉没

上升之路与下降之路合一，往复回旋于多重文化时空之中。

关于不其文化，今天所能澄清的只是一小部分，更多奥秘已无从知晓。有赖于今古文化精神的共同性，我们尚可与汉朝故人、与东夷故人对话，而基本的理解与阐释体系也是可以建立起来的。可是，这也绝非一扇门的忽然开启，在今天的我们与往昔的我们之间，究竟存在着多少重星际鸿沟，要突破多少险关绝地才能相遇？你清楚，这永远都是一条充满危险的道路。

柏拉图怎么说阿特兰蒂斯来着？无人知晓的路上谁在行走？如所闻，阿特兰蒂斯（Atlantis）亦称大西洲，可被视为西方先史记忆中的一个海上理想国的象征。它位于欧洲以西的大西洋中，与"海格力斯之柱"（直布罗陀海峡）相距不远，传说那是一片拥有高度文明的古老大陆，那里居住着海洋之神的高贵子民，约在公元前一万年沉没于大洪水。古希腊哲学家柏拉图倾情其光辉，试图通过一个亘古之梦和一个未来之梦同时蠡测其温度，寄托浩茫心事于浪花间。公元前350年，他写下了《克里特阿斯》（Critias）和《提迈奥斯》（Timaeus）两部对话录，其中特别提及阿特兰蒂斯，以怀旧者的身份说那是海神波塞冬的领地，一个神奇的海上王国。如今那片海域一片空旷，只剩下塞壬的歌声依旧在雾中缓缓响起。那么万年之后的另一个今天，奥德修斯和他的伙伴们还将如何返回家园？

视野转回东方，溯望汉朝以前的世界，感到那些曾经复杂而温暖的事物已经冰冷了，那就是一个千秋迷津吧？海边的不其地坚若磐石而永不沉没，可在世人的眼界中，不其文化却久已黯淡无光了，勘验古代文明的记忆强度与遗忘深度，某种程度上这又何尝不是一种"阿特兰蒂斯的沉没"？

面对迷津，入乎其内难，出乎其外更难；寻觅真迹难，阐解渊源更难，理解其精神本质则难上加难；而要达到圆融无碍、心神合一的境界几乎是不可能的。我们与汉朝，与上古之间隔着多少重时空，就会有多少重相互探寻的眼神在云中悲伤地燃烧，不间断地发出询问，要我们做出回答。

持续亘古的世界如此荒凉，古代思想者未曾想象今世之模样，但是他们的生命、思维与情感基因已深藏于我们这个民族的集体无意识之中。虽然我们能获知的真迹少之又少，只是一些破碎不堪的片段罢了，可这已是拜历史所赐了，我们也只

能透过吉光片羽来领悟整体的意义了。对话之路无穷延伸，每一次结束都是新的开始，悬崖峭壁无所不在，真相与异相在彼此循环，而文化的存在理由不在别处，就在这万般险峻的探索与对话之路上。

人们不常提起不其文化，在中国古代多种多样的地域文化形态中，这可能是最为世人所陌生的形态之一。即便是在它曾深刻存在的历史区域，在今青岛地区，谈起秦汉时期的古代文明，多言琅琊文化与即墨文化，鲜有提及与其密切关联、并称奇绝、鼎足为三的不其文化，偶有所言，亦泛泛于那些琐碎的故事片段，纠结于现象与假相而未加透现其本质，未能将其视为一个自成体系的历史文化形态，剥离了精神格调与主体价值，似乎它早已埋没不闻而与世无争了。相对来说，琅琊文化与即墨文化的历史形象要清晰得多，已形成了基本的历史认知体系且广为人知，可"不其"埋没不闻，似乎早已被我们的历史遗忘放逐到了无声无息的星际，无人愿从整体意义上来看待这片内蕴深厚而特色鲜明的历史区域，更无人堪为"不其"的博大与神奇作见证。

在我们的历史惯性思维中，不其仅为汉代千县中的一县而已，地处海隅，荒凉有加，不足道哉。然则天地交感、海陆交接、人神交遇之光绵久，非此不足以破解汉朝的东方奥义。汉武明堂天下有三，不其居其一，何为其然也？明堂为古代规格最高的皇家礼制建筑，不其与另两处汉武明堂所在地长安、泰山几乎处于同一纬度上，难道这仅仅是一种巧合？不其明堂已见幽奥，况有太一祠和交门宫与之相伴为三，发出了历史性的和鸣。你可听见那飘逸的众神之光，那闪耀于光中的事物吗？同一轮月下，天上与海外世界的回声此起彼伏。

在青岛地区的文化史架构中，不其文化被严重忽略了。汉不其县之中心地带即今城阳区，这地方长期被视作一个边缘性的历史次区域，是从属的而非独立的。从古代城市角度看，不其或者附丽于琅琊，或者附丽于即墨，总之是不具备中心地位的。于是汉帝国东方之门被遮蔽，东方海岸祭祀中心亦被隐匿，那深藏于其中的海陆与天人奥义已不再被发现和理解。从历史地理的角度看，汉际崂山在不其地，城阳与崂山原本就是一个整体，文化整体性上是无法割裂的，而今分作两区，因而地处崂山西北麓的城阳也就自然地被视作崂山之附丽，属崂山文化之余脉，故而旷古太一之音沉绝，不其地在中国道教史前史上的正源与基脉地位更是无从谈起了。在佛教问题上同样如此，不其法海寺为山东最古佛刹之一的历史地位未得彰显，东晋求法与译经高僧法显登陆牢山（不其山，今崂山）也只被当作一个偶然事件，初传弥勒信仰之殊胜因缘荒芜了，盂兰盆会在中国的缘起也被长期推迟了。北朝法海寺佛造像源自何处，这问题从未被认真对待过，那在某一次古代法难中沉埋于地下的圣像复于今世之漠视中再度埋没不闻。真容已隔绝于虚无，遑论其精神秘旨，遑论一抹神秘微笑中潜隐的佛教入华秘笈。

乃至更大范围内，不其文化同样被严重忽略了。谁还会从中国文化流变轨迹特别是汉东方文化构成体系的高度来看待"不其"，视之为一个特殊而重要的历史节点呢？自司马迁言"孝武皇帝初即位，尤敬鬼神之祀"（《史记·孝武本纪》）以后，谁还会本着理解的目的去洞察汉武帝奉祀太一而构建中国一元化宗教体系的意图及其渊默的文化背景呢？汉史典籍中留下了关于不其的稀有记载，看上去更像是巨大历史失落后的惨淡补偿，吉光片羽之意隐而不露，谁还会有心思去探寻交门宫和《交门之歌》的踪迹呢？长久以来，泰山封禅尚可被视为顺理成章之事，海上求仙则完全陷于荒诞与虚无之境。于是古代巡狩的整体性景观不复存在，掩映于求仙迷雾中的海外知识视野亦不复开张，与此相关的海上探险合理性已难获认可，至于那肇自东夷、以日出圣地为目标的海上理想国意识更是无从谈起了。

诸世相依相随，从日出圣地到三神山，是为海上理想国意识之飘转，上下数千载间无数人为之蹈海，无论动机如何，俱在海风中扬起一片片帆影，而渊源所自，无非"东方"。于是，我们久远的文化史上就有了海陆一体化维度上的东方结穴处，是作为朝向海上理想国航渡之桥头堡的形象而矗立于海岸的。这地方，在龙山时代是旸谷，在秦朝是琅琊，在汉朝是不其，而泰山则是作为天人交遇之巅峰而存在的，与海岸桥头堡形成东方精神轴心，缘此而实现了天人一体化与海陆一体化思维的契合。潮起潮落间，经过了多重历史激荡之后，诸世海洋意识渐次消隐，东夷文化的"泰山—旸谷"轴心及其后来的转化形式"泰山—琅琊"与"泰山—不其"轴心渐次消隐于无意识荒漠，故此早期中国以东方为主导方向的初始性海洋视野也就无可避免地沉没了，难说这不是一种"阿特兰蒂斯"式的沉没。因此，龙山时代以来面向东方展开的雄奇探海乐章已不复听闻矣，虽然海上丝绸之路在继续延宕，然方向、格调与主题已大异，海外地理考察和文化拓殖主题失却了，唯海洋贸易和文化交往之光长存。后世追述前事，徒然惊心之余，诗章与史籍中也就只剩下半讽喻、半伤感的言辞了，漠然于海洋性文化自觉，沉湎于华夷有别、天朝独尊之心，更无求于拓展海外、协和万邦之志。

上述种种"忽略"加起来，呈现于世人眼中的也只能是巨大的历史空白了。从空白到空白，从无声到无声，从混沌到混沌，无边风色在每个人内心收取了一点点遗忘和悔恨，于是"文化"入眠，沉睡于今古之间的高地上。千载而今，它从未被真正唤醒过，方志中模棱两可的一言两语远不足以探触真意，唯有星光依旧在大海那荒凉而精致的额头上盛开。可是透过历史苍黄，一旦我们沉思性的历史视野聚焦于汉朝的东方，聚焦于汉武帝时代的不其，某些惊人的历史真相就会浮现出来，而一道历史强光会灼伤那些空洞而麻木的眼神。

汉朝结缘于不其者深矣，倒不是说这地方本身有多么显赫，关键在于东方、海洋和星空的盛大汇合，就如同某种蝴蝶效应般造就了风暴，聚合与裂变之间形成了新的文化史闪电。汉武帝试图在这片海岸上奠立帝国东方的宗教中心，赋予不其地以东方之门的象征，这种历史地位顺理成章地获得之后又在不经意之间丧失了，无论大文化背景还是区域文化状态都不足以保养其持续性存在，其创造力、影响力与包容力远未得到一个恢宏历史背景的支持。话说回来，我们的传统文化体系终究是不可能完全建立在海陆一体化维度上的，更多时候往往是以海陆割裂的方式而存在的。于是乎，在不其，我们似乎看到了与琅琊古港兴衰的相似之处，俱因其辉煌而衰落，一度集千秋之功而崛起，惊鸿一瞥之间却又如浪花般转逝，意义飘荡于乌有之乡，这是一种历史宿命吧。其实，倒也并非不其一地，古代文明的诸多胜迹又何尝不是如此呢？既然如此，柏拉图也许会这样说：这是一个阿特兰蒂斯式宿命。

不其地一度辉煌，以明堂、太一祠与交门宫三大汉史纪念性建筑为标志，汉帝国边缘的这片区域曾因其海陆一体化风神而昭显八方，曾产生了至为深沉的文化激荡，最后却昙花一现，像一缕霞光被苍茫大地吸附，从东方海岸吸附到了帝国文明的中心视野，以至于无影无踪。于是风中留下的只是一些残损片段，一些边缘异象。那么今天，如何打通边缘与中心的重重阻隔？

至今，不其文化的整体形象已被减损到了无以复加的地步，变得支离破碎，在我们的历史思维定势中，海陆边缘的文化冲击力未得彰显，一个曾经充满活力的文化生命体变成了空洞躯壳，诸多重大历史事件也变成了一些毫无生机的陈年旧账，面目模糊至极，无以知其外观形态，遑论其内在奥义。

可这就是历史，有时历史竟是如此的残酷而空疏，无数真迹已然沉没于荒野、海面与星空。这就是问题的症结所在，任何一个点上的翅膀都被遗忘和悔恨给压住了。说起来，面对不其文化，不惟当世备感陌生，早自汉朝于一千八百年前告退以后，不其文化的核心内涵即已声沉绝响，这也是一个不争的事实。诸朝典籍卷帙浩繁，虽偶有提及与不其相关的人和事，然而多语焉不详，大历史似乎巧妙地忽略了其自身的一个小片段。而遗忘，历史的遗忘似乎很彻底，甚至瘗埋了那些超历史的奥义，若非因其神秘莫测，则必因其精妙有加，不其然乎？今天我们重新面对不其文化，何异于面对一个亘古迷津，千载之间已很少有人躬身探访这迷津了，因为我们自身就是迷津？乃至于它就像一个巨大的历史谜案那样被悬置于云外，徒留北斗七星在天上垂顾人间，等待着新的回答。

其来远矣！唯天地方可穷其本。那属于东方，属于不其文化的一切似乎都在以迷津或者星辰的形式检验着我们的知识、情感与智慧，在我们贫乏心灵的空白处拷问着，诸如明堂观念、交门意识与太一精神等等无不令人浩叹而夤夜思之，每每有关尹子所言"其大无外，其小无内"之感喟，而百思不解之际，也唯有借得唐人所吟"天高地迥，觉宇宙之无穷；兴尽悲来，识盈虚之有数"这般审美情境方可获救，尚不至沉潜于亘古而忘返，乃不知今世为何物。那么今天，在文化死的躯壳与活的灵魂之间，我们还将如何回答那问题，无论第一个还是最后一个？

若非汉史典籍中留下了吉光片羽，我们就真的沉到阿特兰蒂斯那么远的地方去了。这不是第一个，也不是最后一个，而天地循环往复，无数文明断层和无数梦想留痕依稀可见。那么今天，在诸多与天体、灵魂和梦想密切相关的本质情怀与整体思维已丧失殆尽的时刻，我们还将如何面对不其文化，面对深蕴于其中的本原事物和终极事物，面对东方与海洋的奥义？今日所为也许只是"以管窥天，以蠡测海"这回事。在一个无始无终的大循环中，所有古人和今人都必将面对同一问题，或将证明那最终被驱逐的盲目者其实并非汉朝故人，而是我们自己。于是今古相遇的一瞬变得惊险而可疑，仿佛未曾相遇，亦未曾相守。为自身所禁锢，我们的历史良知多半深陷于麻木和伪善，已失却了对过去和未来的关怀能力。显然，相对于那些陷入古老遗忘的时光来说，这是更加悲伤的事。

所幸者，太一北极恒久不移，降下非时间性的光辉，持守万变与守恒的共同价值。当同一道光贯通此时和彼时，千万重量子明眸在空中静静闪烁。我们得着力量和启示，将去往一个古老秘境的深处探寻其渊源，在那些熟悉或陌生的光影中体验"东方"，秘境开合之际，与历史对话，亦与未来对话。

对话即道路，今古之间，一朵花分开两边。

万变与守恒之中，天地之树在东西方同时盛开。

4. "东方"意归何处，从东夷到汉朝

中国文化精神统一而多元，南北分殊，东西异禀。

汉时明月下，不其地空旷而苍茫，潮水永恒拍击着礁石和山岩。

你看，这里有中国漫长海岸线上最为瑰丽的礁石群，红色与紫红色岩体讲述着大地与海洋之梦，讲述着亘古雄奇的东方故事。

约大汶口文化晚期，在中国，起码是在东夷文化所分布的海岱地区业已形成坚定的"东方—海洋意识"。然则原动力何在，何以有东方精神的成立和海洋体系的奠定？文化演变的具体因素固然很复杂，不过化繁为简，尚可从东夷民族面向东方和海洋对日出圣地的探索行动中有所敏悟，海洋实质性参与到了人类文明的创造过程中。一切皆源于日出，诱因就是这么简单。东夷故人看来，唯一太阳和万方星辰令人敬畏，与之相关的一切都充满了绝对性和神奇性，不断将视野引向了未知世界，意味着超越无常人生的力量，意味着超自然力量的物化形式。黑暗与苦难的世界中，那些受尽煎熬的灵魂渴求着解放，他们起身面向东方的时候，一个自然而然的想法就是，既然人人有其诞生地，可那给人间带来无限光明的太阳究竟诞生于何处？那里必定是至福之地，于是逐日而居，拜日而生，太阳崇拜也就自然而然地发生了，无数人在太阳信仰的支撑下走向了东方。

龙山时代的太阳孕育出了一个盛大的海洋性东夷文化体系，东夷民族更加强烈地关注海外世界，虔诚追寻着心目中那以日出圣地为唯一目标的东方理想国，在海陆一体化维度上创造着新的东方文明，开启了上古中国的大航海时代，文明远播海外，缘此而有了环太平洋龙山文化圈的成立。可以说，这是人类历史上最早的最为壮阔的关于"东方"的想象和探险。无疑这是悲壮的航程，想想"精卫填海"的意思吧，那幼小生灵飞舞于汹涌波涛之间，何所思？何所求？神话中潜隐的正是为东夷海洋部族招魂之心，为追寻一个海洋之梦，多少人葬身于海底。海风抹掉真实的一切，四五千年的时光也抹杀了如饥似渴的眼神，海面像任何事情未曾发生过一样平静，但是那种历史大逻辑的合理性与深刻性依然令人震撼，乃至于大地、海洋和星空无不为之深情回响。当一个充满延展力的无穷无尽的"东方"拓展着未来世界，东方与万方浑然融合到了一起。可想而知，上古东夷故人的心中衍生出了多少关于"东方"的想象，神话的翅膀缘此而震颤。

可那究竟是怎样的一个决定，使得帝王在"绝地天通"之后，在上古东方理想国体系解构之后，在神话时代终结之后再度走向了东方，走向了不其地？因着怎样的天文、地文与海文秘密，明堂、太一祠和交门宫出现在了荒凉海岸上？你知道，这是汉武帝时代发生的事，呈示了非凡的精神法度与行动力度，诸事因神奇至极而令人生疑，真实得仿佛未曾存在一样。聚合与裂变中，形成了一个博大精微的文化

重力场，于是汉东方文化大体系中也就培育出了一个极具代表性的经典形态，是为不其文化，昭显汉朝东方奥义于海陆一体化时空。

这是由汉武帝本人亲自筹措和执行的东方行动，以东巡为基本路径，以泰山封禅和海上求仙为基本目的，重启中国的天人精神和海陆精神系统，重建天地秩序和人神关系，这就是基本诉求。无论动机中还包含着多少理性或者非理性因子，这种"重启"和"重建"都是有意义的，而包孕于其中的文化概念以及相关文化渊源也都是值得重视的。汉不其文化的意义在于此，这是一个勾连现实世界与未知世界的海陆文化体系，其深度、广度与高度俱称奇绝，透现地域精神于帝国东方视野，在一个融天文、哲学与神学内涵于一体的新的精神维度上，在不其苍茫山海之间，在中国与海外世界的共同起点上开启了以"太一"为中心的宇宙视野，缘此而得以在既往文化观念的某一个模糊"边界"突破了历史思维的某一个准确"极限"，复将中国之魂再度引向上方和东方。

上方是星空，是"太一"的居所。色调庄严，处于某一个"万物并作，吾以观复"的时刻，一朵花引出一个新生宇宙，太一北极星浸润着时空，你知道这就是秘密，这也就是汉朝之东方在天上的启航处。星辰视野中，世界是平衡的，万变世界的每一日都不会是孤独的，而人间与众神的愿望也是可以协调并达成一致的。如此一来，"东方"的意味就显而易见了，一切东方中的东方朴素而神圣，竟是如此遥远而又如此亲切，既是东方亦是万方，既是一个方位、地理与文化概念，亦是一个单纯的精神之乡。我们相遇相知的宇宙中，一切光都在默默交流，而亘古犹如一缕光之微微回弹。若非相知相遇，这世界将会变得悲惨。无疑，这是与每个人相关的事物，可以在自然与文化的共同视域中审视自我、世界和宇宙，而一个梦也始终在从东方重新开始。东方，这是太阳诞生的方向，是太阳神沐浴的地方，这是时间、春天和生命开始的地方。文化生生不息，实现了东方意义的回归。

考古学上的"东方"也用以特指海岱文化区，是"以山东为中心的东方"（苏秉琦语）。它既是多元中的一元，亦是中国文明东西方轴心的一维，强力支撑着新石器时代的文化大格局。东夷为中国土著，东夷文化极其深刻地影响了早期中国文化性格的养成。天地之间，云光氤氲，某种精神元气聚合而成一个面向海洋的文化锋面，在胶州三里河、莒县陵阳河和日照尧王城等地培育出超级文化聚落中心，群星般闪烁于古东海（今黄海）沿岸。考古学上这样一个面海弧形地带的存在意义无比重大，藏着中国文化起源的诸多密码。我们将这一历史区域称为胶州湾文化带，以胶州湾为其地理标志和地史堂奥，呈现出海洋性东夷文化发祥地的显著特征。当其时也，胶州湾海侵达到极值，三里河遗址所在地面海而立，逐渐演进为龙山时代中华文明的出海口。在胶州湾文化带，可找到多种形式的东夷文化衔接点，给出了"北辛文化—大汶口文化—龙山文化—岳石文化"这一相对完整的东夷文化序列。我们将无数次走出和走进这片东方世界，以唤醒充满起源和复生意义的事物，八方交响之中，文明诞始之路壮丽展开。到汉朝，诸事已见完备，可东方的意义仍将往复回环。不其地处于东夷文化与汉东方文化的历史结合点上，多重文化时空以相互交叠与彼此映照的形式闪耀，这是历史与历史的宇称守恒。

我们所说的"东方"具有复合性质，意味着"起源""超越"与"归宿"的一致性，起码有三重内涵：第一重内涵出自大自然本身，是地理和时空方位上的东方，太阳从东方升起，海洋处于中国东方。第二重内涵是文化史意义上的东方，存在于上古以来的宏观历史格局中，"东方"首先是一个独具起源价值的文化体系，包孕着东夷社会的种种意涵，而且延展出上古中国的航海之路，以太阳诞生地为目标，无数东夷人朝向东方作不屈的航行，于是就有了那伴随着上古航海历程而不断向海外世界延展的"东方"，一个永无止境的文化精神上的东方。春秋战国以来，东方意识发生了微妙而深刻的飘转，原先以日出圣地为标志的东方理想国意识已然消解，随着海上求仙运动的兴起，主要是由于帝王渴求仙界力量以延续个人生命和帝国命脉的缘故，万千思绪归结于海上三神山，于是蓬莱、方丈、瀛洲三神山构成了新的海上幻境，因其遥不可及而更加诱人，起码在当时视野中缔结了新的东方理想国形态，在可量度的海岸与测不准的三神山之间划出一条永生路线。第三重内涵是近景，是作为特定文化地理标志的东方，是上述自然与文化两重内涵的统合，是宏观历史地理格局中的一个文化标志点，是无形与无限之东方的一个有形支点。当秦汉之际，东方意识的结穴处俱在帝王封禅的泰山以东，与泰山和关中帝都基本处于同一纬度，在秦朝是琅琊，在汉朝是不其。两地相距不远，作为帝国正东方的海陆交接地，作为通向海外三神山的桥头堡，被历史性地赋予了海上文化海标的意义，是作为东方精神的象征地与海外世界的联结点而存在的，自可视之为"东方中的东方"。从琅琊到不其，我们看到了历史的连续性与转折点。回望汉朝之东方，不其有融古开新之意，继承了龙山时代与琅琊时代的海洋风神，再度激活了中国对海外世界的关注，特以太一精神标举其历史高度，实现了东方意识的完型与转化，进而将汉朝视野导向了东方与西方的一体化。

然则帝王求仙之迷思深重，帝国之命运亦深重，况且要承受万世重压，致其耽溺于永生幻梦，终无法澄明心境而走出精神困局以实现彻底的历史觉悟。考求仙史迹，帝王与方士相互蒙蔽者深矣，方士迎合帝王非理性心理而多出迂怪之论，帝王则莫辨真伪而弥信之，事件本身染上了许多历史荒诞剧的成分，以至于那些本然壮阔的航海、探险与文化拓殖行动似乎失据了，多被视为荒诞历史之附庸，丧失了客观独立性。况后世思维生变，论者多纠缠于重重矛盾之中而难以超拔，有时甚至比帝王更难走出求仙的历史迷局。说实话，今日已不具备完整理解秦汉之际特殊历史心理的条件，我们所面对的终究是一重重千古迷津般的图景，若要探明其真相且不被历史所禁锢，当从星辰那里求得启示，重归汉朝并如期返回今世。

长久以来，我们怀有一种很矛盾的东方意识，我们的历史也曾长期演绎着一重又一重"中心—边缘"图景。从一个角度看，东方意味着神圣、起源与生命力，其创造性与启示性在文明诞始时期与海外探险历程上表现得尤为显著；从另一个角度看，东方永远是边缘而非中心，特别是大一统陆权时代尤其习惯于持守这一成规。在陆权框架内看问题，地理上的东方处于帝国疆域的边陲，偏于海隅，聚合力不大，影响力微弱，几乎不会对国家机器的正常运转产生任何实质性影响，因而是可以被忽视的；可是一旦在海权框架内看问题，东方就不一样了，边缘变成了前沿，为本土与域外文明对话的前沿，往往蓄积着文化发展与文明演进的新动力，因而是必须被重视的。理所当然，一切文明都需要出海口和登陆地，因而从中心到边缘的力量冲击与精神激荡永无终止，这也是大地与海洋的对立统一。

秘密也正在于海陆一体化，从这一维度看问题，中国与世界的距离缩短了，汉朝与今天的距离缩短了，我们所置身于其中的世界和宇宙等待着新的发现。你也知道，人间与星界的对话从未终止，而且始终在开始，尤其是在一个特别需要今古对话的时刻，重温不其文化，别有意味之处正在于东方、海洋和星空的汇合。

这是一片历史的幽谷深壑，也是一座文化的秘境奇峰。出于世界之中，却又像北极星的旷古秘笈一样高悬无极，拒绝了任何不真诚的猜测和不地道的回答，目光滑翔之间，千度春秋已过。这是无比艰难的征程，也是充满荣耀的岁月，历史的每一步都充满了挑战，而所有探索将汇成伟大的未来之梦。

一新世界，万方星辰，何为其然也？

5. 明堂、太一祠与交门宫：汉武东巡视野中的东方世界

当汉武之际，历史发生了意味深长的飘转。

汉武帝时代是中国文化从大裂变导向大整合的时代，传承过去历史与影响未来历史的深度、广度与力度难以估量。应尊奉何种思想立国，这是一个问题。汉初行黄老之术，以"无为而治"为治国理政金律，目的是休养生息，以平复大战乱之后的人间世界，得到了良好效果，带来了社会安定和国家富足，史称"文景之治"。到了武帝时代，变革成为必然选择。于是出现了儒学复兴，大背景上也隐含着多种思想形态激烈碰撞的轨迹。汉武帝的精神世界可谓繁复、多变而奇异，一方面，他首开"罢黜百家，独尊儒术"之法统，在历史上第一次奠定了儒家思想的正统地位，以期整合帝国文化，这是大一统王朝的思想基础。从此往后，儒家思想作为主流意识统治了中国历史两千年。另一方面，有一种潜意识激流也在时时涌现，某种至高无上的精神幻象在帝王内心一度变得无可置疑，整个帝国的精神世界受到了隐秘而深刻的震动，波及东方和万方，奥秘与"上帝"和"太一"相关。

章太炎先生有一个观点，说人类思想与宗教不外乎三大类，"曰惟神、惟物、惟我而已。"[4]在汉武帝这里，我们就可以看到某种"惟神"与"惟我"的矛盾性合一，无上神性与极端自我混融在一起，一边是唯神独尊，一边是唯我独尊，这种精神特质决定了他不可能完全奉持儒学，他要找到一种取向永生和无限的力量，于是追寻"太一"，本质上这就是"惟神"与"惟我"的结合。进思之，汉武东巡的精神动因亦系之于此。汉武帝巡狩天下之为波澜壮阔，察诸《史记》和《汉书》，可知自元鼎四年（前113年）至征和四年（前89年）的二十四年之间，他十一度东巡，九度抵达山东半岛。朝向东方，巡狩天下，这是汉武时代的一大主题。

恰在这一时代，不其文化臻于其巅峰，汉东方文化体系亦趋于完型，于是也就有了化大入微、以小见大的可能性。说起来，将地方文化置于中国文化宏观背景上考察，这是澄清其历史渊源并阐释其精神本质的不二法门。以大历史为依托，不其文化的巅峰形象拥有了更为深刻的存在理由，也获得了更为恢弘的历史景深。以不

[4] 章太炎：《无神论》，《章太炎全集》第四卷，第396页，上海人民出版社，1985年。

其为观照，汉东方文化体系中的一些重要内涵理应引起更大关注，显然意义已不囿于一时一地。日月循环的这一刻，所有关于不其的沉思都将因着大历史脉络的缘故而加深，从这里开始，我们将触及不其文化的灵魂。

披阅汉史，可知三事·其一，汉武在全国敕建明堂者三，一在长安南郊，一在泰山脚下，一在不其海滨，且三者基本处于同一纬度上，呈东西并立之大势，就此给出了一条穿越东西、贯通海陆的汉明堂轴心，显然这是有深意的大格局。其二，太一之祀恒有其迹，汉武在甘泉宫始创太一祭坛（泰畤）以后，专门奉祀太一神且名太一祠者仅见于不其一地，不其当为太一信仰的东方中心，且为仙人崇拜的东方中心。其三，交门宫为汉朝建于海陆交接处的国家宫殿，傲立沧海，构成国家祭祀和国家地理标志的双重象征。这是汉史景深中的明堂、太一祠与交门宫，并称汉不其文化的三大支柱，不其暨胶州湾地区所独有的时空密码已有所昭示。显然其历史价值不囿于不其一地，可在更开阔、更宏大的背景上获得历史性见证，岂止不其文化，未尝不可视之为汉东方精神的三大支柱。天地之间，海陆之交，这是意脉相通的事物，表东方而立东极，缔结万方梦想于一方。复思之，三者异名而共尊，是为海陆一体化的汉史纪念性建筑。

先说明堂，它奠立了汉东方精神体系的基脉。作为中国古代等级最高的皇家礼制建筑，明堂意义重大且聚讼纷纭，往往因囊括万有而莫名其妙，其渊源、规制及意义难以被真实、透彻地理解，千百年以来构成了一重重阐释困境，诚如王国维先生所言"古制中之聚讼不决者，未有如明堂之甚者也。"[5] 约言之，明堂的主要功能表现在祭祀、布政、朝会、庆赏和论学上，帝王特用以问政于天并宣明政教，其神圣性、庄严性与稀有性一向为历史所重。初，明堂为天地间的光明之屋，象征着人类摆脱了穴居状态而得以升临洒满阳光的地面，作为文明诞始之象征而肇创于五千年以上的神农和黄帝时期，经三代之传续而延及后世。汉武帝与明堂不期而遇，时为元封元年（前110年）在东巡路上，在泰山之巅举行了封禅大典以后，下山时在泰山东北麓偶然发现了周时明堂遗址，然遍询周边一干博士大臣，竟已无人知其详。幸得济南人、方士公玊带适时献上"黄帝时明堂图"，方知明堂制度。对此，《史记·孝武本纪》的记载是：

> 初，天子封泰山，泰山东北址古时有明堂处，处险不敞。上欲治明堂奉高旁，未晓其制度。济南人公玊带上黄帝时明堂图。明堂图中有一殿，四面无壁，以茅盖，通水，圜宫垣为复道，上有楼，从西南入，命曰昆仑，天子从之入，以拜祠上帝焉。

明堂布局的机要在于天地关系，旨归天人合一，具体而微地呈现了中国意识中的天地结构。文中，"上帝"泛指至高无上之天神，具体到汉武帝时代其实就是太一神。得图后，武帝诏命于奉高县（治在今泰安东）汶水之上建造明堂，是为泰山明堂，嗣后诏命于不其县建造海上明堂，古已有之的明堂制度获得了重现并更新的历史机缘。明堂之于汉武帝是至关重要的，自从泰山明堂和不其明堂建成以后，苍茫东巡路似乎变得温暖了许多，几乎每一次他都要置身于其中，谛听天意并昭告天下。为东巡驿站，为精神家园，为天人秘府，明堂功德无量，为帝王和帝国提供了巨大的精神支持，灿然于东西方。

[5] 王国维：《明堂庙寝通考》，《王国维全集》，第八卷，第69页。浙江教育出版社，2010年。

何言"不其"? 汉史昭昭其光,《汉书·地理志》云:

> 不其,有太一、仙人祠九所,及明堂。武帝所起。

此为堂奥之言。先举太一,再举仙人,后出明堂,意脉之中所深自潜隐的正是"太一崇拜"和"仙人崇拜"的重大命题。武帝敕建太一祠和仙人祠九所,弥布于不其山海之间,汉史中首度出现了以太一神和仙人为祭祀对象的祭祀组群,不其为太一、仙人崇拜之东方中心的地位显而易见。不其结缘"太一"者深矣,武帝所起明堂、太一祠及交门宫的精神内涵皆以此为核心。内在于汉朝精神史,则尤须深思太一,亦尤须深思不其与道教史前史之关系。通观汉志,多举各地神祠,然特意言明"武帝所起"者仅两三处,这是非同寻常的笔法,而集明堂、太一祠和交门宫于一地者,仅不其一地而已。

交门宫见载于《汉书·武帝纪》,其文曰:

> 夏四月,幸不其,祠神人于交门宫,若有乡坐拜者。作《交门之歌》。

此亦为堂奥之言,先于前引"不其……武帝所起"之言载入正史,汉不其记忆缘此而明确、生动了许多。所记为太始四年(前93年)事,是年夏四月(农历),汉武帝巡幸不其县,在交门宫祭祀并遇见了神人,遂作《交门之歌》以记之。由是可见,交门宫与明堂、太一祠具有文化渊源和精神旨归上的同构性,其意义同样表现在太一崇拜和神灵祭祀的维度上。意义还在于交门宫所处之海陆地理环境,作为汉朝于都城和京畿之地以外所建造的稀有的三座国家宫殿之一,交门宫在很大程度上已被赋予了国家地理标志的功用,从这一维度观察,其基本价值就是:为汉朝的东方之门,为中国的海洋之门。为汉朝宫殿,交门宫在胶州湾中,其地理标志和文化象征意义大致与秦朝置于渤海湾中的碣石宫相似,均可被视为帝国的东方之门,在海陆交接处昭显"东方"和海洋的意义,奠定帝国的东方视野并贯通更为辽阔的海外视野,从而进入了海上丝绸之路的历史景深中。

天下建筑,可有更为绝密而稀有者? 明堂、太一祠与交门宫在不其的集中出现自是意味深长的。可问题是:它们的具体位置何在? 所憾者,过去了两千年之后,今已一无所见。想来历史往往如此,喜欢以迷失或者隐匿的方式来提醒我们关注既往岁月的那些重大秘密,而秘密已被壅埋于亘古苍寒的星空。汉以后,后世史家多复述汉史的相关记载,关于明堂和仙人祠,历代典籍和方志中尚留有一言半语。宋乐史《太平寰宇记》"中祠山"条下将汉志之言转述为"不其山,有太乙、仙人祠九所。"("太乙"即"太一",多了一个"山"字,倒是提示我们观察视野应扩展至整个古不其山——今崂山山系的大范围内),附言"此其一也。"是说即墨县西南五里处的古中祠山中旧时曾有汉武帝所建的仙人祠一所。然所指应为仙人祠,非太一祠也。接下来,隔两句又记女姑山,言"其山北旧有基。古老相传云,此为明堂。"将明堂位置指向了胶州湾东北岸的女姑山,明万历版《即墨志》因其说,如此言女姑山:"有明堂遗址,乃女姑祠,相传汉武帝所建。"似将明堂与仙祠混为一谈,不过大方向还是可靠的。察女姑山为火山口地貌,山顶状若平台,实为汉高台建筑的天然理想处所,而白沙河从山之东南和西北两个方向汇入胶州湾,就此形成璧环水系,这倒符合明堂、辟雍一体化的布局要旨。可以推定,明堂在女姑山应属无疑,诸说可以采信。至于交门宫,后世典籍中似已了无痕迹,不过结合其功用并参合汉武帝《交门之歌》意境判断，它理应坐落于胶州湾畔。相传红岛古称荫岛，约有帝王荫庇之地一层意思在焉。那里的地理地貌殊为奇特，其正南方浅海中立有两根海蚀柱，一高一低，相距数十米，东西并立于一线，这种地质景观本身就是富于启示性的，恰如一道天然海门，这一点与秦碣石宫所在地的海蚀柱景观颇为相似。内中因缘，尚待推思。根据汉史、后世史籍及方志的相关记载，结合海陆地理特征或可推定，明堂、太一祠、交门宫三大建筑应与胶州湾构成深刻而隐秘之关系，应距汉不其城故址不远，当处于一个由女姑山、红岛和不其城所构成的面向胶州湾而展开的扇面上。古代典籍惜墨如金，所言简略至极，我们只能进行合理性推测，至于今后海洋与田野考古能否揭示其秘迹尚未可知。

复思明堂，这是显现并隐匿于思想史深邃境地的事物。诸朝云烟飘过，今世久已不明汉武明堂之绝世意义了。这里，尤其值得注意的一点是，明堂在汉朝，其基本范式很可能完型于不其明堂，这是汉武三明堂中最后建造的一座，自有集大成之机缘在焉。不其地独具海陆一体化之位势，较长安与泰山更接近于海上三神山，成天上神明与海上仙人之会，无疑适宜。而后来，还极有可能东传海外，为日本神社提供了祖型，具体的传播路径与影响轨迹不明，自当与海上丝绸之路有关。一事尚需略加提及，富士山被奉为日本的圣岳，其山北有浅草神社开日本神社之端，其山名则正式成立于五世纪，时当中国的南北朝时期，而富士山（FujiSan）的发音恰与不其（Fuji）相同，这是颇耐寻味的一点，难道只是一种暗合吗？是否存在着这样一种可能，汉不其明堂建立以后，海上方士往来中国与日本列岛之间，随着文化交流关系的不断加深，不其自然成为了朝圣地，而试图创建日本神教体系的那些人，得明堂之启示而东引其光，遂援不其之名而命名岛国初辟神社之地，以示其渊源之深厚。再者，富士山旧有"不二山"之称，其取名逻辑似亦合于不其山。这是不其山与富士山的秘密因缘。在此止于猜想，不作因果论证。

汉史视野宏大，随着丝绸之路和海上丝绸之路的开辟，已见多元文明盛大交汇之梦。应当感谢班固，幸好他在《汉书》中留下了吉光片羽，虽不足以说明一切，然不其记忆有赖于此，汉不其文化的基本价值体系得以建立起来，否则其历史高度将会完全陷落于无声无息，亘古迷津亦无门可入，后世也就永远无法洞悉两千年前东方海岸上发生的那些事。历史记载的重要性、稀缺性与珍奇性于此可见一斑，凭借汉史提供的路标，我们所要做的就是找到人物和事物的真实走向，在合乎历史逻辑的前提下尽量还原其真相，虽然这几乎是不可能的。倘若班固说得更明白一些，比如交门宫的具体方位、结构与其神灵体系，世人即可更直观地面对历史而不至于陷入法显所说的"九译"之境，云烟历史之来路也会更明晰一些。

说起两千年前的事，无法不心生感慨。那是汉帝国精神在不其海岸上灵光一闪的岁月，光焰万丈而又昙花一现，其出现之强烈与消逝之彻底无不令人浩叹。理解汉武帝的意图及汉朝的东方精神是重要的，否则不足以澄清不其文化的基脉。你所看到的是，在明堂意识、太一信仰与交门情境之深处所透射出来的，其实不正是当时中国文化所面临的巨大矛盾吗？矛盾引导前进，汉武帝和当时的学者们无不勉力寻找着解决矛盾的可能性路径，儒学也许只是一个选项，还有别的。在汉武帝刘彻本人的头脑中，曾无数次闪过某种终极性光影，他可能反复思考过这样的问题：是朝向"太一",还是皈依儒学?紧接着出现的另一个问题也就是:是否有必要建立以"太一"为至尊神灵的一元化宗教体系,还是维持万神共尊的多元化神灵祭祀?与海上求仙运动相关的另一个问题就是:是在帝国的中心安守江山,还是继续朝向海外拓展世界?

你看,在一重景深中,汉武依旧如前朝始皇一样以魔幻现实主义的眼神关注三神山,努力寻找长生不死之术,资以维系一己生命与帝国基业万寿无疆,故而热衷于海外求仙,也因此而触及了历史思维的敏感神经,乃至陷入了荒诞境地。而在另一重景深中,这又是超越幻想的文化实践行为,他试图重新厘定汉帝国的精神系统并有效拓展其海外视野,对未知世界展开了大规模探索。

于是,在不其的空旷海岸线上,帝王亲自决定并采取了一系列行动,其中最重要的三件事就是定明堂、祭太一与建交门,而所有这些超乎想象的行动都是因果自明而旨趣相联的,内中所潜隐的文化思维特征以及文化命运轨迹如此耐人寻味,而若想寻得理解的机缘,则尤须将孤立事件放在宏阔的历史和地理景深中予以考察,非此不足以澄清哪怕一点点奥义。不其然乎?因为这始终是相互隐蔽的事物,这偶尔也是相互显现的事物,在真相与异相的循环中形成了巨大的历史对称。

6. 重闻《交门之歌》,多少岁月已声沉绝响

凤凰起飞的那一刻,无数寻找故乡的灵魂正在路上。

第一天与最后一天之间,群星转过身来,一片蝶影微颤薄翼,在人类的额头、肩膀和胸脯上留下梦与非梦的证词。那一瞬在每个人的生命中绵延着,因为每个人一生中都会有这样感人的一瞬,在万方星辰的抚慰中回到屋宇,回到自身。

长日将近之际,星光在万仞岩壁上重新写下了一行字:

夏四月,幸不其,祠神人于交门宫,若有乡坐拜者。作《交门之歌》。

这也就是前面曾出现的《汉书》中的那行字,汉史所铭刻的不其记忆因此而明确、生动了许多,汉东方之性灵亦更显瑰丽多姿,历史有意境了。在《地理志》平实交代太一祠和明堂之前,《武帝纪》首先以这等神意盎然之言引出了交门宫,说的正是帝王与神人相遇之事。其大意是:夏四月,武帝巡幸不其县,某日黄昏他置身于交门宫,举行祭祀大典,虚无缥缈间若有所见,神人仿佛正朝向圣坛显灵,于是帝王就面向闪光的神人虔诚跪拜,三复其礼。你看,这就是汉武帝与神人相遇的"交门情境",寥寥一语之外别有奇章,神人容仪模糊而清晰,亦真亦幻,若思若悟,尚可慰勉帝王永生之思,亦可镜照帝国万寿无疆之梦。《郊祀志》以"又祠神人于交门宫,若有乡坐拜者云"复述之,加深了交门情境。汉武渴求长生久视,历数十载光阴而祀神求仙,常怀思之而不得见之苦,而今终有交门神会的一刻,喜不自胜。然则何以畅怀,唯作《交门之歌》以追慕神人容仪并延展其灵光。歌已佚?《艺文志》亦空载其名。可是果真如此吗?

海色夐远,每一重宇宙都处于真切关怀和深沉思念之中,那从风中传来的正是

《交门之歌》，歌曰：

　　赤蛟绥，黄华盖。露夜零，昼晻濭。

　　百君礼，六龙位。勺椒浆，灵已醉。

　　灵既享，锡吉祥。芒芒极，降嘉觞。

　　灵殷殷，烂扬光。延寿命，永未央。

　　香冥冥，塞六合。泽汪濊，辑万国。

　　灵禗禗，象舆轙。票然逝，旗逶蛇。

　　礼乐成，灵将归。托玄德，长无衰。

　　多少不可思议的因缘可以重现，两千载埋没之后，我们可以重新听闻这支歌。倒也不必说这是一份历史奇缘，因为这只是宏大历史中的一个小小片段而已，当然沧桑的复现总是意味深长的。歌音浩荡之际，群星和众神参与了人间事务，洋溢着天人共鸣之精神与万邦协和之光芒。

　　太始四年（前93年），汉武帝在不其交门宫祭拜太一和众神之后写下了这支郊祀歌，《汉书·武帝纪》载其名，然名下却未见具体内容。后世莫知其详，普遍认为此歌已散佚，所幸者并非如此，其实它是以异名方式载入汉史的，这也就是《汉书·礼乐志》所载录的《赤蛟》，是一首典型的郊祀歌，兼有迎神曲与送神曲的属性，为《郊祀歌十九章》的压轴之作，以昭显交门神会之荣耀与天人并荣之愿景。歌中意脉显豁，与不其地的海陆地理环境，与汉武东巡史迹，与太一神信仰和海上求仙主题有着多重可相互印证的吻合之处。汉志所载郊祀歌全部以起首两字或三字来命名，之所以异名入载郊祀歌体系，一个显著原因与郊祀歌的普遍性相关，相对消弭创作的地域性而增加其普遍性以便于郊祀之用。就在本书即将付梓的最后关头，我们从《太平广记》中的片言只语得着提醒，重新发现了这支歌。

　　你看，这是汉武帝所创造的一个交门情境，礼神而遇之，天地为之回响，意义趋向自身和世界的矛盾统一，趋向一世与万世的一本万殊。现在，我们来对《交门之歌》作一下文本分析，以明其脉而正其意。请记住，这过程中，每一个片段都与整体密切关联，或者说每一重视野都在唯一的视野中闪烁其光。歌以"赤蛟绥"起，以"黄华盖"承之，慢镜头中亮出天神、仙人与帝王之象，进入了自万古苍茫中登陆的时刻，于是一重交门时空缓缓展开。

　　何谓"赤蛟"？简言之，其原型为传说中的龙族神兽，海陆两栖，游于江河湖海，能细能巨，可短可长，亦显亦藏，无始无终，春分则登于天，秋分则潜入渊，主宰着水世界以及与水相关的一切，有行云施雨之功。这形象中包含着多重内涵，行于天上则为太阳之车，行于光中则为神仙之驾，行于人间则为帝王化身，行于海上则为楼船象征，故可视之为天人沟通的精神载体。有这样一个问题，汉武帝巡幸不其县，如何进入其地？无非陆路与海路两途，参照《史记·孝武本纪》"遂北至琅邪，并海"等相关记载，很可能是由琅邪乘楼船北上以入胶州湾，于其东北部靠近不其城的某一片海岸上陆。若此，则起首句的意脉可明确归结于写实的层面上，所谓"赤蛟绥，黄华盖"云云，恰恰就是武帝自海上登陆不其一瞬间的实景，你看，楼船顺利抵达，随从们打开了帝车上的黄华盖，帝王上岸，款步登车。在象征层面上，这又何尝不是天神降临人间或仙人出于海上的写照？

"露夜零，昼暗滃"一句所写分明为海雾迷蒙之状，昼夜间，海雾漫漶无涯，几乎分不出任何时空距离，是典型的北方海滨气候现象，特别在胶州湾深处表现得更为明显。滃同霭，"暗滃"即写雾色与云气晦暝之貌。太始四年，武帝巡幸不其县的具体时间是"夏四月"，正值春夏之交的多雾季节，海雾起于深夜而弥漫于白昼，一片幽晦之状，无处不结凝为露水，雾色浓时，则海陆无界，全然仙境矣。此写实之言耳，亦于雾色中引出了些许仙界意境。显然，这一句对海陆地理环境已做出明确交代，是作者登陆不其地的写照。

天人奥秘尤在于"百君礼，六龙位"这一句，言明了大祭司与祭祀对象。所言"百君"者，众神之谓也。"六龙"何所指？它与"赤蛟"意脉相合，俱指神驾与神座。在神话语境中，"六龙"为羲和驭日之象，原指日车，转指天神与仙人所乘之车。而日神与日车之渊源俱可在东夷文化中寻得，是为太阳神羲和创世时光的壮丽显现。《淮南子·天文训》言："爰止羲和，爰息六螭，是谓悬车。"所谓六螭即六龙，《初学记》注之："日乘车，驾以六龙，羲和驭之。"可以将六龙视为帝王与天神沟通的精神载体。《潜夫论·思贤》"乘六龙以御天心者哉"一语说的亦是这回事。明乎上述渊源，即可知"百君礼，六龙位"语意。此刻已正式进入交门祀神的程序，汉武帝本人充当了大祭司，众神各就其位，各享其礼。

歌音浩荡，以下所呈现的是众神在人间的狂欢盛典，大祭司与众神心心相印。群臣膜拜，大祭司斟上满是椒香的美酒，恭请众神享用。伴着优美乐舞，众神畅饮着琼浆玉液，在"灵已醉"与"灵既享"的神性和鸣中，天上人间已处于共同醉意之中。于是就有了"茫茫极，降嘉觞"的一瞬，这是众神歆享宴乐之际对人间的还酬，于是也就有了"灵殷殷，烂扬光"的一瞬，有感于大祭司和所有人的虔诚，众神情深意重，赐以"延寿命，永未央"的庄严允诺。就如同《诗》中"和鸾雝雝，万福攸同"的一幕，人神和谐，达成共同喜悦和共同祝福。

至若"杳冥冥，塞六合，泽汪濊，辑万国"诸语，则将交门祭祀的境界引向了远方，意味着祭祀的合法性与恩典的合理性，具有了普世性价值。你看，新的长生之门已然开启，万福之光绵延不绝，从交门宫向着无边无际的时空扩展着，充盈于天地四方，广被天下万邦。茫茫无极之中，天人合一之路继续展开。

转瞬众神行将归去，场景中多了一丝忧伤之意，先是"灵褆褆"的不舍之情，然后是"票然逝"的无奈之举，一场人神狂欢处于尾声，众神不忍离去，但时辰已到，返回天界的车舆已准备就绪。参照《汉书·礼乐志》所记甘泉圜丘的祭祀场景，交门之祀很可能是一次以"昏祠至明"的祭祀，天快亮了，仪式就要结束了。于是神驾翙翙，旌旗逶迤，众神飘然远逝。

意犹未尽之事总是刚刚开始既已结束，等待着新的开始。因"礼乐成"之故而"灵将归"，这是圆满与终结的关系。然则何以"托玄德，长无衰"？颜师古注："言托恃天德，冀获长生，无衰竭也。"以"玄德"言天德，合于太一神之旨，奉至上神灵之名求，而"长无衰"与海上求仙之旨相合，诗意汇入永生之长河，一以贯之。意脉开合有度，恰可说明交门之祀含有双重性质，这里接受大祭司供奉，接受王朝尊崇的既有高居北极星区的太一神及其所率众天神，亦有远居海上三神山的众仙人。这是天上与海上的一致性，印照在海陆一体化维度上则更具说服力。汉武帝所处正是这样一个时代，既保有着对上苍的无量敬畏，又充满着对海外未知世界的无限憧憬，所以太一神信仰与海上求仙运动也是可以合轨的，紫微宫与三神山也是可以互为表里的。盛大祭祀之后是巨大空旷，众神俱已归去了，唯有大祭司还在沉思，虽然已无人能看出他的心事。

《交门之歌》意脉宏博而笔力苍奥，旨趣精深而神思超迈，允称汉武帝的代表之作，亦为古代郊祀歌的代表之作。鲁迅先生《汉文学史纲要》中有"武帝词华，实为独绝"之判，阅《交门之歌》，可知此论不虚。想必当时，刘彻一定是对"绝地天通"以前的历史发生了真切感怀，恍若回到人天相语无间的时光。这就像许多年以后龚自珍所描述"天与人，旦有语，夕有语"（《壬癸之际胎观第一》）这等情形，人天无二，人神可遇，交其思，通其灵，共其梦。然则"神人"者何？应邵言为"蓬莱仙人之属也"。阐释视野指向了海上三神山。推思之，略觉褊狭，未尝不可将其视为太一神与海上仙人的一体化形象，旨归超越无常的永生之梦。

天地交泰，人神备至，这是汉武时代所需要的一重主题场景，因此交门情境显得愈加深邃而悠远。你可以期待的事物是有限的，这一边是陆地，这一边是海洋，带着同一个梦的全部钟情之意相遇，在海陆一体化维度上，不其文化缘此而臻于巅峰，理当在自我发现中实现古老而常新的文化自觉。

你想想，这究竟是怎样一回事？这究竟是怎样的历史机缘，不其县在其建制的历史起点上就获得了一种绝对个性和神奇格调，绝不混淆于他者，从而建立起海陆一体化的价值体系。交门神会的韵味还在于，既有所见，事已圆满，则秦皇汉武所倾力推动的海上求仙运动也就获得了终结机缘。可是，这一切究竟意味着什么呢？复思交门情境，帝王登临的场景、神人存在的理由、众神出现的方式、祭祀仪式的规程、众神宴饮的情形以及人神关系的状态俱已有所显现，不过透过这瑰丽光影，尚可察知的意义犹在于一种天人贯通、海陆并尊的文化史观。

汉时明月下，无常与守恒的潮汐涌动，保持着亘古不移的韵律。朝向海洋的巡狩之路展开，一方山海浸淫着特有的宗教气息。一切宗教无非出于自然，那些有名与无名的神灵无非大自然力量、智慧和本质的化身。彼时，不其文化加深到了匪夷所思的境界，如此复杂而又如此简洁，为明堂之秘境，为太一之渊薮，为海事之秘府，但更多已是遗忘，而每一次回忆都变成了今古对话，因为同一个梦始终在重新开始，从海陆结合处开始。

长空运转其光辉，一支歌在回响，不是更古老时代的纪念之作，而是汉朝东方精神的结晶体。以是观之，不其文化的存在是至为简单而深刻的，照见一个意味深长的"东方"，以东方之门的形象矗立于海陆一体化的视野中，昂扬"东方"神韵于中国时空。岁月漫漶无际，往昔那些雄奇、庄严而生动的事物久已埋没不闻，如今我们也只能透过史籍中的吉光片羽来看两千年以前的世界，而最终看到的可能就是我们自己。因此，每每有无边的迷惘之感，那些无声浩叹花影一样飘落，而交门宫已不知所终，海浪抹去了所有往世与来世故人的名字，只剩下一钩残月还在春风中葬花。由此言之，所有梦中之梦都具有共同的韵味。

彼时天地隔绝，一切往来于天地间的事物都被认为是神圣的。至神圣者，至朴素也，就像生活史在今天所展现的光影一样，回望两千年以前的世界，这也同样是关于生命与死亡的冥思，同样是关于无常与无限的冥思。

理解历史不易，理解汉朝更难，每一重精神时空都因为重力加速度而曾经沉没过。无论汉武东巡和经学东渐的历史包含着多少光明与黑暗的因子，不其文化所见证的一切都是深刻的，而世界或将在小自我和大历史的共同沉思中相互领悟，因为东方和文化可以涅槃重生。

7. 不其与道教史前史：从太一信仰导向道教的路径

《交门之歌》响起之际，一点点星光可以被唤醒，而我们的历史感也不仅仅意味着更彻底性的遗忘，那些寻找故乡的形影也就不仅仅走在别人或异乡梦中，群星可以报出名字，让漂泊的灵魂回家。

宇宙有"太一"，在万方星辰的精神高地上释放着非时间性的光辉，主宰和协调着自然和人间的一切运动。这是汉朝精神世界的一大秘奥。可这究竟是哪一个昨天，那些被放逐的灵魂想起了故乡？有人仰望天穹，看见了北极星，而黄花飘落于海边森林，铺满了通往交门宫的幽暗小径。

从《交门之歌》开启的一重精神时空回望沧桑世界，可以对汉武帝和汉帝国的宗教情结有更进一步的体验，所有可见与不可见的回声都将重新聚合于太一。对于汉朝故人来说，这是一重本原时空。

汉武所兴祠极为繁复，有数百之多，其中最显要者为太一祠、后土祠和泰山封禅，而太一之祀尤具开创性和启示意义，集结着多重宗教奥秘与文化景深，展开了一个令人深思的汉史境界。

重返古代知识与信仰体系的道路是危险的，那神秘、艰涩而模糊的每一环都如悬崖峭壁般横亘于前方，保持着一如既往的绝对性。于是理解就变成了探险，而且看不到边界，因为唯一的边界就是无边界。一切遗忘之中，我们能否顺利去往那里并如期返回今世，而不至于滞留星辰的旷古大荒野，永久沉湎于星辰的绝世思维之中？你知道，对终极事物的探索是人类文明的一大内驱动力，所有哲学推理、科学实验与艺术想象都因此而获得突破的方向。你也知道，那些突破者的尸骨变成了路标，而灵魂变成了星辰，可终极奥秘依旧在向远方延伸。

汉武帝时代，这同样是不可避免的事，既是古老问题的重现，也是全新问题的发生。汉武帝所要探索的终极事物就是"太一"，内中既有绵延不绝的亘古共时性光辉，也包含着非汉武不足以见证其命运的历时性因子，深刻寄托着他试图重建汉朝精神法则与宗教体系的努力，也隐含着海上求仙的永生憧憬。汉朝如何延续、更新并实现了对"太一"的崇拜，缘此而构成了怎样的知识情怀并在多大程度上导向了太一信仰，这是我们与汉朝故人对话的一大难点。

"太一"渊源深久，早自战国时期已形成了太一崇拜，而其初始因缘尚可追溯得更远，系之于上古蕴生的天地关系，与此相关的心理基因则可以通过神话时代对太阳和星辰的种种秘密情感而有所体悟。太一，古文献中亦写之为太乙、泰一、泰乙、天一、天乙及大一等，同出而异名，是一个具有星辰、神灵、万物之源和宇宙本体等多重含义的终极概念，与老子《道德经》所讲的"道"自有其同源性，然并非可替代的同一性概念。郭店楚简《太一生水》所揭示的是宇宙的初始元炁化生状态，太一生水而水上力物化生，似乎提供了某种类似于《圣经》中"渊面黑暗，惟上帝之灵运行于水面上"的创世情境。

汉武心事浩茫，三神山或者说沧海之上，最牵动其心绪的是太一神。说起来，汉武帝可能就是怀有某种创世幻想的人，对太一神的倚重超乎想象。汉朝，特别是汉武帝时期，这是历史上最具"太一精神"的时代了，古已有之的"太一"被重新激活，并上升到了无以复加的崇高地位，作为至高无上"上帝"而获得了新的历史性确认。汉朝故人看来，"太一"为万福之源，关乎国祚存续、国家意志和人间幸福的实现方式，人间和超人间的一切事物无不与此相关。而所有汉朝故人中，最具"太一情结"的就是汉武帝刘彻本人了。元光二年（前133年），他接受方士谬忌之奏请，首创太一祭坛于长安东南郊，打破了秦朝以来所奉持的五方天帝神（青、赤、白、黑、黄五帝）的观念，五帝为太一之佐。到了元鼎五年（前112年），甘泉太一祭坛建成，坛分三层，太一高居上层中央，五帝之坛则环绕于其下，是为太畤（泰畤）。当其时，汉武帝举行了隆重的国家郊祀大典并昭告天下，奉太一为汉家至上神。至此，太一至上神的法统正式成立。说到底，这是大一统王朝的精神需要，是天下大一统意志在宗教上的体现。在汉武帝看来，秦及汉初所奉持的那种五帝并尊体制缺乏宗教上的权威性，因而他极力推行太一信仰。在特殊历史背景上，"太一"异峰突起，构成了汉朝天人体系和宗教崇拜的核心。就此，周秦汉之际的中国首度有了至上神（主神）的概念。你看，这是从多维神到至上神的嬗变，而下一步的演进路径就是从至上神到唯一神，汉武帝可能想过这件事，不过中国固有的万灵并生、万神共存意识并不支持这一点。古希腊也同样如此，主神宙斯与诸神同在。从《交门之歌》所呈现的诸神共享人间宴飨的场景中，也不难发现一神与万神之关系，这是一元多神体系，是至上神统摄下的万神并存体系。

汉武祭祀太一赞飨中，亦以"上帝"称颂太一。汉史典籍载录其事，亦常可见"上帝"与"太一"互文现象，如《汉书·郊祀志》：

> 明年，幸泰山，以十一月甲子朔旦冬至日祀上帝于明堂，后每修封。其赞飨曰："天增授皇帝泰元神策，周而复始。皇帝敬拜泰一。"

所记为太初元年（前104年）第五度东巡中的事，这是甲子朔旦冬至日的祭祀时光。说起来，"上帝"在中国之缘起甚早，殷商之际已有了这一至上神的概念。"上帝"者，上苍也，至上天神之谓也。不过原先这一概念要相对宽泛一些，并无具体的名字，到了汉武帝时期，则专门用以指称太一神。从上述记载已可见，汉武帝行太一之祀的场所不限于泰畤，明堂亦然，交门宫亦然，而太一祠则为专门奉祀太一的神祀。察诸汉史，汉武奉祀太一之地要者三，其一在甘泉泰畤，其二在泰山明堂，另一处就在不其地，明堂、太一祠与交门宫俱为太一殿堂。从历史地理的角度看，大致上与天下三明堂的格局一致，亦呈东西并立而贯通海陆之势。

回望不其，太一之光照射下的沧海更显苍茫至极。汉武敕建明堂、太一祠和交门宫于海陆交接处，自有其非同寻常的一面，推思之，内中既有将太一信仰与海外求仙结合起来的一层考虑，亦隐含着稳定东方世界并拓展海外视野的一层考虑。既如此，明堂、太一祠与交门宫的意义也就不限于宗教一维了。

不错，我们所探讨的既是一种宗教形态问题，亦是汉朝东方意识、海陆关系与海外视野问题。既如此，当如何理解这一建筑群落的宗教与文化内涵呢？奥秘正在于"太一"。这样说吧，当从两个层面予以审视：其一是太一信仰层面，这是汉武之际的当世视野。如前所述，汉武帝所勉力创辟的是以"太一"为至上神的宗教体系，"太一"神格远高于五帝以及后世道教诸神，涵万有而归一。特别是在宗教祭祀和海外意识的复合视野中观察，不其的太一之祀别具特殊意义，为太一教的东方中心，为太一精神的海陆结合点。其二为道教层面，这是后世对前世的补偿视野。既然汉武帝所创辟的是太一信仰而非道教，又何言不其为道教发源地？问题的一大关键在于，道教不仅吸纳了太一信仰的元素，而且其历史前缘俱与海上求仙运动有关，与海上方士及其所传播的神仙思想有关，方士已被视为最早的道士群体，他们所持道术及相关学说也被称为方仙道，而方仙道的发源地在齐地琅琊。可以说，道教与太一信仰在历史渊源上有相承的一脉。某种程度上，道教实现了对太一信仰的吸纳，从而具有了某种融古开新性质。故此可以说，道教于东汉正式创立以前，在东方不其地出现了中国最具道教精神气质的建筑群落和相关祭祀活动，缘此而开张道教史前史于东方海岸。上述两个层面互为渗透，合于历史演变逻辑，从这里追溯道教史脉，这是一条可取的路径。融古开新，是为文化嬗变的必由之路。

历史道路与宗教时空的展开尚有规律可循，因着汉武祭祀太一神的缘故，衍生出了道教史前史的"不其形式"。历史地看，不其为道教精神之渊薮，与琅琊共同构成道教的东方发源地，这是一个基本的历史认证。不其与道教起源的关系应得到更深刻的关注，历史交接过程中丢失了这把钥匙，而一段历史断裂，乃至于道教发源程序中极具典型价值的一个环节被忽略了。不其文化的宿命，于此尤甚。

齐地琅琊是一个小大相宜的历史地理概念，以三代之际形成的琅琊古港所在地（今青岛市黄岛区）为其中心领地，是为小琅琊，其为亚洲始祖港和中国海事中枢的历史久矣，以中华文明出海口和海外文明登陆地的形象站在了三代历史时空中，流光展布于春秋战国以迄秦汉之际，发生了诸如越王迁都并建琅琊台、秦皇移民筑港并遣徐福东渡等重大历史事件。时空延展有度，秦汉琅琊郡涵盖自苏北至胶东半岛的广大区域，是为大琅琊，小琅琊与不其均包容于其中，所以琅琊道教时空已包含不其在内。东汉设琅琊国，不其仍在其境。至光和年间（178～183年），不其改隶青州东莱郡，与琅琊分道扬镳。着眼于同中有异的地域特色以及后世历史演变轨迹，我们还是区分琅琊与不其为两地。不同历史背景上，崂山内在于两地，为两地所共有的海上仙山。战国时期，随着海上求仙运动的兴起，琅琊成为与海上三神山密切关联的早期道教情结的最大集汇地，黄老道术盛行，方士传统的流衍与求仙行动的展开俱以琅琊港为大本营，存在一个相当庞大而显赫的琅琊方士集团，其代表人物不仅有出海东渡的徐福，还有升临仙界的安期生。琅琊久为海上求仙与海外探险的桥头堡，养成了道教史前史的精神气质，弥漫着深沉的道教气氛。而汉朝创教之际，诸多道教本事亦在琅琊发生，从而勾连道教史前史及创教史于一端。

关于琅琊与道教的关系，可从黄老道、方仙道和太平道等多个角度予以阐明，与早期航海活动及相关海洋知识体系密切相关。汤用彤先生考证认为早期道教经典《太平经》产生于琅琊一带，作者于吉亦为琅琊人，遂参合历史传承秘迹，厘定琅琊海滨地域为道教的重要发源地。[6]

汉时，应当也存在着一个重要的不其方士集团，也许正是在他们的鼓动下，汉武帝将海上求仙基地从琅琊移到了不其，内中缘由很是复杂，应涉及胶州湾所独有的地理环境与显藏关系。历史地看，不其缔结道教前缘于胶州湾畔，内中既有如琅琊一样的理由，而尤以汉武帝的太一之祀构成了汉本朝之重大因缘，太一之祀深蕴道教之魂焉。这是我们观察不其与道教关系的一个重要维度。

在此应予特别申明的一点是，武帝在不其所祀"太一神"与后世道教体系中的"太一真人"既有渊流关系亦有重大区别，前者的神格远高于后者，为主宰宇宙与人间一切之神，亦称"上帝"，为天地众神之主，《史记·封禅书》言"天神贵者太一。"早于道教正式创立千年以前既已存在于中国精神体系之中，包容着天文、哲学与神学的复合含义，汉武帝尊其为至上神而成至高无上的太一信仰。后者为道教神灵，是随着南朝梁时陶弘景所撰《真灵位业图》而列入道教神灵谱系的，为尊神，然其神格相对前者来说已大大降低，列为"三清"之下的"四御"之一，全称"太乙救苦天尊"。虽同奉太一（太乙）之名且有共同的精神本源，然神格不同，更重要的是两者所对应的历史背景已大不同。

同样有必要予以特别申明的还有一点，既然存在着太一信仰与道教相架通的因缘，既然历史给出了这样的因缘，那么这片曾经以太一信仰之东方中心而存在的海陆交接之地，这片太一精神秘境，这片后来以道教名山为号召的山海胜地，就可以将"太一"视为最具特色的道教主题，其历史文化价值可以得到合理的阐扬。显然，一种宗教的普遍性与独特性是并行不悖的，比方说中国佛教有四大名山，五台山为文殊菩萨的道场，峨眉山为普贤菩萨的道场，普陀山为观音菩萨的道场，九华山为地藏菩萨的道场，这是一种有深度、有特色的历史传承。不其地有特色传统，然而后来包括崂山在内的周边区域并未有效延续这一点，这也从一个角度说明道教史的传承链条在这里存在着断裂，今崂山道教主题基本上是宋元以后形成的，特别是随着全真道的兴起而完型的。

汉朝视野开阔，宏大时空在东方和西方两个维度上展开，一边是朝向西域的丝绸之路的开拓，一边是朝向东方的巡狩之路的展布，这是东西并进的文化史景观。那一边是基于国家安全与边疆稳定而采取的外交、军事与贸易拓展行动，这一边是着眼于帝王和帝国万寿无疆而采取的祭祀行动，这一边，在泰山封禅与海上求仙的景深中，汉朝的东方视野顺势弥布，明堂、太一祠与交门宫三者所呈现的正是兼具太一信仰和道教精神的复合景观，集结着极具时代特色的精神气象。特别是对于汉武帝来说，人神关系深刻到了异乎寻常的地步，深思熟虑之后，他在帝国边缘启动了这样一套以"太一"为中心的天人精神系统。至于太一信仰所反映的宇宙意识，太一与古代宇宙图式的关系，这都是汉朝知识视野中的沉思对象。作为太一信仰的伴随现象，借"太一"之力，海上求仙运动也在向纵深处展开，汉帝国的海外视野亦因此而得以在包容天地的维度上展开。历史或者宇宙的记忆不曾如此沉重，那在风中降下的，是第一朵花还是最后一朵花？

[6] 汤用彤：《汤用彤全集》，第一卷，第64页，河北人民出版社，1999年。

云火奔腾，凤凰继续沿着海路飞渡，千万重东方在大地和海洋的同一个梦中盛开。看上去，一切神妙，一切壮丽。一个至为深沉的不其之梦也正在燃烧，从帝王和航海者那半已寂灭、半未复生的眼神中荡开了新的东方无意识，无边的沧桑连着沧桑，唯一的安慰出自内心，超越了凝视者和被凝视者那非对称性的视野，终将与天地共生共灭，归回婴儿的一声啼哭。

8. 两汉经学的黎明与黄昏（上）

长空一如既往，记忆的潮水漫过时间。

循着婴儿哭声，行进者回望东方，这世界找到了梦的新摇篮。

时当历史变幻之夜，帝王告别不其以后，海色依旧苍寒，而北斗七星已指向了深秋。入夜，学者们蘸着星光写字，追春秋大业于毫端，发微言大义于汗青。天上无数古老信仰的遗迹已坍塌，多少人心被瘀埋，可苦涩心事依旧在发生，啼血杜鹃还在林中筑巢，那些可解或不可解的经典片段彼此交换了位置，而实相与假相间的花朵尚未命名。望星空的孩子们未曾淡忘第一重历史宇宙中的殉难者，虽然久已无人在他们深含期待的目光中答疑解惑，可无比单纯的视野中有宝藏，音声浩大，如此丰盛而又如此和谐，触及星辰的精神高地，千万重星光的翅膀开始飞翔。

齐、鲁殊途同归，三代之间融东夷文化与中原文化而开新，奠立了中国思想史的基脉。百家争鸣时代，稷下学宫焕发灿灿荣光，所深沉开张的学术传统至今犹令人怀想，况有琅琊为海洋文明重心所带来的新知识力量，齐地学术厚积薄发，预示着新的历史高度。历史地看，儒学兴发于鲁而盛传于齐，这与齐地所独擅其长的自由学术传统有莫大关系，相对于鲁学，齐学更具进取性和经世致用色彩。回看秦始皇焚书坑儒以后的那些岁月，儒学就像悬浮于中国意识中的一弯残月，自身之疑惑和迷惘更胜于历史之悲怆。秦末汉初，在最艰难的时期，齐地成为守望儒学的最后家园，学者们怀知识使命而孜孜以求，坚守阵地，延续着思想史的脉搏。因此到西汉儒学重启而渐成经学高峰之际，那些承前启后的学者多出于古齐地，也就不足为奇了。举其要者，济南伏生、胶东（今平度）庸谭治《尚书》，腄县（今烟台）辕固生、琅琊浮丘伯、东武（今诸城）伏理治《诗》，淄川田何、齐人即墨成、东武孙虞子乘、平度费直、诸县（今诸城）梁丘贺治《易》，临淄胡毋生、琅琊贡禹、琅琊王中治《公羊春秋》，不其房凤治《谷梁春秋》，琅琊徐良治《大戴礼》，皋虞（今即墨）王吉兼治五经而尤擅《诗》和《齐论语》，等等。齐学泱泱，演为西汉经学主流，架通今古学术廊桥于东方。武帝一朝迎来儒学复兴曙光，置五经博士并以儒学授官，董仲舒"罢黜百家，独尊儒术"之议被采纳，经学勃发。青州人公孙弘因其在公羊学上的造诣而名动天下，成为历史上首位儒学丞相，实质性参与了儒学国策的施行。汉宣帝石渠阁会议之后，齐、鲁两派达成均势。逮至东汉，随着北海高密人郑玄的出现，经学集大成的时代来临了。

两汉经学是沉雄、幽奥而艰涩的，更像岩石而非莲花，厚重的历史感加强到了匪夷所思的地步，每每令人感到梦想与命运的重力，无数灵魂在万有引力之虹或者一声龙吟的追逐下奔跑，半空中虚浮的残月便有了朝阳之势。然云根既济矣，风雨岂能闲话桑麻？无论如何，燕子依旧猜不透往古来今之人心，岁月已然处于同一条大河的转弯处。那么，不其为经学重镇的历程始于哪一个险峻的转弯处，又为何种命运所淹没？海风骀荡中，不其及其周边区域一度养成博大深沉的经学气氛，而后长久沉入空寂，那深远的回音就像叶子一样落下，于是万方星辰的训诂学变得更为神秘，而每一道反光都直指人心。说起来，文化兴转之源莫非人心，可这不是一个有限常数，而是一个无限变量，我们的历史往往因此而变幻莫测。

汉朝的东方视野中，不其、即墨与皋虞三地存在着深刻的交融关系。以三地为统一观照，两汉经学在这片海岸上发生了历史性集结。简言之，经学的集结主要表现在两个方面，一是本地经学大家的涌现，一是外郡硕儒的到来。他们行走八荒而心系东方，设馆授徒，在古东海（今黄海）之滨产生了盛大回响，不仅造就一地之学术巅峰，而且对两汉经学史和中国哲学史都产生了微妙而深刻的影响。自汉谏大夫王吉开基以来，自青州牧房凤追怀春秋大义以来，汉朝肩头多了一缕霞光，东方苍阔的海际线也显得雅健了许多。驰西汉以入东汉，不其对经学的依赖度更深了，否则一地之文化史将大为逊色，徒留空白风神在海风中飘逸。不其侯伏氏以其经学世家的命脉贯穿历史，荣耀与悲怆同在，至若郑康成引其学脉东流以入不其山，则滋润心田者就不仅仅是朗朗诵经之声了。且复旦兮之光属于山海，百代而下犹可听闻那激越的一声龙吟。如此一来，今天我们所看见的事物也就不应仅仅是些零星碎片了。话分两说，其实除了一长串名字和两三通墓碑之外，今天还能找到多少与往昔学者们直接相关的行迹呢？海风中显现的并不是雅典学院，千重浪花的台阶上也没有脚印，苦求真谛的群星也不再提出问题。既如此，当取法乎上，从两汉经学的整体图景上看待他们，理解他们的悲喜人生，理解汉朝的东方精神，进而对中国文化在这一阶程的流变轨迹有所证解。跨越两汉之桥梁，不同时代是可以相遇的，他们相遇在同一道光中并平静地站在山冈上，组成一个经学群像，所见证的是两汉经学的海岸体系，荣光弥布数百年之久，赋予"东方"以新的价值和新的希望。

汉谏大夫王吉是站在这一经学群像起点上的人物。他诞于汉武时代，琅琊皋虞人，为鸿儒，为良臣，誉满一世。他被尊为琅琊王氏的始祖，而诸如晋朝书法家王羲之、明朝音律家王邦直等文化先贤皆在琅琊王氏的历史序列中。

对于王吉来说，经学既是传家之道亦是治国之道，两者一也。关于其学养和经学体系，《汉书·王贡两龚鲍传》的说法是：

> 初，吉兼通五经，能为驺氏春秋，以诗、论语教授，好梁丘贺说易，令子骏受焉。

汉儒多抱守一经，极强调师传家法，学术视野相对闭塞，而"兼通五经"者实属罕见，齐有谏大夫王吉、鲁有夏侯始昌而已。说起来，为通儒，奉持这种稀有的博学品格是要有条件的，概言之，取精用弘的知识洞察力和大方无隅的思想包容力是不可或缺的，当然也离不开厚德载物的精神品性，非此实不足以打破门户之见。王吉为一世通儒，虽不能完全跳出两汉经学之历史藩篱，然精诚所至，已可见融合之思。博中有精者在于，他是昭、宣时期《韩诗》和《齐论语》的权威，至于《驺氏春秋》则尤可见其苦心孤诣，当时虽不忍失其学脉而精诚为之，然已成绝学矣，殆至新莽时即因"无师"而终。今文《诗》素分齐、鲁、韩三家，王吉为《韩诗》，得之于丞相蔡义，传之于博士长孙顺。今文《论语》则有齐、鲁两支，同源异流，各显其胜。《汉书·艺文志》云：

> 汉兴，有齐、鲁之说。传《齐论》者，昌邑中尉王吉、少府宋畸、御史大夫贡禹、尚书令五鹿充宗、胶东庸生，唯王阳名家。

王吉字子阳，时亦称王阳。较之于《鲁论》，《齐论》多出了《问王》和《知道》两篇，所反映的可能是齐人记录的"孔子适齐"时的相关言行，而为鲁地学人所不闻者，因有增益焉。王吉标志着《齐论》的历史高度，传与张禹，张禹亦受教于庸生（庸谭），成帝时张禹为丞相，参合齐、鲁于一脉而成《论语章句》，内中就包容着王吉与庸生的学说。王吉之子王骏得家传，兼通鲁学而成《鲁论说》二十卷，另从诸县（今诸城）梁邱贺之子梁丘临学《易》，这也就是前引《汉书》中"令子骏受焉"一语的意思，就此扩展了王氏经学的脉络。通五经而不囿于一己之理路，令子受教于家外，博采众长，学风之开明与视野之开放于此可见一斑。

为官亦然，王吉廉正且深谙变通与进退之道，这一点正可通过治学与理政的结合体现出来。有这样一件事，元平元年（前74年），昭帝崩，无嗣，前由武帝钦命的辅政大臣霍光遴选昌邑王刘贺继位。时王吉担任昌邑王中尉，深知大局未定，遂审时度势，上疏劝谏刘贺务必采取审慎态度，严加约束自己，以免与霍光产生矛盾而失去入继大统之机会。《汉书·王贡两龚鲍传》载录上疏内容，其文曰：

> 臣闻高宗谅暗，三年不言。今大王以丧事徵，宜日夜哭泣悲哀而已，慎毋有所发。且何独丧事，凡南面之君何言哉？天不言，四时行焉，百物生焉，愿大王察之。大将军仁爱勇智，忠信之德天下莫不闻，事孝武皇帝二十馀年未尝有过。先帝弃群臣，属以天下，寄幼孤焉，大将军抱持幼君襁褓之中，布政施教，海内晏然，虽周公、伊尹亡以加也。今帝崩亡嗣，大将军惟思可以奉宗庙者，攀援而立大王，其仁厚岂有量哉！臣愿大王事之敬之，政事壹听之，大王垂拱南面而已。愿留意，尝以为念。

此系权衡霍光仁德而刘贺顽劣的情况下提出的建议，所谓"垂拱南面而已"实已入"无为而治"的黄老一脉，从而对儒家君臣纲常做出了适应现实政治需要的调整，天下为公之德与神光内敛之智俱已有所体现。可见，作为"以经治国"的代表人物，王吉对道家思想亦有所吸纳，某种程度上可以说，他在历史上第一次实现了儒道互补，内中机缘尚可从齐学所固有的兼容儒道之风范中觅得。然刘贺昏聩，未纳忠言良策，登基不足一月即被废黜。原昌邑国属官中唯王吉等三人因公正劝谏而得免死罪，被从轻发落，髡为城旦。宣帝即位后，王吉擢升博士谏大夫。数年后退身返乡，播种经学于故土，皋虞及周边地区民间经学氛围的养成得益于他。

与王吉并称名臣的同时代人物是贡禹（前127~前44年），琅琊人，亦为经学大家，《汉书·王贡两龚鲍传》说他"以明经洁行著闻。""明经"者，言其为《公羊春秋》的主要传者之一，与善传《谷梁春秋》的房凤齐名。贡禹与王吉私交甚密且取舍一致，世有"王阳在位，贡公弹冠"之说。

房凤为不其人，初中射策乙科而入仕，以"明经通达"擢升光禄大夫，迁五官中郎将，官至青州牧。为经学大家，执春秋谷梁学之牛耳于西汉后期，主要活动于元、成、哀、平诸朝以至新莽时期。晚年归故里，教授群伦，带给这片山海胜境以高贵的学术气质，对不其经学气氛的发扬滋长贡献尤著。他也是两汉经学大家中唯一的不其人，生于斯逝于斯，今不其城故址尚有"青州牧房凤之墓"。

从不其开始的经学之路愈见苍茫，而房凤走在路上，就意味着经学在不其有了坚若磐石的支点，点点星光尚可在不其城的街巷中交织今古。从房凤这里，可以发现他与王吉一样有兼容并蓄的学术品质，融合力远大于矛盾，这一点尤其体现在今文经学和古文经学的结合上。如所知，《春秋》系孔夫子所修订的载道麟史，汉时学派林立，其中《公羊》一派最为显赫，盛行于齐鲁间；《谷梁》一派次之，宣帝以后大兴，房凤为其代表人物之一，所创制的谷梁学体系史称"房氏之学"。关于《春秋》诸学派的渊源流变，《汉书·艺文志》如是言：

> 及末世口说流行，故有公羊、谷梁、邹、夹之传。四家之中，公羊、谷梁立于学官，邹氏无师，夹氏未有书。

原先，四家俱存于秦末汉初的儒学"末世"而以独门"口说"的方式传布于民间，汉武诏立五经博士并开设太学以后，《公羊》和《谷梁》相继立于学官，顿成显学，而《邹氏春秋》唯王吉能治，然太学中已无人能讲授之，致其与本来无书的《夹氏春秋》一起失传了。"末世口说"之论未提及赫赫有名的《左氏春秋》（即《左传》），盖因发现和传布较晚之故。与《公羊》和《谷梁》皆为今文经不同，《左氏春秋》为古文经，房凤和翟方进俱从尹更始那里得其旨趣。于是乎，既为今文《谷梁》学泰斗而兼治古文《左氏》之学，这是房凤的学术理路，不囿于门派之别，融贯今古之道，在当时这可不是一种容易做到的事，内中自有一重不同寻常的慧思在焉，憾古史茫昧而未留片羽。不过尚有一事可推思，哀帝时他与刘歆共同推动了《左氏春秋》立于学宫之事。对此，《汉书·儒林传》曰：

> 时，光禄勋王龚以外属内卿，与奉车都尉刘歆共校书，三人皆侍中。歆白《左氏春秋》可立，哀帝纳之，以问诸儒，皆不对。歆于是数见丞相孔光，为言《左氏》以求助，光卒不肯。唯凤、龚许歆，遂共移书责让太常博士……

说当时房凤、王龚和刘歆三人一起校勘新发现的古文经书，刘歆奏请汉哀帝将《左氏春秋》立于学宫，哀帝准奏然尚需征询各方意见之后再加定夺，于是遍问堂上诸儒，竟无人应对，丞相孔光也不支持，唯有房凤和王龚表示赞同，于是他们就联名给那些掌管太学命脉然已习惯于今文经的太常博士们写了一封信，责备他们抱残守缺而不接受新事物，有违圣意。你看，在当时古文经倒成了新事物。

然则"校书"者何？言下所指正是帝王支持下由刘向、刘歆父子领衔的古籍整理运动，房凤为主要参与者之一，校勘旧典，整合秘流，致力于古文经的灵光重现及其与今文经的融合，展开了汉朝视野中的今古对话。汉兴以来经历了多重思想的拷问和选择，从黄老到儒学之转是艰难的，而思想史的复杂性震古烁今。理论争讼不断，现实社会混乱不堪，于是就有人向焚书之前的岁月眺望，冀望有所发现，以从古代文化遗产那里寻获新的文化驱动力。求仁得仁，孔子壁中书（包括《尚书》《论语》《逸礼》及《孝经》等数十篇）于武帝末惊现于世，哀帝时秘府所藏《左氏春秋》亦不再蒙尘，它们躲过了百年前始皇焚书之劫，均为战国籀书写本，故称古文经，而汉兴以后立于学官的博士本是由当时通行隶书写成的，因称今文经。古代典籍重光，带来了儒学发展的新动力，亦因此而揭开了持续两千年的今文经学与古文经学之争的历史序幕。

"移书"者，今古彼此怀疑和求证之作，全称《移书让太常博士》，设下了两汉经学史的一个重要路标。房凤参预研议并定其调，刘歆执笔，也不排除刘、房合著之可能性，起码是包含着他们的某些共同见解的。其书中有言：

> 当此之时，一人不能独尽其经，或为雅，或为颂，相合而成。泰誓后得，博士集而读之。故诏书称曰："礼坏乐崩，书缺简脱，朕甚闵焉。"时汉兴已七八十年，离于全经，固已远矣。

言下所指为汉武之际，在为正题作铺垫，策略地否定了今文经学的权威性。所谓"礼坏乐崩，书缺简脱"以及"离于全经，固已远矣"之说辞，听上去似与三百多年以后高僧法显因"经律舛缺"而西行求法的逻辑有些相近。当然，汉儒远未有法显之觉悟、勇毅和超拔，这不是一回事。说起来，刘歆是首先看到秘府所藏古文经《左氏春秋》者，一番研读之后对今文经产生了怀疑，一个表面理由今文经得之于鸿儒耆老口授，可能有误。不过，其思路的开张固然有怀疑既有经典之权威性的因素，更有争夺学术话语权和思想主导权的一层用意在内。汉武之际虽已施行"独尊儒术"之国策，然思想矛盾分明更为尖锐，儒学内部歧见林立自不必说，而百家思想又岂能彻底罢黜？其实，多元并存是不可避免的，儒道互补也是必然存在的，差不多这就是一个接近终极的真相。

汉武多兴鬼神之祀，尤热衷于海上求仙，所反映出的既是文化传统的丰富性，亦是宗教探索的艰难性，当然其中也折射出大一统王朝之意识潜流的深刻性。矛盾引导前进，也正是在千万重矛盾之中方能锤炼雄奇、壮丽和神圣，因此中国文化方见融古开新之机，方成生生不息之力。说实话，汉儒多明白"和实生物，同则不继"的必然性，然终究无力突破思维铁幕而臻于澄明之境，众说纷纭而自蔽渐深，矜奇炫博则必失于至简之道，多数人过多纠缠于章句训诂而少见超迈之精神与激越之灵性，这与汉文化本身所洋溢的博大、恢弘气象似乎是矛盾的，可能是轴心时代那些原创的哲学思想过于伟大之故，光辉淹没了归路，影子多于本体光辉。汉儒得之于大一统，亦失之于大一统。经学与历史的二律背反，在此反映了出来。

无疑，房凤为汉儒中的智者，深知文化嬗变之理，未固守一己而排斥异说。在当时，接纳古文经学也就意味着踏入了今文经学的禁区，然非此不足以凿通今古。不其然耶？他是西汉兼治今古的稀有人物，也是经学权威中敢于跨出这一步的代表人物，以行动来验证融合之道，辨明开新之途，这称得上是一种宏大的文化气度。且不论今、古之间孰是孰非，这种行动本身就是值得尊重的。房凤与刘歆不同，已得今文谷梁学之密钥而创成"房氏之学"，实已无需标新立异了。刘歆借力今文经学大师房凤以推动古文经学往上走，倒也无可厚非，然其目的是以古文经取代今文经，这就褊狭了。而房凤之所思所想当定位于今古融通，他似已预见到后汉郑玄引领经学进入"小统一时代"的前景，海纳百川的学术气质未曾更改。他没有保守既有学术体系的稳定性，不担心因涉古而致其今文经学导师形象减损或者颠覆，这又何尝不是一种功成身退，不是另一种意义上的儒道互补？从这里，犹可见学者心胸之开阔，以天地为庐，自有凤影飘飘其内。

显然历史不是用来遗忘的，当然也不是仅仅为记忆而准备的。从儒学复兴的维度上观察，成、哀之际恰是清整国故的时代，其意义堪与武帝时期相提并论。如荀悦《前汉纪·前汉孝成皇帝纪》所言：

> 夫孝武皇帝时董仲舒推崇孔氏，抑绌百家。至刘向父子典校经籍，而新义
> 分方，九流区别，典籍益彰矣。自非至圣之崇，孰能定天下之疑。

耐人寻味的三句话。对汉朝儒学复兴的两个标志性时期做出了概括，所揭示的也正是今古两大学派的发展机缘。第一句是说武帝时期因"抑绌百家"之故，今文经学得以兴立为正统儒学，这是汉儒学复兴的第一期。第二句是说成、哀之际"典校经籍"的情况，刘向父子受命整理古文经籍，各种新说会涌现出来，使古文经学获得了登堂入室的良机，此为汉儒学复兴的第二期。所谓"典籍益彰"的情形值得思索，古代文化遗产得以新生，内中传达出了些许汉朝文艺复兴的况味。然歧义无所不在，遂生"自非至圣之崇，孰能定天下之疑"这般感慨。不过也正是在众说纷纭之中，经学之大河渐趋丰盛而奔腾不息。一切迷津也在继续加深，面对混乱人心，即便圣人在世又能如何？今文也罢，古文也罢，虽说可在特殊的历史背景上获得融合互鉴之先机，然矛盾根深蒂固，终无以消解于无形。近代聚讼再起，特因康有为的《新学伪经考》而大大强化了今古的历史张力。

复思王吉、庸谭与房凤之为，他们毕其一生于经学义理研究，承受着他们那个时代的梦想、荣耀和命运，然终归一无所有，如茕茕孑立之历史真相，也许这就是"以有涯随无涯"的知识困境吧。而知其不可而为之，这又何尝不是一切文化创造的一大动力所在。于是天荒地老、满目沧桑之间，唯有那古老的"天问"始终在发生，乃至于淡忘了自己的名字，不其然哉？然而，谁是谁呢？他们崇尚知行合一，虽说无以解决经学内外的重重矛盾，然已作出了宝贵的努力，生命因此而厚重而精彩，赋予不其文化以深度和广度，这已非绵绵不绝回忆了，岁月在重新开始。

可以相互印证的事物就是心灵，王吉与房凤之间的对话既如此，他们所诞生的故土久经东夷之梦的浸染，往昔那些寻找太阳理想国的人们也曾这样出神地谛听着海洋，眼神中多了一点点迷茫，而心底打下了七千年的风色。群星走过山冈，只把文字交给文字，让文字相互衍生。于是沿着一条落叶缤纷的林中小径，汉朝故人看到了今天，那些古老的藏书楼如今属于蝴蝶。

天穹下，两经学之桥断裂以后，人心补救了历史，仿佛别的事物未曾发生，但这还不是全部，只是一个海岸体系的半面沧桑。

9. 两汉经学的黎明与黄昏（下）

新的裂变在发生，在同一重宇宙的遗忘中重新发生。

岩岩高山显藏有度，明月依旧循环往复，一无所言。

经学的涅槃在继续发生，这不是某一时，而是所有岁月的共同回响。汉朝，或

者别的什么时代，当时学者们经历的事情其实很简单，如今天一样，反复思考着同一个问题，超越了后世的功利判断，只是一种生活方式，质朴至极。一望无际的是无比壮美的群山，上方回荡着风，未曾忘我的孩子们在头顶插上了茱萸，然非熏香或者思变之故，那些叫做书带草的植物漫山遍野都是，扎紧书生的简牍，却散开了大地的云帛，奶牛在夕阳下漫步。

驰前汉以入后汉，东方经学主题未改，同一个汉朝的海岸经学体系呈现出新的变化。在前汉，这一体系主要是由诞于本地然成于外地的学者们支撑起来的，而后汉支撑这体系的则主要是客居者，那些远游此地的学者们。当然，出自不其及其周边区域的经学家亦不乏其例，如胶东侯国（今平度）人公沙穆就在《韩诗》和《公羊春秋》方面颇有造诣，同时他也度过了一段隐逸时光，似乎是约定好的事，儒道互补的精神谜题再度摆上了桌面。山间，花树缤纷，每一重风景都有无极之韵。

可经学史并非山间花事，有朝代更替，所呈现出来的更多是悲惨的人间宿命，往往就是在一个笑容未及展开的瞬间发生，陨灭者无数，而且不会像花树般死而复生，多么卑微、高贵而稀有的笑容！这样说吧，在经学与历史政治的双重景深中，东汉不其之门打开，最令人浩叹者非伏氏家族莫属。建武六年（30年）重置不其侯国，大司徒伏湛被封为不其侯，传国八代，荣耀有加而未弃经学，然未想最后却因汉魏之骤变而陨灭。作为两汉经学史上的一大家族，伏氏与不其渊源深厚，呈现出一种家学与国运相流转的景观，殊称奇特。伏湛以治《齐诗》显名，得其父伏理所创制"伏学"之真传而延及后世，家族缘此而兴旺，迭出博士、帝师，封侯拜相，自成帝以迄献帝，伏氏家族权势保持鼎盛达260余年。在不其为侯，八代之间，光影跌宕，经学流光与政治风云的变奏惊心动魄。

身在东汉的伏氏家族将无数次回望西汉，乃至于上古。伏氏出风姓，传其远祖即人皇伏羲，从而贯通了中华文明起源的历史荣光。而伏氏经学传统在儒学的起点上已见肇始，孔子七十二弟子中有一个叫宓不齐的，他也被认为是伏氏先人。秦汉之交的历史转折点上，伏氏经学发出惊世闪光。不其侯伏湛之九世祖伏生（伏胜，世居之地秦时属济北郡，西汉时属济南郡，故称济南伏生）原为秦博士，焚书时冒死将《尚书》藏于壁中——看，又是一个壁中书情节。秦末战乱起，伏生被迫出关流亡，汉定天下后返家，凿壁取书，得二十九篇，余者数十篇已不存。始教授于齐鲁间，传于张生和欧阳生。文帝广开献书之路，搜求天下，其时唯有济南伏生能治《尚书》，欲召之入朝，然已年逾九十不得行，乃遣太常掌故晁错疾驰伏生家中受教，遂有汉隶写本《尚书》问世，是为《今文尚书》，实鲐背博士胸藏万世之瑰宝也。秦焚书后，天下禁语，汉家已不明上古事，得伏氏《尚书》而必是额手称庆，上古圣王尧虞舜及三代国史重现于世，无异于天降祥瑞了。

两汉经学的初始因缘在伏氏家族这里已有所昭示，彼时置身不其城的伏湛和他的子孙们还将如何感怀先祖？他们出神地追溯汉初，遥拜伏生，燃起一炷心香。在此，我们回顾伏生事，是为了探明不其侯伏氏家族的经学源头，而透过其家族一种持续性的经学图景，可以更好地理解两汉经学的东方形式，这是家族文化与经学的整体观。伏生首传《尚书》并撰《尚书大传》，以颓朽之躯支撑起两汉的《尚书》之桥，开创了伏氏家族的经学之路。自此始，终两汉四百余年间，十六代相继传经授业，成为屈指可数的经学世家。汉武之际，其家族聚居地向海东移，伏生六世孙伏孺"客授东武，因家焉。"（《后汉书·伏侯宋蔡冯赵牟韦列传》，以下行文中简称《伏传》）自此始，琅琊东武（今诸城）成为伏氏地望，因有琅琊伏氏或东武伏氏之称。伏生所传《今文尚书》虽已于汉景帝时立于学宫，然其家族仕途尚未开张，长期蛰伏乡野而无缘登临庙堂之上，直到不其侯伏湛之父伏理改治《齐诗》，方获"通经入仕"之密钥。伏理受业于匡衡，《齐诗》因有"匡伏之学"，亦单举一家而称"匡学"与"伏学"。伏理曾任高密王刘宽太傅，并以《齐诗》授成帝，就此完成了家学之历史性转身，然后实现了经学与政治的联姻。

伏理之子伏湛和伏黯承继家学，得《齐诗》以为翼，两人均成长为一世硕儒，并为国之重臣，俱列三公九卿。伏湛字惠公，世称伏公，汉成帝时为博士弟子，以绣衣御史身份经历新莽，更始之际为平原太守。自伏生开创伏氏经学体系以来，作为这个经学世家的第九代掌门人，伏湛站在了两汉之交的过渡地带。光武帝刘秀重启汉家江山以后，伏湛受器重，先征为尚书，重修汉家典章制度，复征为司值，每于光武御驾亲征平叛之际总览朝政，建武三年（27年）拜为大司徒（丞相）并封阳都侯，又三年徙封不其侯。对此，《伏传》的记载是：

> 六年，迁封不其侯，食邑三千六百户，遣就国。

时为光武帝建武六年（30年），这是伏湛人生的新起点，也是不其文化的新机遇。伏氏家族与不其的因缘自此肇始，伏湛"迁封不其侯"，引伏氏经学入不其，极大丰富了两汉经学在东方海滨区域的传播。诏命股肱之臣到东方主持一个小小的不其侯国，显然是别有深意的。前汉置不其县犹有纪念意义，已可见其为帝国东方之门的重要性，而后汉则隐约寄托了经学定海的一层用意，视之为"以经治国"之要津。历史法度谨严，似无不可证之于细微处。庙堂总是难以割舍的，岂容有失？伏湛因"微过"而失大司徒职，然既已封侯且"遣就国"，则自有深意在焉。三年前彭宠谋反于渔阳时，伏湛在奉劝光武帝刘秀不必御驾亲征的奏章中曾有"今兖豫青翼，中国之都，而寇贼从横，未及从化"一语，而今他就是带着这一使命东行就国的，以加强东方疆域的教化。从此，他告别朝廷而东临不其，经历了七年的不其岁月。建武十三年（37年），伏湛奉召还朝，甫至汉都洛阳，即因中暑而病逝。想来在不其为侯的七年间，他已经习惯了这里的清凉海风，而难以忍受中原酷暑吧。可能还有别的什么原因，伏湛一向从容不迫，何以至此？《伏传》有一言：

> 湛虽在仓卒，造次必于文德，以为礼乐政化之首，颠沛犹不可违。

说即便是在仓猝（仓卒）紧迫之时，伏湛行事急遽然必本于"文德"，他崇尚"礼乐"，视之为政治教化之首，虽颠沛流离之时亦不可有违于礼乐。你看，这是一个深怀礼乐光辉的人，有朗润之仁德。

伏湛过世之后，其子伏翕嗣爵就国，是为第二代不其侯。自伏湛始，不其侯世袭八代，依次为：伏湛—伏翕—伏光—伏晨—伏无忌—伏质—伏完—伏典。近两个世纪当中，家学相传，历代不其侯均有不错的学术素养，伏湛之后尤以第五代不其侯伏无忌的经学造诣最深，他是顺、桓之际的经学权威，博学多识，专于经学并兼及史学。《伏传》的记载中，其文化功德主要表现在三个方面，其一是校勘典籍，时在汉顺帝永和元年（136年），如所言：

> 永和元年，诏无忌与议郎黄景校定中书五经、诸子百家、蓺术。

其二是编修国史，时在汉桓帝元嘉年间（151年~153年），如所言：

> 元嘉中，桓帝复诏无忌与黄景、崔寔等共撰汉记。

其三是自纂史典，如所言：

> 又自采集古今，删著事要，号曰伏侯注。

《伏侯注》汇纂诸朝史事，以涵容今古而参政当世为机要，包罗甚广，如"其书上自黄帝，下尽汉质帝"（唐李贤注）云云。原本已佚，清人茆泮林、黄奭自汉史及后世典籍中采录部分片段而辑成《伏侯古今注》一卷行世，凡280余条，涉及天文、郡国、祭祀、帝号、汉制、陵寝、灾异、瑞应等内容。

在汉魏之交的权力斗争中，伏氏家族处境危难，献帝之后伏寿因鼓动其父伏完举兵辖制曹操而惨遭杀身灭族之祸。建安十九年（214年）不其侯国废。至此，东汉不其侯国终结了其184年的历史存在，而一个持续430余年的两汉经学世家亦陨灭于苍寒海色之中。不其城故址一带，世传有伏氏八代之墓。

两汉风云变幻，就经学与政治的结合深度及其有序传承而言，伏氏家族与谏大夫王吉的王氏家族并称汉朝两大经学世家，而在两汉框架之内考察经学与政治互为表里的传承体系，则伏氏表现得更为深刻一些，王氏三代叠为三公，伏氏八代相继侯爵且屡登庙堂之上，贯两汉四百余年历史而长盛不衰。然憾者，终无王氏家族绵及千载的文化福惠，伏氏之兴盛与陨灭无不令人浩叹。两大家族皆结缘于《诗》，王氏为《韩诗》，伏氏为《齐诗》，俱为今文经学，除了个别篇章不同之外，并无多少差异，俱可在"诗言志"的维度上获得证解，俱合儒家文学与哲学理想。若言两者之异趣，则伏氏《齐诗》之学似乎更注重对作品的社会政治内涵的挖掘，以体现"微言大义"之无所不在，喜欢从诗章里读出些个军国大事，阐释思维中处处渗透着汉时所特有的"天人合一"的历史政治气氛，犹可察见某种董仲舒式的天人感应意识和某种阴阳家的阴阳调和韵味，所谓"四始五际"是也，进而衍生出了较为严重的谶纬化色彩，乃至有一种将经学引向神学的倾向。其实并非某一个学派如此，内中所反映的也正是今文经学的普遍性征候，而汉朝思想史的个性在此亦有着至为深刻的透射。历史地看，今文经学附丽于政治而张其军，成一时之显学，而由盛转衰的原因又何尝不是如此？当然，这也并非完全适应于对伏学的理解。两汉经学的大背景上，伏氏，其为经学世家的大部分时间中表现得相对超脱和圆融，更注重经世致用和知行合一，因此见之于王吉那里的儒道互补气质，亦未尝不可证之于伏湛，虽然伏氏精神或者说两汉经学圭臬在整体上并不导向这一互补的维度。回味伏传中"独晏然"和"遣就国"诸语，倒有些微言大义之感，文字之沉重与轻盈如斯，当岁月在海上回响，把一座高山的秘密告诉未来。

以不其山为背景看大千世界，经学之外尚可见人格理想光辉的闪烁，如名臣王扶，如高士逢萌，他们都有归隐不其山的经历，虽未如前述经学家那样明确以经学安身立命，然识其不其山之为，却分明见证了同一本质，展现了同样的人格魅力并获得了"人皆化其德"之赞誉，而这一点是素无儒道之分的。《列女传》有"及启长，化其德而从其教"一语，赞的是夏启之母攸女。遍览国史，两汉之际得享"化其德"之誉的也就王扶与逢萌两人了。他们身上反映出的恰恰是不其之民风淳厚，是某种理想状态的社会祥和景象。关于这一点，最具说服力的是不其令童恢，汉史未以"化其德"三字来评价他，但他的所作所为最精彩地印证了这一点，自我垂范而教化万民。童恢者何？一个官职卑微的县令，亦不见有何等经学造诣，然所奉持的同样是儒家的人格和治世理想，一如"大学之道，在明明德，在亲民，在止于至善"（《大学》）云云，深刻见证"天下为公"的理想主义，允为古代良吏典范，乃至于在老百姓心目中获得了圣贤般的口碑。他爱民如子，为民除害，行善无隅，理政有方，不其百姓感念有加，为之敬造童公祠，奉之以神明之礼。

万世贤德的维度上，我们的历史并未忘记经学家，与童恢同入即墨九贤祠的还有汉谏大夫王吉。说起来，若设十贤祠，当有伏湛一席。为不其侯期间，南阳太守杜诗曾上疏（见《后汉书·伏侯宋蔡冯赵牟韦列传》）力荐伏湛还朝，如是言：

> 臣闻唐、虞以股肱康，文王以多士宁，是故诗称"济济"，书曰"良哉"。臣诗窃见故大司徒阳都侯伏湛，自行束修，讫无毁玷，笃信好学，守死善道，经为人师，行为仪表。前在河内朝歌及居平原，吏人畏爱，则而象之。遭时反覆，不离兵凶，秉节持重，有不可夺之志。陛下深知其能，显以宰相之重，众贤百姓，仰望德义。微过斥退，久不复用，有识所惜，儒士痛心，臣窃伤之。湛容貌堂堂，国之光晖；智略谋虑，朝之渊薮。鬓发厉志，白首不衰。实足以先后王室，名足以光示远人。

"经为人师，行为仪表"者，俨然儒家理想人格的表率。若说这是朝臣间的溢美之词，那么伏传所载下面这件事也许更能说明问题。

> 时贼徐异卿等万余人据富平，连攻之不下，唯云"愿降司徒伏公"。帝知湛为青、徐所信向，遣到平原，异卿等即日归降，护送洛阳。

说的是东汉初年之事，在伏湛曾任太守的平原郡故地，徐异卿率众起义，朝廷派兵征剿却久攻不下，劝降未果，得到的答复是他们只愿意向大司徒伏公投降。光武帝刘秀知伏湛为青、徐百姓所信服，遂遣其奔赴平原，叛军即日归降，被押解到洛阳。这是怎么回事？除了民心归向之外，还有别的解释吗？当然有，此种事不寻常，所反映出的正是经学的真正力量之所在，完善自我而协调人心，安世护国以臻于大同之境，这是经学的应有之义。

于是又想起一事，发生于奉旨劝降之前不久，时在更始帝期间（23～25年），汉家刚刚经历了王莽改朝之痛苦震荡，余波未平而兵乱又起，天下恓恓惶惶，而伏湛"独晏然"。事见伏传，其文曰：

> 时仓卒兵起，天下惊扰，而湛独晏然，教授不废。

为官而不忘授业，临乱世而更见沉静大气，这是一个心怀天下、处变不惊的经学导师形象，也为我们认识伏湛提供了一个心理基点。恰如唐人王昌龄"海内方晏然，庙堂有奇策"（《风凉原上作》）所吟，"晏然"者天地人生之真境界也，太平盛世已见可贵，况乱世乎？这是伏湛的本色，为不其侯亦然，将仕途政治与经学研究、传播恰当地结合了起来。不其城为经学重镇，显然是与此密切相关的。

身处乱世而从容传道授业者还有郑玄，他带来了两汉经学在不其的新闪光。作为东汉最具代表性和综合性的经学家，郑玄与不其同样渊源深厚。未见汉史中关于郑玄与伏氏家族之交谊的记载，但是他们彼此应是有所知的，而东临不其，应是与伏氏家族所打下的经学基础有关的，这应是符合逻辑的一个判断。

郑玄（127~200），字康成，北海国高密（今山东高密）人。其地望处于胶州湾以西，与不其城相距约150里。世人常因其字而称之为郑康成，亦因其官职而称之为郑司农。与郑玄对话，可从历史所设定的一个东西方维度上展开。郑玄深自蹈励，约当三十岁上下，出齐鲁而入中原，过函谷关而赴关中，师从经学大师马融，这是他的西游时代。回顾往事，人们常提起这句话：

> 郑生今去，吾道东矣！

七度春秋已逝，马融在送别郑玄时说出这句话（见《后汉书·张曹郑列传》，以下简称《郑传》）。长风飒飒中犹可思听闻者，是一道深沉的学术传承之光，既在于师尊对弟子的瞩望，亦在于弟子对师门使命的担当。自西徂东，经学东渐，当行路者的身影在苍茫大地上渐行渐近之际，中国东方的经学路标变得清晰，中国文化记忆中多了一位编注群经的智者形象。郑玄毕生从事古代文化遗产的研究、整理与传承，他所校勘、诠释的经籍包括《周易》《尚书》《论语》《毛诗》《礼记》《仪礼》《孝经》《中候》及《乾象历》等，另有《天文七政论》《六艺论》《毛诗谱》《驳许慎五经异义》等专著问世，凡百万余言。两汉经学到郑玄这里已历三个半世纪，诸说纷纭既久，到了该有所统合的时候了。恰如《郑传》所言：

> 郑玄括囊大典，网罗众家，删裁繁诬，刊改漏失，自是学者略知所归。

郑玄何为？集两汉经学之大成，为后世的经学探索指明了门径，终于可以"略知所归"而不至徘徊于毫无方向感的盲目境地。当时他自己的意思呢？在郑传所载《戒子益恩书》中，他坦露心迹，如是说：

> 吾自忖度，无任于此，但念述先圣之元意，思整百家之不齐，亦庶几以竭吾才，故闻命罔从。……入此岁来，已七十矣。

此为夫子自道：我自己反复考虑过了，就不做官了，我内心所思所想只是阐明先圣的本意，整合百家学说以弥补其舛缺并疏证其谬误，大概唯此方可竭尽我的才能，所以就不接受官府的任命了。……到今年，我已经七十了。多快啊，东西方之间的经学时光流转如此迅疾，不容再有耽搁了。这儿，郑玄所表述的正是一种朴素而至诚的经学理想，圣凡合一之旨已有所寄托。所言"述先圣之元意"与"整百家之不齐"云云，自有追慕孔夫子的心思在焉。千载而下，同样的心思产生了回响。说的是1927年康有为七秩华诞时弟子梁启超所奉寿联，上联"述先圣之玄意，整百家之不齐，入此岁来已七十矣"即脱胎于此，托言文化济世之德；下联"奉觞豆于国叟，致欢忻于春酒，亲受业者盖三千焉"则为张衡《东京赋》（因休力以息勤，致欢忻于春酒。执銮刀以袒割，奉觞豆于国叟）和司马迁的《史记·孔子世家》（孔子以诗书礼乐教，弟子盖三千焉，身通六艺者七十有二人）的集句，寄寓教育救国之功。多重历史记忆在这里交相辉映，而唯一的旨趣清晰无误，后学以谦卑的姿态复现了先师孔夫子之为，文化与教育的理想俱在其中矣。经学的根脉从这里延伸，跨时空的智者对话也从这里开始。郑玄觉察百世一瞬之变，于是将文化之德刻在简牍上，而且将教育之功寄托于山海间，恰好群星的烂漫花雨飞过不其山，万仞岩壁上的文字已经萌芽。

看经学大势及其整体脉络，今古文经学的差别并非仅仅体现于文字载体，更在于对孔子的定位、对经书的诠释路径、治学方法、研究目的及其历史影响上。要言之，今文经学所崇尚的是孔子"托古改制"的"素王"形象——这种形象在近代今文经学鼻祖康有为那里发挥到了极致，而古文经学则更深地浸染上一层慎终追远之怀古意识，更尊奉周公，更本色地看待孔了，将其视为"述而不作，信而好古"的先师；今文经学更强调政治性，认为六经皆出孔子，为其社会政治思想的寄托，而古文经学则更注重历史性，认为六经皆史，是古代典章制度与圣贤言行的记录；今文经学更注重阐发经文中的"微言大义"以征信于当世帝王，而古文经学则更注重对经文本义的直接解读以期在复古中实现经学的持久性。作为两汉经学承前启后的首要代表人物，郑玄实事求是，无征不信，取得了超越前人的学术成就，其最大贡献就是编注群经、整合百家、涵容今古、创立郑学，基本终结了当时的今古文经学之争，使经学进入了融合互鉴的"小统一时代"。缘此，我们看到了郑玄往来不其山的一重基本的历史背景。

西游之后是东行，一路向东，至于沧海。置身于山海间，为东方一个隐约可见的海岸经学体系带来清晰的形象和新的学术高度。海洋之于郑玄，看似不如高山那般清晰可见，然海纳百川之学术性格的养成是必然的，说到底这里有一种海洋性精神气质，非此不足以实现经学的"小统一"与大融合。稽查史迹与心迹，郑玄起码有两次东行记录，参合相关历史地理要素来综合判断，可知两次东行的目的地有可能均在不其。第一次东行发生于汉桓帝永康年间（167~173年），时在郑玄自外郡东还青州高密故土之后。郑传如是言：

> 玄自游学，十余年乃归乡里。家贫，客耕东莱，学徒相随已数百千人。

与《戒子益恩书》中"年过四十，乃归供养，假田播殖，以娱朝夕"（郑传）之语一脉相承。当时的历史背景就是党锢之祸，郑玄受到牵连而仕途禁闭，生计困难，心怀万古而家贫如洗，遂有"客耕东莱"及"假田播殖"之为，而所谓"福祸相依"者在于，远离仕途后心思全部寄托于学术，可以全神贯注地校勘经典了，于是就有了两汉经学史上生活极清贫与学识极富有的同一道闪光，想来这也是令人伤感的事。一个关键问题是，"客耕东莱"的具体位置何在？关于郑玄第一度东行的落脚地，汉史并无明确记载，漏了这一笔，我们也只能作出尽量符合其心思的假设，其地当为东莱郡某一处适宜经学研究和推广的地方，而非单纯的荒僻山野。清人郑珍在其《郑学录·传注》中给出了一个说法，言：

> 按假田即《传》云"客耕东莱"也。时于劳山、不其之间，盖有亲知在彼，故奉亲以往，令群弟治耕，而己开门教授欤？后避黄巾到不其，想亦因有田庐可托之故。

将两次东行的视野均指向了不其，且推思其原因为"田庐可托"，这是一个合情合理的推测。郑玄所为，已带有开设私学的意思，他应是得到"亲知"支持的，而"田庐"亦是开设私学的基础。试想，学者一贫如洗，经学何所为依？郑玄非隐士，他不是一人隐逸，而是有众弟子共的教育活动，是授徒和注经，况有不少当地学子慕名前来受学，陆续加入其门下者应不下数千人。显然这需要深厚经学氛围的支持，也都需要必要财力的支持，当然首先是基于共同经学理想的文化合作。那么谁愿意而且有能力提供这种支持呢？是否与不其侯伏氏家族有关？大致上推算，郑玄与第五代不其侯伏无忌和第六代不其侯伏质的在世时间相当，彼此之间的经学力量应是有所互动的，借力不其侯而办学是有可能的。某种程度上这也是两汉经学体系的汇流，郑玄"思整百家"者亦当包含伏学及伏氏先祖伏生所开创的《今文尚书》，以他的学术视野来看不大可能忽视这一点，同样不其侯也不大可能忽视郑玄的存在，他们之间的交汇点是存在的，无论在志趣、意愿还是力量上都是顺理成章的。关于这一问题的澄清，一个路径就是对当时精神气候及海陆地理环境的悉心体征。郑玄两次东行授业，这本身就是可以互为验证的事，第二次东行的归依地很清楚，史籍言之凿凿为不其山。正常情况下，两次东行所寄身处应为同一个地方。先前西游关中求学是因为那里是东汉经学的中心，而"客耕东莱"亦当趋向一个有经学底蕴的地方，这既是经学传播之基础条件的需要，亦是取得理想传播效力的上佳选择，由此达成了两次东行的一致性。东汉之际，不其县已由徐州琅琊国改隶青州东莱郡，无悖于"客耕东莱"的历史地理逻辑。到东方的经学重镇去，可能这就是郑玄和他的弟子们的共同想法。

第二次东行发生于灵帝中平五年（188年），时年郑玄六十二岁。关于此事的最早记载是《三国志·魏书·崔琰传》，其文曰：

> 至年二十九，乃结公孙方等就郑玄受学。学未暮，徐州黄巾贼攻破北海，玄与门人到不其山避难。时，谷粜县乏，玄罢谢诸生。

这一次是避难，背景是黄巾军逼近郑玄的老家高密，无奈他只好率众弟子再度东行，来到了不其山。前因"田庐可托"之故来到此地，这时因粮食缺乏之故，就不得不请弟子们各归其家了。崔琰伤别恩师，过胶州湾和大珠山而南下，归家之后以抚琴读书来消磨时光。此后，郑玄可能在不其山继续住了一阵子，孤独注经。那些日子里，星光沉浸着学者的苍老的身躯，历经学术探索与帝国政治之磨难，他在精神上尤其需要一个温暖的庇护所。

这是郑玄的不其岁月，晋朝古方志《三齐记》言之：

> 郑司农常居不其城南山中教授。黄巾乱，乃避。遣生徒崔琰、王经诸贤于此，挥涕而散。所居山下草如薤，叶长尺馀许，坚韧异常，时人名作康成书带。

伏琛之言印证了郑玄东行传经授业的心迹。这是不其记忆也是两汉经学记忆中闪光的一瞬，人文环境显现迷人。郑玄讲学之旧地为书院村，东望三标山，西倚铁骑山。其地文墨涵濡，多异草嘉木。《三齐记》所谓"草如薤"为何物？这是当地所特有的一种篆叶楸，叶脉可见篆文之状。当年郑玄和他的弟子用以编结竹简，故称康成书带，亦云书带草。感于此，唐陆龟蒙作《书带草赋》，开篇言：

> 彼碧者草，云书带名。先儒既没，后代还生。有味非甘，莫共三山芝校。
> 无香可媚，难将九畹兰争。

以草喻人，彰显了坚韧、素朴而高尚的学者精神。书院村以北不远处另有一屯子名演礼村，传为当年郑玄教弟子和村人学习、演练周礼之所。一般来说，书院作为古代一种地方教育与学术研究机构，其名始自唐朝，而盛于宋朝，延及元明清诸朝。汉代郑玄讲学之际，虽"书院"一名尚未行世，然已见后世书院之性质，故而呈现出了"筚路蓝缕，以启山林"的创始图景，允称中国书院之先河。明正德七年（1512年），即墨知县高允中重光康成古迹，名曰"康成书院"。

　　不其的经学时光令人怀想，经文与山光海色相流转，书声琅琅之际，未曾开启的思想和已经消失的疑惑无不以书带草的形式出现，显现了知识的边界。郑玄整合经学之功备矣，奠立经学的"小统一时代"，两度驱动经学之轮转向东方，在不其山中设帐授徒，百井中国书院的历史荣光。汉史没有留下关于郑玄为众弟子讲经的具体场景，不过我们可以通过王吉找到这样的场景。《汉书·王贡两龚鲍传》载录了汉谏大夫王吉的《谏上昌邑王疏》，他针对当时昌邑王刘贺喜游猎而厌读经以至失德丧志而发出了谏言，劝诫他潜心读经以励志，引出了这样一幕场景：

　　　　夫广夏之下，细旃之上，明师居前，劝诵在后，上论唐虞之际，下及殷周之盛，考仁圣之风，习治国之道，欣欣焉发愤忘食，日新厥德，其乐岂徒衔橛之间哉！休则俛仰诎信以利形，进退步趋以实下，吸新吐故以练臧，专意积精以适神，于以养生，岂不长哉！

　　上方是日月循环之光，这儿呈现的是一幕经典的讲读场景，你在历史典籍中也难以找到另一处这样精彩的描述。"日新厥德"的秘密历久而弥新，"吸新吐故"的性灵属于亘古，于是千万重书声中悄然集结的梦影开始飞翔，而唐虞以来的燕子也不曾像花香一样在屋檐下筑巢。群星走在回家的路上，在海风推开城堡的大门以后，那些等待命名的雪花加入了进来，而书声也将被重新唤醒。秘密是一致的，从王吉到郑玄，意义已不需要千古遗忘的加持。

　　两汉经学尤其自身的历史局限性，在传承轴心时代中国文化精神的同时，也造成了原创精神的相对遮蔽，在汗牛充栋的注经典籍中，少见智慧之光的博大闪烁，而更多沉陷于细枝末节，倒是强有力造就了小学的传统，而那些门派堡垒倒是已经在大历史洪流中坍塌了。客观地看，经学的重力场伴随着种种门派之见，融合互鉴成为一种稀有品质，真正的文化诗意往事是缺席的。恰因此，以王吉、房凤和郑玄为代表的经学家就显得尤其重要了，他们相对置身于一道融合性光辉中。融古开新的意义是存在的，这也是后世中国文化演进的基本动力。

　　望尽两汉路，黎明与黄昏的霞光笼罩着同一个时代的归路，这是儒学精神自觉的时代。不其得经学之慧者至深至广，为雄健、仁厚而博大之精神所浸润，养成了一种有学术内涵的地域精神。在王吉、房凤、伏湛、郑玄等经学家的关怀下，在此起彼伏的和声中，海边不其城显得灿烂，演为一代经学重镇。

　　两汉经学之大河奔腾，不其经学为其支流而获得了持久的滋养，这似乎是经学大背景上不足为道的一个小片段，常规的学术研究几乎不涉及这一章。虽说两汉之际，在不其地形成了一个显赫的海岸经学体系，可后续乏力，惨淡无光，经学的话语场不在这里，这里也不在内陆文化中心的关注范畴之内，边缘事物的命运往往如此吧。然则天地法度谨严，善于奠立中心，更善于破除边缘与中心的限界，以均衡万方星辰，以万变为守恒之道。那透过一重重经学图景所照见的事物，实非人心莫属，亦非命运莫属。在历史的非对称格局中，不其经学与长安经学无不反映了汉朝思维与文化命运的本质，是可以相互见证的。

　　海风站在山冈上，看到了一个经学重镇的古朴风貌，历史与非历史真相彼此加深。就像那些长在岩壁间的崖柏一样，经学在这里的扎根实属不易，需要特别顽强的生命力。当然，原先此地亦非一片学术荒原，两汉经学所接续的正是齐文化的历史前缘，为这片山海之境注入了新的学术内涵，使得我们可以在这片苍茫海岸上看到一个相对平衡的历史文化体系，这是经学与道教史前史的平衡，也是学术研究与宗教祭祀的平衡，也是庙堂与乡野的平衡，这一点是尤其可贵的。因着这一平衡体系的存在，汉不其文化的基本价值体系建立了起来。

往昔，人间与非人间的闪光聚合在一起，典籍堆积在屋宇中，空荡荡的宇宙更为经典，星辰的屋宇彼此相连，第一道启蒙与救世之光被重新发现，从边缘到中心飘荡着，带着大一统王朝的全部苦难、命运与希望飘荡。

一叶障目，何以万法归一？不知彼此，焉能返本开新？

一本万殊，凤凰涅槃，也许这就是最后答案出现之前的启示。

深夜的海岸上，有人在经学与非经学的大门前叩击。

10. 船与岸：中国航海的"不其津渡"及其他

河的第三条岸就是海，谁说过这句话来着？

多少云火灿烂的海洋时代已经告别，船上的伙伴，你们在哪里？

一如前朝之迷津，航海者不知去向，而三神山亦已消失得无影无踪。察汉史可知，汉武一朝以三神山为目标的航海活动令人震惊。

元封元年（前110年）第二度东巡，正式揭开了大规模求仙性航海的帷幕。在《史记》的《孝武本纪》和《封禅书》中，有这样的记载：

> 上遂东巡海上，行礼祠八神。齐人之上疏言神怪奇方者以万数，然无验者。乃益发船，令言海中神山者数千人求蓬莱神人。

此前已有方士出海，而这一次是更具决定性的，所谓"益发船"云云，帝王意志与命运的坚定性俱已不可更改。太初元年（前104年）第五度东巡中出现了相似的一幕，《史记·孝武本纪》曰：

> 东至海上，考入海及方士求神者，莫验，然益遣，冀遇之。

显然《史记》是深刻的，而且有警示意图。所谓"考"者，说明帝王想要勘验求仙效果了，其内心似乎发生了对"求仙"的某种理性思考，而极耐人寻味之处恰在于"莫验，然益遣，冀遇之"一语，寥寥数字，淡然钩沉，切中肯綮，不经意间已然点出了问题的实质，似已对数百年海上求仙运动之真伪有所判别，光影浮动之中刻下记号，不动声色地照出了帝王心理世界的秘密。

不仅方士航海，汉武帝本人亦多次出现在海上，成为了航海者。元封元年（前110年）第二度东巡的中途，人即在海上，元封五年（前106年）第四度东巡则堪称一次壮丽的历史性航行。先南巡，复东巡，长江上已可见浩浩荡荡的汉家船队，出长江，入沧海而北上，至于琅琊。太始三年（前94年）第九度东巡，武帝再度登临琅琊，并自琅琊渡海至成山和芝罘（今烟台）。而太始四年（前93年）登临不其的那一次走的也是海路，这可以通过《交门之歌》得到验证。

复思之，不其为海上求仙运动的终结地，这又何尝不是一大历史贡献。海上求仙运动终结以后，东方意识变得雅健、明朗了许多，当然一扇面向东方的海外之门也将随之关闭。这是非理性求仙与理性航海的二律背反，唯有大海是公正无私的，而且呈现于海洋记忆中的所有帆影都面临同样的危险希望，事情从同一片海湾开始。在山东半岛应存在着多个航海启航地，而不其应是其中最重要的一处，胶州湾这一少见的避风港湾是汉朝航海的福地。若此，则作为帝国东方之门的交门宫呈现于航海视野中，其意义分明更见深刻了，具有东方海标的功用，从而实现了对求仙逻辑的超越。秦朝以徐福东渡为航海与文明拓殖之标志，汉朝同样存在着以海上三神山为目标的大规模航海行动，动辄千帆竞渡，那情景似乎比前朝还要壮观一些。可是他们究竟去了哪里，当然不是虚无缥缈的三神山。在何种程度上，从何种角度可以说，三神山是作为海外新领地之象征而存在的，或者说是作为一个东方理想国的新象征而存在的，就如同东夷故人所倾心的日出圣地一样。谁能够宽容历史，就像被历史所宽容一样？由于帝王求仙活动混杂着太多荒诞因素，牵连着太多未知谜题，所以多被认为是非理性的，乃至于仅在求仙框架中几无澄清航海精神价值的可能，而汉朝的东方世界亦因此而显得混沌一片。然而一俟相对剥离了求仙迷雾，那一幕海外移民与文化拓殖情景尚可察觉。

汉朝的东方视野浮动光晕，映现出了诸多主体性或边缘化的航海事相，也叠合着诸多海内外文化对话影迹，内中涉及中国本土与朝鲜半岛以及日本列岛的文化关系。事实上，汉朝海事是多方向、多层次的，自汉武帝开辟番禺港并建立了与古罗马帝国的海上贸易关系之后，人们更多在面向西方的维度上看待海上丝绸之路，视之为东西方之间的事，固然这是汉以后以中国为起点的海上交通的主导方向，然则面向东方的一面同样不应当被忘记，何况汉朝及其以前的航海始终是以东方为主导方向的，而一缕丝绸引出的历史视野也不会仅仅指向西方，海上的道路永远不会是单方向延伸的，宏大与精微的一切相互包容并相互对称。说到底，海上丝绸之路也就是以海洋为通路的多元文化对话与多维文明交汇之路，意味着中国与海外世界的相互关注和相互探索，而其精神本质恰恰正在于海陆一体化。缘此，历史给出了东方海上丝绸之路的不其形式。

不其为海事津渡久矣，龙山时代且不必说，汉初于胶州湾东北岸新置不其县并建造不其城，很可能就是着眼于特定海陆关系而做出的选址，充分考虑到了其与胶州湾的关系，自当有涉及海事的一层用意存在。观察汉朝的不其海事，除了导向海上三神山的航海事件之外，尤以琅琊王氏后裔的出海避难与返国建功行动最为引人瞩目。这是怎样一回事？前面我们曾提及奉汉谏大夫王吉为始祖的琅琊王氏，其实在不其文化的框架之内，尚可发现另一位琅琊王氏的早期代表人物，这就是西汉著名航海家王仲，这是西汉历史记忆中一个几被埋没却不应被忽视的人物。其事见载于《后汉书·循吏列传》，在介绍王景时提及其先祖王仲，曰：

> 八世祖仲，本琅琊不其人。好道术，明天文。诸吕作乱，齐哀王襄谋发兵，而数问于仲。及济北王兴居反，欲委兵师仲，仲惧祸及，乃浮海东奔乐浪山中，因而家焉。

不其人王仲与皋虞人王吉的世居之地相邻不远，东汉时两地合一。王仲与两位诸侯王素有交情，一是齐哀王刘襄，既可问之以发兵平乱事，可见关系不一般。另一位是济北王刘兴居，欲委之以军师要职，则关系更不一般。"诸吕作乱"指的是汉初吕姓党羽扰乱朝政乃至试图谋取刘汉政权的事，致使刘姓宗室及其支持者发兵平乱，发生于公元前180年。当时王仲不想陷入刘吕两姓的恶斗，走为上，遂自不其浮海东渡，率领一干人马去了海对面的朝鲜半岛，在那里安下家来。

乱世当口，向海外谋求生存与发展是合乎逻辑的一种选择，这在历史上屡见不鲜，商有箕子，秦有徐福。王仲出海所至之地当时为卫氏朝鲜，为异域。七十多年以后，即元封二年（前109年）秋，汉武帝发兵水陆并击朝鲜，其中水军由楼船将军杨仆率领自山东半岛出发，翌年卫氏朝鲜降汉，朝鲜半岛北部纳入汉朝版图，设为玄菟、乐浪、真番、临屯四郡，此即汉四郡，王仲安家之地属乐浪郡。

历史地看，王仲东渡与徐福东渡并称秦汉航海盛事，无论历史意义、航海价值还是文化交流本事俱可相互参照，然前者远非后者那样广为人知。稽史可知，较之于徐福，王仲东渡的来龙去脉要明确得多，不仅其本人的籍贯很清楚，而且后裔也很清楚，东渡的起航地与归宿地也都很清楚，而在拓荒海外的维度上两者也有一定的共同性。与徐福有去无回不同，王仲家族有去有回。说的就是王景，他是王仲的八世孙，字仲通，生于乐浪郡俨邯（位于今平壤西北部），先祖王仲浮海而东、拓荒乐浪的岁月中，海对面的不其家园是始终留存于其家族记忆中的一道温暖之光，于是到了王景这里，重返家园成为人生选择和精神需要。时当建武六年（31年），因父王闳蒙召之故，王景自乐浪郡归来。归后，王景入朝为官，成为东汉著名的水利学家，曾任侍御史和徐州刺史等职，拜河堤谒者，作《金人论》并集纂《大衍玄基》。汉明帝时期，他运用先进方法疏浚堰渠，加固堤防，基本消除了黄河和汴河等河流的水患。自此黄河安澜一千余年，这是王景的一大历史功德，在中国古代水利史上这也是一件大事，向为世人所称颂。另外，在庐江太守任上，他还有"训令蚕织"的政绩，有拓展丝绸文明之功。

王仲航海，王景治黄，沟通海陆于东西两汉，思绪已然触及深远时空，留迹海上丝绸之路者允称深刻，这就是两汉之际一个不其家族的往事。察汉史所载生平史迹，八世之间别有奇章。王景入载《后汉书·循吏列传》，自为古代仕子楷模，而所谓"少学《易》，遂广窥众书，又好天文术数之事，沈深多伎艺"云云，身影已然印刻在了汉朝丰富多彩的知识体系中。无疑，我们所看到的是一个知识家族，渊源深厚而特色鲜明者恰在于儒道互补。若说王景通天文术数然更多倾向于儒学，入朝为官走的是儒家入仕之路，而先祖王仲则更多浸染上了道家避世色彩，他在秦汉之际所特有的知识背景上显影，身上似乎带有某种方士性质，避诸吕之乱的行为似已典型反映出了海上方士的心理征候，而所谓"好道术，明天文"云云，说明他喜好黄老之术且明察天文历法，可能也精通神仙之说，起码是对方士有较深了解的人物，或为秦汉之交不其方士集团的代表人物亦未可知。

无论如何，汉时一片海上帆影赞美着海洋，王仲东渡的历史意味是清楚的，应当被视为汉朝东方海上丝绸之路的标志性事件。王仲，这也是如今我们可以相对明确辨识的一位航海家。不其多海事，多探海者，这也是我们尚可察见的一重历史真相。王仲所标出的只是一个点，他身后隐藏着无数扬帆出海的形影，无论求仙、避难还是移民，不其文化的海洋性质俱已有所体现。这是复杂的历史，也是简单的情怀，不其文化卑微而神奇，从一个特殊角度见证了大历史变迁轨迹，对两千多年前的那一轮中国文化转型的秘密给出了渊深的印照。

月色洗净明堂、太一祠和交门宫，铺展着无边际的海洋。不其在东方，在海陆结合处，缔结了汉朝的东方奇缘。汉朝巡狩的道路指向了这里，在成为汉武求仙基地之后，它也给出了海上求仙运动的历史终结点。半虚幻半真切之间，亦求仙亦探险之间，持续齐秦汉之际达两个半世纪之久的求仙运动终于落下了帷幕。至于说终结的机缘，尚可透过《交门之歌》所呈现的那种万神宴饮的情景有所察觉，恰因圆满而获得了启示，意味着结束和开始。

从更为开阔的历史视野中观察，这也是自龙山时代肇启的以"东方"为神圣方向的航海——或可言之为神性航海——的终结。当然中国的海外视野还将继续延伸，自东夷故人开创寻找太阳之路以后，自琅琊揭幕海上丝绸之路以后，不其承续百变光影，为面向东方的神性航海史压轴。几乎与此同时，汉武帝在岭南开辟了番禺港，正式开通了面向西方的航海史，汉帝国与古罗马帝国的海上贸易和文明对话拉开了序幕，其光波及世界各方。中国的航海方向由东转西，这是一个重大变化，颇多文化转型的意义，对未来的文明演进方式和中国文化格调的影响尤为深远。此后的中国航海，悄然褪去了魔幻般的神话色彩与仙境光环，基本上转向了正常航海，一般性海洋贸易与文化交流成为海事主题，虽然海外探险色彩依旧以某种方式局部地存在着，然未再出现龙山时代以迄秦汉的那种大规模文化传播和文明拓殖行动，而以《山海经》为标志的泛太平洋地理考察行动亦已不复旧观。汉朝以后，唯佛教航海最具文明探索与文化对话之力度，为中国文化注入了新意，正因此，东晋高僧法显的不其牢山登陆显得弥足珍贵。

进思高僧法显之为，感到一切航海者都是海的彼岸和故乡，东晋之船可曾记得同一轮满月，特别是在惊心动魄的海上夏坐取得成功的那一瞬？那是汉朝告退将近两百年以后的事，东晋义熙八年（412年），求法高僧法显海路归国，九死一生之际与岩岩高山相遇，意味着生命中的巅峰时刻来临了，意味着不其文化的纪念时刻来临了。缘此，佛教中国化与海上丝绸之路的历史都有了一个醒目路标，而更多的历史也接获了至福光照。登陆之后，高僧被长广郡太守迎进了不其城，月色和潮水一起涌过来，他对汉朝旧事当会有所耳闻，对佛教海上与陆上入华的路线也都会有所思考，而初传弥勒信仰于山海间，见证盂兰盆会于乡野间，这都是中国记忆中的宝藏。他是否去过城南的寺院，已不得而知，那里两株银杏树变得金黄。至于山中的菩萨说法居住处——那罗延窟当是未尝听闻的，因为那时《华严经》尚未译出。殊胜因缘与无量功德继续延伸着归路，每一次问候都是新的，历史和未来已同时接获了问候。法显以其海陆并遵的伟大实践传示着大乘精神，将佛教中国化的历史进程向前推进了一大步，而这又何尝不是新一轮中国文化转型的历史映照？得益于此，在成为汉朝的启航地之后，不其又成为晋朝海上丝绸之路的登陆地，善莫大焉。当然无论启航还是登陆，这都是海洋的故事，在一重重复合性历史景观中展示的都是人类的故事，神思弥漫之间，历史逻辑分明。

日月循环，这只是有情时空的一刹那，可天色浸润着的不是汉朝和晋朝的同一片海洋？一声狮吼下的世界显得辽阔，从东晋回望两汉，抑或从汉朝回望东晋？我们一无所知，但也未曾忘记其中任何一个，因为非时间的万有引力之虹盛开了。

缘此，我们感受到了文化的秘密所在，似乎是这样。不其为海陆交接地，虽偏于海隅，却独树一帜，以其自身形象和整体力量支撑起了"东方中的东方"，聚合并释放着海陆一体化的博大精神气象，从而与中国文化的荣耀、梦想与命运产生联结在了一起，对其发生原理与流变轨迹作出有深度的见证，具体而微地体现了古代文明的一点点奥义，也因此而加入了万方星空的永恒交响之中，也许这就是不其文化的价值所在，提醒我们认真思考中心与边缘、海洋与陆地的关系。

潮起潮落之间，这片土地迎送过多少远行者？一地之史当在群星灿烂的视野中照临，唯此方见融合之意，方见文化自觉之缘。那属于地方史的一切无不应在大历史层面上获得价值认定，应在宏观的文化关系上获得存在、延续和更新的理由，这是生生不息之道。与不其文化相遇，对话充满了张力，意义关乎自身也关乎整体。一切意义之中，特别值得领悟的正是这一点，其生命力内在于中国文化的整体命脉之中，就如同千瓣莲花的每一瓣都与整体相包孕。

我们所思考的事物变得如此简洁，也许这就是诗意安居的理由吧，对于那些因为同一梦而无家可归的灵魂来说，这是一艘船，也是一条岸，孩子们跑上了海边的山冈，眺望着远方和远方。许多年过去以后，那些有秘密而无私心的水晶体显得更深邃，未发生任何变化，自中生代以来就是这样，一千枚玉璇玑对准了北极星。在中国文化转型的每一个千年中，海洋意识和海洋梦想的重启并非必然如此的选择，实为自然而然的因缘，这是所有朝代都要面临的事实，不其文化亦将因此而澄清自我记忆和遗忘，那些光明与黑暗的眼睛也将获得未来的祝福，而海上的伙伴们也将如约归来，把漂泊的灵魂交给故乡。

海洋是大地的载体，特别是对于有着广袤土地的中国来说尤其如此。不其文化从汉朝的黑夜中走过来，凤凰就会在你的睡梦中苏醒，为每一重黑夜准备好黎明，让群星实现大地与海洋的共同意志和共同希望，这是不难理解的事，每个人都已置身其中。古老的海洋之门开启之后，那些制作鸟形鬶和蛋壳陶的知识种族还记得泥土和火焰的基因序列。当行星序曲再度响起，神子们回望东方，在辽阔无边的大平原上写字，一边写下人类历史的序列，一边在东方记忆中寻找自我起源，万方星空发出了和鸣，翅膀开始起变化，掠过龙山时代以迄汉朝的海洋。恰好这一边也不是亘古亘今的遗忘，一千重门外的花影飞过了时间对岸，让群星澄清海洋中国的世界视野。多好的事啊，大地和海洋是一致的。

人类和群星的契约不需要语言，银河的千万座藏书楼同样如此，当无言而全言的事物解脱了历史的束缚，飞起来，没有任何一片更沉重的雪花落在海洋或者云火灿烂的台阶上，孩子们自可会心一笑，画出古人朝思暮想的事物，让一片翅膀属于历史，让另一片翅膀属于未来。想来这已不是什么秘密了，我们的文化何曾离开过海洋，就像群星何曾离开过长空一样。所有时光都是朴素而神圣的，圣凡合一，每个人都怀有这禀赋，可是那像祖母绿一样深邃而透明的港湾是少见的，一片帆影划过时间。万有引力之虹再度从这里出发，飘逸于非时间性的海面，把岁月带到了远方。当更多迷津开合之际，我们还能如何回顾汉唐明月？有意无意之间，那些充满命运感的忘世之花盛开之际，谁还将坚定地说出人的意志？今古之间，其实并没有绝对的限界，所以无边的怅惘时时光顾我们。

唐时亦复如是，张若虚很清楚这一点，否则他不会这样吟唱：

江畔何人初见月，江月何年初照人。

人生代代无穷已，江月年年只相似。

千载以后，闻一多先生漫步汇泉湾畔，完成了精神上一座唯美巅峰的确证，把"诗中的诗，顶峰上的顶峰"桂冠授予《春江花月夜》。对此，他写道：

更夐绝的宇宙意识！一个更深沉，更寥廓，更宁静的境界！在神奇的永恒前面，作者只有错愕，没有憧憬，没有悲伤。……这里一番神秘而又亲切的、如梦境的晤谈，有的是强烈的宇宙意识，被宇宙意识升华过的纯洁的爱情，又由爱情辐射出来的同情心，这是诗中的诗，顶峰上的顶峰。[7]

诗意抵达，岁月重新开始。今古相合，一切旷世奇缘都有着共同的景深，所见岁月只是其中一端。因为有了一番唐人意境，无边海洋的动荡感、悲剧性与冲击力相对平复了，似乎不再那么危险，可是我们还将多少次重新面对海洋？

从琅琊到不其，这是一个航海之梦的表现形式，那些缔结海上丝绸之路的时光可曾记得他们，船上的伙伴可能记得故乡？河与海之间没有距离，而唯一的岸可能就是我们自己，就是从彼岸到此岸的岁月之舟。

长天一如既往，上升之路与下降之路是一致的。众神置身于无时间为之变幻的绝对完美之境，也会感到寂寞，对于他们来说，一片人间花朵是无比神奇的。复归于大地，这是所有航海者的梦，旧梦与新梦之间，万古沧桑点染了明天的花香。海色无极，梨花落在了不其城的边上，在同一轮满月和无数煮海为盐的器皿之间，你已经分不出何者为今，何者为古了，这是今古的无差别意识，因为那是同一艘船的故乡。到了这一刻，我们还能如何来理解古人，他们的所有心事都与今天相关，而"对话"之路的每一次展现也必然意味着融古开新。于是行星序曲再度响起，今古对话之路重现，第一句话被未来重新说出，因为这不是昨天的事，穿越历史是为了开辟未来。在这一点上，我们与星辰保持一致。

与不其文化相遇，似乎所有原因都显得贫乏。如果那些无言而全言的事物可以准时抵达此岸，如果是这样，我们的对话之路会变得通畅。

海陆交接，天地交感，人神交遇，时空以北极星为轴心展开了道路。兴许，这就是交门宫和胶州湾的缘由，这就是大历史所设定的中国文化的一个不其形式，而奥义之所生，渊源之所自，今古俱在其中矣，弥久弥远，弥高弥深。

天命所为，北斗七星同时指向了过去和未来。

天体之路的远方，我们还将在那里相遇，但是别忘了报出你的名字。

接着就是今天了，当海上的海铺展着道路，东方中的东方重新启航。

[7] 闻一多：《闻一多全集·唐诗杂论·宫体诗的自赎》，第21页，生活·读书·新知三联书店，1982年。

【第一章】

不其文化解题：基本内涵及时空范畴

天地之间，不其文化何为，来自何方并去向何方？

日月循环之中有道路，那些寻求永恒价值的灵魂依旧走在路上，虽然无常岁月的每一段都是艰辛的。在绝对命运与相对梦想之中，我们所能见的事物并非别的，其实那就是我们自身，那就是历史道路上未曾消失的故人，或者是未来道路上将要复现的知己，在每一重此岸和彼岸之间寻找着对岸，提醒我们关注历史与未来的共同性，带着前世与来世的全部惊奇复现于此刻。光影加深了时序，于是就有了一个关于顶峰与幽谷深壑的印象，感到那陌生而熟悉的一切都在重新开始。

千载时空回荡着这样的苍茫与激越之音，那些"筚路蓝缕，以启山林"的拓荒时光并不是很遥远。现在是回忆，花开之际，往古来今的燕子找到了归宿，在历史那空寂的屋檐下筑巢。可是我们去往汉朝的道路依旧没有路标，看不到终点。孩子们倒是有理由做一件更简单的事，画出一个坐标系，无非一个时间轴和一个空间轴罢了，似乎没什么难的。有时事实就是这么简单，呈现于轴线上的事物有始有终，简洁有序，不同于诸朝典籍中那些诡秘、艰深的言辞。当然这绝不是一个恰当的说法，典籍中有宝藏，不其文化的秘密就在其中，问题是如何透过吉光片羽看到整体世界。那些来自星际的陨石无比单纯，这一点令人诧异，宇宙往往如此。

上升与下降之路终是一致的，"对话"意味着理解、发现和创造，持续不断的对话延续着历史，所有历史都与未来对称。现在是初遇不其的时刻，我们首先要做的是勘界，划定一个相对明确的时空范畴，让"对话"限止于一个有中心、有边界的范畴内，而不至失陷于无边际的历史丛林。恰好那些被隐匿的时间中的时间重新开始，我们来到这地方，置身于大地与海洋的同一个起点上。

我们接获了启示和力量，与不其文化相遇的这一刻显得尤其意味深长，不是在过去的时光中相遇，而处于历史和未来的共同回忆之中。就这样，我们与不其文化在其自身的希望中相遇，不是偶然的单一的相遇，而是在过去和未来同时相遇了。

玉蝉

汉

长5.1厘米，宽2.6厘米，厚0.6厘米
20世纪70年代城阳古庙村出土
城阳区文物管理委员会办公室藏

1. 历史序列：不其文化八百年及其历史渊源

从时间关系上看，我们所说的"不其文化"指的主要是汉置不其县及其以后发生、演变、积淀而成的历史文化形态，存在于中古时期的前半程，而其史前渊源则起码可追溯至新石器时代，为龙山文化的集结地。

不其之有行政建制的历史肇始于汉朝，接续东夷文化的盛大前缘而崛起，重启中国的东方之门。汉朝于公元前202年开国后，即新置不其县以定东方。至东汉，皋虞县（治在今即墨市温泉镇东皋虞村）废入不其县。以汉初建制为起点，不其县经历了西汉、新莽、东汉、曹魏、西晋、十六国（先后属后赵、前燕、前秦、后燕和南燕）、东晋以及南北朝（先后属刘宋、北魏和北齐）等各个历史时期，至北齐天保七年（556年）裁撤，出现了一个历史空当，隋开皇十六年（596年）一度复置不其县，旋废，其地并入同年移现址新置的即墨县。

与不其县并存于历史中的是侯国，这在很大程度上增加了不其历史的丰富性。汉时，不其县境内曾存有两个诸侯国，其一是不其侯国，其二是泛乡侯国，均为刘汉在山东半岛建立的异姓诸侯国。侯国与县并存，侯国在县内，县为诸侯之食邑，这是汉朝不其历史建制的一个基本特点。

不其侯国与不其县同名，两度分置于东西两汉，先于汉高后七年（前181年）初置，高后吕雉封其亲侄吕种为不其侯，翌年即废，实际上这是一个实封侯而虚置国的不其侯国；后于东汉光武帝建武六年（30年）重置不其侯国于不其县的核心地带，大司徒伏湛受封不其侯，实就国，传国八代，延至汉末建安十九年（214年）废，前后经历了184年的历史存在。

泛乡侯国（故城址位于今即墨市龙山镇南庄村东）地处不其县北部边缘地带，与不其侯国一样，亦曾两度分置于东西两汉，先于西汉成帝绥和元年（前8年）初

石卧鹿

汉

长82厘米，宽46.5厘米
1965年即墨华侨村出土
青岛市博物馆藏

渤海

东莱郡

莱山

邹卢

挺 长广 观阳

下密 郁秩 天室山

琅邪郡

即墨 胶东国

三户山

北海郡

皋虞・皋虞侯国

壮武

高密国 泛乡侯国

黔邹 计今 不其・不其侯国

胶州湾
（胶州湾）

不其山

柜 被侯国

东海（今黄海）

琅邪郡

琅邪

琅邪台

○ 汉不其县及周边县、侯国
分布示意图

置，大司空何武受封泛乡侯，传国两代，延至王莽始建国四年（12年）废，前后经历了20年的历史存在；复于东汉光武帝建武四年（28年）重置，太傅卓茂之次子卓崇受封泛乡侯，传国四代，延至和帝永元十五年（103年）废。

西汉时，与泛乡侯国相距不远处还有皋虞侯国（治在皋虞县城），与不其侯国和泛乡侯国不同，这倒是一个刘姓诸侯国，元封元年（前110年），汉武帝封胶东康王刘寄之子刘建为皋虞侯，但当时皋虞县与不其县尚属两县，至东汉方合一，而此际皋虞侯国已废，因此皋虞侯国尚不在不其的历史序列中。

汉史典籍中有明确记载的不其县县官有不其令童恢（东汉光和年间在任），不其丞薛宣（约西汉元、成之际在任），其他县官已概不知其姓甚名谁。而侯国的情况大不一样，历代侯爵很清楚，在不其县历任县官多已无法弄清楚其姓名的情况下，县境内相关诸侯国的存在自是有其特殊意义的，侯爵相袭而延其国，给出了清晰、完整的传承序列，这对明确了解不其文化的一些构成要素是很有帮助的。

不其之为县，在西汉属徐州琅邪郡（琅邪，今通写作琅琊，治在今青岛市黄岛区琅琊镇），转东汉则改隶青州东莱郡，入西晋时设为长广郡郡治，至北魏时一度变为东青州州治。就此，岁月错综其意绪，给出了一种复合性的历史景观，叠合着县、国、郡、州三级四类行政中心的史脉，这也是不寻常的一点。

就整体脉络和历史跨度而言，不其县包容着上述种种历史存在形态，因而以古代不其县的起止为基本坐标，即可明确勾画出有建制以后不其文化的历史序列。不其县肇始于汉初，连续兴立750余年而顿止于北齐天宝之际，复于隋开皇年间一度回闪其光影，前后跨越了近800年的历史时空，这是不其的县制时期。在此，我们只是简单勾勒出一个大致的轮廓，具体的历史渊源、沿革路径及相关文化史迹将在后面的章节再加以梳理。

渊源有自，我们的历史视野不囿于不其近八百年的县制时期，对话之路将朝向东夷文化延伸，为的是领受一道深邃的起源之光。东夷文化奠立东方基脉，这是不其文化及其周边所有区域文化形态普遍、共同的本源，时光从那里开始，触及我们古老的精神底蕴。我们将追溯不其文化的历史前缘，以感怀其精神原动力并澄清其来龙去脉，在一个相对开阔的历史文化视野中展开"对话"，以形成共同的历史沉思并导向深刻的文化自觉。

现在，对话之门敞开，我们与汉朝故人同时看见了彼此。

恰好燕子闻讯赶来，在星光的屋檐下筑巢。

青瓷双耳壶

汉
高36.5厘米，口径15.5厘米，腹径39厘米
1974年城阳棘洪滩镇北万村出土
青岛市博物馆藏

灰陶鬲
东周
高12厘米，口径9.6厘米，腹径15.5厘米
1956城阳李家宅头遗址出土
青岛市博物馆藏

彩绘陶壶
汉
高30.5厘米，口径16.5厘米，腹径29厘米
1980年城阳仙家寨镇苇芦村出土
青岛市博物馆藏

不其山（崂山）

2. 空间关系：不其历史地理的分布范畴及其九重境域

从空间关系上看，我们所说的"不其文化"指的主要是古代不其县境内的历史
文化史存在。不其，一方山海形胜之地，环境构成要素独特而丰富。

这儿，我们将初步探摸不其的历史地脉，你会感到深沉的回音从四方响起。在
历史视野中观察地脉，那本原力量在重新生成，博大而生动，弥漫着岁月初始的重
重光影。山海之间，这是一片充满生机与悬念的历史半岛。

2.1 不其地：不其历史中心及其基本的历史地理范畴

汉初置不其县，从那时起至北齐天保七年废县，复于隋开皇间重置而旋废，终
其近八百年的县制时期，不其县的治所均在今青岛市城阳区的核心地带，这是不其
的历史中心。不其县的辖域涵盖了胶州湾以东的今青岛市各区（包括市南、市北、
李沧、崂山和城阳区）全境以及即墨市东南部，这是不其文化的基本历史地域。

考察不其文化的主要分布区域和海陆环境，形成了一个岸线迂曲回旋的历史半
岛。本书以下部分多以"不其地"言称不其文化的历史地理范畴，但概念所指并不
囿于近八百年县制时期，可对设县以前和废县以后的历史形成整体性的包容，这也
是我们采纳"不其地"这一概念的基本理由。不其地与不其山、不其县、不其侯国
以及不其城构成了一个历史地理上的同源体系，虽说指称范围有所不同，然内中充
盈着共同的文化底蕴，保持着高度的精神一致性。山海为之激荡，持久而深刻地弥
漫着海陆一体化的恢弘气象，大自然与大历史共同赋予不其地以天赋异禀。

从历史地域及其辐射范围来看，可知不其文化在地域独特性与包容性上有着良
好的表现，既在其主要历史地域之中确立了绝不雷同于他处的文化个性特征，亦朝

向广阔空间呈现出了非常丰富的延展力、影响力和包容力，以海纳百川的形象傲立于东方海岸线上。

山海之间，不其地开合有度，涵容八方而绵延不绝。汉置不其县，遂有不其地之中心与边界的成立，这是我们观察不其文化的空间分布范围的基点，形成了不其文化的基本视野。

2.2 不其地的九重境域

从历史地理演变的角度来看，可以对汉置县以来不其地的分布范围、变化轨迹及其接壤情况有一个明确的认知。于是，在历史地理的框架中，我们看到了不其地的九重境域。

第一重境域是新石器时代以迄齐置即墨前的不其地。新石器时代晚期，不其地作为胶州湾文化带的一部分，与周边区域构成紧密关联的文化共同体，成为海洋性东夷文化起源地，弥布东夷之光，奠立东方基脉，其历史余续延及夏商周三代。从这里，我们看到了不其文化至为深厚的历史渊源。上下数千载之间，不其地是以无中心、无边界的状态而内在于胶州湾地区的古文化史序列中的，内在于东夷文化及三代文化大体系之中。特别值得注意的是不其地与胶州湾的关系，一片海湾的生成、演化反映了东夷文化的奥秘，照见不其海事的初始因缘，不其地成为上古文明津渡之一，深深契入东夷精神世界并反映了东夷文化与华夏文化碰撞、交流与融合的历史轨迹。

第二重境域为齐置即墨至汉以前的不其地。时在春秋中途，前567年，齐侯灭莱并置即墨邑，不其地在其境。自此始，不其文化成为即墨文化的一部分。在此需要特别申明的是，齐置即墨，是为历史上的第一个即墨，其历史中心在今平度古岘镇大朱毛村，而不其地处于其东南部海滨地带，有渔盐之利。这一时期的不其地继续以无独立建制的状态存在，不其文化的历史渊源得以继续加深。

胶州湾北部的红岛一隅

青铜提梁壶（右上）

战国

高29.5厘米，口径11厘米，腹径19厘米

1971年城阳财贝沟墓群出土

青岛市博物馆藏

青铜提梁盒（右下）

东周

通高24厘米，直径14厘米

1974年财贝沟墓群出土

城阳区文物管理委员会办公室藏

青铜壶（左）

汉

高36.5厘米，口径3厘米，腹径22.3厘米

1988年城阳棘洪滩出土

青岛市博物馆藏

第三重境域是西汉不其地。汉初三分即墨，不其地从古即墨地析出，设为县，拥有了独立的行政建制，不其地近八百年的县制时期从此开始了。这是不其奠立其独立历史基脉并养成其非凡文化个性的历史时期，县境包含今青岛市处于胶州湾以东的各区及即墨市南部部分区域。此际，不其县是作为徐州琅琊郡属县而存在的，北及西北方与胶东国壮武县（治在今即墨市蓝村镇）接壤，西与琅琊郡计今县（亦称介根县，治在今胶州西南的莒国故都）接壤，东北方与琅琊郡皋虞县（故城在今即墨市温泉镇东皋虞村）相邻。不其与皋虞两地南北分置于山东半岛的东南部海滨的，共同扼守着汉朝东方海疆的关键地带。

第四重境域为自东汉至北齐不其县裁撤期间的不其地。别西汉而入东汉以后，不其由徐州琅琊郡改隶青州东莱郡。此际，皋虞县裁撤，其旧地并入不其县，因此不其县的东北部疆域扩展到了今丁字湾一带，与东莱郡长广县（治在今莱西长青山之阳）接壤，就此迎来了县境最大的历史时期。边界关系上的变化还有一点，此际胶东国亦已裁撤，其地并入了北海国，不其县遂与北海国接壤为邻。北魏时期，析青州东部新置光州，不其为光州长广郡的郡城。自东汉至北齐天宝七年（556年）不其县裁撤之际，县境基本保持稳定。

第五重境域为北齐天保年至隋开皇年间的不其地。北齐天保七年省不其县，其地并入东莱郡长广县（治在今莱西市境），不其县近800年有独立建制的历史在此出现了一个空当，不过其文化触角也进一步向胶东半岛东部延伸。

第六重境域为隋开皇以后至近代的不其地。隋开皇十六年（506年）一度重置不其县，旋废，其地纳入了新置的即墨县。与齐置即墨不同，这是历史上的第二个即墨，其历史中心位于今即墨市城区。自此始，不其地作为即墨的一部分，实现了与即墨文化的重新融合，这一历史地理境域延续了1300余年。

第七重境域为近现代不其地。随着1898年（清光绪二十四年）中德《胶澳租借条约》签署而出现了变更，不其地白沙河以南、砖塔岭以西部分被划入胶澳租借地，其余部分则依旧属于即墨县。自此始，在以后的半个世纪中，不其地的一部分与青岛共同经历了近现代的历史变幻。

第八重境域为1949年至1994年的不其地。新中国成立以后，不其地分属即墨县和崂山行政办事处（1953年改称崂山郊区）。1961年设立崂山县，1988年设立崂山区，不其地在其境。

第九重境域是当下不其地。1994年析崂山区西部新设城阳区，不其地核心地带重新进入了有独立行政建制的历史时期，这也就是现今的青岛市城阳区。

总体上看，古代不其地的历史地理范畴比现今的城阳区要大得多，终不其地近八百年县制时期，其总面积1500平方公里至2000平方公里，而现今城阳区为不其地的中心区域而非全部领地，总面积553.2平方公里。这是不同历史时期中心与全域、局部与整体的关系。相对于县制时期的多重境域，当下境域虽说要小得多，然而不其文化的诸多精髓也在这里形成了深刻集结，小中见大的历史包容力自不待言。当然，言其大，并不囿于上述九重境域，而对汉朝乃至前前后后的东方世界有所包容，这是尤其值得注意的一点。

今城阳区所在地为不其地的核心地带，历史上长期作为不其县、不其侯国和长

图文砖

西汉

长28厘米，宽13.5厘米，厚4.7厘米

2010年城阳文阳路汉墓出土

城阳区文物管理委员会办公室藏

广郡的治所,见证了八百年不其文化诞生、延续与沉潜的过程。

"城阳"为晚起的地名,至明朝方成立并延续至今。明朝,今城阳地区设有城阳社、北曲社与不其社,三社均隶属即墨县里仁乡。城阳,从字面上可以释出"城之阳"一层意思,意即"不其城之阳",说明它位于古不其城以南地带。至近代,方以"城阳"之名涵盖这一区域。在此另需说明的一点是,汉朝曾置有城阳郡和城阳国,治在莒(今山东莒县)。显然,那是另一个城阳,与我们这里所说的作为不其文化中心区域的城阳并非一回事,应避免概念上的混淆。

3. 三知不其

与不其文化对话,欲理解其精神、洞察其奥秘并获得有益于未来的启示,当有"三知",何谓也?其一是知其中心所是,以澄清不其文化的基本内涵并奠立其文化基脉;其二是知其渊源所自,以澄清不其文化的历史前缘并昭显其文化关系;其三是知其轨迹所在,以澄清不其文化的历史阶程并察知其流变路径。若此三知者,皆非独立存在之物,而是一个彼此关联的考证、认知与阐释体系。然则要真正达成"知"的目的,谈何容易,皆须出入茫古之中而不失活在当下的情怀。

3.1 知其一:中心所是

不其文化的成立首先在于"汉朝之东方",这是一个基本禀赋。

汉置不其县,不其地的历史存在获得了一个有效、稳固而强大的支点,这为不其文化基本序列的形成及其主题价值的塑造提供了合法条件,缘此而有了"汉不其文化"这个概念的成立。

玉剑璏

汉
长7厘米,宽3厘米,厚1.2厘米
1978年城阳古庙村出土
青岛市博物馆藏

四乳草叶纹镜
汉
直径14厘米，厚0.6厘米
铃篆体四字铭：富贵常乐，常得
　　　所食，常宁洒食，长乐勿事
2010年城阳后桃林汉墓出土
城阳区文物管理委员会办公室藏

四乳草叶纹镜
汉
直径18.2厘米，厚0.5厘米
铃篆体四字铭：见日之光，天下大阳
2010年城阳后桃林汉墓出土
城阳区文物管理委员会办公室藏

　　历史地看，汉不其文化获得了两大历史机缘并因此而形成驱动力，其一是汉武东巡及海上求仙运动的展开，特别是因着明堂、太一祠和交门宫的建立，不其地历史性地培育出了独一无二的文化个性，成为汉朝的东方之门，成为太一信仰的东方中心，也因此而开启道教史前史大门并成为道教发源地之一。其二是两汉经学的兴起与东流传播，不其地及其周边地区养成了深厚的经学氛围，先有出自本地的经学家王吉和房凤等人为之立基，后有郑玄引起"小统一"经学之光东流，不其成为两汉经学的海岸重镇并首开古代书院文化史之先河。

　　在我们的观察之中，这同样也是两重历史视野的双向展开：一方面，我们可以在汉朝之东方视野中大致领悟不其文化的基本内涵和主导精神，缘此而获得大历史的深刻观照。汉朝之东方，这是让帝王为之魂牵梦绕的东方，发生了一系列以东方和海外世界为目标的文化探索行为，其中尤以汉武帝面向东方的巡狩为要点，因此在不其地出现了明堂、太一祠和交门宫三大汉史纪念性建筑。另一方面，恰因不其之故，汉朝的东方视野有了一个有效支点并得以更稳固地奠立和开张，某种程度上可以说，不其文化是汉朝东方文化大体系中一个明确、典型而鲜活的形态，具体而微地呈现了汉朝的东方精神并引展其海外视野，反映了汉朝历史的诸多特点，缔结了汉朝海外意识的基本因缘。

这儿，每一个点都是整体的一部分，因着整体而获得了生命力。

你看，这是大历史和小地方的相互映衬与深刻回转。

3.2 知其二：渊源所自

以东方和海洋的名义相遇，这是遥远而亲切的事物。

不其文化的历史渊源深刻存在于东夷文化之中，这也是一个基本的历史态度。欲澄清汉不其文化，尚需从遥远的东夷文化那里获得启示，从那里获得文化原动力。恰因东夷文化的存在，不其地与不其文化有了深沉的根脉，而汉朝的东方精神，或者说中国的东方意识又何尝不是因着东夷文化的存在而形成的呢？

要说东夷文化在胶州湾及其周边地区的渊源有多么深厚，你可以向旧石器时代发出回望，大珠山遗址距今四万年以上，那可能是最早走向海洋的东夷人的家园。考察新石器时代东夷文化的生成与流变轨迹，可以发现这样一个现象：在胶州湾及其周边地区存在着多种文化形态的衔接点，如以北阡遗址为标志的北辛文化与大汶口文化的衔接点，以三里河遗址为标志的大汶口文化与龙山文化的衔接点，以东岳石遗址为标志的龙山文化与岳石文化的衔接点，三重大历史景深所映现出来的，正是海洋性东夷文化的起源之路。在这一图景中，位于今城阳城子村的城子遗址也是

打制石器
旧石器时代中期
（距今约四万年以上）
2013年黄岛大珠山遗址出土
黄岛区博物馆藏

双孔石刀
新石器时代
长9.4厘米，宽5.1厘米
1962年城阳月子口水库（崂山水库）出土
青岛市博物馆藏

一个重要的观察点，它究竟占有何种地位，尚需考古勘探给出证明。

我们可以明白东夷文化与东方、与海洋的奥秘，某种程度上可以说，胶州湾恰如其分地成为一个历史母腹，在新石器时代晚期东夷文化的孕育、发展过程中发挥了至关重要的作用，以胶州二里河遗址为基本标志，这里成为上古中华文明的出海口和海外文明的登陆地。自龙山时代起，不其地作为东夷故人的精神家园而肇兴于胶州湾东岸与北岸，三代之间集结着嵎夷和莱夷的文化密码。

历史大开大合之中有严密逻辑，当齐文化接续东夷前缘而焕发新的生机，激扬中国海洋精神于东方的时候，我们所感受到的同样是海洋精神与海洋梦想。从东夷文化到齐文化，再到汉文化，在海洋文明的维度上可以说是一脉相承的。

无论大历史如何变幻其面目，不其地，或者说不其地所在的整个胶州湾地区始终是以"东方中的东方"这一形象而承托天命并面向海洋的，欲知悉其精神奥义，非从东方、海洋与太阳的一致性入手不可，如此方可有所领悟。东夷文化为汉朝之东方视野的展开，为不其文化提供了重要的历史前缘。

基于此，本书将经常涉及不其文化系之于东夷文化的诸多关键问题，以知其渊源，明其宗脉。

3.3 知其三：路径所由

不其文化有着非常复杂而相对清晰的流变轨迹，循大历史逻辑与大文化理路而衍生出了自成体系的文化肌理。

有了以上关于不其文化之中心与渊源的两知，这关于其流变轨迹的第三知就变得简单了许多。大致上看，不其文化主要呈现为三大历史阶程：

第一大历史阶程是汉置不其县以前的历史，或称之为建制以前的历史，这也就是不其地在东夷文化、三代之际和秦朝的漫长历史存在，内中包含着东夷文化、夏商周文化、齐文化和秦文化的诸多秘迹，其历史渊源如"知其二"所述内容，不其

薄胎镂空高柄杯

新石器时代·龙山文化
高15.4cm，口径6.9cm，底径6.2cm
20世纪70年代胶州三里河遗址出土
青岛市博物馆藏

陶拍（左）

商
高8厘米，直径6厘米
1964年城阳霸王台遗址出土
青岛市博物馆藏

陶豆（右）

周
高14.7厘米，口径17.2厘米，底径10.6厘米
1975年城阳夏庄东古镇村出土
青岛市博物馆藏

文化有着深厚的历史根基。

第二大历史阶程是两汉之际的历史，不其文化开启了建制以后的历史序列。汉置不其县是一个重大历史节点，汉不其文化得以成立，其基本禀赋得以养成并运化生新，以汉朝东方之门的形象矗立于海陆结合处。这也就是"知其一"所阐述的内容。而且，因为有了这一阶程，前后两个历史阶程都获得了有效支点。

第三大历史阶程为汉以后的历史，县制时期继续延续，不其文化的流光余韵弥布于魏晋南北朝之际，在佛教史和道教史上留迹深远，特别是因着东晋高僧法显于义熙八年（412年）登陆牢山（古称不其山，今称崂山）之故，不其得以将自身结合到佛教中国化和海上丝绸之路的历史之中。北齐天宝七年（556年）裁撤之后，不其历史出现了一个40年的空白，至隋开皇十六年（596年）昙花一现之后最终画上了历史句号。自此始，我们不再将不其文化视为一个自成体系的文化形态，当然今城阳地区的历史继续绵延，自隋朝至19世纪末，它是作为即墨文化的一部分而存在的。1898年3月中德《胶澳租借条约》签署以后，白沙河以南区域划入了当时的青岛，以北区域仍为即墨地。

上面三个历史阶程互为景深，呈现了不其文化的渊源与流变轨迹，虽说历史状态各异，然文化精神相互贯通，形成了一个内蕴深厚而传承有序的文化整体。可以说，这是不其历史的三段论。

三知内外自有华章，弥漫着一种特殊的精神气候，一片东方世界展开了神奇、雄浑而生动的文化图卷。鉴往知今的学术使命要求我们沟通历史和未来，这是发现与创造的双重变奏。光影弥漫之间，历史与未来相互接纳，珍藏着文化密码。文化之路继续延伸，在过去、现在和未来的契合点上见证海陆一体化的奥秘。我们与不其文化的对话从这里开始，带着古老岁月的钟情之意开始。

铜饰
东周
高9厘米
1974年李村郑庄出土
（所在地汉代属不其县）
青岛市博物馆藏

【第二章】

"不其"音义，历史语言学图景与东夷文化渊源

一切从文字开始，然一切语言之门，缘何而开启？

古史茫昧无极，语言艰深莫测，文字往往含蕴着天地间的大秘密。小中见大，一本万殊，这秘密在"不其"两字上表现得尤为突出。

古文字的发生原理合于人心者深矣，奥义倒不在于其形式，而在于一种大道至简的情怀。对于后世的阅读者和阐释者而言，最初的文字既是质朴无极的，亦是神妙无极的，我们往往不得其要领，难以获得那至简之光的深情垂顾，而时空悬隔，造成了种种不可排解的语意乱象，使得历史对话之路变得凶险无比。现在，我们就将经历这种矛盾和究诘，但愿有所澄清其真意。我们将对"不其"两字做一次有意味的钩沉，语意所及，并不囿于"不其文化"范畴之内，当然循环往复之中最终的意脉还将归于"不其文化"，这是一段意味深长的文字之旅。

想来，语言既为历史之家，也必然要赐予后世以开启前世迷津的钥匙，这也是历史之为历史的基本原因所在，否则一切历史都必将在自我密闭中彻底消亡，何以生生不息，又何以复现于当下？你知道，初学文字的孩童更清楚这事的妙处，不会被太多真相和假相所纠缠。而如今，我们所要做的，就是要尽量还原文字的初始奥秘并解开历史枷锁，复归于文字的单纯之境，让文字本身说话，让语言在自由变幻之中焕发本质情怀。大道至简，文字尤其如此。

1. "不"与"其"，两字的基本音义及其特殊内涵

文字所反映的，正是人类复杂而微妙的心理变化。

几乎所有初次遇到"不其"两字的人，都不会将其视为一个具体的历史地理名词，而更多地将其置于"不其然乎"和"果不其然"等表示疑问、肯定和强调语气

的语境之中，这倒也是一种普遍的语言心理。前面已经申明的一点是，我们所说的"不其文化"中"不其"两字应读作弗基[fújī]。

为了领受语言之慧并揭开地名之谜，以适宜姿态和正确调式与不其文化对话，有必要先对"不"与"其"两字作一番简略的辨析，正其音义为明其渊源。看上去一目了然，"不"与"其"两字似乎并不复杂，写法很简单，意义似乎也清楚，每一个字好像也都是不言自明的。可若此两字之间，我们的语言思维和历史思维要跨越很长的一段路，文字之中隐现着深邃、复杂的历史文化图景。在这一部分，我们主要从音义角度对两字做一番审视，内中涉及文字与东夷文化渊源及相关深层次文化现象暂不作深入展开，不过东夷图腾秘影将会有所闪现。

1.1 "不"：缘起飞鸟之灵

"不"之为字，耐人寻味，然切忌望文生义或望文生音。

黄昏，夕阳在河边研磨人世的梦想，把未曾公开的字交给明天。

你看，就是这个字！我们太熟悉这个字了，日常生活中随处可见其踪影。可有时，恰恰因为太熟悉而忽略了对其幽秘渊源的思考。若此一字，在自我形象之中勾连着东夷民族的古老记忆，颇多出乎意料之处，有时你会感到它就像一只心理研磨器一样力道圆满，锤炼着我们复杂的语言心神，渗透着一种理性否定精神，弥漫着一种化不可能为可能的探索精神。

至简之字往往蕴含着至繁之意，不其然乎？

1.1.1 "不"字的基本用法及其音读

古汉语中，随处可见"不"字之形影，写法简约，然音义复杂。

第一种音读为"布"[bù]。多作副词用，表否定之意。《韵会》及《正韵》注曰："逋没切，补入声。不然也，不可也，未也。"甲骨文中有"王不雨"一语，《礼记·礼运》中有"人不独亲其亲，不独子其子"一语，《荀子·劝学篇》中有"锲而不舍，金石可镂"一语，其中的"不"字均作此解。另如"玉不琢，不成器""泥古不化""不卑不亢"及"不破不立"等诸多成语亦如此。再者，有时亦作语气助词，用以加强语气或调整音节，无实义。例如《诗·小雅·车攻》"徒御不惊，大庖不盈"一语如是。

第二种音读为"缶"[fǒu]。亦作副词用，表否定或疑问之意，通"否"。《韵会》注之曰："俯九切，音缶。与可否之否通。"例如韩愈《师说》"句读之不知，惑之不解，或师焉，或不焉？"一语中的"不"字如是。

第三种音读为"弗"[fú]。与弗同。亦作副词用，表否定之意。甲骨文中有"我不其受黍年""乙亥卜不雨""子不其疾""王不往田"诸语，其中的"不"字即作此解。

第四种音读为"丕"[pī]。为形容词，通丕，旨归于"大"，可释出盛大、巨大、壮大及雄大等相互关联的意涵。例如《诗·周颂·清庙》中有"不显不承，无射於人斯"一句，《管子·心术》中有"道其本，至也。至不至无"一句，其中的

研磨器

东周

长7厘米，宽2.8厘米

1957年城阳夏庄东古镇村出土

青岛市博物馆藏

"不"字皆如此。

第五种音读为"彪"[biāo]。适用于作人名的情况下,《正字通》云:"不姓之不,转注古音,音彪。"

1.1.2 第三音读的缘起及适用范围

在"不其"这个概念中,"不"字适应于第三种音读。

第三种音读条件下,对"不"字的认识有两个层面。

第一个层面,与上述"不"字在第一种音读情况下的用法基本相同,亦表否定之意,"不"与"弗"成为同源之字,所谓"弗,不也。"(郑玄:《周礼注·夏官下·诸子》),其区别在于否定之意的深浅程度有所不同,所以就有"弗者,不之深也"(何休:《春秋公羊传解诂·桓公十五年》)这一说法,意思是说"弗"字可对所否定之对象作出进一步的强调,从而加深了语意。《广韵》及《韵会》注"不"字之音,曰:

> 分物切,与弗同。今吴音皆然。

上下之间有轮回,入音转为上音,就此形成了一个特殊的基准音调。文中所谓"吴音",指的是江南吴地之音,是一种有独特发音特点的方言,亦称吴语。然则读音相同,为偶合,抑或流传有度?

第二个层面,"不"字存在于专有名词中,多用作历史地理名称,如不其山、不其县、不其侯国及不其城等,济南有华不注山,其中"不"字亦应读此音。这儿同样是双重视野的展开,透现出了特殊的历史语言学与历史地理学景深。一方面,就《广韵》等古代韵书以吴音相类比这一点而言,透过语音流转轨迹,可对不其地之历史地理渊源有所察思。秦及西汉时期,不其地在徐州琅琊郡范围内,为琅琊郡北部要地,相对来说,它构成一个独特的南北文化接触、交锋界面,南方文化锋面北上,与山东半岛固有的齐文化锋面在此接触和碰撞,影响与被影响的痕迹都是存在的。其实早在春秋战国时,琅琊一地即为吴越文化及楚文化北上齐鲁之前沿,有越王迁都琅琊并建琅琊台的史迹,缘此而形成的南北语言交渗与风俗流转的情况自是不难理解的。秦汉以降,琅琊郡属地继续成为南北文化碰撞、对话与交融最活跃的地区,兼容南北的文化性格继续加深。但就地名而言,"不"字的发音恐与吴音关系不甚大,试想,若出吴音,为何吴地反而稀见以"不"字起首的地名?换一角度说,在"不其"这等地名中,"不"字并非表否定之意,而是别有深意。

考察古音渊源,现代学者给出了一个颇有新意的解释,认为汉时出现了多个以"不"字起首的县名,如不其县、不夜县及不而县等,另有不其山和不咸山等山名,它们的存在缘由,均为受东北滨海地带少数民族发音习惯影响之故[1],其中的"不"是一种特有的发语音,无实义(详见本章《比较:古时含"不"字的地名》部分)。这里有待澄清的一个问题是,既如此,则"不"字音读如何,适用于上述第一种音读,抑或第三种音读?起码就"不其"诸地名而言,综合相关因素判断,无疑是适用于第三种音读的。如此一来,就引出了另外一个问题,所谓东北滨海地带少数民族的发音习俗,又源出何方?这是一个影响与被影响的问题,要解决这个问题,尚需全面考察东夷文化的渊流,简而言之,东夷民族起源于山东半岛,而后

夔龙纹玉觿
西汉
长11.2厘米,宽3.5厘米
即墨市博物馆藏

[1] 周振鹤、游汝杰:《方言与中国文化》,上海人民出版社,2006年。

逐渐跨海迁移至辽东半岛，所以三代之际方有了东北夷的说法。

其实，这是一个文化认同的圆圈在扩展，主题很明确，边缘不稳定。

1.1.3 "不"之本意及其象形之源与图腾秘影

文字流变有度，造字思维总是要在有形与无形之间求得内在平衡的。

意味深长者尤在于图腾，提示我们珍视至简文字所蕴含的至繁精神价值，这是来自语言的福惠。

古人对"不"字的认识并不囿于否定、疑问副词或语气助词的层面上，而是力求还原其本原形象，视之为具体可感的象形词，有动感，有性灵，这是符合汉字之造字与演化的基本逻辑的。有人从花萼的角度来审视，察甲骨文中的"不"字，其上半部形若花蒂之子房，下半部则如花蒂之垂蕊，遂言之为萼足。《诗·小雅·常棣》有"常棣之花，鄂不韡韡"一语，郑玄笺注："承华者曰鄂。"鄂同萼，花托之谓也。不过说起来，就文字之象形本源而言，还是许慎看得更为精深一步，他从字形中释出了飞鸟的形象，《说文》曰：

> 不，鸟飞上翔不下来也。从一，一犹天也。象形。

不其然耶？说的是飞鸟上翔于天而不复返的情状，以"一"象天，意味着高远无极，意味着万物之始。"一"之下，字形直接摹绘了飞鸟振展双翅并圆满其灵魂的生动形象。可以说，上下相合，构成了一个有意味的上古符号。你看，以飞鸟冲天来表达某种极限状态，对于人类而言，这可是一种不可能登临的无限境界，这也就是终极之境。缘于飞鸟而引申假借，转换成表示否定之词。想来，人之所不可能的境界，此之谓否定之境也。于是乎，其意亦由形象之境过渡到了抽象之境。

汉时许慎看见了"一"，以"一"象天，为文字注入了哲学意识。不过问题尚不止于此，有必要再深究一步，以澄清本源。汉时"不"字已见完型，而推思本源之路实未有穷尽，许慎所见很可能只是甲骨文或钟鼎文中的字形，而未尝参透其本源之灵。渊源所自，"不"出自东夷，直接反映了东夷鸟图腾的精神奥秘，与东夷民族的太阳崇拜心理密切相关。

东夷原始骨刻给出了"不"的祖型，写为，是一个原始象形刻画符号，看

"不"字演变轨迹

下图自右至左先后是：东夷骨刻文、甲骨文、金文（钟鼎文）、小篆及隶书中"不"字的写法。参见丁再献、丁蕾：《东夷文化与山东·骨刻文释读》，中国文史出版社，2012年。

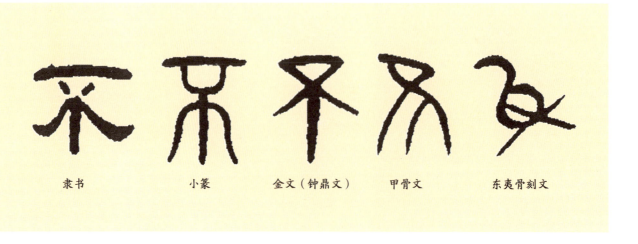

| 隶书 | 小篆 | 金文（钟鼎文） | 甲骨文 | 东夷骨刻文 |

上去几乎就是鸟儿的直观模拟图像了。飞鸟，本是单纯而生动、质朴而神圣的，而作为构成完型"不"字之顶的"一"，其原始形象也恰恰就是飞鸟之顶，或者说就是鸟首与天空的一体化写照。这儿，字形已透出图腾之秘影。

说到底，"不"字有怦灵，所照见的正是东夷民族的鸟图腾。你看，光中就是光，飞鸟与长空融为一体，形体与灵魂融为一体，上方与远方融为一体。文字出于自然，数千年以前，谁在飞鸟的启示下第一次画出了这个字？飞鸟图腾的本质韵味已然深有蕴含，以上方灵魂的无限可能性来观照人生，探索不可能之事，抵达不可能之境，于否定中寄托着坚定的信仰。可以说，这是一份基本的生命自觉，意味着天地之间、阴阳之间的无限循环。

无论对于五千年以前的东夷故人来说，还是对于汉时许慎，抑或今天的我们来说，起码有一点是清楚的，人无双翅而飞鸟有羽翼，这是造物之差别，飞鸟翱翔于天，无拘无束而自由自在，这又是何等精彩的形象，在高度和距离上都超越了人的有限性，特别是对于上古之人来说，崇尚飞鸟成为自然而然的精神活动，内在奥秘是心照不宣的，寓神奇于素朴，飞鸟在天，展翅翱翔，是为天地间的大象。你想，飞鸟之于天，小耶，大耶？

于是，想起了庄子的《逍遥游》，其文曰：

> 北冥有鱼，其名为鲲，鲲之大，不知其几千里也。化而为鸟，其名为鹏，鹏之背，不知其几千里也；怒而飞，其翼若垂天之云。是鸟也，海运则将徙於南冥；南冥者，天池也。齐谐者，志怪者也。谐之言曰："鹏之徙于南冥也，水击三千里，搏扶摇而上者九万里，去以六月息者也。"野马也，尘埃也，生物之以息相吹也。天之苍苍，其正色邪？其远而无所至极邪？其视下也，亦若是则已矣。

文字卓尔不凡，想象力超然有加，纯然冲破尘世心理藩篱之后而拥有的那种博大自由之境。溯其渊源，灵思有自，合于天地之真情而运化生新。思之，奥秘恰在于"其大无外，其小无内"（《关尹子·八筹》），而小大之间自是别含深意的。人所言之的一切，出于天地亦将归于天地，往古来今，飞鸟的精神启示可以这样被意识和无意识捕捉。你看，北冥之鲲化为长天之鹏，这是深刻闪耀于文学与哲学精神中的文化因缘，在海洋与天空的盛大对话中展开的正是人心，而飞鸟的精神秘笈尚可深加沉思，于东夷文化中有所察见。

回思"不"字之原形及其流变因缘，犹可感怀汉字构造之妙。首先，一个字极简练传神地摹绘了飞鸟冲天之状，对东夷民族的图腾崇拜意识已深有凝结，以文字形式保留着上古的东方意识流，引出了一部可沉思的鸟图腾秘笈，引人畅想那些以太阳、翅膀和远方为理想的弥漫着至美光辉的时代，那些上古地理大探险时代，当凤凰沿着海路飞渡，带来了神圣渴意，建立起彼岸与此岸之间的伟大的精神平衡。推思之，大致可以说，我们可以在龙山时代寻见这样的精神光辉，那是一个充满了信仰力、想象力和创造力的时代，万方星空发出交响。

东夷事物如此意味深长，造字的幸福时光令人追怀。这是飞鸟与东夷图腾精神的共同性，内中因缘尚待东夷故人予以阐明。想来，许慎推思"不"字，已然品味到了飞鸟在天之奥义，然未曾了悟东夷造字的直接机缘，所以他看到了"一"，却

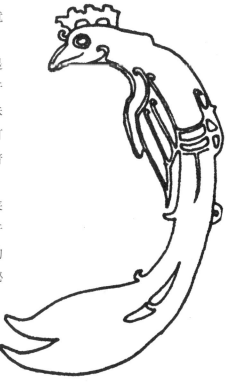

玉凤鸟（河南安阳殷墟
妇好墓出土）纹样

未曾洞见这"一"的精神原动力，汉时尚未有这机缘。有赖于近世考古学的帮助，今天的我们可以更接近于东夷故人的创造物，更接近于一个历史起点，开启某一重本原时空。在出土文物上，东夷鸟图腾意识有着直接而深刻的反映。如鸟形鬶就是新石器时代晚期东夷图腾精神的一大绝妙表征，为大汶口文化及龙山文化的伟大象征物，为东方文明的活化石，肇创百世典范，凝含深远启示。观鸟形鬶造型，着意摹拟飞鸟之形象，有"以喙写物"之趣，以仰流表征鸟喙，特以其冲天流而传神，为特有的图腾精神对应物。通过三里河遗址及周边其他古文化遗址出土的龙山时代

白陶鸟形鬶
新石器时代·龙山文化
高33厘米，口径7.8厘米，仰流17厘米
1975年胶州三里河遗址出土
青岛市博物馆藏

鸟形鬶，可以领悟东夷故人的心迹。另如商朝的凤鸟玉璇玑（图见本书第117页）同样如此，那在完美玉色中渗透着的，正是东夷民族对其精神本源的思考，是古老渊源与漫长岁月的物化。于是透过凤鸟玉化的宇宙，犹可察见东方的秘密，内中深深寄托着东夷故人的灵魂，意味着对飞鸟及其绝世翔翔的精神目标——太阳的崇拜，龙山时代的大航海精神亦缘此而生发了出来。

说到底，上古之飞鸟映射于人心者，关键倒不在于其形影之大，而在于其神通之大，缘此而形成了一种有深度、有高度和有广度的天人交遇情结，其本质深深契入"仓颉造字"思维，故而"不"亦含有"大"之意。

从形象到抽象之路，已无迹可求。

1.2 "其"：虚实相生之间藏深意

"其"之为字，包罗万象，要在音义之间把握好平衡。

与"不"字异曲同工，这同样是虚中有实的一个字，极耐寻味。

循至简之道而成至繁之意，时见出神入化之状，而又常可衍生出某种高深莫测之思。你看，这同样是深奥而简约的一个字，除了平常音义之外，它还更深刻地联系着东夷民族的流变轨迹及精神密码，宗续深远。在此先提及一句，汉置不其县两三千年以前，在海岱地区即有"其"族和"其"国的存在，其历史道路与文化渊源当在东夷文化大体系中予以澄清，几度乾坤为之移转，至汉时，某些秘密寄存在了不其地。

"其"字常言而常新，我们所熟知或陌生的一切几乎无不可由此而引出，一个字所承载的事物不受时间限制，可以是无穷无尽的，而取精用弘之道正在于"道法自然"，所有与此相关的秘密都将被天地万物本身给说出。

多重语意景深中，文字愈加瑰丽而奇绝。

1.2.1 "其"的常规用法

古汉语中，"其"是使用频率最高者之一，其功用几乎无所不及，举凡代词、副词、连词、语气词及助词等属性皆有所见。可以说，本意内外，皆合旨趣；虚实之间，各显神通。

多数情况下，"其"字用作代词，《韵会》所谓"指物之辞"是也。例如这句话："其旨远，其辞文，其言曲而中，其事肆而隐。"（《易·系辞下》），以及这句话："周虽旧邦，其命维新。"（《诗经·大雅·文王》）语中"其"字均作此解。前引庄子《逍遥游》文中亦多见此字指物之趣。另如"各得其所""莫名其妙""名副其实"等诸多成语亦如此。

再者，"其"字作副词用的情况亦常见，行文中用以表示反诘、祈使、命令及揣测等语气，例如韩愈的这句话："且行千里，其谁不知，圣人之所以为圣，愚人之所以为愚，其皆出于此乎？"（《师说》），以及这句话："其真无马邪？其真

○ 青铜鸟纹舟

春秋

平度市博物馆藏

不知马也。"（《马说》）另如左丘明的这句话："攻之不克，围之不继，吾其还也。"（《左传·僖公三十三年》）其中的"其"字均作此解。

亦可作连词用，表示选择、假设等相关逻辑关系，如在前引《庄子·逍遥游》"天之苍苍，其正色邪？其远而无所至极邪"一语中表选择关系，而在《孟子·梁惠王上》"其若是，孰能御之？"一语中表假设关系。

偶或作助词用，行文中用以加强形容修辞的力度，例如："北风其凉，雨雪其雾"（《诗·邶风·北风》）一句即如是。

总归以上各种用法，"其"字之音读皆同"脐"[qí]。

1.2.2 "其"为专有名词及其音转

文字变幻多姿，一念之间，别有其音。

凡用于名词，指称人名、地名或者其他专有名称时发生了音义飘转，音读变为"基"[jī]。极个别的情况下，"其"字作疑问语气词时亦读此音，例如："夜如何其？夜未央。"（《诗·小雅·庭燎》）

下面我们来看看"其"字在某些专有历史名称中出现的情况，初步领略音义飘转的具体指向。作地名的情况不少，有史可稽者除了不其山、不其县、不其侯国与不其城之外，别有含"其"字的县与侯国：一是魏其侯国（汉高祖六年置，国都设在今山东临沂东南），废国后置魏其县；二是赘其侯国（汉高后四年置，存两年而废，今江苏盱眙西南尚有赘其城遗址）及赘其县；三是祝其县（汉置，治在今江苏赣榆西北，其地建有祝其城，另在今山东邹城市城前镇后祝沟村别有祝其城，当为后世迁移之故，待考。祝其别称夹谷，此即公元前500年齐景公与鲁定公"夹谷会盟"之地）。另如"汶出弗其"的弗其山（见载于《淮南子》，一般认为地在今山东莱芜一带，具体位置存疑待考）等等，俱为历史秘密集结之地。

地名之外，用作人名时音读亦然，如秦庄公赢其、汉谋士郦食其及汉阳阿侯其石等等，另作侯爵之名，汉有不其侯、赘其侯和魏其侯。

《唐韵》《集韵》及《韵会》等古代韵书均以"居之切，音姬"注之。《广韵》注之曰：

> 其：不其，邑名，在琅邪。又人名，汉有郦食其。

说的都是汉朝事。不其邑即指不其县，西汉时在琅邪郡境内。郦食其生于秦时，刘邦兵临陈留时相与谋略，封为广野君，以善游说列国著称。

其实，远在汉朝出世三千多年以前，自新石器时代晚期开始，"其"已作为专有名称而存在于历史记忆中，一个字勾出了极为深邃的历史文化图景。推求秘笈，这首先是东方一个古老部族的族称，名"其"亦名"己"，本字均为"亓"，为东夷故族，自龙山时代即流布其光影于海岱之间，夏商周三代之际，此族主要活动于山东半岛地区，曾在胶州湾以西地带建立了自己的国家，大量商周青铜器上所镌刻的"其""己"及"亓"有可能俱指一国，而且有可能就是先秦史籍中广有所言的"纪"，为当时东方最具代表性的古老方国之一，文化渊源与历史积淀殊为深厚而奇特。关于其族、其国及相关历史问题，有待进一步讨论。

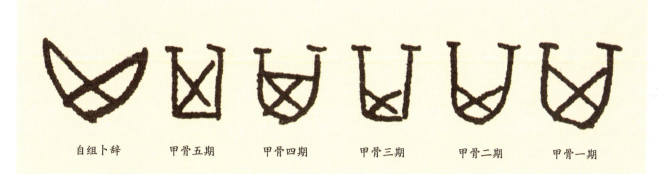

自组卜辞　　　甲骨五期　　　甲骨四期　　　甲骨三期　　　甲骨二期　　　甲骨一期

● "其"字在甲骨文中的写法

1.2.3 "其"之本意、象形之源与图腾之秘

"其"之为字,其原始本意如何?

中国的造字逻辑多缘于象形,文字最早的形态往往是模画具象之物而构成的。前面我们已回溯了"不"字的象形渊源。那么,"其"字可有象形之本,其形出于何物,其意归于何方?

关于"其"字之象形本源,可以从两重视野中予以探究。第一重视野所显现之物显然与竹子相关,为新石器时代出现的某种竹编器具。察许慎《说文》,竟未收"其"字,奇哉怪也,想必不应是当时的遗漏,而是后世传写舛缺之故。在通常的古文字阐释逻辑中,这个字似可被视为"箕"之本字,而"箕"字也就是簸箕的意思。《说文》释"箕",言:

> 箕,簸也,从竹象其形。

《诗》有"维南有箕,不可以簸扬"(《小雅·大东》)一句,言二十八宿之一的箕宿四星,内中即隐含着簸箕之用。以物观字,可明确的一点是,"其"字的象形之本是一种竹编盛物工具,原始农耕文明开始以后的数千年之中,所谓"箕主覆扬,糠秕乃陈"(李尤《箕铭》)的情形始终伴随着乡间生活。然"其"字之本意似不囿于"簸箕"一物,而关联着一系列同类竹编器具。在甲骨文中,这个字所摹画的首先是某种深腹、大容量的竹编器具,从而给出了文字诞生的一个初始因缘,应是狩猎采集时代所常用之物,诸如筐、笼、篓、篮之类,而簸箕则应是农耕文明出现以后的事物,相对晚一些。追本溯源,邹衡之说如是:

> 甲骨文中的其字,恰好是冉字的倒置,看来冉、其二字均是土笼的象形。[2]

所谓土笼,即篓子、篮子之属,是为"其"为竹器具之本意。此说符合文字演变规律,文字诞始亦与人类生产力的发展阶段相契合,一个字见证了由狩猎采集时代向农业文明过渡的历史轨迹。

上面是第一重视野所展现之物,漫长的中国农业记忆显得深邃而生动。不过这只是一个层面,深究"其"字的象形密码,尚需再费思量。

于是就有了第二重视野的开张,和着竹鸣潇潇之音,从古老地平线上悄然显现

[2] 邹衡:《夏商周考古学论文集》,第286页,文物出版社,1980年。

父辛尊铭文中的"其"

的是动物，视之若鸟儿。由此，引出了"其"字的图腾因缘，竟与"不"字灵性相合。当然这也并非意外收获，历史早已有所预设。"其"之初始形象为鸟儿，秘密首先存在于金文之中，这里所说的是一件殷墟出土的商代青铜器，旧名"父辛尊"（《集成》05802），上有五字铭文，其中左下方一字形若鸟儿，貌其相，似可训之为"䳢"。《史记·楚世家》有"小臣之好射䳢雁，罗鸒，小矢之发也，何足为大王道也"一语，《索引》以"䳢音基，小雁也"一语释之。所谓"小雁"也就是野鸭子，而"其"则被视为"䳢"之本字。

至此似乎问题已经解决，可是果真如此吗？可能这只是问题的开始。看"父辛尊"上如画之字，首先可以明确的一点是，"其"字的象形之本为飞鸟不假，却远非䳢鸟这种虽可起飞然不能远翔的鸟儿所能说明，更深的秘密尚可在东夷鸟图腾中寻觅。相关内容将在本章《回看父辛尊，复思鸟图腾之谜》部分予以深入讨论，在此只约略提及一笔。我们所能见证的事物很有限，然文字结连深广，有时竟完全超出了一般音义阐释的范围，需要在浩瀚的历史景深中探求其本源。

无尽的语意在延展，珍藏着我们的历史良知。面对历史迷津，我们能在多大程度上听得懂深处秘密并唤醒灵魂？海德格尔不是说"语言为存在之家"吗？而如何认知古老文字的内在肌理并澄清其精神旨趣显得尤为重要。

形象引导思维，与一个字的对话之路还将继续展开。

"其"在图腾中，是一个字，亦是一部族徽，深深照见东方岁月之谜。

2. 甲骨文与金文视野："其"与"不其"之谜

从前那些写字或者画画的人们，他们与星空保持着怎样的关系？

说起来，汉字之妙既表现在每一个字的自身音义之中，更表现在文字与文字、文字与历史、文字与文化的相互关系之中，重要的恰恰在于"关系"，缘此而映射深邃的精神星空。

现在，如果我们有足够的真率，可进入并走出重重历史迷津的话，我们也将被照见，否则就将被那些寂静无声的历史黑夜所淹没。古史茫昧无边，那奥义沉沉的一切终究与人心相关，而一切语言和文化的相互领悟也都不是过去的事情，无不与今天和未来相关。得着文字的启示，我们的历史思维可以更悠远、更精准、更生动一些，缘此而形成的思维震荡是美妙的，波及可见与不可见的世界，亘古亘今为之回响。当然，不是所有文字或者所有与文字相遇的时光都如此幸运，更多奥秘已沉沦于未知迷津，就像岩石沉入无始无终的星空深处。还好，"不其"有所思，如约显现了出来，带来了久远的问候。

"不其"两字久已各显其影迹，两字连用的情况也出现较早，甲骨文中有一个著名的"不其句式"且频频闪现光影，金文中单字出现或两字连用的事例亦不少。"不其"两字行世，汉置不其县千年以前已出现，当然所指并非不其县，然语意衍转与光影流布之间，点染着某种莫可究诘的古史心理，尚可有所回味。说起来，这既是一道文字的初始之光，亦与后来的地名隐秘相关。

两字连用，旨趣有加，可对彼此的性灵形成渊深的镜照。

2.1 受年卜辞：甲骨义中的"不其句式"

商朝风雨中，王占卜流年，接受着历史和未来的心理分析。

推思起来，占卜的主要目的是祈求神灵和先祖降恩，以保佑农业丰收和国运昌隆。光影交错之中，吉凶之兆显现于卜骨，人间帝王和黎民得到了一系列吉祥祝福和深刻警示。于是，在殷墟那混合着千秋万世回声的时光中，就有了多片甲骨上精心载录的"求年"与"受年"卜辞内容。今世所见甲骨当中，以此为主题或者与此相关的卜辞数量甚巨，达数百枚之多，内中含有"不其"两字者则常见于"受年"卜辞，如以下数例：

我北田不其受。（《合集》50甲）

贞，雍不其受年。（《合集》811正）

丙子卜，韦贞，我不其受年。（《合集》5611正）

贞，来春不其受年。（《合集》9660）

贞，妇井不其受年。（《合集》9757）

庞不其受年。（《合集》9771）

贞，我不其受黍年。贞，我受黍年。贞，我不其受稻年。贞，我受稻年。（《合集》10043）

受黍年。贞，不其受年。（《合集》10050）

贞，我不其受年。（《合集》9708，《粹》868）

山东省博物馆藏甲骨墨拓（0179）

刘敬亭编著：《山东省博物馆珍藏甲骨墨拓集》，第38页，齐鲁书社，1998年。

年景如何与旱涝有关，往往是大旱之年民生最苦，所以常有天降甘霖之盼。因此之故，与求年和受年最为密切相关的一件事也就是祈雨了，这也是一项极重要的祭祀与占卜内容。而一旦卜辞中出现了求雨的内容，则必是深沉祈求的表述。殷商甲骨中，常有祈雨卜辞显现，如：

贞，不其雨。（《合集》1330）

丙午卜，韦贞，生十月雨，其佳霾。丙午卜，韦贞，生十月不其佳霾雨。（《合集》12628）

辛未卜，争贞，之（兹）八月帝[令多雨]贞之（兹）八月帝不其令多雨。丁酉雨，至于甲寅，旬有八日。九月。（《合集》10976 正）

甲寅卜，贞，翌乙卯易日。贞。翌乙卯不其易日。王占曰：翌乙勿雨。乙卯允明雾，乞□，食日大星。（《合集》11506 正反）

丁卯卜，争贞，龙。贞，不其龙。（《丙》295，《乙》632+《乙》6412）

你看，这就是甲骨卜辞所特有的一种"不其句式"。因"不"与"弗"通假之故，上述各段卜辞中"不其"均应读为弗基[fújī]，而"我不其受黍年"亦可写为"我弗其受黍年"，其他诸语相类，两词之间的转换畅通无阻，不仅不影响文字本意的实现，而且语意深浅有度。这在甲骨卜辞中已可寻见相关例证，"弗其"一词不乏其例，例如：

癸未卜，争贞，受黍年，弗其受黍年。（《合集》10047）

品读"不其句式"或"弗其句式"，尤其是在受年卜辞或曰祈年卜辞之中，分明弥布着一种浓烈的心理分析色彩，语言之于占卜心理的反映是极其深刻的。若要澄清其旨趣，恰可于"不其"两字觅得一个精神基点。大致上看，这些以"不其"为征兆的卜辞，它们均以"不能吗"为基调而导向了语意反转，从中可释出"是否

山东省博物馆藏甲骨墨拓
（0838）

刘敬亭编著：《山东省博物馆珍藏甲骨墨拓集》，第179页，齐鲁书社，1998年。

吾方祐
贞弗其受五
乙巳卜殻
贞羽甲 二告
寅不其
赐曰一

庚辰一
卜昭贞
今日其 贞羽
雨不

能""如何能""何以能""似乎能"以及"但愿能"等意思，经过"难道不能"的心理过渡，渐次导向了"将要能"或者"可以能"的无意识层面上。就此，平面化的语言图景获得了深度，缓缓展开了一种有信力的精神立面，或者说达成了一种天人互鉴的精神契约。

复思之，感到别有深意者尤在于否定与肯定的心灵平衡。面对无常世界，面对不确定、不可知的未来，这是一种心理滑行与思维变转，这也是无数疑问和坚定希望的燃烧状态。从"不其句式"中，已可感受到殷商时代所特有的精神沉思意味。显然，这是一种通过否定和疑问而达成的意愿，是一种通过自省和吁求而驱动的希望，在半是否定、半是肯定的心理中包含着坚定的反诘和殷切的祈使之意，也在困惑中包含着猜测、恳请和冀望等种种语气。推思往昔的甲骨时光，"不其"意脉深矣，在人类心理层面上产生了至为深沉的呼应。

诸卜辞记载了商朝所特有的受年祭祀主题及与此相关的年景记忆，颇多可推思之处。何谓"年"？《说文》以"谷熟也"三字释之，《春秋谷梁传》亦以"五谷皆熟为有年"一语释之。求年，其主要内涵是祭祀者发出祷告并奉上牺牲，以祈求五谷丰登，是一种主动求取行为，寄托着某种明确诉求和坚定意志，因而卜辞往往呈现为肯定语气；受年亦作"受禾"，有授予和领受的双重内涵，对求祭者来说这是一种被动的领受行为，涉及祷告结果的秘而不宣的显现方式，因而常常伴随着疑问语气。两相结合，历史给出了求年与受年的一体化境界，这是殷人为实现年成丰收而向他们所尊崇的万方神灵和众位祖先进行祭祀的宗教仪典，体现了农业文明与农业社会的至高愿景，旨归风调雨顺和国泰民安的梦想。

一般来说，求年的目的是十分明确的，而受年前景则是不固定的，往往因时而变，故"不其"两字每每闪烁其影迹，往复回旋的思维光影在问卜者、巫师与决定者之间隐秘地滑行着，勾连起了一种大疑问、大求告和大恩赐体系，隐约之间尤可察见"天人合一"之精神光辉。面对奥义沉沉而无所尽知其本意的天地，面对无言而全言的庄严神祖，问卜者内心迷惘而执著，对将要发生的事充满了敬畏与期待。然终究是无法猜知占卜的具体吉凶结果的，"不其"一语的频繁出现正是这种无常意绪的表征，为仪式化的祭祀主题增添了重重迷思情怀，在赐予和领受之间达成了模糊对称和精神平衡。

你看，这就是甲骨卜辞所提供的一个耐人寻味的"不其"情境，在一个不确定的时空之中，在一个测不准的未来面前，卜辞所隐含的事物是迷人的，而在求卜者内心打开的是沟通未知世界的精神通道。一切都有可能是变幻不居的，所有事物亦俱可因着盛大的祭祀和虔诚的祷告而有所把握。缘此，殷商岁月的希望、命运和梦想均可在这天问般的"不其"情境之中有所透视。

春秋代序，一个古老的祈年之梦在历史中长久绵延了下来，寄托着有限的梦想和无限的希望，代不绝书，形成了至为深沉的"不其"语境。北京天坛有祈年殿，为明清两朝皇帝敬拜上苍以祈求年谷丰收的场所。今天，我们尚能感受的历史风雨在飘荡，那从每一重回声之中闪烁的眸子依旧在凝注永恒，从一瞬到永恒的诗意旅程在终结在开始，而回忆继续展开，进入万物的循环。

与历史对话，这是一个并不很遥远的呼应，那些跨时空闪烁的眼神知晓秘密。

不其文化的深刻性、奇特性与复杂性,诸多文化内涵的不确定性及其内在尚可沉思的知识、精神与信仰上的坚定性,种种预兆似乎已在甲骨文语境中有所先验。

当然,岁时变幻,这也只是不同时代尚可比衬的一面而已。

2.2 秘影所踪:甲骨文中的其族与其国留痕

天人之间,一重重无言光影在回弹,这是最动人的音乐。

群星批阅甲骨文,古老的占卜时光不断衍生新意,蒙蔽或者开启人心,触及微妙而深刻的事物,在大地的记忆中,每一片岁月都冀望重生。

前面与殷商青铜器父辛尊相遇时曾提及,在上古时代的东方曾有其族和其国的历史存在,其立族与立国之地就在山东半岛,一度在胶州湾以西建立了根据地,尔后在中原王朝不断东扩的历史背景下,其族和其国的领地不断压缩并向东迁徙,从而进入了不其地。

这是一重重令人迷惑的光影,历史与非历史的眼神在相互遮蔽,为的似乎就是要将我们引向歧途,让岁月反复隐匿。今天,我们已无法知其详,也只能在文字之飞鸟划过长空之际而有所凝视罢了。从上古文字中,我们将首先与其族、其国的历史相遇,而且将在第一句话说出的时刻接受问候。这是怎么一回事?事有蹊跷,我们无法复现雕刻甲骨的时光,然意义尚可蠡测,幸好阳光和飞鸟依旧在每一天准时来临,这是东夷故人曾想象过的事物。

甲骨文中有可能存在着"其"为族名和国名的实例。其实这倒也不足为奇,当殷商之际,天下方国多会到殷墟去为中央王朝服务,去祭祀和占卜,因那里有主宰天人对话的知识贵族,带有巫师、贞人、史官及族长等多种色彩,他们掌管着天文

山东省博物馆藏甲骨墨拓
(1028)

刘敬亭编著:《山东省博物馆珍藏甲骨墨拓集》,第279页,齐鲁书社,1998年。

历法知识和王朝的精神动力资源，在"绝地天通"以后执行着天人沟通的使命。在祭祀活动中，他们面向苍天是问天者，面向人间是解惑者，要领受上苍的眷顾并向八方告知吉凶之兆，这是他们的基本素养和重大职责，他们的一项主要工作就是贞卜，卜岩小贞者，而求其占卜也就是问卜问贞。然则何所问贞？内中既有问于贞者之意，亦含求得贞固之愿。缘此，也就有了下面这些卜辞片段：

丙寅卜，骨贞：其人。（《甲骨续存补编》5、79、2）

贞王省，其人商。（《合集》07773）

其氏，卯贞，行弗，贞。（《山东省博物馆珍藏甲骨墨拓集》1028）

上述三则卜辞中的"其人"与"其氏"何所指？语意不甚明确，不排除与其族和其国之关系。与之相关的还有"亚其""亚畀"等相关名称，如：

亚其入□又。（《合集》05686）

丙戌卜，戊，亚其尊其墨。（《合集》27931）

意脉进一步明确，"亚其"是以商王朝视角对其侯的称呼，一般认为"亚"是一种官爵的指称，冠此称者与商王朝关系密切。

……其侯……祸。（《合集》5693）

戊午卜，方出其受侯又。……方……侯其……（《合集》06719）

上述两则卜辞明确出现了"其侯""其受侯"及"侯其"诸语，更具说服力，占卜内容均与其族和其国相关。

……贞，翌日，乙酉小臣……其……有老畀侯，王其……以商，庚卯，王弗悔。（《合集》36416）

文字断断续续之间，出现了"老畀侯"三字，语意指向进一步明确，畀为其的本字，所谓畀侯即其侯，别处另见"王与畀侯缶师"（《合集》36525）一语，应是关于商王与畀侯联合作战的记载。他很可能是武丁时代的一位东方诸侯，至于是否为建立了箕子朝鲜的箕子亦未可知。

岁月绵延，文字留迹深远，每一个字都含有万物与人的秘密，然历史丛林深处的诸多事物已难以澄清，在一缕微光中显现的面孔久已抹去了名字，也没有任何唯一的答案。在文字面前，我们的历史目光发生了持续性震荡。

2.3 畀器、东夷方国及相关问题

三代之际，山东半岛为莱夷和嵎夷属地。

莱夷与嵎夷同为东夷之大族，其活动范围曾长期在胶州湾地区东西两翼展开。《尚书·禹贡》以"莱夷作牧，厥篚檿丝"表征其文化特征，说莱夷善于畜牧和蚕丝之业，奠立了农业文明背景上的莱夷形象。

莱夷之中，又有"畀"族一支为其大者。李白凤《东夷杂考》中辟有《莱夷其族考》一章，开篇有言：

畀族大约是我国古代聚居在山东半岛登州海角一带的莱夷族中最强大的一个部族，如果从一个部族的角度来看，它应该是一个由若干胞族组合而成的总体；根据近世出土的青铜器铭文来判断，它所居住的区域相当辽阔，其势力在相当于夏代的时候大约已经蔓延及渤海海岸，其某一时期势力的扩张，似乎曾经向南延伸到龙山文化中心的益都一带；至于在青铜文化高度发展的阶段，它究竟居于怎样的地位，一时恐怕还得不到一个比较明确的结论。但是，可以断言它和龙山文化是有着某种血缘的深度；它是否和最初的"赤铜文化"有着某些密切的关系固然很难说，然而却可以得到如下的推论：它是和至今还没有被实物证明的"赤铜文化"有着一定程度的关系。[3]

关于其（己，夔）族的聚居地，尚待进一步探究。文中所言"近世出土的青铜器"即"莱夷夔族之器"，多出土于山东半岛，在中原、燕赵、关中及辽宁等地亦有所见，流布范围很广，构成一个煊赫的青铜器集群。当然它们是否尽属莱夷，学术界尚有不同看法。这些青铜器上，多可见古老的"其""己"或"夔"字，故亦称之为"其器""己器"或"夔器"，多方面显示出了与其（己，夔）族、其（己，夔）国相关的历史信息。此国与莱夷，与商周之际莱国（莱子国）的关系如何？这涉及当时的中央王朝与东夷的相互关系。扑朔迷离之间留下谜案重重，学者们屡加辨思，认为"夔"原是一支东夷故族的族名，商周之际是一个东方诸侯国的国名，就此呈现了历史认知的二元化复合视野。为族名，内在于莱夷之内；为国名，则是商周之际山东半岛的一个古老方国，与莱国（莱子国）分庭抗礼。

上述引文提及"赤铜文化"，这也就是考古学上一般所称的"铜石并用时代"（Chalcolithic），是介于新石器时代和青铜时代间的一个过渡性阶段。1974年，在胶州三里河遗址有两件龙山时代的黄铜锥形器惊世出土，这被公认为三里河文明的一个重大成就，为铜石并用时代提供了强有力的证明，基本上已可补救李白凤先生言及"赤铜文化"时所叹"至今还没有被实物证明"之憾，就此亮出了中国青铜时代的历史先声。我们没有更多的线索来整合那些纷纭杂乱的历史视野，从三里河黄铜器到"莱夷夔族之器"之间，有着怎样的历史关联，经历了怎样的历史变幻？

察字形，"夔"之为字，似是"己"与"其"两字的上下合文，是两个有同源意义的单字构成的一个意脉整体，而这个整体一旦出现，即超越了一般的语言学维度，内中联系着东夷民族的诸多历史密码。王献唐《山东古国考》言，"夔"是"为东方其国特造的国名专字。"[4]它所隐含的史迹十分庞杂，然古代典籍中难觅其踪影，《类篇》《集韵》残留如下一语：

夔，古国名。卫宏说：与杞同。

未能澄清其国之谜，反而加深了历史迷津。清人方濬益已证卫宏说之伪，言明"夔"与"杞"异，一者为姜姓国，一者为姒姓国。夔，一方面联系着东夷故族，一方面牵扯着中原王朝，在商周时期特殊的历史图景中错杂着多重文化的相互关系。所谓同源意义，倒不仅表现在字源上，还表现在族源与国源上，指向了新石器时代以来繁衍于海岱地区的东夷故族，指向了源出山东半岛的神秘方国。

说起来，比族源更复杂的是方国问题。如所知，莱国（莱子国）为商周方国，这在先秦典籍中有较为明确的记载，其历史面貌相对清晰一些。作为商周之际东方的主要方国，莱国长期统治山东半岛地区，有着高度发达的物质文明，国祚绵延千载以上，春秋之际一度与新兴大国齐国并称殷盛，而后逐渐淹没于齐国的历史荣光之中。周灵王泄心五年（前567年），以"齐侯灭莱"为标志，齐国统治势力抵达

[3] 李白凤：《莱夷夔族考》，《东夷杂考》，第37页，河南大学出版社，2008年。

[4] 王献唐：《黄县夔器》，《山东古国考》，第164页，青岛出版社，2007年。

曩侯鼎铭文拓片（左）
己华父鼎铭文拓片（右）

山东半岛中部，即胶州湾以北地区，莱国则退出了历史舞台。

然而历史谜案重重，在与莱国、莱夷相关联的历史景深中，又有"曩国""其国""己国"的错杂光影穿梭于其间，相关历史秘迹鲜见于史册，倒是深刻反映在了商周青铜器铭文上，包括"莱夷曩族之器"以及山东半岛等地出土的其他青铜器提供了宝贵见证。王献唐先生《黄县曩器》一文认为，"曩"与"己"或"纪"非一国[5]，不过新近出土的其器提供了新证据，1969年烟台上夼墓出土了两件西周晚期的青铜鼎，此即"曩侯鼎"和"己华父鼎"，以"曩"与"己"两字起首的铭文铜器并现于同一时代的同一座墓葬中，显示"曩侯"和"己华父"为一家人，人物关系及语意指向明确。据此已基本可以证明，金文中的"曩"与"己"两字通用，实指一族一国。斟酌出土文物、古代典籍、历史地理等相关信息，即可大致上澄清金文中"曩""其""己"三字之为名的基本历史逻辑。简言之，三字音读皆为"基"[jī]，具有文字、族源和方国上的三重同源性。

从方国角度看，其历史政治含义为商周之际于东方（山东半岛）的东夷故地所建方国，这也就是"曩"国，省写为"己国"，战国以后又转写为"纪国"。

从族源上看，虽说此国为商周王朝之封地，然生活于这片东夷故土上的人们当然主要是东夷苗裔，就此指向了同一脉东夷故族，这也就是"其（己，曩）"族。

从文字源流上看，"曩""其""己"三字通用，后两字为前字之省。"己"字原意为丝绪，字形就是一束丝的象形，后假借此字以表天干，为"甲乙丙丁戊己庚辛壬癸"十天干之一，遂加绞丝旁而别造新字"纪"，替代本字"己"以表"己国"，遂有"纪国"之名在战国以后典籍中的大量出现，其实此国已于春秋之际为齐国所灭。换言之，"己"与"纪"两字的关系是：前者为初文，先出于西周，而后者系衍生字，后出于战国。两字出世有先后，所指为同一方国，青铜铭文中多写

[5] 王献唐：《黄县曩器》，《山东古国考》，第168页，青岛出版社，2007年。

为"己"，而文献典籍中则多写为"纪"。

　　青铜器上的吉光片羽虽不足以完全澄清古老岁月之谜，然至此已明，金文中的"異""其""己"三字（以下行文除特殊情况外统写为"其"）以及古史典籍中的"纪"字，它们均为一国之名的不同写法，适应于不同时代、不同对象并传示了共同渊源。此国立于商末，周代重封，国祚延续五六百年，为东方一个重要的姜姓诸侯国，早期疆域主要分布在山东半岛中北部地区，今青岛市西部的部分区域一度浸淫其境。西周初年齐国开基后，其（纪）处于齐之东、莱之南，就此构成了错综复杂的东方三国体系。约西周与东周交替之际，其（纪）国东扩其势力，疆域更加辽阔，一度涵盖了山东半岛东部的大部分地区。

　　历史上，记载其（纪）国史迹的青铜器多有所见，模糊与清晰之间，呈现出了一个东夷方国的隐秘历史宗续。清末既已在寿光的纪侯台下出土了西周时期的"己侯钟"，其上铸有"己侯虎乍（作）宝钟"三行六字铭文。20世纪50年代以来，在胶东半岛东部的黄县（今龙口）、莱阳及烟台市区均有不少其器出土。至于中原地区如安阳等地出土的其器，则反映了其（纪）国权贵在殷商王庭服务的事实。据胶东半岛出土的異器已可推断，其（纪）国与莱国之间曾反复争夺领地，前者的势力一度扩张到了胶东半岛的东端，历史就此呈现了纪国与莱国并存于半岛的某种犬牙交错的局面，时间与空间上的双重错合演绎着波谲云诡的半岛历史风云，而东夷

己侯钟拓片

故地的种种文化气象也必然要在这种文化大碰撞与大交流中闪烁光影。在这一大背景上亦可推断，在其（纪）国东进的过程中，不其地亦曾一度归属之，这可能是不其地与其族渊源加深的一个历史背景。政治上，其（纪）国亦曾与齐、鲁两大国上演了一部充满种种矛盾与歧义的"三国演义"，试图借鲁国之力而对抗强齐。观历史之大势，山东半岛的主宰权最终还是掌握在了齐国手上，齐国东扩的两大历史节点一是灭其（纪），一是灭莱，于齐襄公八年（前690年）首先灭其（纪），走出统一山东半岛的重要一步。国都被占领后，部分其（纪）国遗民播流于东，进入不其地。缘此，不其成为这一东夷故族的避难地，是他们的最后家园。在这儿，隐藏着"不其"一名的渊源，"其"字指向了其（鄑）族。

沉思"其器"之谜，历史在巨大空旷中总是有所启示的，从"其器"中已可获知，商周之际，一个以"其"为名，后来在战国典籍中写作"纪"的东夷方国拥有高度发达的青铜文明。可以推断，在东方中的东方，在山东半岛地区也必然存在着一个乃至多个显赫的青铜冶炼中心，熔铸其器而激扬历史，有效丰富了中华文明起源的东方传奇。而追溯其源头，当在胶州湾文化带的分布范围之内，这里是龙山时代中华文明的出海口，集结着多重具有起源意义的历史文化密码，前述三里河遗址所发现的龙山时代的黄铜锥形器就显露了冰山一角，在为铜石并用时代作见证的同时，也给这个璀璨的东方青铜文明提供了一个醒目的历史前缘。与此相关的事物是无穷无尽的，汇聚起了所有探思文明奥义的眼神，从东方到东方弥漫着九夷之光，展布着群星密布的古代文明时空。

龙山时代以迄商周之际，不其地的历史渊源亦与此有着千丝万缕的关系，这是我们尚可推思的事物。不其地及其周边区域亦有大量商、周、秦、汉时期的青铜器出土，昭示着青铜文明在胶州湾地区的历史性存在，虽说形制、内容有所不同，然异同之间，彼此所照见的正是相互贯通的历史渊源。

可以说，作为胶东半岛古文化史的一部分，胶州湾东西两翼及其延展区域同样内在于当时东方青铜文明的浩瀚景深之中。当然，这也绝非一朝一夕之事，分明有着数千年的漫长历史积淀，今天我们所能感知的只是冰山一角。当一道青铜之光照亮山海之间的东夷之路，无数奥秘隐含在这方国林立的东方历史图景之中，这同样是一个历史迷津的构成方式。

这是三代之间的东方故事，前承龙山时代，后启秦汉岁月。

2.4 回看父辛尊，复思鸟图腾之谜

上古有道，天际线上闪过的是图腾之光。

对于东夷故人来说，这是无限敬畏与无上豪气的表征。与图腾相关的一切都是诱人的，古老的文化起源秘密就蕴含在里面。然而，与图腾对话，这必定是一条危险之路，当然也有可能是一条希望之路。

前述父辛尊上，一个有冠飞鸟的形象耐人寻味。透过这件殷商铜器，目光沉浸于上古，或将对东夷图腾精神有所领悟。父辛尊铭文刻画遒劲，极具上古时代的象形旨趣，意脉殊深。虽为文字，然若要开启这象形的迷津，密钥尚须从文字所深刻

《父辛尊》铭文

关联的历史图景中觅得。可以感受来自图案的直觉，这件殷商铜器的精神密码当与某一个东夷部族深刻相关，关乎东夷"其"族与"其"国的岁月之谜。

父辛尊上共有五字铭文，右侧三字，左侧两字，前面我们已与其中的最后一个字相遇了，现在就来看看它的整体面貌。右侧起首一字有很强烈的绘画感，打眼看上去，颇似人执权柄而立之状。奇诡者在于字形的右下方，就这一部分来看，左边若足，右边若手，似有手足永相依存之意在焉，亦有万众一心、手足相抵之意在焉，共同托起了"人"的形象，而这个"人"，直接的一个指向很可能就是"父辛"本人，他是其族或其国的领袖，当然文字意脉中包含着其族的祖先与万民。理解的困难也在于，文字具有多元可能性，在这里表现得很充分。审视这图案中表征手的部分，隐约之间似亦见蛇尾之意，就此给出了某种人身蛇尾的复合形象，令人联想到神话中伏羲女娲人首蛇身之形象，似乎借此暗示了其族的起源。此字以下两字很明确，为"父辛"，也就是这件青铜器的主人。

左侧两字，看上去俱为某种动物之象，上方起首一字犹如盘曲之蛇，亦像一束蚕丝，可被视为"己"的反字；关键在于下方一字，极似鸟儿之象，俨如一幅原始图画。前面曾提及此字与鸟儿的关系，虽可训之为鷑鸟，但远未澄清其形象本源。凝视这个鸟形图像，总有一种感觉，其造型奥秘尚不在鷑鸟，其意也不在所谓"鷑鸟，小雁也"一维。察之，这个字以蓬勃之冠为象形要点之一，而小雁无冠，与之异。故而有人看出了新的象形要素，训之为"鸡"而非"鷑"，合之"基"音，亦合于鸡冠造型，似乎也有几分道理，却顿失旨趣矣。因文字结构中有表意之"鸟"与表音之"其"，故而以两字左右合体而释为"鷑"字，固然稳妥，却未尽造字者之意，未尽象形之旨。或合于音读并依据鸡冠之外形而转训为"鸡"，亦有拘泥于一端而有失于整体意脉之嫌，或者说拘泥于形而未知其象。

其实，就父辛尊上的这个鸟形图像的含义，未尝不可作出更具适应力、穿透力和延展性的理解。问题的关键不仅仅在于象形，而且在于会意。那么，它究竟为何字，象何形，会何意？一切尚费思量，当根据其结构合理性并结合相关文化渊源予以更深一步的辨思，其秘密在于东夷鸟图腾之中。

"其"字如画，仅仅从外形上观察，已可确认为飞鸟的形象表征，这一点大致上不会错。但它不会是鷑鸟，更不会是鸡，虽说两者并非不可作为图腾，然奥秘不在这里。根据铭文整体意蕴并结合东夷鸟图腾判断，它是飞翔者，却非一般禽鸟，当为一种更具代表性和说服力的神鸟，有统一部族意志的精神功用。察字体结构，特别值得注意的正是鸟首部分，中心以一个圆来构图，而圆中特别画有一点，这不就是太阳的表征吗？而环绕于外围的角状构图不也就是太阳光芒或者火焰的表征吗？于是，我们目中就出现了双重图景，这是太阳与飞鸟的复合形象。缘此，自可训之为太阳神鸟，光芒四射之间，东夷民族的太阳崇拜与鸟图腾意识已完美结合了起来。以迹求心，以心求迹，在这里是可以吻合的。要之，这是东夷其族所敬奉的太阳神鸟，是太阳崇拜传统的体现。

秘密还在于，内中有"其"字，分明隐含着更深一层的历史景深。"其"字何所指？自当为其族与其国，非此不足以澄清"父辛尊"的象征性与纪念性。看上去，这青铜尊具有十分突出的造型美感，形象与抽象之意达成了平衡，深藏一族与一国之精神密码于其中。其上的太阳神鸟不是别的，这就是其族的族徽或者其国的国徽，这也就是东夷民族的太阳崇拜精神与鸟图腾意识的一种艺术化表现形式，其历史感、艺术性与纪念性俱称非凡。

至此，可对父辛尊铭文的整体意义作出如下理解：父辛执权柄而立，在向族众和世界宣示其族与其国之天命。然则天命者何？推求其心迹，应与铜尊上的每一个铭文相关联，太阳与飞鸟在其中，而追寻日出圣地的航海意志以及浴火重生的民族梦想亦在其中，天空、大地与海洋俱在其中矣。其族何为？首先这是东方一个崇拜太阳、崇尚太阳神鸟的部族，结合左上方的蚕丝造型来看，这也是一个善于养蚕缫丝的部族，太阳、凤鸟、蚕丝、青铜与航海行动维系着这个部族和这个国家的基本命脉。无疑，这是一个东夷部族的精神图腾，这是某一位极具宗教激情、哲学思维和造型能力的其族艺术家所创造的一个伟大族徽。

物与物相互印证，灵与灵相互勘验，文化奥义缘此而得以澄明。殷商父辛尊可

青铜镏金凤鸟

西汉
高16厘米，宽12.5厘米，厚6厘米
2003年平度六曲山汉墓出土
平度市博物馆藏

与千载之后的一件汉朝青铜器形成跨时空的精神观照和文化比较，这里说的是出土于即墨故城附近六曲山汉墓的一只青铜镏金凤鸟。这是一只昂首傲立于其自身风度与东夷民族精神中的神鸟，某种神力加强到了命定的程度，羽翼以火焰的姿态开张，等待着神圣的飞翔。汉时明月下，东夷遗族制作了它，神形俱含旷古之风，意态饱满，振翅欲飞，缔结凤鸟精神。在鸟图腾的维度上，这是可与更遥远东夷岁月形成跨时空"对话"的事物，亮明了不灭的东夷心迹，而这又何尝不是一种往复回环的心理映照。灵光四射之际，所形成的正是非时间性的精神呼应。缘此之故，凤鸟与父辛尊上的那只太阳神鸟合一。

太阳神鸟所表征的正是东夷民族的太阳崇拜精神，不唯一世之光，实为万世之梦。其渊源可追溯至龙山时代以前，到了三代之际，其精神具象为族徽和国徽，内在的启示并未随着其族和其国的消逝而消逝，恒久绵延于东方，缘此我们就看见了汉朝的那只青铜镏金凤鸟，也看到了那些飞向太阳的灵魂。

无疑，东夷精神闪烁之处，不其文化的历史前缘可以被照亮。

2.5 不其簋，关于不其具非秦置的一个旁证

古代青铜重器中，有"不其簋"一款，为传世最早的秦国青铜器。

不其簋造型典雅，反映了中国青铜器铸造的成熟技术。不过，不其簋的卓越价值尚不在于此，而在于其铭文，器内底部铸有12行151字铭文，列录如次：

> 唯九月初吉戊申，白氏曰：不其，驭方、獗狁广伐西俞，王令我羞追于西，余来归献擒，余命汝御追于略，汝以我车宕伐獗狁于高陶，汝多折首执讯，戎大同，从追汝，汝彶戎，大敦搏，汝休，弗以我车陷于艰，汝多擒，折首执讯，白氏曰：不其，汝小子，汝肇敏于戎工，锡汝弓一，矢束，臣五家，田十田，用从乃事。不其拜稽首，休，用作朕皇祖公伯、孟姬簋，用匄多福，

○ 不其簋铭文

[6] 李学勤:《秦国文物的新认识》，《文物》，1980年第9期。

眉寿无疆，永纯灵终，子子孙孙，其永宝用享。

经李学勤先生考证，不其簋所载史实是发生于公元前821年（周宣王七年，秦庄公元年）的秦庄公伐西戎之役[6]。时在西周的后半程，当宣王之际，猃狁族进犯周之西北边境，周宣王诏命虢季之子白与秦庄公其共率中央与地方联军，御敌于高陵（秦地，在今陕西洛水一带），三战全胜，在保全周朝疆域稳固的同时，此举亦有谋定秦西极之功，从而奠立了大秦基业。此战之后，"其"因功受赏，遂作此簋以示纪念，垂光后世。铭文中出现了秦国历史上的几个重要人物，"不其"者，为秦仲长子，姓嬴名其，亦称不其，公元前821年即位为秦庄公，被周王室封为西垂大夫。不其簋即为秦庄公自作之器，故铭文中"直用己名"；而"白氏"即伯氏，为周王室委任的伐西戎之役总指挥，代表中央王朝行事，很可能就是其的长兄；"公伯"则为其的祖父，史称秦公伯；孟姬应为秦公伯的妃子。

不其簋的历史流传充满了传奇色彩，它的器盖发现较早，曾为罗振玉的私人藏品，现藏国家博物馆。然器身久佚，1980年方出土于山东滕县的后荆沟墓。令人迷惑的一点是，载录伐西戎之战的秦不其簋竟流传于东夷故地鲁国境内，个中因缘尚不得而知。

不其簋载录春秋战事，反映了大动荡历史中的民族征战与文化碰撞。其中三度出现了"不其"两字，这也是继甲骨卜辞之后，两字在金文中的显影。甲骨文中的"其"字偶有实指，然"不其"两字相合则多入虚词之境，到了不其簋这里，两字由虚转实，为人名。不其簋所佐证的一个历史信息就是，秦庄公本名其，这与《史记·十二诸侯年表》中"秦庄公其"的记载是完全一致的。

不其簋与我们讨论的"不其文化"无甚直接联系，无论器物本身还是其出土地，抑或其内铭文所记载的内容，均与"不其文化"毫无关涉。然而，存世事物之间的关系往往是奇妙的，看似毫无联系的事物往往可形成深刻的见证。我们在此提及这件谜一般的秦国青铜器，它可以提示一些与"不其"两字属性相关的语言文字规律，而且可对不其县的建置时间提供旁证。

你看，这就是不其簋给出的提示，既然秦庄公嬴其亦可称作"不其"，则秦国和秦朝历史上就不可能再用"不其"两字作某县或某地之名，名讳制度使然。以前有一种说法认为不其县为秦置，然于史无据，既未见载于秦汉及后世史籍，亦与古代的名讳制度相悖。不其为汉置县，无疑。说起来，一地之史的存在自有其渊源和特质，其价值并不完全取决于建置时间之早晚，由于特殊的历史缘故，由于与汉朝精神的深刻关联，由于一系列历史、文化和地理内涵的激扬，汉置不其县分明更具纪念意义，更具历史厚重感。

那么，"不其"既为人名，其中的"不"字应作何解？一般认为，"不"字为语气助词，无实义，作发语之用。在此，亦未尝不可做出新的理解，于是我们看到了"不"字的新用法，这是一个前缀词，其功用大致等同于人名之前所缀之"阿"字，当然也不排除有"丕"表"大"之意在焉。

可与之相比较的一点正是历史地理名称范畴内的"不其"。那么，作为地名的"不其"与作为人名"不其"之间，是否存有某种共同的语言构成规律？若有之，则"不其"这一地名中，"不"字为发语词或前缀词，虚实之间有所昭示，联系着

青瓷双耳壶
西汉
高30厘米，口径10.7厘米，底径12厘米
2014年城阳玉皇岭汉墓出土
城阳区文物管理委员会办公室藏

东夷的鸟图腾，也反映了东夷的语言习俗；而"其"字的含义很明确，简言之，所指即为东夷故族"其"族。

3. "不其县"暨"不其山"之名溯源

文字渊源有自，俱与东夷鸟图腾深相符契，这是尤其意味深长的一点。

有时，在文字彼此回旋之际，你感到一个字就是一片海洋，不其然耶？

上面，我们已对"不"与"其"两字之基本音义及两字连用的情况予以简单梳理，除了结合"不其簋"铭文约略言及"不其"非秦置县的缘由之外，尚未涉及"不其"为地名的具体情况，尚未触及历史地理上的深层次问题。

天色渐深，那属于不其的星辰之路继续延伸，花开花落的每一天都意味着一个东方之梦的存在形式。于是，"不其"为地名的意义重新显现了出来。这是一种出乎意料的相遇，"不"与"其"两字在它们各自的逻辑中相遇了，竟有殊途同归之趣，字形相异而性灵合一，俱可在东夷文化中寻见其初始因缘和本质魅力，也许这就是两字相合而为"不其"的因缘吧。

青瓷双耳壶

东汉
高30厘米，口径15.5厘米，底径14厘米
1979年城阳夏庄镇源头村采集
城阳区文物管理委员会办公室藏

若可得着文字之密钥，我们与历史对话之路自会更通畅一些，不其然乎？

3.1 文字与地理，不同寻常的显影

前世文字之为，多有考验后人智慧的一层意思，要在远隔千山万水的今古语言脉络中相互发现，加深共同记忆与共同精神。

"不其"的语言秘境在继续加深，弥漫着历史和非历史的复合光影，大自然万变不离其宗，可语言如此灵活，在每一重心理时空中都是因时而变的，唯一不变的就是变化。一道文字之光加深之处，我们的历史思维也要随之变得精确起来。

一旦用作地名，"不其"两字既有的种种不确定性内涵也就发生了新的组合与新的裂变，意味着远非文字之形式本身所能限止的意义，指向了未知领地，涉及更为丰富的历史渊源，印照着更为丰富的文化心象。音义变转，在表示天置不其山与汉置不其县的时候，两字相合而新意化生，不其，读音如"弗基"，今之拼音标注为"fújī"。时光再度写下了这两个字，也就意味着历史进入了新的循环。现在，我们正处于这无穷的循环之中，看见了历史更丰富的心迹，而文字流变之路也显得更为精妙。

说起来，"不其"之为名的确是有些奇特之处的，读之不同于寻常之音，解之亦不同于寻常之意，一时竟莫可究诘。一般情况下，凡地名，多以实词为本，其中往往寄托着某种十分明确的地理属性和人文内涵，以昭显一地之方位、历史和文化特征。初看上去，"不其"两字迥异于惯常思维，仅就其表象而言，"不"之双翅伸展有形，然其意终究消解于无形，在人类心理中建立了一个极为稳固的否定性和疑问性堡垒，首先将我们的历史思维引向不确定的方向。而"其"字，除用作实指

代词之外亦如此。两字相合以为名，多半入虚词之渊中，似乎无何实义可言。你看，名其名，无论是族名、山名、县名、城名抑或地名，"不其"并不直接呈现本意。听上去，就像是天上某位神灵半睡半醒之间发出的一声至简之音，模糊而清晰之间虽说已有所喻示，然不置可否，亦不囿于任何具象之物或有限之境，而指向了某一个纯粹的理想化的精神之乡。

一本万殊，无理而妙，说的就是这回事吧。

当然这是人间之言，无始无终之间自有秘密，虚实相生之中别含深意。

3.2 "不其"渊源再思考

上所见，"不其"之精神奥义源自东夷，这是可以在海陆一体化维度上见证的事物，是自然与文化所共同见证的事物。本章前面部分，我们已从音义的角度梳理了"不"与"其"的文字之谜，亦已对两字与东夷鸟图腾和太阳崇拜意识的关系有所涉及，这是更深一步的文化渊源，文字奥秘存在于东夷文化的历史景深之中。

一个被广泛提及的说法是，王献唐先生在其《炎黄氏族文化考》中曾谈到"不其"两字为名的本源问题，说原始社会末期在古不其山一带曾生活着"不"族和"其"族，而"不其山"一名即本乎此，意味着两个部族的繁衍生息之地。查王献唐先生书稿，未见此说的明确表述。

考辨史迹，历史上未见"不"族的存在依据，所以说"不"字应非族名。它存在于"不其"一名的理由可完全通过别的渠道获得证解，这个字同样见证了东夷部族或其中一个支系之特殊的历史存在方式。前面已谈到，"不"之为字，其逻辑密码潜隐于东夷民族的鸟图腾意识中。从文字的象形渊源上看，"不"之本源形象为飞鸟，某种程度上未尝不可被视为东夷鸟图腾的文字载体，奉飞鸟为图腾，托飞鸟而逐日，因逐日而航海，一部东夷精神秘笈缘此而浩大展开。这是问题的一方面。另一方面的依据则存在于语言学维度上，"不"字是一个发语词，反映了发端于山东半岛的东夷民族的古老发音习俗（详见本章《比较：古代含"不"字的地名》部分）。要之，虽未见"不"为族名的具体依据，然此一字深深勾连着东夷民族的精神秘笈，隐约照见了东夷故族的语言流变轨迹。

历史地看，"其"族的存在是可信的，其历史秘迹隐藏在甲骨文、青铜器和古代典籍当中。前面，我们已通过甲骨卜辞和殷商青铜器父辛尊与"其族"的族徽或"其国"的国徽相遇，略知其精神奥秘在于凤鸟和太阳。继而，通过大量"其器"（莱夷曩族之器）所提供的丰富信息，进一步对曩国的历史有所了解。那在东方青铜文明之光中闪烁的，正是古老岁月中一个东夷故族的生存与探索之路。

其族，这是一个古老的东夷部族，内在于东夷文化大体系中，一般被视为莱夷的一支，其历史地域涵盖了不其地。族名屡经迭变，原先当为"己"或"其"，后来两字上下相合而写为"曩"，为族名，亦为专用的方国名，作方国名，战国以后典籍的追述中亦写为"纪"。三代之间，在方国林立的局面中，其（己，曩，纪）国隐现其历史光芒，是为"其"族之国。关于其、己、曩与纪的关系，学术界意见不一，有很大的深入探讨的余地。不过在此尚可推想的一点是，商周之际，因为方国交战等原因，特别是因为中央王朝势力东扩的原因，"其"族，起码是其中一个胞族的生存地盘逐渐缩小至不其地及其周边区域，某种程度上可以说，不其地护佑着一个东夷部族的苗裔，赋予其最后的生存希望。

至此，从民族源流上看，并结合有关语言逻辑，人们亦可以作出这样一种合理推断：不其地及其周边区域，历史上曾有"其"这个东夷部族或者其中的一个胞族在此繁衍生息，而"不"则表现了其发音习俗，是为"不其"之缘起。从更开阔的区域看问题，包括其族在内东夷故族的生活领地逐渐由山东半岛扩展至东北地区乃至朝鲜半岛等地，形成了以"不"为发音特征和记忆密码的民族共同体或曰部族共同体。历史地看，不其地与"其"渊源深厚，意味深长之处尤在于，它既是"其"族或其中某一个胞族的发祥地，亦是"其"族一个支系的最终归宿地。缘乎此，聚居地所在的山脉被称作"不其山"。因而，"不其山"作为一个别具深意的历史地理名称而凝结着东方世界的古老记忆。秦汉之际，可能仍有"其"族的部分遗民生活在不其地及其周边区域。汉朝开国以后，出于对东方历史特殊性的认识和尊重，很可能是在东方学者建议下，澄清了族源并据此再度确立了"不其山"之名，而新置一县于胶州湾畔，以示开创历史新局，遂引来了古老记忆之光，而将其命名为了"不其县"，这是可能的。

关于不其县、不其城与其（夔）族之渊源关系，李白凤的《东夷杂考》已有所预判，言：

　　《汉书·地理志》琅琊郡之"不其城"或因之而得名。[7]

实际上是不其县因此而得名。不其城为不其县之治所所在，汉魏晋南北朝之际赫然有名，为山东半岛一大政治与文化中心，名显于史籍。

至于出土文物中，"不其"两字的显影亦是理所当然的事。例如，现藏即墨博物馆的一块汉砖上就镌刻着"不其马石"字样，显然，内中的"不其"两字所指即为汉代的不其县。

要之，"其"族地望在山海之间，包容胶州湾，绵延山东半岛，自新石器时代晚期而兴起，经三代之承嬗，余续流布于历史者甚为久远。逮至汉朝，历史风云凝结于不其地，将具有纪念意义的新置县命名为"不其县"。于是，遂有不其县近八

[7] 李白凤：《东夷杂考》，第41页，河南大学出版社，2008年。

"不其马石"铭文砖
汉
长33厘米，宽14.5厘米，厚5.5厘米
即墨市博物馆藏

百年的历史存在，这是一条神奇的历史长河。

意脉殊深，"不其"的历史语境展开岁月之谜。在历史和语言的每一度沉思中，秘密都是简单而深刻的，我们可以抵达的历史与久已忘怀的岁月相互对称。

4 "不其"在汉史及后世典籍中的记载情况

在一道模糊而精确的光晕中，我们与不其文化相遇，忘了这是第几度相遇，唯有那些精彩往事依旧沉睡于古代典籍中。

曙光揭开了古代记忆的封印，汉史典籍中的每一次留痕都是珍贵的，否则何言不其？可留存于其中的历史记忆，稀有到了极点。

"不其"两字为汉朝行政区划名称，涉及不其县和不其侯国，汉史典籍中较为频繁地出现，首先是司马迁的《史记》、班固的《汉书》和范晔的《后汉书》，此三部为列入二十四史的汉史正典，粗略统计，其中含有"不其"一名的相关记载不下18次。另外，在东汉荀悦的《前汉纪》、三国谢承的《后汉书》、西晋司马彪的《续汉书》等汉史典籍中亦有所见。汉史以外，诸朝其他历史典籍中均有不少关于"不其"的记载，如西晋陈寿所撰《三国志》、西晋伏琛所撰《三齐略记》（《齐记》《三齐记》）、北魏郦道元所撰《水经注》、北魏贾思勰所撰《齐民要术》、南朝宋刘义庆所撰《世说新语》、唐欧阳询主编《艺文类聚》、唐杜佑所撰《通典》、北宋陈彭年等编修《广韵》、北宋李昉等编《太平御览》和《太平广记》、北宋乐史所撰《太平寰宇记》、元于钦所撰《齐乘》、元孟祺等编纂《农桑辑要》以及清张玉书等编纂《康熙字典》等皆有所见，历代校注汉史的著作、相关韵书以及诗文中亦不乏其例，山东本地的各种方志中广为征引，至于言不其之事而未出"不其"之名者更是不胜枚举。

下面内容，为汉史及宋以前典籍中含有"不其"两字的部分记载。

4.1 "不其"为县名

不其县为汉初所置，当时的相关典册、文书之中必已有关于"不其县"的各种各样的记载，憾今已不可见。查司马迁《史记》，其中"不其"之名仅见一例，所指为不其侯，未见关于县名的记载。

班固《汉书》中，"不其"一名开始比较频繁地出现，在《武帝纪》《地理志》以及表、传中俱见其影迹。第一则，《武帝纪》曰：

夏四月，幸不其，祠神人于交门宫，若有乡坐拜者。作交门之歌。

第二则，《地理志》曰：

不其，有太一、仙人祠九所，及明堂。武帝所起。

上述两条记载至关重要，给出了汉不其文化的支点，意味着不其文化之奥义所在。它们记载了汉武帝东巡不其以及在不其县境内敕建明堂、太一祠和交门宫的重

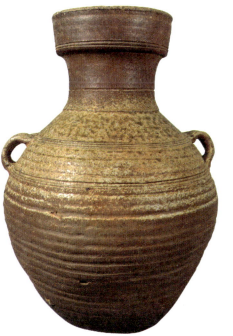

○ **青瓷双耳壶（上）**
西汉
高26.5厘米，口径10.5厘米，底径10厘米
2014年城阳西宅子头村玉皇岭汉墓出土
城阳区文物管理委员会办公室藏

○ **鸭蛋形陶壶（中左）**
汉
高19厘米，口径8厘米，足径11×8.5厘米
1978年城阳古庙村出土
青岛市博物馆藏

○ **鸭蛋形陶壶（中右）**
汉
高18厘米，口径7.1厘米，足径9.5×7.6厘米
1974年城阳棘洪滩镇北万村出土
青岛市博物馆藏

○ **溜肩斜收腹平底陶罐（下）**
汉
高34厘米，口径22厘米，底径16厘米
2010年城阳后桃林汉墓出土
城阳区文物管理委员会办公室藏

要史迹，深沉的历史感缘此而生成而流转。明堂、太一祠、交门宫允称三大汉史纪念性建筑，在汉朝的东方支撑着海陆一体化的文化体系。

第三则，《地理志》记琅琊郡，言明其户数和人口，一一例举其属县：

> 琅邪郡，户二十二万八千九百六十，口一百七万九千一百。县五十一：东武，不其，海曲，赣榆，朱虚，诸，梧成，灵门，姑幕，虚水，临原，琅邪，祓，柜，瓶，邞，雩段，黔陬，云，计斤，稻，皋虞，平昌，长广，横，东莞，魏其，昌，兹乡，箕，椑，高广，高乡，柔，即来，丽，武乡，伊乡，新山，高阳，昆山，参封，折泉，博石，房山，慎乡，驷望，安丘，高陵，临安，石山。

文中"琅邪"，今通写作"琅琊"。西汉时，不其县属徐州琅琊郡，为琅琊郡所领51县之一。

第四则，《儒林传》记经学家房凤，有言：

> 房凤字子元，不其人也。以射策乙科为太史掌故。

第五则，《何武王嘉师丹传》记泛乡侯何武，有言：

> 武更为大司空，封泛乡侯，食邑千户。泛乡在琅邪不其……

上述两则记载均与不其历史人物相关，分别交代了经学家房凤和泛乡侯何武与不其的关系。以上是《汉书》中的情况。

范晔《后汉书》中亦多见"不其"县名，计有四例。第一例，《王刘张李彭卢列传》记东汉割据军阀张步事，有言：

> 张步字文公，琅邪不其人也。

第二例，《刘赵淳于江刘周赵列传》记名臣和隐士王扶之事，有言：

> 王扶字子元，掖人也。少修节行，客居琅邪不其县，所止聚落化其德。

第三例，《方术列传下》记异术之士唐虞事，有言：

> 唐虞道赤眉、张步家居里落，若与相及，死于乡里不其县。

第四例，《循吏列传》言王景及其先祖王仲之事，有言：

> 王景字仲通，乐浪䛆邯人也。八世祖仲，本琅邪不其人。

四乳草叶纹铜镜

汉
直径13.3厘米，厚0.4厘米
钤篆体四字铭：见日之光，天下大阳
2010年城阳后桃林汉墓出土
城阳区文物管理委员会办公室藏

王景为东汉水利学家，尤以治理黄河而名闻史册。其八世祖王仲为著名航海家，汉初为避"诸吕之乱"，自不其浮海东渡朝鲜，成就了汉时一桩航海盛事，从而进入了海上丝绸之路的历史视野。

汉以后诸朝典籍中，多见"不其"县名的出现。

《通典·州郡十·古青州》言即墨时提及不其，其文曰：

> 即墨，汉旧县。又有汉不其县故城，在今县西。

唐时，不其县早已于隋开皇间裁撤而归入了即墨县，故《通典》有此言。严格地说，不其城处于即墨城的西南方。

《太平广记·宝四杂宝上·犀导》引南朝吴均《续齐谐记》曰：

> 晋东海蒋潜，尝至不其县。

说的是东海人蒋潜到不其县而发现了盖世珍宝犀导的故事。《太平御览》亦转述此事，视之为一桩奇闻。

《广韵》注"其"字，曰：

● 铜熨斗

汉
长37.5cm，口径15 cm，重885g
1976年城阳皂户村出土
青岛市博物馆藏

不其，邑名，在琅邪。又人名，汉有郦食其。

以邑名县，一也。列在《《上平声·姬》部，言明"其"音读为姬[jī]。

4.2 "不其"为县官名

汉史中出现了两种与不其县直接相关且冠以"不其"两字的县官名，一者为不其令，一者为不其丞，不其丞为不其令的辅佐。

《汉书·薛宣朱博传》记不其丞薛宣，有言：

薛宣字赣君，东海郯人也。少为廷尉书佐都船狱史。后以大司农斗食属察廉，补不其丞。

《后汉书·循吏列传》记不其令童恢，有言：

复辟公府，除不其令。……一境清静，牢狱连年无囚。

赞扬童恢善于吏治，赏罚分明，本县各项农事有章可循，县境一派清平。童恢为一世廉吏，自《后汉书》载其事以后，诸朝典籍及地方志累述之。

东汉荀悦所著《前汉纪》中，"不其"之名亦有所见，其《孝成皇帝纪二》记不其丞薛宣之事，曰：

宣……长于政事，初为不其丞。

三国谢承所撰《后汉书》中亦有关于"不其令"的记载，曰：

琅邪董种，为不其令，赤雀乳厅前桑上，民为作歌颂。

所谓"琅邪董种"指的就是不其令童恢。以"赤雀乳厅前桑上"为祥和之兆，反映了当时不其县一境清平之气象。

北魏贾思勰所撰《齐民要术》中亦有一则关于童恢的记载，曰：

> 僮种为不其令，率民养一猪、雌鸡四头，以供祭祀，死买棺木。

文中"僮种"即童恢，是说童恢号召不其县百姓饲养家畜的事，在古代畜牧业发展史上这是一个标志性话题。

宋《太平御览·人事部二十六·幼智下》一篇引《世语新说》言：

> 崔骃有文才，不其县令往造之……

说的是不其令造访神童崔骃之事。崔骃（？~92年），涿郡安平（今河北安平县）人，天资聪慧，后成为东汉著名文学家。此处所指不其令，不知何许人也，但结合崔骃生平史迹判断，此人应于东汉建武年间任不其令。

4.3 "不其"为侯爵名

"不其侯"在汉史及后世典籍中出现的情况较多。

《史记》中"不其"两字作为地名与侯爵名等专有名称的情况仅有一例，见之于《惠景闲侯者年表》，其中出现了"不其侯"三字，其文曰：

> 元年四月乙酉，侯吕种元年。一。为不其侯。八年，侯种坐吕氏事诛，国除。

所言为汉高后吕雉封其亲族吕种为不其侯事。《史记》成书于汉武帝时期，太史公司马迁写下"不其"两字的时间不晚于征和二年（前91年）。这是"不其"在国史正典中的第一度显影。

《汉书·外戚恩泽侯表》言吕种事，与《史记》之言大致相同，曰：

> 则弟种，高后元年四月乙酉封，奉吕宣王国，七年，更为不其侯，八年，反，诛。

范晔《后汉书》中多见"不其侯"之名，其中《伏侯宋蔡冯赵牟韦列传》记不其侯伏湛事，有言：

> 六年，徙封不其侯，邑三千六百户，遣就国。

所言为东汉光武帝建武六年（30年）之事，大司徒伏湛受封不其侯，东行就其国，传国八代，延至建安十九年（214年）。

《后汉书·皇后纪下》以"不其"为侯爵之名出现了三则。第一则讲汉献帝后伏皇后之事，提及其父不其侯伏完，曰：

> 明年，立为皇后。父酆，执金吾，封不其乡侯。

将不其侯写为不其乡侯，为汉史中仅见的一例，说明其食邑地在不其县乡。

第二则亦讲伏皇后之事，介绍其生平时，提及其父、不其侯伏完娶桓帝之女阳安公主之事，曰：

> 献帝伏皇后讳寿，琅邪东武人，大司徒湛之八世孙也。父完，沈深有大度，袭爵不其侯，尚桓帝女阳安公主，为侍中。

第三则讲的是阳安公主之事，曰：

> 皇女华，延熹元年封阳安长公主，适不其侯辅国将军伏完。

阳安长公主名刘华，嫁与不其侯伏完。又及前则所述事。

《续汉书》言伏皇后事提及其父、不其侯伏完，曰：

圆瓦当
汉
直径16.3厘米
1979年城阳城子遗址出土
城阳区文物管理委员会办公室藏

方砖
汉
边长35厘米
1966年城阳出土
青岛市博物馆藏

> 孝献伏皇后，琅琊东武人，侍中辅国将军不其侯完女也。

唐《通典·礼二十七·皇后敬父母》有两则记载，内容是：

> 后汉献帝皇后父、屯骑校尉不其亭侯伏完朝贺公庭，完拜如众臣；及皇后在离宫，后拜如子礼。

> 今不其亭侯在京师，礼事出入，宜从臣礼。

上述两则均记不其侯伏完及其女伏寿（献帝后）之事，文中不其侯写作"不其亭侯"，已流露出了历史从汉末转向曹魏的痕迹。

4.4 "不其"为侯国名

汉史及后世典籍中多见"不其侯"而少见"不其侯国"一名，一般以侯爵名加"其国"或直言"国"表述之，而与不其侯国相关的历史事件也大多附属于关于不其侯的相关记载中。

《后汉书》中有一例，见之于《郡国四》，在介绍东汉时期各诸侯国之分布情况时列录不其侯国，曰：

> 不期侯国，故属琅邪。

言在东汉，其时不其县与不其侯国均已改隶青州东莱郡，因而有"故属琅邪"一语。文中所谓"不期侯国"即"不其侯国"，"不期"应为"不其"之误写。这是汉史正典中仅见的一例。

4.5 "不其"为县城和国都名

不其城位于不其县的核心地带，居胶州湾东北岸，坐拥胶州湾与不其山之山海形胜，既为不其县之县城，亦为不其侯之国度，西晋以后亦为长广郡之郡城。汉以后史籍及方志中多见其名。

宋《太平御览》中多次转述先前典籍中出现关于"不其城"的相关记载，计有两例。其一，《地部七·河南宋郑齐鲁诸山》引晋伏琛《齐记》曰：

> 不其城南二十里，有大劳山、小劳山，在海侧。

其二，《百卉部一·草》一篇引晋伏琛《三齐略记》曰：

> 《三齐略记》曰：不其城东有郑玄教授山，山下生草如薤叶，长尺馀，坚韧异常。士人名作康成书带。

《太平广记·草木三·书带草》引伏琛《三齐记》言：

> 郑司农，常居不其城南山中教授。

上述两则记载都是经学家郑玄东来不其山讲经授徒一事。关于此事的最早记载见诸《后汉书·张曹郑列传》，其中有"客耕东莱"诸语，所记载的是郑玄第一度东临不其讲经之事。第二度东临不其的最早记载见诸《三国志·崔琰传》，在介绍崔琰青年时代生平时，提及黄巾之乱当口他师从郑玄学经之事（相关具体记载见本章《"不其"为山名》部分）。

灰陶罐
汉
高35.2厘米，口径24.4厘米，腹径42厘米
2008年城阳文阳路汉墓出土
城阳区文物管理委员会办公室藏

● 毛公山（古不其山一部分）

4.6 "不其"为山名

时光流转无极，汉不其县久已告别，不其山亘古如斯。

那么，在绵长的文化史记忆中，不其山之缘起如何？

《汉书》及《后汉书》中多言"不其"，然未见"不其山"三字。我们看看其他典籍中的情况，《前汉纪·孝武皇帝纪六》曰：

> 夏四月辛亥。行幸不其山，祀神于交门宫，若有神飨坐拜者。

所记为太始四年（前93年）汉武帝巡幸不其之事，是对《汉书·武帝纪》中"夏四月，幸不其，祠神人于交门宫，若有乡坐拜者"一语的转述，所不同者在于将"不其"写为"不其山"。这是今可见"不其山"三字在古代典籍中的第一次出现，这也是崂山的第一个历史地理名称。显然，《前汉纪》所说的"不其山"可被视为"不其县"的代称。

对汉典所记"不其"之事，后世文献中有的专门注明了"其"字之音，如针对《汉书·武帝纪》中"夏四月，幸不其"一语，唐颜师古注：

> 其音基，山名。《广韵》在琅邪。

《汉书》指称不其县，而颜师古之注则指称不其山，虽有所变化，然旨归于一。这里也透露了一个信息，山名早于县名。也就是说，汉置不其县以前，久已有不其山的存在，天地所置之。《汉书》及《后汉书》中，虽未见"不其山"三字显影，然可确信其时早已有之，从地名逻辑上看，县因山而名。如淳注即如是。如淳为三国曹魏时人，撰有《汉书音义》，原书已佚。

《太平御览》中的《封禅》《拜》及《神》诸篇皆引用如淳言：

> 不其，山名，因以为县。

《三国志·崔琰传》记载崔琰生平，说他二十九岁时"就郑玄受学"，然后首度提及"不其山"，其文曰：

> 学未暮，徐州黄巾贼攻破北海，玄与门人到不其山避难。

时当东汉灵帝中平五年（188年），为避黄巾起义之乱，郑玄率崔琰等一众门徒告别故乡北海高密，东行不其山，创办私学，讲经收徒，加深了不其的文化与学术气氛，成就了不其为经学重镇的历史荣光。

北魏地理学家郦道元在其《水经注》中，注"潍水"时言及东汉逢萌事，也留下了关于"不其山"的一笔，曰：

> 复还，在不其山隐学。

这里交代了东汉一代高士逢萌的事迹，他是北海郡都昌县（今昌邑）人，于建武元年（25年）自辽东来到不其山（崂山）隐居，留下了"养志修道，人皆化其德"（《太平御览·叙逸民一》）的美名。

《太平御览》引《汉书》注文时，多次提及不其山。往后，除了地方志以外，其他史籍中已鲜见不其山。

四乳草叶纹铜镜

汉
直径13.6厘米
钤篆体四字铭：见日之光，天下大阳
1978年城阳古庙村出土
青岛市博物馆藏

5. 比较：古代含"不"字的地名

今古之间，地名托意深远，深蕴文化秘义。

诸多地名与特殊的历史文化风俗相关，往往存留着已消失的语言、风俗和相关史迹，这也是文化记忆的一种传续方式。相与印照，自是别有其趣。

5.1 《山海经》中含"不"字的山名

古代典籍中，带"不"字的地名不常见，《山海经》中倒是有几个，比方说不周山、不句山、不咸山及不庭山等。

不周山 见载于《山海经·大荒西经》，其文曰：

> 西北海之外，大荒之隅，有山而不合，名曰不周负子。

东汉王逸注《楚辞》的《离骚章句》始言此山在昆仑山西北方，一般认为此即葱岭（即帕米尔高原）。此山长年飘雪，异常寒冷，这与《法显传》中"葱岭冬夏有雪"的记载相吻合。高僧法显西行求法，于东晋隆安五年（401年）翻越此山，由此进入天竺。关于不周山，有一则"共工怒触不周山"的著名神话。

不庭山 见载于《山海经·大荒南经》，其文曰：

> 大荒之中，有不庭之山，荣水穷焉。

此山具体位置不明，有荣水汇聚到那里，传为帝俊之妻娥皇的诞生处。传帝俊为东夷人的始祖，结合相关史迹判断，此山应在中国东部。

不咸山　其名见载于《山海经·大荒北经》，其文曰：

> 大荒之中，有山名曰不咸。有肃慎氏之国。

所谓"不咸"指的就是长白山，主要分布于吉林省东南部，古代肃慎族（满族的祖先，商周时期所称的东北夷主要指的就是此族）聚居于周边。今"长白山"之名始于辽金之际，而"不咸"即为其最古之名称。

5.2 汉朝含"不"字的县名

汉朝出现了多个带"不"字的县名，除了不其县以外，汉史典籍中有明确记载的起码还有不夜县和不而县。

不夜县　西汉置，地在山东半岛东北部沿海，属青州东莱郡，地处徐州琅琊郡不其县的东北方，为山东半岛之东端，治在今威海荣成市埠柳镇不夜村附近，故城名不夜城。《汉书·地理志》记"东莱郡"，曰：

> 东莱郡，户十万三千二百九十二，口五十万二千六百九十三。县十七：掖，腄，平度，黄，临朐，曲成，牟平，东牟，脏，育犁，昌阳，不夜，当利，卢乡，阳乐，阳石，徐乡。

《汉书·郊祀志》曰：

> 又祠太室山于即墨，三户山于下密……又祠参山八神于曲城，蓬山石社石鼓于临朐，之罘山于腄，成山于不夜，莱山于黄。成山祠日，莱山祠月。又祠四时于琅邪，蚩尤于寿良。

所记为汉宣帝在山东各地祭祀东方诸神之事，其中包括即墨太室山之祭、下密三户山之祭以及不夜成山日神之祭等等。新莽时，不夜改称凤夜。

不而县　一作不耐县，西汉置，位于朝鲜半岛东北部沿海地带，属于汉四郡之一的乐浪郡，治在今朝鲜江原道安边一带，一说在德源、永兴一带。《汉书·地理志》记"乐浪郡"，内容是：

> 乐浪郡，户六万二千八百一十二，口四十万六千七百四十八。县二十五：朝鲜，𬤖邯，浿水，含资，黏蝉，遂成，增地，带方，驷望，海冥，列口，长岑，屯有，昭明，镂方，提奚，浑弥，吞列，东暆，不而，蚕台，华丽，邪头昧，前莫，夫租。

汉置不其、不夜与不而三县，相比较而言，不其县的历史跨度最长，驰两汉而入魏晋南北朝，废于北齐，复置于隋而旋废。其余两县则未出汉朝而告终，县制历史较短。不夜县于东汉之初废止，其地并入昌阳县。不而县的历史更短一些，可能未出西汉即已裁撤。当然，作为不夜县治，不夜城的历史跨度较不夜县来说可要长得多，参合《齐地记》与《太平寰宇记》等相关文献的记载，不夜城原为古莱子国所筑城邑，旧称夜易，战国时亦名夜邑，入汉后方改称不夜。这地名亦甚是奇特，隐含着"有日夜出"的天文奇观。《齐地记》曰：

> 古有日夜出，见于东莱，故莱子立此城，以不夜为名。

何以"有日夜出"？推思之，很可能这是一种如海市蜃楼般的光影幻象。可以质疑其物理合理性，然莫可淡忘其精神合理性与适应力。品怀其意，未尝没有这样

○ 石臼
西汉
高14厘米，直径17.5厘米
1976年城阳皂户村出土
城阳区文物管理委员会办公室藏

一种可能，这是东夷故族太阳崇拜的历史余续，渗透着对永恒光明的憧憬，意味着对黑暗的否定力量，或可视之为精神上突破漫漫黑夜的一种方式，寄托着对光明国度的向往。对于东夷故人来说，在黑夜所带来的恐惧、苦难以及种种不确定的情绪面前，这等"有日夜出"的幻象提供了新的精神力量。上古遗音在耳，思之无尽。

学者们试图从语言学与历史地理学双重视角揭示"不"为地名之谜，新中国历史地理学的奠基者谭其骧先生在1962年刊布的《上海史学年会报告》中表明了这样一个观点，古时带有"不"字的地名与发音习惯相关，因"不"字为古代分布于东北滨海地带的少数民族的发语之音。周振鹤、游汝杰继续阐发了"不"字之意脉，在梳理了汉置不而、不其、不夜三县之名以及不咸山之名以后，得出结论，认为这些带"不"字的地名很可能并非出自汉语，而为受少数民族发音影响之故，内中保存着已消失的古代民族语言的某些特殊性征。[8]其实，在山东半岛与东北地区，与朝鲜半岛乃至日本列岛之间，历史上长久存在着深刻的相互影响。我们知道，汉代，居于东北滨海地带的少数民族主要是肃慎族，这也正是《山海经》所载"肃慎氏之国"的居民。不过尚有一点值得注意，那里，东北地区相当大一部分居民并非别人，就是出自海岱之间、也就是山东境内的东夷故族。

三代以迄秦汉之际，因本能性拓荒以及躲避战乱等原因，形成了持续很久的民族大迁徙历史，或可视之为两千年以上的"闯关东"现象，不惟东北地区，今朝鲜半岛的居民不少亦出自东夷故地。当周秦汉之际，既往处于海岱之间的东夷故地业已融入华夏，而东北地区以及朝鲜半岛等地则被视为新的东夷之地。故此，"不"既为发语词，或本自东夷故地，或为新旧东夷之地相互影响的产物，虽说古代典籍中未见以"不"字起首的地名在汉代以前出现，然并不能说明周秦之际没有这样的地名，反映在地名中的事物，往往经历了漫长岁月的流变。这是汉代语言、历史与习俗的一个例证，背后却隐含着数千年的历史图景。

汉置三县均以"不"为其名称首字，分布于山东半岛与朝鲜半岛，难道这仅仅是一种巧合？莫名之际，"不"似已对两地之间的隐秘关系有所暗示，而辽东半岛则恰恰为其中介。上溯龙山时代，三个隔海相望的半岛之间存在着密切的海事往来与文化传播关系，海陆并尊，东夷人自山东半岛抵达辽东半岛，进而抵达朝鲜半岛并继续向更辽阔的海外世界航渡，这是我们远未理解的上古大航海景观。

三代相继而生，山东半岛与朝鲜半岛之间往来不断，屡有大事发生。商周之交的一件事就是，商宗室箕子（名胥余）率其遗族循海而至朝鲜半岛，在那里建立了"箕氏侯国"，此即"箕子朝鲜"。秦朝，徐福自琅琊港东渡，亦曾路经朝鲜，三千童男童女中的一部分可能留在了那里。到了汉朝，历史光影再度叠合于同一片海洋，王仲自不其渡海而至乐浪郡，其地正处于朝鲜半岛北部。王仲后裔王景则反向渡海以归故土，入东汉为官，以善治黄河而名垂史册。往来之间，两个半岛之间的文明对话得以不断加深。这是长期历史嬗变的图景，半岛之间穿梭往复者保有着共同的语言习俗和文化记忆，或许这就是地名的一大秘密之所在。

海陆地理环境和人文历史脉络所察见的事物耐人寻味，起码是在东亚范围内，自古至今存在着一个以山东半岛为本源的文化圈，而相关带有"不"字的地名所显现的同源性，也只是这个大体系中的一个小小的见证而已。

[8] 同1.

陶拍

汉
面径8厘米，高6.7厘米
1956年城阳出土
青岛市博物馆藏

汉"㠱其丞印"封泥

6. 不其与㠱其：秘可示人之印

汉时，"不其"亦写作"㠱其"。

㠱之为字，从山从弗，本为"山势起伏，崎岖不平"之意，司马相如的《子虚赋》中有"其山则盘纡㠱郁，隆崇崒崒"一语，司马光的《太行》诗中则以"㠱郁天关近，峥嵘地轴回"一语遥相呼应，更见卓荦之姿。

"不"与"㠱"通，"㠱其"与"不其"为汉时同一县名的两种写法，有汉朝"㠱其丞印"为证，见载于罗振玉辑录《齐鲁封泥集存》。王国维为之序，谈及实物佐证汉字通假之功，言：

> 馀如临淄之为临菑，劇之为勮，莱芜之为来无，不其之为㠱其，临辕之为临衰，字有通假，形有增损，非有实物，孰能正之？[9]

《东山杂记》复有言：

> 琅邪不其县，《淮南子·地形训》作"弗其"，今封泥有"㠱其丞印"，则《淮南》近是也。[10]

所谓"㠱其丞印"，自是不其县县丞之官印，证明汉不其县亦可写为㠱其县，因通假之故尔。王国维文中将"㠱其"与《淮南子》中"弗其"一词相比附，当有误。《淮南子·地形训》中有"汶出弗其，西流合于济"一语，然究其义，所指并非"琅邪不其县"与不其山，而应为古汶水（今称大汶河）的发源地或分水岭，从那里溯源，方可察见"西流合济"之殊观。汉置不其县境内，既未有名"汶水"之

[9] 王国维：《齐鲁封泥集存序》，《王国维全集》第三卷，第166页。浙江教育出版社，2010年。

[10] 王国维：《东山杂记》，《王国维全集》，第三卷，第401页。浙江教育出版社，2010年。

河，亦无任何一条河西流而合于古济水者。

缘何而写作"崃其"？就文字本身的通假关系看，与"不"通者为"弗"而非"崃"字，因而"不其"可写为"弗其"。盖因境内有巍巍高山之故，因而转写为"崃其"，这就像"劳"转写为"崂"字，表崂山一样。

汉时，谁人曾任不其丞？按汉代官制，县丞为县令之佐官，辅佐县令管理一县之政务，具体掌管文书和府库。查《汉书》，其中倒也记载了一位曾任不其丞的人物，此人就是薛宣，为一代名吏。薛宣为东海郯县（今山东郯城）人，约在汉元帝末期或者汉成帝初期因廉洁而"补不其丞"，这是他仕途的关键一步，后迁乐浪都尉丞、宛句令、长安令、御史中丞、临淮太守、陈留太守、左冯翊、少府和京兆尹等职，汉成帝时诏补御史中丞，鸿嘉元年（前20年）拜御史大夫，数月后代张禹为丞相，封高阳侯，食邑千户。《汉书·薛宣朱博传》言其事，曰：

> 薛宣字赣君，东海郯人也。少为廷尉书佐、都船狱史。后以大司农斗食属察廉，补不其丞，琅邪太守赵贡行县，见宣，甚说其能。

班固对薛宣的评价是：

> 宣为吏赏罚明，用法平而必行，所居皆有条教可纪，多仁恕爱利。

说薛宣为官有道，赏罚分明，公平运用而且坚决执行律法，所治理之处均有可载录的政令，他仁厚宽恕，善待别人，善为百姓谋利。复言：

> 宣为人好威仪，进止雍容，甚可观也。性密静有思，思省吏职，求其便安。

说薛宣仪态不凡，进退举止优雅大方，颇值得一观。他性情沉静而有智谋，善于思考、省察官吏的职责，善于寻求便利安逸的解决问题的办法。

通常情况下，官印世代相传，故不其丞薛宣就用过"崃其丞印"。

想来，汉时某一瞬，时光在泥团土打下了这枚封印，于是就有一些记载重要或琐碎事物的简牍被缄封，留在了时间的那一边，信验之物交予历史，等待着未来岁月的开启，而未曾言说的事物久已流寓天外，不复现。这是一块汉朝封泥的故事，藏有秘密，不得私拆，往世平凡，今为遗珍。

文字出于自然启示而缔结历史奥秘，言其所言，是其所是，闪耀着异常丰富而精微的光晕，我们的历史记忆和文化情怀缘此而长存。以文字为媒介，我们与不其文化的对话有了丰富的可能，一条道路还将继续延伸，悠长岁月的思绪还将继续加深，"不其"真意的每一度显现都是意味深长的，这是古老语言的馈赠。哪一天，我们将还酬语言的创世圣功。

对话即道路，那离开文字的沉思与阐释终究是不存在的，所有语言都在等待着历史诗意的复现者。第一天和最后一天之间的秘密，无非语言中的语言，而全部的无言独化的完美时光从这里开始，进入文字本身的沉思之中。

这一边，孩子们在梦的黑板上写字，北斗七星看得入迷。

【第三章】

海与山的对话：从胶州湾参验古史奥秘

不其，这是一片海陆一体化的历史半岛，沉浸着自然与文化的共同诗意。

我们关注不其文化的视野应当更精微一些，更宏阔一些，发现其奥秘并在大文化体系中勘验其存在理由，持花闻香，心领神会，对自然和文化的共同精神本质有悉心体征。面对亘古迷津，要寻得历史奥秘，关键是如何复归单纯而澄明自我，在幽微细节和磅礴整体中感受文化之大美。于是你看到了胶州湾，过去的胶州湾。当然这不是人间奇遇，而是天地万物绵绵不绝的钟情之意，而是东夷文化与汉朝东方精神的演化逻辑使然。惊鸿一瞥之际，文化起源之门在这里开启，东方海洋之门在你关注的目光中开启。既如此，那么你想想这样一个问题：胶州湾，如今我们叫做胶州湾的这片海陆一体化之境意味着什么，早先叫什么名字？

1. 关于"海陆一体化"的初步思考

博大、深广、精纯的地脉在呼吸，一花一木、往古来今无不在其中。

人地关系从来都是重要的，大自然构成了文化的基因，在自然与文化的融合中形成了地脉，这是我们的文化地脉，而接地脉也就是知文化的不二法门。如何理解这片海陆环境，如何参透不其文化与海洋和大地的关系，如何领悟大自然与文化的同一个启示，这是我们与不其文化的对话顺利展开并渐臻佳境的思维动力。那些在天光中盛开的种子同时在你内心盛开，此谓生生之德。

当怀感恩之心触摸地脉，谛听这质朴而神奇的乐章。然则何谓地脉？其渊源何在，其精魂何在？我们想，地脉之为地脉，所指并非仅仅是一种单纯的自然环境，而且是处处浸润着人类意识、情感和思想的文化环境。我们的一切文化活动，无不出于自然而归于自然，在"自然的人化"和"人化的自然"之中，我们看到了一部

玉环
汉
外径4.7厘米，内径3.7厘米
青岛市博物馆藏

壮丽的精神史诗，从东方开始的一切都不仅仅表现为迷人的片段，而是呈现为本质、渊源和灵魂的整体气象，弘大而庄严。从昔以来，这一切都是我们与先人的共同情感与共同命运所系，是万世沧桑所熔铸的光辉。从这里，我们看到了自然与文化的一体化。我们所崇尚的海陆一体化精神正是从这里肇启并孕育成熟的，不其文化因此而加深其历史底蕴并闪烁其人文光华。

基于不其文化的海陆环境及其文化渊源，我们特别提出了"海陆一体化"这个概念，以此阐释不其的历史基脉与文化精神。当然，在此首先需要申明的一点是，这个概念绝不限于不其文化范畴之内，完全可以将其结合到我们对中国文化精神的理解中去，结合到我们与大历史的对话中去，结合到我们对古代中国海洋文化体系的反省中去，在宏阔的历史景深和文化背景上同样具有适应力，而且在中国本土文化与域外文化的多元对话中同样具有适应力。可以说，这也是参透中国传统意识并完善天人关系思维的一个合理渠道。

何谓"海陆一体化"？天地先验，大道至简，首先这是一种自然本相。海洋是大地的载体，大地是海洋的归宿，两者互为表里。就概念成立的逻辑来看，可以说这是与"天人一体化"（天人合一）密切关联的一个概念，是从"天人合一"衍生出来并且可以对其形成补益的一个概念。简而言之，所谓"海陆一体化"，其基本内涵就是海洋与大地的神圣平衡，是建立在自然与文化共同本质与共同价值上的博大平衡，两者互为表里，是各自的存在基础，也必然是各自的运行目的，缘此而构成了文化精神上的高度一致性。历史地看，这个概念的一个基本存在理由就是澄清真正的海洋意识并构建完整的海洋国史。理所当然，我们的传统文化中深刻存在着这样的海洋精神基因，我们的历史记忆中也曾经涌现出诸多壮丽的航海篇章，早在龙山时代，东夷民族既已创辟大航海史诗而传播文明于太平洋两岸，而后世诸如秦徐福东渡、汉王仲东渡、东晋高僧法显西行求法海陆归国、唐高僧鉴真东渡与义净航海、明郑和下西洋等航海事件代不绝书，海上丝绸之路荣光灿烂，然而就整体上看，海洋意识远未构成国家意识主体，由于种种原因，伟大的航海精神多已失落于乌有之乡，历史的大变异令人惊心，我们未曾在整体上建立起真正的海陆平衡体系，往往习惯于大地的稳定性而漠视海洋的创造性，往往囿于陆权意识而忽视海权思想，致使海洋文化精神的周期性迷失，乃至于天地之中、唯我独尊的天朝观念在近代造成了神州陆沉的惨痛历史悲剧。到如今，我们可以认真地反省这一切，吸纳历史经验教训而重建海洋国史体系。

中国思维是圆的，起点与终点合一，一面海洋情怀的敞开自是意味深长的。追溯新石器时代，东夷故人在这里生活、劳动和创造着，开启了星空与海洋之门，以太阳为精神原动力，以万方星空为和声，唱出了一部嘹亮的东方之歌。从那时起，以东方、太阳和海洋为基本元素的精神气候在海陆结合处形成，绵及今古而指向未来。由于特殊的天文、地文与海文关系，古来胶州湾地区独擅海洋风神，成为充盈着海陆一体化精神的区域，从昔以来即是东夷文化的托命之地。在这里，你可以找到东夷文化起源的密码，找到多种东夷文化形态的衔接点，也可以找到汉朝东方精神的密码，那在一扇东方之门中闪耀的事物不仅仅属于历史，而未来已有所预约。今天我们可以理解这片山海之境的精神魅力，这一切无不可表述为一种家园感，是人的家园，亦是文化的家园。

那么今天，在海洋与大地的共同起点上，我们还能如何善待自然与文化的一体化环境，理解海陆一体化的精神秘笈？

2. 不其海陆环境及其构成要素

不其地，这是一片山海胜境，处于山东半岛东南部，领胶州湾东岸和北岸之美丽山野，崂山及其余脉包容其中。

以海为观照，不其地在古东海北部（今黄海）的一个开敞而幽秘的扇面上，在东、西向空间维度上平衡着海洋的精神重力，处于胶州湾和崂山湾之间，在东、北两个方向上对胶州湾形成了半环抱状态，东部朝向崂山湾敞开，而南部则为今青岛前海至崂山一线，大大小小的海湾星罗棋布。这是一个基本的海陆坐标，这一点至关重要，不其文化之渊源、中心与流变轨迹无不系之于此。

不其地以西和以南即为今胶州湾，究其名称之缘起，或可透过汉武帝的《交门之歌》觅得些许端倪，原应称交门湾或交州湾，后衍为胶州湾。湾口仅2.5公里，现今水域面积仅446平方公里，然其古代面积可要大得多，龙山时代胶州湾西北部岸线在胶州三里河遗址一带，而其东北部岸线就在城阳城子遗址附近，两处遗址所在地直接濒海为海港。汉朝这片海湾的水域面积比现在也要大将近一倍，也与不其城靠得更近。中国漫长的海岸线上，这是唯一一处口窄腹深的大海湾。不其地以东为崂山湾，位于崂山头和丁字湾之间，今湾口宽约11公里，今水域面积约163.13平方公里，其北部的一部分也称作鳌山湾。

胶州湾一角

不其地山峦起伏，大部分区域处于崂山山系中。汉时崂山亦称不其山，另有牢山、劳山、辅唐山、鳌山等历史名称，古时还一度分为大劳山与小劳山两部分。这是中国海岸线上的最高山脉，主峰巨峰海拔1133米，处于不其地的东南方。对于不其地来说，崂山的意义至关重要，与胶州湾一起构成了两大海陆地理标志，山海绵延之间，形成了深厚的历史文化积淀。

"不其山"之为名，其指称范围亦有大小之别、广义与狭义之别，史籍中所载"郑玄教授不其山"诸事所指，则错合着广义不其山与狭义不其山的内涵。言其大者，历史上一度用以指称崂山之整体，为今崂山诸多古称中的第一个。言其小者，则具体指称崂山西北麓的一部分，即今所称之铁骑山。铁骑山海拔328.8米，分布面积约1.5平方公里，为崂山沿西北方向胶州湾延伸的最后一道主脉，处三标山以西，处汉不其城以东偏南位置。对此，清同治版《即墨县志》的记载是：

> 不其山，县东南二十里，一名铁旗山。

文中所称"县"指的是即墨县，隋开皇十六年以后，不其县裁撤，其地归即墨县。云何"铁旗山"？盖因山巅巨岩纵列如旗阵之故，言其壮观也。两汉以迄唐宋诸朝史籍与地志中，均称之为不其山，明清时期有好事者易其名为铁旗山，今谐音而转称铁骑山。不过，追溯往昔之际，人们依旧常常想起不其山的历史荣光。这是在岁月中消隐而复现的事物。

3. 海的序曲："胶州湾"意味着什么

石镰
新石器时代·龙山文化
高11厘米，宽7.6厘米
1975年城阳城子遗址采集
青岛市博物馆藏

凤凰逼近这一刻，云火在海上奔腾，而历史将从月球背面登陆。

你看，这就是一个奥秘的表现形式，长久以来我们看不到的一面有神奇韵度，现在这一面可以静静显示出来，因着一道不可见的光而显现出来。一道光中之光不在别处，就在你心间，视野所及，岁月展开了真诚、璀璨而精良的面目。

长空一如既往，大地与海洋互为终点和起点，这是自然而然的事。一切大自然的本意都在这里生成，一切文化的真意也都在这里聚合。彼时，你从生命传奇的远方归来，重新看见你自己，这也是从前东夷故人所熟悉的事物，这也是汉朝故人所看见的事物，一片丰盛至极的空旷，海浪拍击着山岩。

3.1 从三里河到城子的时光之旅

中国东海岸诸多港湾中，胶州湾不算最大，却是最特别的一处。这首先表现在海湾的天然形态上，口极窄（仅2.5公里），而腹极深（南北纵深约18公里），恰因口窄腹深而形成特色，湾口东开而气韵北藏，风水上显与藏的关系恰到好处，地理形势上的敞亮与幽奥相得益彰。得自然之惠并证之以文化，胶州湾的意义凸显了出来，极富海洋文化基因，集结着上古以来诸多海事奥秘，岁月流转，代不绝书，既为山海之胜境，亦为文化之堂奥。顺便提一句，从风水角度看，此为大吉秘藏之堂奥，这也是汉武帝以不其为求仙基地的一个原因。

对于不其文化来说，胶州湾的重要性无可估量，某种程度可以说，没有胶州湾，不其文化就失却了初始条件。这就像混沌学上所说的"蝴蝶效应"一般，南半球一片蝶翼颤出微风，可以在数千公里以外的北半球造成一场龙卷风，是改变世界的力量。这被称为"对初始条件的敏感性依赖"，天下诸事多有这样一个隐秘的初始条件，万千气象从这里发生。胶州湾之于不其文化，就如同这样一个初始条件，对于存在于胶州湾周边的各种区域文化形态亦如此，而海洋性东夷文化的诞生以及上古海事体系的成立又何尝不是如此？

不其城所在地西南方即为今胶州湾，短时间内似乎看不出变化。可问题的关键在于，胶州湾现今水域面积仅为446平方公里，然其古代面积远远大于此，存在着今古海陆环境的变化。言及胶州湾小大之变，我们不妨从汉朝继续远行，回到龙山时代。于是，时光引出了两个古文化遗址，一是城阳的城子遗址，一是胶州的三里河遗址。你看，城子处于海湾东北方约3.5公里处，而三里河处于海湾的西北方约10公里处，这似乎是一个漫长的空间距离。可这是现代距离，而非古代状态。时空有变，回溯四五千年以上，两个地方与海湾的距离几乎消失了。何为其然也？

我们可以回到城子与三里河的黎明，探访东夷故人，看看秘密何在。多么奇妙的对应！它们分别在胶州和城阳的深处，在海湾西北岸和东北岸上形成了对称，既是自然意义上的对称，亦是文化意义上的对称。先说说三里河，这是一处极具代表性的东夷文化遗址，叠加着大汶口文化晚期和龙山文化的地层，其基层已可见海洋的秘密，是"首次被认识的一处具有滨海特点的大汶口文化遗址。"[1]这是一个基础性的考古判断，已提示了思考方向，不过这还是一个保守说法。根据三里河的出土文物、海陆地理环境并结合新石器时代的历史脉络，在此可做出一个更大胆的推断，三里河是坐落于胶州湾西北岸的重要海港，其文化史价值特别表现于航海，这是龙山时代的中华文明出海口。可问题出现了，三里河，一个伟大的上古海洋文化

● 玉璇玑

新石器时代·龙山文化
直径3.7厘米，孔径1.1厘米，厚0.1厘米
胶州三里河遗址出土
胶州市博物馆藏

[1] 中国社会科学院考古研究
所：《胶县三里河》，第
155页，科学出版社。

○ 三里河遗址

三里河遗址位于胶州北三里河村西，南界三里河，东临神仙沟，地貌整体呈现为河畔高台地，南北长约250米，东西宽约200米，总面积约50000平方米。地层分上下两层，下为大汶口文化层，厚20~50厘米；上为龙山文化层，厚40~75厘米。1974年秋和1975年春，中国社会科学院考古研究所山东考古队对三里河遗址两度进行考古发掘，发掘面积1570平方米，占遗址总分布面积的3.14%，共出土文物2000余件。三里河遗址的历史年代为公元前2500年至公元前1800年，距今约4500年至3800年。

蚌锯
新石器时代·龙山文化
长14.1厘米，宽5.8厘米
1966年城阳城子遗址出土
青岛市博物馆藏

蚌器
新石器时代·龙山文化
长10.7厘米，宽2.4厘米
1975年胶州三里河遗址出土
青岛市博物馆藏

聚落，一个龙山时代的海港，距海有这么远吗？

时光从三里河到城子，划出了一道美妙的弧线。我们无法像三里河一样看清楚城子的面目，至今，城子遗址未经正式的考古发掘，其地层关系尚不清楚。不过根据地面采集到的石器、陶器和蚌器等器物并结合关联要素推断，这同样是一处重要的海洋性龙山文化遗址。我们来端详一下城子的蚌器，这是一只由海蛎子壳磨制成的蚌锯，1966年，它在遗址的一个角落里被偶然发现。你端详它，深深赞叹上古工艺之美，蚌锯形似树叶，流露出朴素的原始美感意识。这是城子人特有的一种生产工具，可用以锯木，极可能就是用来制作独木舟的工具，就此约略给出了龙山时代的海事写照，与广阔的海洋生活联系在了一起。可以说，这是龙山时代独具海洋气息的一个"城子符号"。据此尚不足以完全确定城子与海洋的文化关系到底可以深到何种程度，不过显然是与三里河遗址灵性相通的。在胶州湾地区的同时代文化遗址的参照之中，我们大致上可以有所预判。那么，它是否与三里河一样有可能也是一处海港呢？不排除这种可能性，同样不排除这里曾经是一处原始造船基地的可能性，一切尚待考古发掘予以验证。我们再度面临困惑，同一个问题再度出现，若为海洋部落和文明津渡，距海有这么远吗？难道需要河流为之过渡？查证古地理环境，城子遗址附近倒是的确有一条河流通向了胶州湾，可当时的距离应小于如今的3.5公里长度，那么问题究竟出在哪里？

你可以感知的文化精神是真切而生动的，目光已抵达海洋，没有距离，三里河与城子就在海边，几乎没有任何距离。事实即如此，一点也不奇怪。那么为何如今距海湾远了，其原因究竟何在？其实，莫说新石器时代，即便是距今不足百年之间已可见胶州湾之沧桑了，比较1928年《胶澳志》所载数据，至今胶州湾的水域面积已缩减了约三分之一。新石器时代水域面积则要更大一些，当初三里河、城子与古胶州湾近身相守，直接濒海为海港，潮水每天都会准时拍击着三里河人与城子人的梦。就是说，今古胶州湾的地理环境发生了重大改变，这就是症结所在。改变首先表现在水域面积上，那么，古胶州湾到底有多大，新石器时代晚期的海岸线画在哪里呢？科学研究给出了明确答案：

> 距今约7000~6000年，胶州湾海侵范围达到最大。海蚀活动波及范围，一般向陆区伸入5~20km，抵达剥蚀丘陵和冲积平原前线，在胶州湾西部达到胶州市东关和洋河崖一带；在胶州湾北部沿原大沽河谷地入侵20km以上，可上溯至蓝村以南胶济线一带。沿岸5m等高线大致构成了海侵最大时的古海岸线，此时的海相层在毛家村（北）的钻孔中有所体现（韩有松，1984），最大海侵时胶州湾的总水域面积达707.7km^2，比1863年时的578.5km^{2}大130km^2，比现代大近一倍。[2]

这是7000年至6000年前的一幅海侵扇面，以充满文化诗意的形象恢弘地展开，潮水向每一个方向弥漫着，所抵达之西北境正是三里河遗址所在地，东北境则是城子遗址所在地，这也正是胶州湾上古海岸线最紧要的部分，或言为"结穴处"，因为在此实现了文化与自然的盛大交会。上述引文中"向陆区伸入5~20km"是一个平均概算值，以三里河为坐标，"伸入"距离应在10公里左右，这是文化所能反证自然的精度。在城子这一边，"伸入"距离相对小一些。

从海陆关系上看，是胶州湾首先创造了三里河与城子文明，没有这片海侵扇面的展开，就不会有三里河作为东夷文化中心和上古港口的存在，当然也不会有城子或者别的什么港口在胶州湾的形成与存在。那个时代需要这样的港口，如同陶车需要轴心一样，亦如同众星辰需要北极星一样。弄清今古胶州湾的水域变化，这一点非常之重要，否则三里河乃至城子在龙山时代为文明津渡，为东夷港口的历史将在地理环境特别是海陆关系上失据。可想而知，一个大一倍的胶州湾，其自然本身的冲击力，其潮起潮落之间蓄积的文化冲击力究竟有多大。让"自然"再度说话，在海洋与陆地的"对话"之中，在那充满无限诗意的对话之中，胶州湾形成并上升到一个命定的高度，创造了上古文明津渡，创造了东夷文化的历史巅峰。这是我们的上古记忆应特别感谢胶州湾之处。文化与自然，还将如何相互见证？

从城子遗址的海陆关系定位中，同样可印证不其城与胶州湾的关系。从龙山时代开始，到了两千年以后的汉朝，海面有所降低，然胶州湾这片祖母绿般的水域还是亲近不其城的，几乎就在城外不远处，伫立城头，胶州湾的半壁美景尽收眼底，那时的海陆协调性很好，一条河流将不其城与胶州湾联结在了一起，而城外不远处就是一处良港，这就是女姑口。自春秋战国之际这里就有海事肇兴，20世纪60年代在此发现的齐刀币等文物即可证明当时的物质繁荣。恰因胶州湾之故，不其成为海事要津，否则当年汉武帝东巡时也不会选择从胶州湾抵达不其城，这是一条文化路径。拜大自然所赐，胶州湾东北岸有一处深水古港，这是不其文化得以成立的一个基础。历史有事件可印证，468年（北魏皇兴二年，刘宋泰始四年），北魏与刘宋为争夺不其城而爆发的那场著名海战就在这儿展开。明万历年间即墨开三口通商，其中之一就是女姑口，其时犹可见千帆云屯之状。回望汉朝，不其完全具备了一个海事要津的自然基础和文化因缘。汉朝海事从这里启航，一如龙山时代海事从三里河启航一样，这是胶州湾东北岸与西北岸的历史对称与精神呼应。

太妙了，自然充满诗意，历史善解人意，要的就是这种时空精度。

海陆一体化，这是大自然的启示，亦是文化史的启示。

[2] 李乃胜、赵松龄等：《胶州湾自然环境与地质演化》，第147页，海洋出版社，2006年。

◉ 齐法化"吉"铭刀币
战国（齐）
长18厘米，宽2.8厘米
1968年城阳女姑口出土
青岛市博物馆藏

3.2 不其山（崂山）意味着什么

山与海同在，崂山与胶州湾互为印证。

中国1.8万公里海岸线上，崂山为第一高峰，主峰（巨峰）海拔1133米，仅凭这一点，在海陆关系框架中审视，无任何一座山出其右，特因海洋而更见非凡，作为自然神性和创世动力而存在于其天生位置上，合于上古思维，或可言之为天下神山的渊薮。虽说此山的海拔高度常被人提起，可最关键的尚不在于数据本身，而在于高度、位置与本质等要素的完备结合，在于独一无二的海陆关系。要言之，其卓荦形象与非凡价值正是建立在海陆一体化维度上的。然而这一切似乎并未嵌入古代文化史邃密精神之中心，始终摆脱不了边缘化的宿命。

你在大地一维观察，它永远处于边缘；你在海洋一维观察，它是神圣大地的崇高起点；你在海陆关系上观察，它具有了中心价值，缔结海陆于一体。某种程度上可以说，我们的历史不善于从海的一面正视这座山，致其独特的海陆一体化心象未在应有的高度和深度上彰显，难说这不是一种历史失落。《山海经》中未见其名，难道这只是一个技术性疏漏？当然也不排除异名记载的可能性，对于《山海经》的作者来说，对于时空视野跨越了太平洋两岸的上古勘测者来说，似乎是不应当忽略这座山的。它在恰当的位置上，以恰当的形象出现。

其为山也，拔海而起，托命万古，所谓"三围大海，背负平川，巨石巍峨，群峰峭拔"（丘处机语）云云，所谓"海上名山第一"云云，赞美之情溢于言表，然仅仅在其自我形象范畴之内观察是不足以澄清本质的，虽说《齐记》中有"泰山虽

不其山（崂山）

云高，不如东海劳"一语，然而这依旧是边缘化的比衬之言，尚不足以昭显本质，其实完全没有必要做这种对比，我们漫长的历史所赋予泰山的文化神性终究是不可复制的，即便其意义在别处有所映现，亦难尽整体神韵。海上一座山的本色尚不在这里，古来人文品藻之辞层出不穷，虽局部畅通其灵思，然无以奠立其主体价值，无以澄清其建立在宏观时空体系中的独特性与整体性的内涵，其风骨已然超乎片段化的审美现象之上。它的本质意义终究是离不开海洋的，缔结天地秘约于无边苍茫的海洋，是以天地同寿、海陆并尊的超凡气度矗立于东方极境的，而所表征的正是天人一体化与海陆一体化的精神气脉。

千年以前，李白的紫霞诗篇照亮了一重海上劳山心象。诗曰：

> 我昔东海上，劳山餐紫霞。
>
> 亲见安期公，食枣大如瓜。
>
> 中年谒汉主，不惬还归家。
>
> 朱颜谢春晖，飞步登云车。
>
> 愿随夫子天坛上，闲与仙人扫落花。

诗意不是在纸上写出来的，而是在心底发生的，在这儿发生，而不是在别处。第一句就是答案，在海上紫霞的韵度中，我们未曾如此接近于自我极限，时空本相显得庄严而生动，两重世界实现了大气磅礴的精神感通，将宏大的海洋视野、隐秘的时间节奏、神奇的天地韵律贯通了起来。接着，诗意进入了道教思维轨道。这是一部盛唐东海气象，可惜来得晚了一些。

若此岩岩高山在海上，总是要有所启示的，否则我们的世界将失去象征力。比方说，海上日出是一个启示，将临世界的一刹那，完美而神圣的情景透彻肌骨，那朝向海面两边无限放射而延展的紫光，以及那些蛟龙般沉潜的精神光辉都是这样，意味着世界是完整的。早晚有一天，你将想起你的本名，那罗延窟中那个神秘手印也将想起世界。第四季冰川留下这些无言的冰臼，消失得无影无踪，不比任何一重宇宙更善于表达万变之美。海上是山，不远处也是山，那些硅化木还保留着上一茬人类未完成的梦，从太古时代到中生代，这儿每一片叶子也都是神秘的。当全新世的眼睛开始闪烁，到了全部遗忘为之复活的时刻，一个简单的问候可以改变世界。这是一座山的本色，独擅自然创世之灵，自然本意和文化诗意熔铸其魂魄。因为这是东方，大自然已将山海关系表述得如此完美而透彻。至于说崂山为神窟仙宅，为海上仙境，那都是后来的事，与此相关的种种无意识存在都是理所当然的，但一切首先归旨于自然创世之圣功，那出自海洋梦中的光辉为之加冕。不是别的，说的是本相，是宏观世界的微观圆满，也是微观世界的宏观完整。客观地看，崂山理应为中国海洋地理视野中首屈一指的自然与精神象征物，理应在中国的山海体系和海洋视野中起到独一无二的标志作用。我们说不其为汉朝的东方海标，是基于明堂、太一祠和交门宫三大汉史纪念性建筑而言的，是基于其海陆地理关系而言的。未尝不可以崂山为观照，不仅有定海神针之力度，而且有探海日晷之精度，以冠绝东方的岩岩风骨建立了自然海标，一种非时间性的伟大海标。

大地与海洋的结合处，高山与海洋形成海陆双璧，不其地有福了。

天地之树盛开，在两个方向上，在平行宇宙中同时盛开。

● 青玉斧
新石器时代
长18.3厘米，宽7.5厘米，厚0.8厘米
青岛市博物馆藏

3.3 来自《山海经》的启示：自然与文化心象的重合

雪花飘落的采石场上，那些原始工具竟如此精美，完全出乎意料。

你想到的事物没有名字，那在一道光闪现和消失的事物意味着什么，而自然与文化的共同旨意还将如何实现，在哪里实现，缘何而实现？可以沉思的是上古世界的一朵花，可是会有怎样的问候忽然传过来？那是谁在说话？

我们与万年以上的灵魂相互聆听，一如万方星空彼此聆听一样。

彼时，尘土聆听着海洋，火焰聆听着星空。

3.3.1 东海之外大壑

长日将尽之际，你听着玉的心跳，上古与今天开始靠近。

早先，这是见载于《山海经·大荒东经》中的一段话：

> 东海之外大壑……有甘山者，甘水出焉，生甘渊。

我们省略了这段话中的一部分，先看看这"大壑"的原委，看看所谓"甘水"和"甘山"的自然缘由。接着就是文化，事关"少昊之国"。

推思《山海经》之语意，所谓"大壑"指的应是一种大裂谷和大盆地景观，就是说在古东海的边上，有这么一个地方，原先是一片大壑，它的旁边还有一座名叫"甘山"的大山，"甘水"就从这山中发源，不断注入这"大壑"，久而久之就使它变成了"甘渊"。契阔之间，《山海经》其实并非虚言，所记载的分明就是上古时代的一幕壮丽的自然演化景观，从"大壑"到"甘渊"，演化过程很完整，各种地理、地质要素之间有着清晰的因果关系，从而构成了严密的自然逻辑链条。大自然的精妙性与精确度，于此可见一斑矣。

上述这段经文已可证明，"神话"并非空穴来风，《山海经》的原创者是经过一系列实地勘探，在掌握各种数据的基础上，结合真实见闻与口传素材，本着实录与记忆保护相结合的态度而撰写这部山海秘笈的。从地理考察广泛性和自然逻辑严密性的角度分析，《山海经》几乎就是一部国土资源与世界地理勘探报告，他们深谙自然肌理，可以说是上古时代最优秀的地理与地质学家。《山海经》向来被当做一部神话书，虽说其中所言事相无法一一具足实证，然而诸多历史地理奥秘珍藏于其中，常有勘验上古地理与先史秘迹之功效，故而也被视作了上古中国的地理志。然则，经中所说的"大壑"究竟在何方？难道就在这儿，这可能吗？非主观的维度上，自然思维将导向何方？

我们来看看这是怎么一回事。在《山海经》所提供的语境中，可构成一个共识体系的还有东夷人的太阳神，以及浴日的旸谷（甘渊）。思"东海之外大壑"之意脉，感觉这不就是《大荒南经》所言太阳神羲和"浴日于甘渊"之所在吗，不就是日出之所旸谷吗？如此一来，至关重要的一点是：日出之所甘渊（旸谷）何所在？晋人郭璞注《山海经》有"水积则成渊也"一语。综合经文语意，"甘源"有三大地理特征：地在东海之滨，以前曾为大壑，水注入而成渊。

玉璇玑

新石器时代·大汶口文化

1974年胶州三里河遗址出土

然则，这片处于古东海之滨的"大壑"究竟在哪里？理所当然，还要从大自然本身去寻找答案。要确定"大壑"的位置，一个关键因素是上古是否存在这般地质变化，而且是否符合《山海经》所记录的几个要件，是否符合自然演化逻辑。

3.3.2 沧海桑田的意味

你看，《山海经》所言，不就是一种沧桑巨变的现象吗？

于是想起了麻姑说过的一件事，见之于晋葛洪《神仙传》，内容是：

> 麻姑自说："接待以来，已见东海三为桑田，向到蓬莱，水又浅于往昔，会时略半也，岂将复还为陵陆乎？"方平笑曰："圣人皆言，海中行复扬尘也。"

这是汉朝两位仙人间的对话，说的正是沧海桑田之事。麻姑说：自从上次我们会面以来，我已看见东海三度变为桑田了。我刚才还到蓬莱仙境转了一圈，见东海之水比过去又浅了不少，而掐指一算，距离上一度沧桑时间大约才过去了一半。因此她感叹道：难道这大海又要变成丘陵和平川了吗？另一位仙人王方平笑答：圣人都这么说吧，东海又要干涸了，就要再度扬起尘土了。

沧海桑田的故事流转甚广，千百年来似乎无人当真，神仙之戏言耳。然非也，言中有真意焉，所折射出的恰恰是古东海北部（今黄海）之海陆地理环境的演变逻辑。当然要从一个宏阔背景上来看待问题，仙界与人间时光不对等，在时间的相对论中，神话合于科学者多矣，两相符契，往往出人意料。这是上古神话中的事物，合于自然奥义，我们可做出怎样的合理假想呢？

月球上的环形山表现的是光与影，不是神话与历史的区别，却提示了本质和形象的关系。无论神话描写多么复杂多么隐晦，俱可找到自然的影子。

这儿，我们有一个初步判断，沧海桑田神话与《山海经》"东海之外大壑"这一地质景观是密切关联的，两者很可能有一个共同背景，所揭示的很可能就是全新世古东海（今黄海北部）地壳运动、海平面变化及相关人类活动轨迹。

那么，一道光将要指向哪里，而神话的自然因缘何在？

河边，丹顶鹤保持着光明的姿态，一点点孵化着岁月。

3.3.3 回看胶州湾之变

以今日之科学视野检视上古新石器时代，从宏观环境上考察，那时在中国东方海滨地带，唯一能称得上沧桑巨变的地理景观大变化就是胶州湾的形成了，这是有科学依据的一个判断，可通过关于胶州湾古地理环境的科学研究获得证实。除了胶州湾，你还能从别处找到这片大壑吗？这是自然所给予神话创作的初始因缘。前面我们已经引述了关于古胶州湾形成的相关研究结论。胶州湾古地理地质环境的演变尚有迹可循，为我们提供了解开神话之锁的一把钥匙。

前面说到，今古胶州湾水域面积已发生了很大变化，而比小大之变更为深刻的恰恰就是沧桑之变。胶州湾为新生海湾，是全新世中期（大致等同于新石器时代晚期）发生的大规模海侵及相关地质活动造成的，原先就是一片大壑。地史时期，这地方是一片纵贯南北的大地峡，史称胶莱地峡。其时森林茂密，尚有青岛棘鼻龙奔

石箭头
新石器时代·龙山文化
长6.6厘米，宽1.8厘米
1964年城阳流亭镇赵村出土
青岛市博物馆藏

跃其间。到了新石器时代晚期，这一带发生了大规模海侵，遂有胶州湾水域的出现。至于海侵发生的原因，自当与胶州湾区域自然地貌之演变有关，除了海平面上升这一首要因素之外，可能还伴随着其他地质活动。在此，我们作出的一个未经科学实证的判断是，导致"大壑"变为"甘渊"的一个直接诱因在于边缘力量的改变，与胶州湾湾口一带地质突变相关，当时很可能是因为地震等原因造成了一次大规模地陷。今胶州湾湾口处于青岛市黄岛区的薛家岛与市南区的团岛之间，南北两处海岬的直线距离仅为2.5公里，属大规模海湾中湾口最紧者。上溯八千年以前，团岛与薛家岛两处海岬相连，故而胶州湾整体上呈现为一个漏斗状盆地形态，地陷加剧了海侵力量，遂形成海湾和海峡。

胶州湾水域面积变化
过程示意图

采自李乃胜、赵松龄等：《胶州湾自然环境与地质演化》，第149页，海洋出版社，2006年。

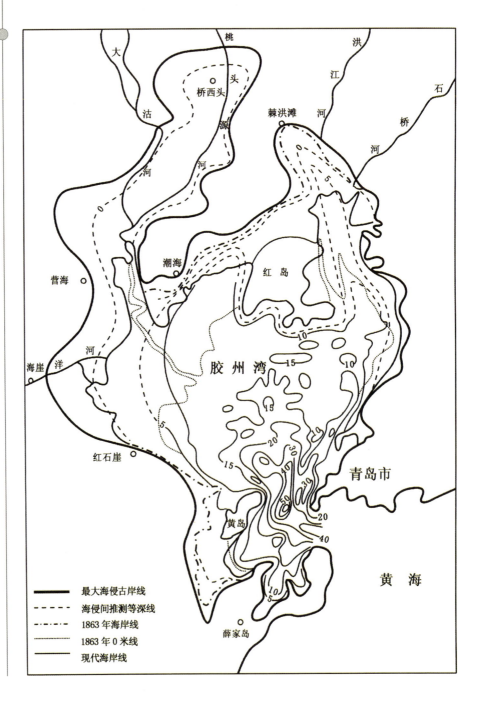

114

根据《胶州湾海洋地理地质环境》的研究并结合相关原始文化遗址演变轨迹可证明，距今6000年上下海侵达到极值，于是胶莱地峡变身为胶莱海峡，将今山东半岛隔绝为东西两部分，其时今胶莱河以东区域为岛屿而非半岛，中间隔着一条长达百余公里的海峡，客观上阻断了两边的文化交流，这也是大汶口文化晚期至龙山时代两边文化迥异的基本原因。当其时也，胶州湾的西北岸线恰处于三里河遗址所在地，这就是三里河一带演化为大汶口晚期以迄龙山时代中华文明出海口的重大地理机缘之所在。告别龙山时代以后，半岛两边的文化遗存又出现了趋同现象，广泛分布着岳石文化遗址。究其因，同样是地质变更之故，在大自然综合作用力下，海峡呈逐渐收缩之势，其北部地势较高，演化为古胶莱河河谷，从而部分地重现了古胶莱地峡之地貌，而南部也基本稳定了下来，此即为今胶州湾。

你看，从地峡到海峡，再到胶莱河谷和胶州湾，这是胶州湾一带古地理环境演化的基本逻辑。无疑，这就是沧海桑田。对此，上古之人岂能熟视无睹？可神话与典籍中似乎未留下片言只语，奇哉怪也，对于某些方面几乎纤毫毕现的《山海经》来说，这确是一个极不寻常的疏漏。古史舛缺、疏漏以及失传均为寻常事，可是果真如此吗？我们的历史和地理思维将怎样实现完美汇合？

我们知道，《山海经》的作者为人类最早最卓越的地理和地质学家，同时也是关于先史时代地理景观的可靠追忆者，他们首创性完成了国土资源大调查与地理大勘探工作，其足迹一度跨越太平洋，而对美洲山川有所勘验，怎么可能忽视胶州湾之巨变呢？他们在四千年以前踏勘世界之际，恰为胶州湾水面缩减与胶莱河谷重现之时，当是有所亲历亲闻的，而对数千年以上的海侵以成胶州湾这等重要的东方地理景观演变当是有所亲闻的，至于崂山亦当是入其法眼的，这是符合历史逻辑的判断。之所以在《山海经》中未见片言，并非疏漏，实为异名之故。

想来，像胶州湾沧桑之变这等大自然现象是有足够冲击力的，上古之人不可能熟视无睹或充耳不闻，应已不可泯灭地渗透于古史记忆中，只不过相关记载比较隐晦，表面看上去似乎说的是另一回事而已，所指似乎不是自然现象而纯出神话想象而已。然则神话之为，多数情况下并非空穴来风，恰恰是对真实世界的映射，一切神话传说皆出于自然。上古也罢，今日也罢，这都是不言自明的事。

果不其然，是其所是。我们与胶州湾的对话可以有结果了，当一道自然与文化心象的重合之光闪烁，你明白，很可能这儿就是《山海经》所说的"大壑"与"甘渊"，这是自然本相，亦是文化本相。既如此，以胶州湾为"大壑"为"甘渊"，则崂山或者说环胶州湾的群山即为"甘山"。至于"甘水"也不难理解，上古之人可能是将海侵致使"大壑"成"甘渊"，造成胶州湾这一现象理解为"甘水"注入之故，当然崂山及胶州湾周边诸多山脉中也确实存在着大大小小数十条河流，但它们并非造成胶州湾的主要力量，是海侵首先造成了胶州湾。当然，海水的奔腾与河流的奔腾是一致的。

得益于古代典籍与科学研究的馈赠，我们可以悉心体证上古环境的秘密，这是万变与守恒之美，博大而精纯的呼吸此起彼伏。

我们的世界，一重今古和另一重今古的关系，梦与非梦之花未曾相互忘怀。在凤凰归来以前，那些持花闻香的灵魂默默相守。

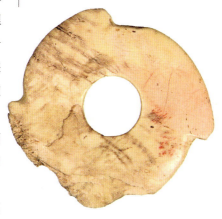

玉璇玑
新石器时代·龙山文化
外径6.8m，孔径1.4cm，厚0.4cm
1974年胶州三里河遗址出土
青岛市博物馆藏

4. 少昊之国何在

当织女星黄昏的花灯照在海面上，意义开始回弹，要唤醒你的梦。

我们所追溯的一切皆是东夷故人曾经的真实生活与真实情感，都是他们质朴而神圣的精神世界，他们创造了劲健、雄奇的东夷文化，一个古老的东夷社会保持着东方的创世力度，或可接受今天的问候，全部意义蕴含于东方和海洋，在海陆一体化的维度上熠熠生辉。

云火灿烂，凤凰沿着海路飞渡，在东夷文化与不其文化之间留下无言世界。

当道路渐行渐远之际，忽闻少昊之音，于是我们将再度回望史前岁月。

4.1 凤鸟适至

穿越茫古的一道光不曾如此简洁，上古世界有图腾。

古史中留下了诸多关于"东方"的绝密记忆，这就是其中一则，美丽得如同未曾存在，而那些深藏凤鸟因缘的眼神彼此照亮了未知世界。

《左传·昭公十七年》追忆少昊氏，云：

> 我高祖少皞挚之立也，凤鸟适至，故纪于鸟，为鸟师而鸟名……

此语出自东夷遗族郯子之口，是他对鲁国贵族叔孙昭子所提出的"少皞氏鸟名官，何故也"一问的答辞，时在鲁昭公十七年（前525年）。文中，"少皞"即少昊，名挚，为太昊之后东夷一个强大部族的领袖，亦被奉为"五帝"之一，其族亦称少昊之族，其国亦称少昊之国。少昊在世的时间，约大汶口文化与龙山文化交替之际。《左传》时空中，郯子深情追忆了部族起源，说我高祖少昊立族之际，适有凤鸟飞过来了，所以就尊奉凤鸟的光辉精神来协调和管理部族事务，并且用鸟名来为本族各支系及各种职事官员命名。

意思很明确，这是一个关于东夷凤鸟部落的历史记忆，寥寥数语包含着一个古老部族的情感、记忆和生命密码，也含有古老知识的基因。据《孔子家语》记载，此事深深打动了孔子，所谓"孔子闻之，遂见郯子而学焉"说的就是这件事，乃至于发出了"天子失官，学在四夷"之叹。

关于先史人物与事物的追叙是后世的一种文化心理本能，虽然并不导向任何宏大思想体系的建构，却始终是我们文化中至为素朴的一部分。至今，这种追忆依旧在延续。那么今天，我们还能否明白鸟图腾在东夷精神世界的价值，是朴素的，也是神圣的，一部东夷心史是完全可以因着飞鸟的双翅而展开的。

飞鸟在天为大象，将人的梦想羽化，将一个深沉的东方之梦带到了远方。今天看到的是自然，上古看到的是神奇，两重心象合一，文化生命力绵绵不息。一切飞鸟之中，尤以凤鸟为上，至美、至深、至诚映射东夷心迹。我们的史前岁月已从各种角度验证了东夷文化与飞鸟的精神关联，可以说无比深刻，包蕴着天空、土地和海洋的精神气息，涵容今古于一瞬。凤鸟适至，这不是很遥远的追溯，那在同一重

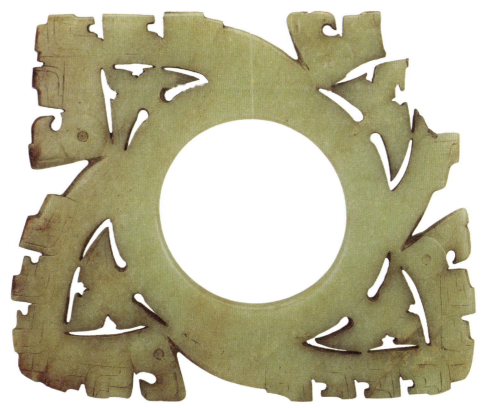

● 凤鸟玉璇玑
夏～商
长16.4厘米，宽13.3厘米，厚 1 厘米
青岛市博物馆藏

凤凰宇宙中显现出来的，是所有人的本体之梦。

郯子追忆往事之际，距少昊时代起码已有两千载以上，就此指向了中华文明的起源时空。这其中的历史真相暂不做深究，但反映出的凤鸟图腾印记是确凿无疑的。东夷图腾之光照临春秋战国时代，对茫古岁月的追忆也就变成一种精神探源行为。这几乎成为了一种关于东方和起源的集体无意识，带来了古老的感动。我们知道，殷商的族源就在东夷，当为少昊族系的一个支脉，也就是玄鸟氏部族。于是，"凤鸟适至"与《诗经》中"天命玄鸟，降而生商"之语汇合，形成了意味深长的精神呼应，载录着商族与东夷的渊源关系。上古之音飞过，你可以将其视为一个精神隐喻，是以诗意图腾方式凝结的民族情感。我们将多少次沉思东夷世界，聆听那深藏心间的共同记忆，滋养历史良知？

漫思太古，凤鸟的精神意味凝固之处，一片海洋变得完美。东夷精神物化，于是就有了凤鸟玉璇玑这等精妙圣物，多少轮沧桑渗透在里面，一个伟大部族的海洋之梦如约启航。玉璇玑保持着与星辰的秘密联系，可能有航海上的功用。彼时，某一个玉器家族穷尽毕生精力为之，雕琢万古，托命永恒，全部时光倾注在上面。恰因此，我们明白了凤鸟的别一层意义，一道沟通天地之光闪烁之际，海内外世界是可以联结起来的。追本溯源，这一切俱与东夷人的太阳崇拜相关，缘此而引出了深远的东方意识和壮丽的航海图景。这样看，我们的历史思维拥有一个起点。前面，在本书第二章《"不其"音义：历史语言学与历史地理学图景》部分，我们已通过文字对鸟图腾有所感知，而今这是自然与文化两重心象更深邃的重合。可以说，这是一个民族的精神秘密。

多大程度上理解少昊一族的心事，理解他们与大地和海洋的关系，这一点对于他们是重要的，对于我们来说则尤其重要。面对历史和未来，感人至深者并不是别的，其实正是生命本身，是我们与东夷故人的共同生命。

古典岁月展开无比精良的额头，上面印着一抹凤影。

4.2 少昊族的起源时空：一个猜想和一个论证

奥义在东方，在海洋。

光焰照临之处，万物彼此观照，博大而精微的联系未曾终止。

早先，为了追寻日出圣地，东夷远祖从高山走向了海洋。我们说过大珠山人的故事，他们在四万年前从泰沂山脉朝东走，来到了胶州湾以南的大珠山中，第一次遇见海洋的人可能就是他们，或者说是他们的故人。大珠山人给出了旧石器时代的一个路标，这一点对我们理解胶州湾的意义同样是重要的。从旧石器时代到新石器时代的道路上，谁首先看到了胶州湾，看到的是大壑还是甘渊？

我们的历史还藏着多少未曾公开的秘密，有多少未曾说出的话忽然中止？一个问题是：以凤鸟为图腾的少昊族来自哪里？可能不存在一个绝对彼岸，但必然存在一个起点。那么，这个起点在哪里？今天，在我们的世界几已失却了对上古图腾的理解力之后，我们的心神是否还能照见神圣之物？

寻找这个历史起点是困难的，历史往往没有北极星那般亘古不移的信物。面对先秦历史，顾炎武曾慨叹"史文阙佚，考古者为之茫昧。"（《日知录》）可无论如何，我们已踏入迷津，也必须从茫昧之中梳理出一个线索，透见一种本质。对于上古与信仰体系的追索是必要的。幸有自然与文化的大逻辑存在，起码有一点是清楚的，要说少昊族的起源，那么这个历史起点必在海陆结穴处，必有显著的海洋特征。可以说，我们古史记忆中，"少昊之国"就是第一个海洋中国。

前面引录《山海经·大荒东经》所记"东海之外大壑"诸语，我们省略了部分内容，而且提及与"少昊之国"相关。现在我们就来看看这段话的全部，向那充满神圣光晕的少昊之国发出回望。

读《山海经》，再度遇到那段话：

> 东海之外大壑，少昊之国。少昊孺帝颛顼于此，弃其琴瑟。有甘山者，甘水出焉，生甘渊。

复言：

> 东海之外，大荒之中，有山名曰大言，日月所出。

诸语大意为：东海之滨有一道深不知底的大沟壑，这儿就是少昊之国。就在这儿，少昊氏抚育着帝颛顼成长，颛顼幼年玩耍过的琴瑟还丢在那大沟壑中。那儿有一座山叫作甘山，甘水发源于其中，汇流而成甘渊。东海之滨，大荒之中，那儿有一座山叫作大言山，是为日月初升之所。

秘密就在这里，却简洁得如同不存在。大地和海洋还能给出怎样的答案？文化与自然的心象将如何重合？大壑在目，甘渊在目，从"大壑"到"甘渊"，这也就

石斧

新石器时代·岳石文化
高17.5厘米，宽6厘米，厚3厘米
即墨市博物馆藏

118

是神话中的日出旸谷之所，就是太阳神羲和浴日之所。

这是一个有限猜想，与神话相关，但首先是大自然启示的结果。

当然，神圣不限止于一地，一地的意义存在于整体时空之中。

4.3 少昊一族的迁徙路线

关于少昊一族的迁徙路径，今世考古学研究已可相对清晰地予以描述，如王青撰文对相关学术研究成果给予总结，如此言少昊一族的迁移轨迹：

> 大汶口晚期在莒县陵阳河一带，到距今4700年前后迁到五莲丹土城址一带，随后又与邻近的日照尧王城、两城等一起在滨海地带形成了一个超大规模的中心，到龙山中期之末迁到了临朐西朱封一带，到龙山晚期则迁到了曲阜一带，其中龙山时期可能还实现了跨地域的政治联系。[3]

上文之所以将"莒县陵阳河一带"认定为大汶口晚期的少昊中心，是因为陵阳河遗址出土的陶文等器物给出了线索，特别耐人寻味的是一件大口灰陶尊上的那个神秘图像，它在大汶口文化龙山文化中存在。人们从多个角度来理解它，多释为"日月山"，亦有释为"日火山""日云山"或"日水山"者，还有一种观点认为

[3] 王青：《从大汶口到龙山：少昊氏迁移与发展的考古学探索》，《东岳论丛》，2006，27（3）。

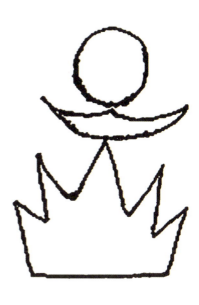

陶尊

新石器时代·大汶口文化
高55厘米，口径25厘米
1961年莒县陵阳河遗址出土
山东省博物馆藏

这个符号就是"炅"字，光明的意思，可视之为少昊的族徽。

我们基本理解上述引文对少昊族徽的认定及其迁移路径的描述，可惜忽略了胶州湾的存在，似乎这儿不存在历史证物，且不说三里河遗址首先给出了大汶口文化的海洋性质与海洋特色，初现海洋性东夷文化之光，即便是以迹求心，我们也可以在胶州湾文化带的内层看到与陵阳河陶尊相似的元素。莒县陵阳河大口陶尊上的那个符号有丰富的表意作用，其核心内涵就应是太阳崇拜，图像上方一个圆所表征的是太阳。既作为东夷民族的共识，则表征太阳的图像必非唯此一例，胶州赵家庄遗址出土了一件大口红陶尊的残片，其上刻有一个圆，虽仅存局部，但尚可领受一个圆的祝福，简而言之，这是表征太阳的符号，是一个太阳之轮，与见之于陵阳河的

"太阳之轮"红陶片
新石器时代·大汶口文化
2005年胶州赵家庄遗址出土
胶州市博物馆藏

那个图像有着共同的精神渊源。

胶州湾成为一个原点，大致上完备。自然与文化之秘密息息相通，当意义回弹到此刻，带着古老岁月那磅礴的光辉抵达这一边，我们被发现。我们与东夷文化的对话，与不其文化的对话从这里开始，在我们与他们，或者说我们与我们之间，你能找到不同的起源吗？既如此，他们来自哪里，又去往何方？我们说的是少昊一族的往事，又何尝不是我们的往事？少昊为东夷民族某一个关键时期的领袖，其族以凤鸟为图腾，起源于东夷海滨地带，早期应主要活动于以胶州湾为地理标志的一个面海的弧形地带，后来其文化中心几经辗转，不出海岱地区，在考古学上"以山东为中心的东方"（苏秉琦语）范围内，自大汶口文化至龙山文化时代又大致上呈现出一个自北向南、自东徂西的历程。

我们说"少昊之国"是第一个海洋中国，当然也存在着一个海洋性东夷文化体

系。在古文化逻辑链条中，胶州三里河遗址具有特别的说服力，这儿发现了最早的玉璇玑、陶鬶和蛋壳陶，给出了诸多东夷圣物的初始因缘，还发现了东夷文化最早的铜器。这儿是东夷文化巅峰时期的中心，有可能是中华文明的第一个出海口。

至此，可以对少昊一族的缘起与流变轨迹有一个更为完整的描述：他们肇兴于胶州湾及周边地区，三里河遗址很可能就是少昊一族起源的历史支点，亦即《山海经》中所谓"少昊之国"的第一个历史中心，时当大汶口文化晚期，东夷故人的海洋视野得以开张，并在龙山时代进入了大航海周期，中华文明远播海外。三里河遗址叠加着大汶口文化和龙山文化遗存，其复合性质说明东夷故族曾长期以此为中心发育其文明，在此繁衍生息八百年以上。从这里开始，主要是在后世嵎夷的分布范畴内建立了多个聚落中心，除了三里河之外，大汶口文化晚期主要的聚落中心还有处于三里河以南的莒县陵阳河一带。约大汶口文化末期或龙山时代之初，在五莲丹土城址一带又形成一个聚落中心，由于龙山时代人口剧增和文化力量扩张等原因，又在日照的尧王城和两城一带形成新的聚落中心。就此，构成一个纵贯广义上胶州湾文化带的超级聚落群，星辰般闪耀于胶州湾文化带的南北轴线上，标志着海洋性东夷文化的历史巅峰状态。海岸布局完成以后，出现了向西迁徙的倾向，约龙山文化中期，临朐西朱封一度成为少昊迁移中心，而到龙山文化末期则在鲁西南形成了全新的穷桑（今曲阜）中心。从那里至豫西一带形成了东夷与华夏两大部族集团激烈碰撞、深度交融的文化锋面。随着文化对话的不断加强而进入了古史叙事序列之中。从那时起，东夷文化从探索东方迈向了逐鹿中原阶段。

山海之间，时空为之回旋往复，这是新石器时代晚期肇兴并在东方辗转其行迹的"少昊路线"。少昊路线反映了部族在东方海滨兴起之后的演进过程，先自西徂东，再由北向南，复自东徂西，这一历史进程深刻体现了东夷文化的流变轨迹，也

海螺
新石器时代 · 大汶口文化
长5cm，宽4cm
1975年胶州三里河遗址出土
青岛市博物馆藏

红陶蛇形鬶
新石器时代 · 大汶口文化
通高10.5厘米，环状直径18.8厘米
1979年胶州三里河遗址出土
胶州市博物馆藏

深刻反映了东夷与华夏的文化关系。

何言"大道至简"？远古必然世界如此，上古事物往往如此，这等至简情怀印证于胶州湾，可以说是神形俱在的，藏蕴于其中的地史奥秘是异常丰富的。因着自然与文化的共同启示，我们重新理解了胶州湾，我们与《山海经》时代的探索者和记录者共同处于这一瞬，这是历史与历史的对等体系。

别忘了东夷故人的精神世界，他们与我们共同处于这一瞬，为同一道光辉所沐浴所激励，带着全部梦想、荣耀和命运置身于这一瞬。对于他们来说，走向大地与走向海洋的道路是一致的，是同一条道路的双向延展。

群星瞩目胶州湾，可能这儿就是甘渊，就是我们几已失忆的少昊之国，就是留存于神话中的日出之所——旸谷。

5．胶州湾文化带与"泰山—胶州湾轴心"

海与山的对话如此迷人，我们逐步接近一个问题的终点。

不其地位于胶州湾畔，这不是随意选择的历史地理环境，天地关系与海陆关系在这里重合，不其文化的深沉动力就在这里发生。我们将进一步体征自然与文化的关系，把握胶州湾文化的奥秘。同时，我们的视野中，还出现了泰山，这是完全必要的，无论新石器时代走向海洋的朝圣者，还是汉朝走向东方的巡狩者，他们的精神秘密几乎无不可在"泰山—胶州湾"轴心上获得证解。

胶州湾一隅

深夜，无梦和有梦的器皿浸染着淡紫色的光，想把东方与起源的秘密说出，把东夷故人的心事放在心窝，重新说出那句话？

月下，孩子们手持黑陶蚌响器，接收着海的气息。

5.1 胶州湾文化带：概念及其分布范畴

光中还是光，这是自然与文化的两相勘验，如同凤凰的双重翅膀。

秘密首先在于胶州湾地理与地质环境的演化，对此我们已经领会。

文化上的奥秘还在于，胶州湾及周边区域存在着多种东夷文化形态的衔接点，是完全可以被视为海洋性东夷文化发源地而得到理解的。

回望新石器时代晚期，山东沿海地区存在着一个太阳崇拜集群，这个以太阳崇拜和凤鸟图腾为共同精神标识的文化带分布在海岱地区的东部，从胶州湾地区延伸到今日照地区，着眼于胶州湾具有独特的地理标志乃至文化源头作用，可称之为胶州湾文化带。北辛文化、大汶口文化、龙山文化、岳石文化等多种东夷文化形态在此交汇，并给出了衔接点，况且还有大自然本身的严密逻辑提供证明，故此可以被视为海洋性东夷文化的发源地与集结地。

如何理解"胶州湾文化带"这一新概念？毋庸置疑，这是建立在海陆一体化维度上的一个概念，这是首先需要申明的一点。在此，有必要结合其地理分布范围予以进一步的说明。大体上看，这里有广义与狭义之分。广义上的"胶州湾文化带"的西部分界线大致落在潍河与沂河一线，东临海，主要包括今潍坊、青岛、日照、临沂等地。在其南北方向上，以日照两城镇遗址、莒县陵阳河遗址、胶州三里河遗

亚腰型石斧

新石器时代·岳石文化
1993年平度东岳石遗址出土
平度市博物馆藏

址和平度的东岳石遗址等为文化轴线，再加上东西方向上的两大文化遗址，也就是即墨的北阡遗址和潍坊的姚官庄遗址，就此给出了一个大致呈十字形分布的东夷文化的海陆一体化枢纽地带。狭义上的"胶州湾文化带"则专门用以指称今青岛地区由黄岛、胶州、平度、即墨及城阳诸区市所构成的一个直接环胶州湾分布的区域，也可以将其视为广义"胶州湾文化带"的一个内层。可以说，内外交互，海陆协同，构成了新石器时代晚期的东夷文化共同体。

这是一个以胶州湾为支点的面海的弧形地带，在这条勾连南北的弧形地带上，密集分布着大量重要的新石器时代文化遗存，如北阡遗址、城子遗址、东岳石遗址、赵家庄遗址、西寺遗址、陵阳河遗址、东海峪遗址、尧王城遗址、两城镇遗址等等。不仅如此，这一弧形地带的中段还分布着旧石器时代的大珠山遗址，其考古年代在距今四万年以上，是生活在中国东部海岸线上的最早的古人类，天赐般地揭示了东夷远祖的拓荒轨道，提示了胶州湾文化带的前缘。我们想称之为大珠山人，他们就是海洋性东夷文化的直接创造者，自旧石器时代开始拓荒文明。很有可能，在距今7000年与6000年之间，他们沿海北上，来到了胶州湾畔，首度实现了海洋性东夷文化的意义。

于是，我们把目光再度投向了胶州湾文化带的内层，也正是在这一内层，不仅有三里河遗址所透现的"大汶口文化与龙山文化的衔接点"，而且还存在着更多的"衔接点"，对不同文化形态之间相互影响与相互作用的方式作出了深刻而精彩的

黑陶双耳杯

新石器时代·龙山文化
高11.5cm，口径8.9cm，底径5.4cm
20世纪70年代胶州三里河遗址出土
胶州市博物馆藏

交代。可沿着向前、向后的方向寻见两个同样有效的文化衔接点：在以更古老岁月为景深的向前展开的方向上，即墨的北阡遗址进入视野，缘此可对北辛文化与大汶口文化的相互关系有所察见。早于三里河遗址两千年，处于胶州湾东北方的北阡遗址已显现了东夷之路，其地层叠合着北辛文化与大汶口文化早期的丰富内涵，将本地区新石器时代的文明足迹推延至7000年以上，有效弥补了先前在胶州湾文化带的内层所缺失的"衔接点"证据链，就此亮出了"北辛文化与大汶口文化的衔接点"；在向后展开的历史方向上，平度的东岳石遗址进入视野，如约揭露了龙山文化的历史去向，为"龙山文化与岳石文化的衔接点"提供了深刻印证，同时也在新的层面上见证了东夷文化与华夏文化的历史性融合。

有必要将胶州湾文化带的诸多新石器时代文化遗址作为一个整体来看待，这是以胶州湾为依托的一个相对完整而特别重要的文化群落，是以三里河遗址为中心而聚合起来的文化枢密区，揭示了胶州湾文化带的厚度、高度和广度，反映了东夷文化的本相与异相，在千差万别中保持着共同的精神倾向，在龙山时代实现了深刻的文化裂变，已然对中华文明起源的历史征兆有所预示。

光的铰链持续回响，群星依旧走在他们命定如此完美的道路上。你看，三个东夷文化的"衔接点"并存于胶州湾文化带的内层，这绝非巧合，自有其深刻的历史合理性。可以说，这是一幕启示性图景，别含深意。光影纵横交错，一重重意味深长的"衔接点"在相互示现，就像群星彼此珍藏，共同传示着"东方"的奥义，也共同指向了海陆一体化维度上的那个"原点"。

你看，这就是关键之所在，胶州湾的意义再度显现。缘此，我们会领受一份非同寻常的文化奇缘，因为这是上古东夷之路的本质方向，这是东夷人所发现和创造的文化巅峰，当然这也必然是海陆一体化的精神家园。

5.2 关于"泰山—胶州湾轴心"的初步思考

上古时代，中国文化的起源呈现一本万殊、万方交响的壮丽场景。

岁月相互领悟，这是超乎想象的事物，清晰，深厚，完备。至此，追思文化史奥义的眼神沉浸着一种相对清晰的家园感，胶州湾文化带成为基于海陆一体化关系而奠立的"东方"历史中心，在考古学视野中变得醒豁了起来。历史地看，东夷文化存在着两个具有典型意义的原点，一是泰山，给出了大汶口文化的原点；一是胶州湾，给出了龙山文化的原点。它们，分别在东西两端勾连起高山和海洋。

海岱地区的陆上地理标志为泰山，一座巍巍圣山凝结着亘古生死之谜。距今约6500年至4500年之间，泰山及其周边区域存在着一个以大汶口文化为特征的东夷文化集结地。20世纪的考古学建立了新石器时代东夷文化的逻辑谱系，描绘出了以高山和海洋为基脉的文化起源与流布图景。从高山一维观察，泰山矗立于"东方"的历史起点上，对东夷文化流变史产生了极为深刻的影响，可视之为东夷文化的一大精神支柱。泰山提供了大汶口文化的历史原点，发现于1959年的大汶口遗址即位于泰山脚下的大汶河畔。从那里朝向更远的"东方"延展，这是东夷文化基本的时空方向。东西贯穿鲁中地区的泰沂山系是一个更古老的文化磁场，有着十分丰富的东

石钺
新石器时代·龙山文化
高11.5cm，宽7.6cm
莱西西贤都遗址出土
莱西市博物馆藏

125

夷文化积淀。镜头拉得更远一些,上溯二十万年以上,沂源人——这是山东及整个黄河中下游地区最早的古人类——已留下了他们的足迹,开启了海岱地区旧石器时代的文明探索之路,这也是广义上胶州湾文化带的一个遥远的历史先声。沂源人的故乡处于泰沂山系中段,所在地与泰山和胶州湾处于同一维度,形成了东西贯通的三点一线关系。缘此,我们就看到了一个东西向的轴心地带,贯穿旧石器时代和新石器时代,这就是我们所瞩目的一道"山海轴心"。

自沂源人起,到新石器时代的数十万年中,海岱地区展开一部漫长而壮阔的迁徙史,我们对具体迁徙过程无所知,然尚可对迁徙方向有所蠡测。大致上看,迁徙的基本路径就是从山脉通达平原和海洋,东端以古东海(今黄海)为边界,东夷民族的诸多奥秘就隐含在这史诗般的大迁移路上。告别高山以后,东夷远祖朝向海洋跋涉,抵达海边,建立了新的生存基地。因此,有了大珠山遗址,奠立了一个新的历史坐标,展示了距今四万年以上的人类生活图景。大珠山遗址坐落于胶州湾以南群山之中,很可能这里就是东夷的第一个海洋社会。岁月与岁月之间,这是高山和海洋所呈现的远古事物,提前为东夷文化的"泰山—胶州湾"轴心作出了见证。

深夜,海边的大珠山遗址发出旧石器时代的火光,东方岁月很快就进入了新石器时代的早晨。胶州湾文化带的这一边,东夷故人眺望着海洋,在玉石发出灵光的时刻雕琢着岁月。数千年以来,东夷文化终将以通向海洋的姿态出现,为了取得最终的或者最初的自我确证。而历史永远不可能被终结于过去,历史与今天和未来密切相关。在每一重包含着伟大历史重力的岁月中,我们还能如何看待那些有秘密的文化遗址,就像星界的故人凝望着家园?

古代文明的星辰废墟是稀有的,但不会比我们对永恒事物的理解力更为稀有。你面对它们,感到时间的洪流在飞翔,羽翼掠过那些麻木不仁的眼神。与其说它们是新石器时代的古老遗存,莫若说是可以唤起本源力量的新鲜灵魂,无时无刻不在向今天发出深沉垂询,在废墟之上,在遗忘之中提醒着古老而常新的岁月之谜。固

披毛犀犀角化石
旧石器时代中期
2013年黄岛大珠山遗址出土
黄岛区博物馆藏

大珠山

红陶鸟形鬶
新石器时代·龙山文化
通高28cm
黄岛区博物馆藏

然，废墟告诉我们一些茫古岁月东夷人的生存信息，荒凉、精致之间隐含着整体的
美，但更重要的事物还是要从内心去寻找，为的是达成超越今古的理解与协调的力
量。面对高山和海洋，我们还将如何沉思那伟大的开拓力量，其本原，其归宿？

　　历史与历史的对话有时就是同一条道路的往复回旋，就像鸟形鬶的冲天流一样
提示着上方智慧的存在形式。从泰山到海洋，一条山海轴心不仅内在于新石器时代
的东夷文化，而且经由三代而绵延后世，并将于秦汉之际复现其精神奥义。我们将
要看到，一部秦皇汉武东巡史，很大程度上也是围绕着这样一个山海轴心展开的，
从泰山到东海之间的精神道路绵延不绝，中国文化的诸多奥义在此缔结。

一本万殊，大道至简，可能这就是历史给出的一个启示。

于是，海上之海展开翅膀，凤凰的旷古之梦被火焰点燃……

5.3 东方与海洋的名字

寻找上古中国的海洋精神基因，当从这里入手。

天色之晡加深到命定的完美，在任何一片花瓣或者任何一滴海水所能澄清的秘密之间，古老岁月之门重启，时间之间与时间之外的世界彼此聆听，发出神秘的应和，而透过一重重可见与不可见的秘影，你是否还能像从前一样感受到数千载以上那些无言事物的精神温度，接受那古老而常新的拷问？你是否还能如约归来，重建天地精神的伟大平衡，重归那个无始无终的"原点"？

东夷之路到中途，运化出新的瑰丽和蓬勃力量，接续大汶口文化而衍生的龙山文化异峰突起，极具融古开新的力道。无论是在陶器与玉器加工技艺方面，还是在远洋捕捞与航海能力方面；无论在物质文明丰富性的层面，还是在艺术格调完美性的层面；无论是在礼乐文明的深度，还是在精神信仰的高度上，龙山时代都呈现了

薄胎高柄杯
新石器时代·龙山文化
高18cm，口径15.7cm
20世纪70年代胶州三里河遗址出土
胶州市博物馆藏

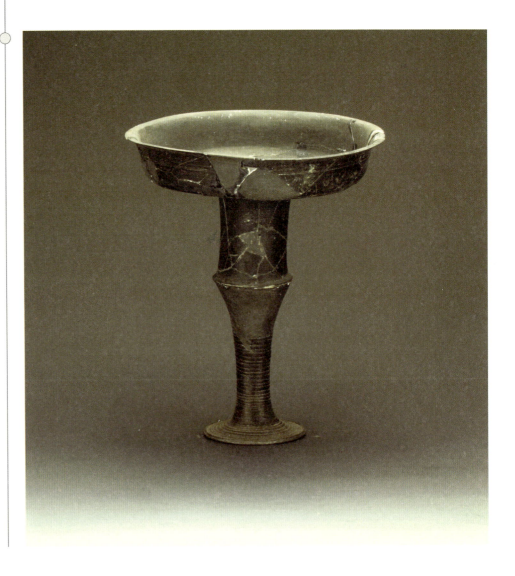

○ 不其山（崂山）

新的创世意志。作为东夷文化最成熟、最具个性与影响力的形态，龙山文化以其超绝、博大而兼容的气象亮出了"东方"五千载岁月中最为璀璨的光芒。如果说大汶口文化的历史原点在泰山一带，那么龙山文化的历史原点又在何方，会有这样一个今天，我们很难想象龙山时代与海洋的关系，这是一个充满海洋风神，以海洋为基本动力和本质方向的时代，似乎这是一个"不存在的存在"。其实，东夷人，或者说上古时代的中国人是必要走向海洋的。原因并不复杂，海洋是"东方"的自然延展方向，包孕着日出之地，在以太阳崇拜为要旨的时代，这件事单纯之极，因而诱发了最早的航海行动，内在的精神驱动力就是要寻找太阳的诞生地，或者说要寻找世界的尽头与起点。缘此，距今四千多年以上的龙山时代为上古大航海时代。东夷入海，驶向太阳诞生的东方极境，可那终究是一个永无止境的"东方"。今天我们所能理解到的一个基本事实就是：对于东夷故人来说，"东方"既是起源，亦是宿命，既是磐石一样稳固的永恒家园，亦是海浪一样动荡的传世梦想。若要寻找那具有起源意义的历史原点，首先应从这一精神原点获得启示。简言之，"原点"应是这样的地方：它处于泰山正东方，是大地的尽头，也是大地与海洋的交汇处。许多年以前，一代代东夷人从这里走向了海洋，没有如约归来。

现在我们可以回答本章开头提出的那个问题了，"胶州湾"为近世后起的名字，原名叫什么？无名与有名称之缘俱在一念之间，古老而常新，你可以让旸谷、甘渊、大壑这些神话时代的名字复活。如所知，胶州湾曾有"少海"之古称，与少昊之国有何联系呢？是否隐含着"少昊之海"的意思尚不得而知，仅仅因为"少"字似乎尚不足以建立两者间的充分联系。除了《山海经》所透视的一重重上古心象之外，关于名字，较近的历史因缘在汉朝，或许你可以透过太始四年（前93年）汉武帝所作《交门之歌》觅得些许端倪。可以做出这样一个推测，汉时这片海湾应称作交门湾，系武帝所起交门宫之故，后称交州湾，再后衍为胶州湾。

然则何谓"交门"？古代文献并没有提供一种现成答案，我们也无法用汉朝的姿态写出这个词。唯因自然与文化精神一致性的缘故，其内在因缘尚可蠡测，所谓"交"者，天地交感、海陆交接、人神交遇之谓。

长空一如既往，光撒在海上，处于永恒的循环之中。

群星伫立山巅，我们被告知未来的去向，又一千纪走过去了。

凤鸟振翅之际，一道"东方之弧"逼近完美，闪耀着紫光。

【第四章】

不其历史道路暨相关文化史迹略述

时日渐深，古代文化迷津呈现出沉静的面目，所有光影都在出神聆听。

如果这时有一个问候传过来，你一定不会感到惊奇，那是汉朝故人的问候。

对于不其来说，汉朝是一个分水岭，分开了时空两边。汉置不其县，标志着不其地进入有独立建制的时期，即县制时期。不其文化在海陆一体化视野中重新启航，处于一个意义重大的历史起点上。接续东夷文化前缘，在汉文化背景上，不其地呈现出新活力，拓展出新境界，缘此而登临全新的历史高度。

在前面的章节，我们已偶尔触及这样一重历史景深，不其地及胶州湾地区为东夷文化发祥地之一，自新石器时代晚期以来，随着胶州湾的形成和演化，海洋性东夷文化新气象在此肇兴，这片山海之境卓然于世，形成博大、厚重的历史积淀，集结着诸多相互衔接的文化史命题。现在，有必要从总体上回溯一下不其地的历史脉络，以便为廓清相关文化史命题奠定基础。虽然我们对罗列陈年旧账的方式毫无兴趣，可无奈还是难免落入俗套，一般情况下，这件事相当枯燥而危险，往往是梳理得越细，存在的问题也就越多。若能从这绕不开的所谓"历史沿革"中释出一点点新意，那一定是上方智慧所垂顾的结果。

我们已经申明，不其地的历史沿革并不囿于县制时期，无论地理范畴还是历史跨度上都要更开阔一些，可对设县以前和废县以后的历史有所包容。于是就有了这样一个历史圈层：不其地——不其县……不其侯国……泛乡侯国——不其城——不其地，不其山为诸项所共有的地理标志而内在于其中。为不其地，汉以前的历史肇始于新石器时代晚期，汉以后的历史绵延至今，不过本章罗列的范围限止于不其县的存续终点，也就是隋朝。不其岁月绵长，我们只是从中撷取几段浪花而已。

不其地遵循历史本身的逻辑而延续、更新其精神，渐臻佳境，一片山海的全部魅力将展现出来，伴随着博大地脉和卓荦气象而闪烁光晕，无数心领神会的眼神为之烛照，那在汉朝海平线上出现的紫光无限延展，带来了生命情感的激扬和星空意志的沉思，双手中的花朵盛开了，发出了新的问候。

1. 汉以前：不其地渊源有自

汉以前，有不其地，然无不其县。

不其地山海卓荦而文化雄奇，为东夷要津，与悠远、苍茫的大历史相协调，在岁月无止境的流变中缔结海陆奥义，积淀着诸多经典的古文化内涵，与周边区域共同见证着"胶州湾文化带"所固有的文化创造、延承与转变之路。

群星瞩目不其地，怀历史和未来之梦瞩目此刻。

1.1 从北阡到城子的文明之路

不其地肇兴之端，初始之光当在从北阡遗址到城子遗址的路上展开。

从北阡到城子，东夷岁月显得深沉、博大而精美，异乎寻常之美依次展现，带着同一个问候展现于我们共同的精神之中，向古老东方发出了伟大敬意。

1.1.1 北阡风雨

我们为什么要回望北阡风雨？那地方不在当今城阳区范畴内，却在古不其地范畴内。当然这不是主要原因，如果要探寻环胶州湾地区新石器时代的文化源头，第一道目光应当凝聚于北阡遗址。基于历史的密切关联性，我们首先问候北阡。

北阡遗址是一处典型的原始贝丘遗址，分布面积约4万余平方米，出土石器、陶器、骨器、蚌器等各类文物3000余件以及贝壳数十万件，是一处叠合着北辛文化和大汶口文化的新石器时代晚期文化遗址。其大汶口文化地层上密布如网的柱洞，反映了东夷人在此持续居住的事实，对当时的房屋建造等相关情形有所透视，一个

北阡遗址（局部）

自2007年至2013年，青岛市文物保护考古研究所联合山东大学考古队以及即墨市博物馆，先后对北阡遗址进行了四次正式的考古发掘，出土了大量珍贵文物。图为北阡遗址大汶口文化层的一角，随处可见密如网络的柱洞，是北阡建筑遗迹，极具北阡特色。

海洋性东夷部落的生活轨迹在此映现了出来，犹可想见6000年以上那些古老而绵长的晨昏往事。近年来，经过多次考古发掘，初步揭示了北阡的地层语言和历史密码，其考古学年代的上限在距今7000年左右，在北辛文化早期。作为新石器时代晚期的重要史迹，北阡遗址给出了北辛文化与大汶口文化的衔接点，与胶州二里河遗址所给出的大汶口文化与龙山文化的衔接点结合在一起，即可大致上勾勒出海洋性东夷文化的起源图景，它们与城阳城子遗址一样，俱是以胶州湾为母腹的一个文化共同体上的重要一环，标志着今青岛及胶东半岛地区新石器时代人类活动的源头。

考北阡的历史地理轨迹，它内在于我们所说的胶州湾文化带，处于胶州湾的东北方，处于一个海洋性东夷文化面向大海而展开的历史扇面上。其地流变于后世风云中，在西汉属皋虞县，东汉以后属不其县，今属即墨市金口镇，东距黄海丁字湾约5公里。这是现代距离，在北阡人生活的时代，靠海更近一些。

千古路上有北阡，标明了不其地历史渊源的一个追溯方向。风雨北阡路，海上一朵往世之花传递着古老岁月的钟情之意，而处于大海视野中的事物还有别的，比方说那些航海者的浩茫心事，他们也曾在这里生活过，走过同一片山野。

当那些7000年以上的贝饰遇见今世阳光而闪烁的时候，我们的历史视野自动发出了隐秘和声，彼此传递着生活史的亲切祝福，真可谓殊胜因缘。

1.1.2 龙山时代别有奇章：城子人的故事

城子人，你好！

花开之际，孩子们和烂漫山野一起欢歌，把时光带到了此刻。河流通向大海，那些制作独木舟的上古工匠叩击着岁月，采石场上的兀鹫为之盘旋。

不其地中心区域，也就是今城阳区，其肇兴之端可追溯至龙山时代，一个城子之梦诞生之际，我们的不其记忆变得敞亮了许多。

考古学上所说的"龙山时代"就是龙山文化（约前2600年~前1900年，距今约4600年~3900年）的存在时期，为新石器时代晚期发育于中国东方的最具代表性的一种文化形态，标志着东夷文化的巅峰，肇创中华海洋文明。这其中，就隐含着不其地的文明足迹。不其地范畴内，已发现了多处龙山文化遗址，其中尤以城子遗址为代表，标志着不其地之有人类繁衍生息的历史起点，展开了不其地核心区域的上古文明图景，其历史年代距今约4000年以上。在此，我们将城子遗址及周边地带的原始居民称为"城子人"，他们是已知最早生活于不其地的东夷先民。

城子遗址位于城阳区城阳街道城子村东北约百米处，东西长约250米，南北宽约200米，总分布面积约5万平方米，西、北两面为断崖，土质呈灰褐色，据此可对城子遗址的文化性质做出初步判断。城子遗址地层厚约2米，叠合着龙山文化及周秦汉时期的文化内涵。它位于汉不其城故址的东北角，是一处河畔高台地，故当地老百姓呼之曰"东城顶"。这是龙山时代与汉朝的一个汇合点。

城子遗址发现于20世纪60年代初，根据目前掌握的信息判断，这是一处非常重要的龙山文化遗址，因未经正式的考古发掘，内中诸多奥秘尚未揭示出来。遗址发现时，地表为菜地，土层翻动破坏较为严重，致使众多遗物暴露了出来。从地表及浅土层陆续采集到了大量东夷旧物，石器、陶器、骨器及蚌器皆有所见，其中石器

贝饰
新石器时代·北辛文化
2012年即墨北阡遗址出土
即墨市博物馆藏

城子遗址一隅

城子遗址位于青岛市城阳区城阳街道城子村东的高台地上，为龙山文化遗址。此处原为古不其城的东北角，地势较高，俗称"东城顶"。遗址北临墨水河，西与胶州湾相望。遗址东西长约250米，南北宽约200米，总面积约50000平方米。除龙山文化遗存外，还有商、周、汉代文化遗存。遗址地表破坏较为严重，很多遗物暴露了出来。

石网坠

新石器时代·龙山文化
长3.5厘米，宽4厘米
1964年城阳城子遗址出土
青岛市博物馆藏

包括单孔扁平石斧、长方形扁平石铲、半月形双孔石刀及石凿、石锛、石铲、石网坠等，多通体磨光，制作精致；陶器遗存也较为丰富，黑陶显示了龙山时代的精神格调，表述着技术、艺术与信仰的平衡。另外还有灰陶、褐陶与红陶，多为轮制，胎质坚硬，可辨器型有盆、杯、鬲、鼎、罐等等；另有骨针、骨镞以及蚌器等遗物。这只是地面采集到的器物，至于地下掩埋的历史密码想必更是丰富。

上一章，我们已与一个特殊的"城子符号"相遇，说的就是那只由海蛎子壳磨制成的蚌锯（图见本书第108页），可以推测，很可能这就是城子人用以制作独木舟的一种工具，将海事与工艺价值很好地结合在了一起。蚌锯，这只是众多与海洋相关联的城子事物的一个代表而已，它所传递出来的正是一个海洋部族精彩的生活气息，而这种气息持久弥漫于不其地，从城子开始的海洋心窝变得温暖了许多。龙山时代，城子人以捕鱼、航海、狩猎和耕作为其生活基调，而这样一片蚌锯仅仅开启了一道缝隙，那淹没在历史深处的生活图景不是不可追怀，而是未曾消逝。历史地看，城子遗址所在地是龙山时代胶州湾东北岸区域的一个重要的聚落中心，对于不其地来说，这是一个可资凭仗的历史活水源头。可以说，因为城子遗址的存在，不其地的中心地带成为东夷人的精神家园。古墨水河从城子的北边流过，把已消逝和不可消逝的记忆带向了胶州湾。

与城子遗址同在不其地的还有多处龙山时代遗迹，它们一起构成了一个环环相扣的龙山文化链条。李家宅头遗址位于夏庄镇李家宅头村西，东依铁骑山，南临白沙河。1952年春，苗圃工人打井时，在地下4米深处偶然发现了两件泥质黑陶罐、一件夹砂灰褐陶鬲和一批残陶片，经当时的青岛市文化古物管理委员会创会主任郑爱居等专家鉴定为龙山时代遗物，该遗址也就成为了青岛第一次发现的龙山文化遗址。1956年夏，时任山东省文物管理处副主任的著名历史、考古学家王献唐带队来青岛对该遗址展开考古发掘，就此开创了青岛的科学考古之路。另外，还有半阡子

石锛

新石器时代·龙山文化

长15.1厘米，宽7厘米，厚3.8厘米

1977年城阳城子遗址采集

青岛市博物馆藏

石锛

新石器时代·龙山文化

长10厘米，宽3.5厘米，厚2.8厘米

1958年城阳采集

青岛市博物馆藏

石斧

新石器时代

长26.5厘米，宽9.8厘米

1972年城阳棘洪滩镇下崖村采集

青岛市博物馆藏

黑陶罐

新石器时代·龙山文化

高24.3厘米，口径14.1厘米，腹径21.5厘米

1952年城阳李家宅头遗址出土

青岛市博物馆藏

黑陶鼎

新石器时代·龙山文化

高9.3厘米，口径5.6厘米

1975年城阳城子遗址采集

青岛市博物馆藏

黑陶壶

新石器时代·龙山文化

高24厘米，口径12厘米，腹径26厘米

1975年城阳城子遗址采集

青岛市博物馆藏

及冷家沙沟等龙山文化遗址分布于不其地。

海色浩茫，一道龙山时代的闪电照亮不其地，花岗岩中的紫水晶醒来。

许多年以后，在一个花树缤纷的宁静夜晚，群星将再度回望城子之路。

1.2 夏商周：三代之间如闻韶乐

夏、商、周合称三代，一般认为这是中国历史走出洪荒岁月而踏勘文明之路的时代，是奠立五千年文明史根基的时代。当然这也必然是一种历史相对论，包容着此前数千年的文明探索。

沉思不其地，这片山海之境为东夷故地，与东夷故族有着直接而深刻的关系。三代的历史视野中，不其地集结着嵎夷和莱夷的共同光影，可以说是两大东夷故族所共有的精神家园，这也是我们探源这一时期"不其"精神渊源的基本支点。当夏朝在中原首开世袭王朝之际，嵎夷和莱夷在东方世界创造了岳石文化，这是夏朝的域外东方。殷商源出东夷，鼎立于中原而开其朝，而东夷故地则演化出珍珠门文化（即商代的东夷土著文化）。殷商中后期，莱夷在山东半岛建立了莱国，与殷商对称并延及周朝。相对于嵎夷，莱夷在商周时期的历史轨迹更为明确一些。至于嵎夷所建立的国家，因未用其本名，所以显得非常模糊，不过尚可在东夷方国的历史景

铜兽
商周
通高5.5厘米，重量1110克
1977年城阳前桃林出土
青岛市博物馆藏

《海陆一体化维度上的东方秘境》
The Oriental Secret Region in the Sea-land Integrated Dimension
不其文化研究
Fuji Culture Research

深中隐约探知其神秘踪影。

简言之，三代之际，不其地的历史脉络可简单归结为三句话：夏为嵎夷和莱夷地，商周分属莱国、夷国和異国，春秋战国之际归齐国。

1.2.1 夏为嵎夷和莱夷地

夏朝立国于中原，为中国历史上的第一个世袭王朝，标志着以国家为基本标志的"文明时代"正式起步。

与夏朝同在神州并形成东西对称与相互辉映之势的是岳石文化，这是继龙山文化之后而存在于"东方"的一种东夷文化经典形态，首度发现于平度东岳石村，因以为名。在夏朝的东方，在胶州湾及山东半岛地区，岳石文化有着广泛的分布，继续演绎着东夷的上古光影。约当夏朝之中途，其势力东渐，东夷故地虽不在夏王朝统治范围内，然已形成某种类似于藩属的依附关系，向夏王朝进贡。

禹贡九州时代，不其地在青州境内。我们再来看看《禹贡》"青州"之言：

> 海岱惟青州。嵎夷既略，潍、淄其道。厥土白坟，海滨广斥。厥田惟上
> 下，厥赋中上。厥贡盐絺，海物惟错。岱畎丝、枲、铅、松、怪石。莱夷作
> 牧。厥筐檿丝。浮于汶，达于济。

所言为夏朝事，其中的主要信息是：大海（渤海与东海）与泰山之间是青州的疆域。嵎夷经略有效，潍河与淄河已全面疏通。这儿盛产海盐，除此之外，还向夏王朝进贡细葛布以及多种多样的海产品。莱夷擅长畜牧业，向夏王朝进贡的主要物品是柞蚕丝。从汶水到济水，皆可见青州运送供品的船只。

《禹贡》中的这段话，描述了古青州的地理、民族和物产。嵎夷和莱夷俱为夏时东夷大族，是构成古青州主体的两大族群。大致上看，两大族群分处南北，莱夷主要分布于山东半岛的北部，嵎夷则主要分布于山东半岛的南部，不过并非泾渭分明，它们的势力范围多有交叉，有传统聚居地，亦与时更迭。

贝币

夏

即墨市博物馆藏

当其时，不其地为莱夷和嵎夷两大东夷部落集团活动范围的交叉地带，内在于东夷文化大体系之中，新石器时代的流光余韵在此熠熠闪烁。多种文明成就中，就包括海盐业的历史积淀。作为中国海盐业的发祥地之一，胶州湾地区在夙沙氏（宿沙氏）盐业部落历史地域之内，新石器时代夙沙氏"煮海为盐"的历史传统在此延续了下来，这也是不其地一个文化价值凝结点。直到20世纪，胶州湾北岸的今红岛地区仍是海盐生产中心。

1.2.2 商周（西周）分属莱国、夷国和纪国

殷商与西周之际，近八百年岁月纷纭变幻，中国文化处于东西方的深刻对话之中，形成了大碰撞与大融合的局面。

这一时期，东方依然是东夷人的世界，当然此际已有别于新石器时代以来传统意义上以"后李文化—大汶口文化—龙山文化—岳石文化"为基本序列的本体性东夷文化，而呈现了东夷文化的后续状态，带有东夷文化与商周文化的混融色彩。殷商中后期，胶东半岛的政治版图大致上呈现了三国鼎立的局面，是为莱国（国都在今昌乐，周时东迁龙口归城）、纪（异，其，己）国（前期国都曾在今寿光境内）和夷国（国都在今即墨蓝村一带）。

商周很长的一段历史时期中，莱国（莱子国）尊享东方，控制着胶东半岛，亦参与周王朝之国事。不过同一重历史景深中存在的事物还有别的国家并存，殷商之际有夷国存在于莱国以南的胶州湾北岸和东北岸地区，商末周初，纪国（己国）出现在莱国和夷国以西地区。于是，在弥河流域以东的山东半岛地区，就出现了莱国、夷国、纪国三足鼎立的局面。西周时，三国并存于山东半岛及周边地区，俱得周王朝分封而成为东方的诸侯国。溯其源，从族源与历史地域上看，三国均衍生于东夷故族，均存在于东夷故地。殷商根在东夷，于中原建立王朝之后，致力于向东方扩展其势力，虽局部攻克了东夷故地的重重堡垒，却也造成了自身的毁灭，所谓"纣克东夷，而陨其身"（《左传·昭公十一年》）说的就是这回事。后来，姜子牙受封齐国，早期处理东夷问题采取了"因其俗，简其礼"之上策，在适应中调整，可能也是接受了前朝的历史教训吧。

夷国存在于历史的形象相对比较模糊，这是东夷故族所建立的一个方国，其都城设在今即墨市蓝村一带，国境主要分布于胶州湾北岸及东北岸部分区域，不其地的一部分在其境。关于夷国，《世本》略载其事，有言：

> 夷，古夷国之都，在今山东即墨县西，夷为妘姓国，古时夷多用为泛称，此为特指。

说夷国为妘姓诸侯国，妘姓为颛顼帝孙、火正祝融氏之后裔。

《读史方舆纪要》具体指明了夷国故都的位置，言：

> 夷，今山东胶州即墨县西废壮武城，即古夷国。

莱国、夷国和纪国三国相互之间的关系错综复杂，长期处于相互征伐、互有进退的过程之中。它们，可能是那个时代最为神秘的东方国度了（相关史迹见本章第一部分），与不其地有着千丝万缕的联系。

《左传》中有"隐公元年，纪人伐夷"的记载，《史记·齐太公世家》中亦有

● **单孔石刀**
商
长7.4厘米，宽3.1厘米，厚1.1厘米
1964年城阳霸王台遗址出土
青岛市博物馆藏

"八年，伐纪，纪迁去其邑"的记载，这也就给出了周时不其地的两个历史节点。历史所能呈现于今世观察视野中的大致上是这样一个三国交错的过程：原先，不其地分属夷国和莱国，至周平王四十九年（前722年），纪灭夷，疆域逐渐向山东半岛东部扩展，不其地遂一度纳入了纪国之境。又过去了三十余年，至春秋齐襄公八年（前690年），齐灭纪，先前纪国所占领的莱夷故地重归莱国，不其地在其境。这是大致的状况，一直延续到春秋时期齐灭莱之前。

诸国交错的光影中，不其地的历史面目显得愈加扑朔迷离。此际，与大历史脉络相合，不其地亦深刻地处于东夷文化的转型之路上，在东夷文化与华夏文化的深刻交融中产生了新的裂变，充满了种种不确定性。这一时期，不其地留下霸王台、西窑顶、前古镇及古城顶等多处商周文化遗存，约略勾勒出一个规模较大的商周聚落群的历史风貌，在东方海陆交接地带继续演绎着东夷古风。

霸王台遗址位于今城阳区夏庄镇安乐村，石门山下的云头崮水库中心，一面接陆，三面临水。原先，这是一座高8米、东西长约300米、南北宽约200米的黄土高台，看上去就像古代霸王的练兵场，故名霸王台。现存台址规模已大为缩减，残高仅1米多，随流而去的黄土消弭了多少古老记忆？清道光年间，当地村民掘井时曾发现了几件锈蚀严重的金属戟头，然而当时并未引起重视。20世纪五六十年代，在此发现了古代窖藏，出土了大量商周时期的文物，其中包括石斧、石刀、骨锤、蚌器等生产工具，铜剑、铜戈、铜镞等兵器，以及陶鬲、簋、豆、碗等生活用具，亦见陶罍等礼器。综合各种信息判断，商周之际，这一带曾经是一个大型聚落中心，表现出具有东夷土著特色的珍珠门文化，并混融着商文化元素。

古城顶遗址位于今李沧区十梅庵村东侧，汉时此地在不其县境内。这处遗址的第一次被发现是在1948年，挖出了石簇、陶器、骨器、青铜器等文物。1955年冬和

霸王台遗址

铜戈
商周
长20.5厘米，宽5.1厘米
1972年城阳霸王台遗址出土
青岛市博物馆藏

陶鬲
商
高15.3厘米，口径16.6厘米
1964年城阳霸王台遗址出土
青岛市博物馆藏

陶簋
西周
高14.9厘米，口径22厘米，底径14
1977年城阳夏庄前古镇村出土
青岛市博物馆藏

铜鼎
西周
高18厘米，口径16厘米，重1340克
1977年城阳夏庄前古镇村出土
青岛市博物馆藏

带辖铜车𫐄
西周
高14厘米，口径16厘米，重590克
1977年城阳夏庄前古镇村出土
青岛市博物馆藏

1956春，在青岛市第一次文物普查过程中，发现了青铜短剑、铜鼎、骨针、卜骨、石器和陶器等不少珍贵文物，并在北部靠山沟处发现夯土城墙基础，厚约2米。1958年在此扩建十梅庵水库时，又发现了已坍塌的穴居洞室，其中发现有陶片、石器、曾骨和贝壳等文物。

20世纪70年代，在夏庄古镇、前古镇及东古镇诸村亦有大量周朝遗物出土，包括石镰、陶簋、陶豆、陶罐、陶钵、铜鼎、铜剑、带辖铜车軎、铜戈及铜矛等，说明这一带曾存在一个大型聚落中心。

1.2.3 春秋战国之际归齐国

春秋战国（前770年~前221年）时期包含着东周（前770年~前226年），以沟通历史与未来的姿态站在了中国历史进程中，意味着全面的融合、彻底的颠覆与全新的创造。这是中国文化演进过程中一个至为关键的历史时期，经历了中国东西方之间的深刻对话与博大融合，诸子并起，百家争鸣，尤以儒学和道家思想的诞生为重大标志，中国本土文化思维得以基本完型，其光所及，无远弗届，奠立了后世数千年的思想基础。这也就是德国现代哲学家雅斯贝尔斯所说的"轴心时代"，人类将无数次向那个时代回望。

齐国劲烈有度，在诸侯争霸中雄起，渐成东方大国。齐国接续东夷文化的历史正脉而腾跃生辉，在当时的中国文化大碰撞、大裂变与大融合进程中，齐文化运化生新而异峰突起，凸显着海陆一体化的文明精神，奠定了海洋中国的又一块基石。这也就是梁启超所言"上古时代，我中华民族之有海权思想者，厥惟齐"一语的意思。《史记》描述齐国大势，以"东有琅邪、即墨之饶"标举其东方的价值，透露了齐国命脉之所在，琅邪为当时中国第一港口，即墨为胶东半岛政治、经济与文化枢纽，这是齐国的双城记，并举东方，物质文明发达，文化气象宏大。

周灵王五年（齐灵公十五年，前567年），齐灭莱子国，统一了山东半岛。齐设即墨邑，建造即墨城（故城位于今平度古岘镇大朱毛村一带）。到如今，即墨建城已逾2580年，这是山东半岛历史进程中的一个重要节点，这也是青岛地区之有城

● 树纹半瓦当

东周
长19厘米，半径9.5厘米，厚7厘米
1979年城阳古城出土
城阳区文物管理委员会办公室藏

邑之历史开端，也揭开了胶州湾地区古代城市文明的历史序幕。当其时也，不其地归属齐国，大部为即墨邑领地，作为胶州湾北部及东北部的渔盐兴盛之地而内在于齐文化和即墨文化系统之中。

这一时期，不其地的文化遗存的一个主要集中地在其东部的夏庄安乐村一带，这里逐渐演变为大型聚落中心，其历史面貌约略可通过当时的大型贵族墓葬群有所展现。财贝沟墓群位于安乐村西侧，源头河以南，其东南400米处即为商周时期的霸王台遗址。清朝中后期以来，在一条南北长约300米、东西宽约20米、深5米的沟壑内，人们不时发现有陶器、铜器、玉器等器物暴露出来，故而当地百姓直呼之曰"财贝沟"。1974年，沟西侧断崖距地表约1.5米处暴露一墓葬，出土了一批春秋末期至战国初年的青铜器，其中包括舟、敦、豆、提梁壶、腹饰窃曲纹的鼎、腹内饰鱼纹的盘等等。财贝沟墓群与霸王台遗址相距不远，两相映照，证明这一带在商周时期形成了一个大型聚落中心。

览春秋战国风云，无数国事与战事之外，勿忘海上方士的活动。从这里荡开去的，伴随着求仙活动而展开的，是航海活动，于是就有了海事与仙事相错合的漫漫云雾，也因此而透露了道教史前史的一些秘密因缘。历史地看，齐国海滨特别是琅琊一带是海上方士最主要的活动基地，也成为春秋以迄秦汉达500年之久的海上求仙运动的桥头堡，影迹投射于不其地，不其山（劳山，崂山）发出了历史性回响，内在于当时的海事与海洋精神大系统之中。明万历版《即墨志》中有所谓"吴王夫差尝登劳山得灵宝度人经"的传说，虽不足征信，然剥去层层迷雾，尚可对当时的文化意识与地域精神有所透视，作为广义上的琅琊故地，不其地接入了道教史前史的基本序列之中，与琅琊地一起构成了中国道教起源的一维。逮至汉时，因着汉武帝的缘故，不其地演化为了新的海上求仙运动中心，而追溯历史，正可自春秋战国之际察见一个深刻而渊默的历史前缘。

财贝沟墓群

铜马衔

东周

通长21厘米

1971城阳财贝沟汉墓出土

青岛市博物馆藏

铜舟

战国

通高11.5厘米，口径17.3×13.6厘米

1974年城阳财贝沟墓群出土

青岛市博物馆藏

铜鼎

战国

高24厘米，口径19.5厘米，腹径22厘米

1971年城阳财贝沟墓群出土

青岛市博物馆藏

这是历史的相互传递，也是文化的相互见证。那在一重重求仙与航海光影中所显现和隐匿的，正是远自东夷文化已肇始的对一个古老的东方理想国的追寻。

1.3 秦朝：从琅琊郡到胶东郡

在战国与汉朝之间，秦朝之桥勾连起了时光两端。

秦朝于前221年统一中国后，天下设三十六郡，不其地初属琅琊郡。后，析胶水以东区域置胶东郡，治在即墨古城，辖胶东半岛全境，不其地在其境。

此际，不其地尚未有行政建制，一种说法是不其县建于秦朝，于史无据，况且有秦庄公不其之名讳，所以不其县没有建置于秦朝的可能。汉朝的即墨县及不其县、皋虞县、壮武县三县，在秦朝并属一县。

秦时，东方大事首推秦始皇东巡、移民筑琅琊港并遣徐福自琅琊港出海求仙。时为始皇二十八年（前219年），徐福率三千童男童女首度出海，复于始皇三十七年（前210年）再次东渡。徐福船队的一部分抵达日本列岛，对日本文化由绳纹时代向弥生时代的转化起到了不可替代的决定性作用。船队的另一部分则继续向更远的海外世界航行，朝向不可知之地拓展着一个无终止的东方。

历史地看，徐福东渡并不限于海上求仙框架内，其实质是一种掩映在求仙迷雾下的文明拓殖行动，也是汉以前中国历史上规模最大的一次航海行动，隐现着多重历史文化景深。徐福东渡规模宏大，前期准备时间很长，在琅琊港及周边地区留下了一系列相关遗迹，琅琊港及琅琊台以外，在黄岛有徐山及徐福井，在不其山（崂山）南岸有大福岛，亦传为徐福船队的驻扎地。

秦始皇东巡过程中，多次船行经过不其地，自当于海上眺望不其山（崂山），然未有上岸活动的明确记载，亦未见登临不其地的相关记载。

秦汉两朝的海上求仙运动一脉相承，深刻反映了当时的帝王心理和相关文化征候，其迷离光影留在了早期航海史和道教史前史的景深之中。

2. 汉：不其县、不其侯国与泛乡侯国的光阴流转

汉朝为大一统帝国，文化气度浩大有加，洋溢着雄浑壮美的气象。

人们常说汉唐盛世，对汉朝的记忆可谓是至为深刻的，中国文化充盈着博大的创造力。与大历史进程一致，不其文化同样浸润于这样一道盛大光辉之中，实现了从无名之地到有名之地的历史转型。汉朝新纪元之初，在贯通东西方的视野中，禹贡青州之东境受到关注，那里的文化与经济关系到新帝国的未来，遂于胶东半岛新置不其县，以定东方。自此始，不其县展开了近八百年的历史道路，本来无名的不其地成为一级行政建制之地，进入了新的历史循环。

在不其文化的历史链条上，汉朝意义非凡，赋予不其地以博大、深邃而精妙的文化内涵。两汉之际，不其地焕发其海陆一体化光彩，历史性地演进为汉文化的东方重镇。因汉武帝东巡及海上求仙之故，不其地奠立千秋东方海标，成为太一信仰的东方中心，成为汉帝国的东方之门，这是一系列彼此互鉴的意义与目的，构成了一个相对完整的价值体系。有地理之美，有物华之丰，有人物之盛，万方星辰弥布其光彩，照耀着不其地。东汉复转其光影，不其侯国的历史云烟开始弥漫，因伏氏家族和郑玄讲经不其山之故，不其演为东方海岸上的经学重镇。

意义的存在，价值的成立，这即是历史本身的客观存在，亦是后世对待历史的态度问题，与我们对历史的理解力和阐释力相关。你看，这一边是大地的起点，这一边是海洋的起点，带着一个梦的全部钟情之意相遇，再度显现了自然与文化的共同本质，不其文化缘此而重新置于海陆一体化维度上并臻于巅峰。不其有了大历史精神的贯注，将在新的高度上实现文化自觉。

日月循环之中，大历史锤炼着不其之魂。

"不其马石"铭文砖
西汉
长33厘米，宽14.5厘米，厚5.5厘米
即墨市博物馆藏

"齐铁官印"封泥
西汉
2.5×2.5厘米
青岛市博物馆藏

青瓷双耳壶（上）

西汉

高44厘米，腹径36厘米，口径16.4厘米

2010年城阳文阳路汉墓出土

城阳区文物管理委员会办公室藏

青瓷双耳壶（中左）

西汉

高27厘米，口径13厘米，底径11厘米

2010年城阳南山宾馆出土

城阳区文物管理委员会办公室藏

青瓷双耳壶（中右）

西汉

高22厘米，口径10.5厘米，底径8厘米

2010年城阳南山宾馆出土

城阳区文物管理委员会办公室藏

青瓷双耳壶（下）

西汉

高25.7厘米，口径14厘米，底径10.8厘米

2010年城阳南山宾馆出土

城阳区文物管理委员会办公室藏

● 灰陶马
西汉
高43厘米（腿部残）
1965年崂山中韩镇出土
（所在地汉代属不其县）
青岛市博物馆藏

● 铁兽
西汉
长8.5厘米，宽7.5厘米
1980年城阳城子村出土
城阳区文物管理委员会办公室藏

兽面衔环式铜铺首
西汉
长6.2厘米，宽4.3厘米，环外径3.5厘米
2010年城阳后桃林汉墓出土
城阳区文物管理委员会办公室藏

2.1 西汉：置不其县，奠立汉帝国东方之门

汉朝于公元前202年立国，中国历史进入了一个空前的鼎盛时期。

汉置不其县，这只是大历史格局中一个几被忽略的小片段。然历史有深意，局部与整体之间有着隐秘协调，不其文化历史性地贯通整体脉络并获得个性价值，文化的相对性与绝对性实现了平衡。与大历史同步，不其县出现在东方的海陆交接地带，这是不其地的一个重大转折点，对既往历史的集结和对未来岁月的祝福重新开始。自此始，不其文化获得了更为明确的历史属性，而不仅仅是以无名之地的身份参与大历史循环。不其地有了名字，将以更明确的形象标举东方的意义。

现在是汉朝的东方，也是非时间性、非历史性的东方。

2.1.1 三分即墨，不其县出现在汉东方

汉朝立国，瞩望东方之际，关注帝国力量在那里的巩固。

汉初三分即墨，古即墨的主体部分设为胶东国，而其东南部海滨的不其与皋虞两地单独设县。这里所说的是历史上的第一个即墨，是以即墨故城（在今平度古岘镇大朱毛村）为中心的即墨，肇始于齐灵公十五年（前567年）齐国灭莱以后，秦时为琅琊郡属县，入汉析为胶东国、不其县和皋虞县。自此始，苍茫不其地进入了有独立建制的历史轨道。时，选址于今城阳街道的城阳、城子与寺西三个村落的围合地带高规格建造不其城。此后的近八百年中，不其城是作为胶东半岛的一个历史中心而存在的，进入了新的历史序列。

汉时八方并至，东方最显紧要，其先进性与不稳定性都加深了这一点。今山东地区，或者说以山东为主体的东方在当时是全国疆域内文化最独特、经济最发达的

龙虎纹青铜簋
春秋
通高10厘米，腹径11厘米
1968年大泽山西麓出土
平度市博物馆藏

区域，也是治理难度最大的区域，在多大程度上统筹和处理好东方事务，这是一件大事，事关大一统王朝的基础和命脉。汉朝的东方政策是基于大一统王朝之江山永固的需要而施行的，不其县的设置可能就是一系列东方因素全面推演的结果。同样这也是汉武巡狩天下而尤以东方为重点的一大理由所在，大下平安尤须神定东方。作为汉朝的新置县，在汉朝开国大背景及其东方视野中观察，不其县具有特殊的纪念意义，在汉史及后世典籍的记载中，其重要性与特殊性显而易见。某种程度上，它是以汉朝稳固东方并一统天下之象征的形象而出现在历史中的。

汉朝既保留了秦郡县制，又恢复了周分封制，地方行政机构形成郡、国交错之局面。同时，还于郡国之上新设州一级的行政监察区，称之为刺史部，每部设刺史一名，为封疆大吏。整体上看，这是西汉政制变革最大的一点，于是中央以下，就形成了州、郡（国）、县三级行政体制。不其县属徐州刺史部琅琊郡，琅琊郡治在琅琊县（故城位于今青岛市黄岛区琅琊镇）。这一行政建制对当时不其文化的形成与流变产生了深刻影响，直接决定了不其的文化特质，兼容南北、贯通东西的历史区位特质缘此而得以形成，这一点与琅琊文化一脉相承。

2.1.2 诸侯国的历史留痕

汉高祖刘邦崩后，惠帝立，高后吕雉（吕后）掌控实权。高后七年（前181年），吕后将其兄康侯吕释之少子吕种封为不其侯，始置不其侯国。吕种先受封沛侯，之所以徙封不其侯，可能是着眼于某种东方特殊性的考虑，这是吕后对其亲族的一种特别封赏。翌年，吕后崩，随即发生了重大政治变故，吕种坐"诸吕之乱"而被诛，国除。从封侯到除国，不足两年。这是西汉不其侯国的昙花一现，相关史迹见载于《史记·惠景闲侯者年表》，司马迁简略记下了如下数语：

> 七。元年四月乙酉，侯吕种元年。一。为不其侯。八年，侯种坐吕氏事诛，国除。

这是历史上出现的第一个不其侯国。察诸史册，未见不其侯就国和国都建设的任何痕迹，实际上这是一个虚置的不其侯国。

泛乡侯国始于西汉后期，国都设于今即墨市龙山镇南庄村东，汉时其地在不其县境内。汉成帝时，大司空何武受封泛乡侯，食邑千户。至于受封的具体时间，史书言之不详，应在绥和元年（前8年）以前。何武入庙堂曾任丞相司直，其时丞相为薛宣，而薛宣曾任不其丞，这是两位名臣所共有的一段不其之缘。

关于泛乡侯国，《汉书》记载略详，有多条记载。其一，《哀帝纪》有言：

> 太仆安阳侯舜辅导有旧恩，益封五百户，及丞相孔光、大司空泛乡侯何武益封各千户。

绥和二年（前7年），成帝崩，哀帝初继位，褒赏有功之臣，加封大司空、泛乡侯何武千户食邑。就是说，泛乡侯享有两千户食邑。

其二，《外戚恩泽侯表》有言：

> 泛乡侯何武。以大司空侯，千户，哀帝即位益千户。四月乙丑封，十年，元始三年，为莽所杀，赐谥曰刺。元始四年，侯况嗣，建国四年薨。

这里提供了五条重要信息，一是泛乡侯何武的受封及食邑情况；二是何武受封

半两钱石范
西汉
长27.8厘米，宽11.5厘米
1958年李沧楼山后出土
（所在地汉代属不其县）
青岛市博物馆藏

就国的时间，前后共10年；三是何武的亡命经过，汉平帝元始三年（3年），泛乡侯何武因吕宽之事而受诬，被王莽赐死，谥号曰"刺"；四是何武之子何况于翌年嗣国；五是泛乡侯国的终止时间，王莽建国四年（12年），第二代泛乡侯何况去世，国除。至此，西汉泛乡侯国前后经历了20年的历史存在。

其三，《何武王嘉师丹传》中的说法是：

> 武更为大司空，封泛乡侯，食邑千户。泛乡在琅邪不其，哀帝初即位，褒赏大臣，更以南阳犨之博望乡为泛乡侯国，增邑千户。

言明泛乡侯国在琅邪郡不其县，又说哀帝另将南阳郡犨县的博望乡作为泛乡侯的封地，这就出现了两个泛乡侯国，事有蹊跷。

今即墨尚有泛乡城遗址，东西长约400米，南北宽约200米，文化层约厚2米。在此曾有陶钟、汉瓦、五铢钱及钱范等器物出土，多红烧土和陶片，另见铜质龟钮印章一枚，此为"华奉之印"。泛乡谐音"饭香"，故乡里俗呼粥熟城。

汉朝东方故事多，有不其县已足够精彩了，况且还有不其侯国与泛乡侯国的历史附丽。西汉道路上，模糊的侯爵和清晰的土地一样深刻。

玉舞女
汉
长4.2厘米，宽2.1厘米，厚0.2厘米
1958年即墨棠邑城址出土
即墨市博物馆藏

2.1.3 经学之光照临不其

两汉经学在不其地及周边地区有着深刻的映照。

不其地及周边区域浸染上经学色彩，以汉谏议大夫王吉、青州牧房凤为代表的经学大家将经学理想与社会政治现实相对完美地结合了起来，留迹深远。

王吉为皋虞人，当时皋虞与不其尚属两县，然有着文化上的良好协调。王吉学术视野开阔，兼通五经，尤擅《齐论语》，当时这是非常罕见的一种学术品格。王吉之子王骏、孙王崇亦有不凡的经学造诣。三代家学相传，均位列三公。今即墨温泉镇西皋虞村尚有王吉家族墓。汉魏以后的历代琅琊王氏尊奉王吉为始祖。

草叶纹镜
汉
直径18.2厘米，厚0.5厘米
2010年城阳南山宾馆出土
城阳区文物管理委员会办公室藏

房凤为不其人，官至青州牧。他是西汉中后期一位具有包容力的经学大家，是《谷梁春秋》学的标志性人物，名显于世，自成一家，世称"房氏之学"。同时，他还是古代目录学创始人。《汉书·儒林列传》载其事，有言：

> 房凤字子元，不其人也。以射策乙科为太史掌故。……时光禄勋王龚以外属内卿，与奉车都尉刘歆共校书，三人皆侍中。歆白左氏春秋可立，哀帝纳之，以问诸儒，皆不对。歆于是数见丞相孔光，为言左氏以求助，光卒不肯。唯凤、龚许歆，遂共移书责让太常博士，语在歆传。

房凤晚年荣归乡里，自当勉力推进当地的经学教育，憾未见相关具体记载。房凤墓位于不其城东侧，即今城阳街道城子社区北的庵后沟北岸。1959年发现，神道两侧置石羊、石马、石人。墓门高3米，宽约2米，门额阴刻"青州牧房凤之墓"。

2.1.4 王仲东渡朝鲜半岛

不其为海事要津者久矣，同一片海中印照的，是文明拓荒者的身影。

我们记得这一点，东方岁月早已弥漫着海洋的盛大礼赞，远自龙山时代，中华文明远播美洲，已揭开一部东渡史诗。同一道航海之光已照亮不其地，在东渡的历史景深中，大历史光影中隐现的还有商朝箕子，他将中国文化引入朝鲜半岛，史称箕子朝鲜。历史有时惊人相似，一片箕子帆影在不其地获得了呼应。

汉不其文化的开端就有这样一片帆影为之闪烁，所言为王仲东渡事。王仲为不其人，是琅琊王氏遗忘的一位先祖。汉初，他自不其出海东渡，去往海对面的朝鲜半岛。我们在本书的绪论中曾提及此事，在此尚有必要再加回顾，以使不其文化的这一段保持完整。王仲东渡为汉朝航海盛事，见载于《后汉书·循吏列传》，是范晔在介绍东汉循吏王景时顺带提及的一件事，其文曰：

> 八世祖仲，本琅琊不其人。好道术，明天文。诸吕作乱，齐哀王襄谋发兵，而数问于仲。及济北王兴居反，欲委兵师仲，仲惧祸及，乃浮海东奔乐浪山中，因而家焉。

历史背景是发生于汉文帝当政之年（前180年）的"诸吕之乱"，时距汉朝开国仅22年。从上述引文中可以看出，王仲与刘氏宗室关系十分密切，否则齐哀王刘襄就不会以发兵平乱之事相咨询，济北王刘兴居更不会想要他担任军师。王仲如果参与其事，日后当有享不尽的荣华富贵，但是他却选择了出亡海外一路，内中因缘自是耐人寻味的。王仲船队规模应不小，抵达朝鲜半岛北部，时当卫氏朝鲜时期。七十多年后，元封三年（前108年），汉武帝灭了卫氏朝鲜，其地设为汉四郡，属幽州，王仲家族所居之地即为乐浪郡（治在今朝鲜平壤）。

别忘了航海家王仲，否则我们本已残缺不全的航海记忆就会更加清冷，失去这一环，我们的海洋国史也是不完整的。很久以来，关于国人东渡海外事，人们常言商箕子与秦徐福，却少言汉王仲，其实这是三个朝代并称显赫的三次东渡行动。王仲东渡与徐福东渡相距约40年，与箕子东渡相距千年以上，在教化方外的维度上俱称盛事，同一片海洋所能照见的，是同样的文明拓荒情怀。

王仲东渡是汉朝航海的一个路标，赋予不其以新的海洋魅力，加深了不其文化与海上丝绸之路的关系。承前启后，这是中国古代航海史的一节。

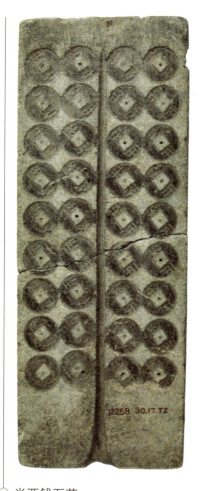

半两钱石范

西汉

长29.5厘米，宽11.5厘米

1953年李沧古城顶遗址出土

（所在地汉代属不其县）

青岛市博物馆藏

未央宫瓦砚

汉

直径18厘米，厚3.5厘米

即墨市博物馆藏

2.1.5 汉武东巡及明堂、太一祠和交门宫三大汉史纪念性建筑的出现

云光四起，不其文化的辽阔视野将聚焦于何方，历史将缔结何种奥义？

当汉武之际，不其地集结着诸多与汉朝知识、思想与信仰相关的秘迹，可见与不可见的宏阔景深中，最具文化史分量者非明堂、太一祠和交门宫莫属，此谓之三大汉史纪念性建筑。汉武帝的出现至关重要，以一个人和一位帝王的形象出现在不其山海之间。某种程度上可以说，这个人就是汉不其文化的缔造者，正是他赋予不其地以绝对个性和传奇色彩，汉不其文化的终极奥秘与此相关。

《汉书·地理志》留下了不其的绝密记忆，云：

> 不其，有太一、仙人祠九所，及明堂。武帝所起。

可谓一语道破玄机，亮明了不其文化的千秋路标。缘此，在汉朝的东方记忆中就有了一个殊为神奇的不其之梦，一道历史强光横空出世，将汉朝之东方引向了巅峰。在不其文化八百年沧桑路上，这是一个鼎立乾坤的历史节点。

渊源有自，这一切首先系之于汉武帝的东巡与海上求仙活动。与前朝秦一样，汉朝的东方意识关乎帝国疆域的稳定性，也关乎海内外世界的关系。东夷故地，以山东为中心的东方世界显得异乎寻常，既是帝国的边缘，亦是其经济最发达、文化思维最独特、历史风俗最奇异的所在。因此，对东方的管理和倚重强度加大，特别是由于帝王巡狩的缘故，东方的重要性日益凸显了出来。

汉武帝巡狩天下，以东方为主导方向，以泰山封禅和海上求仙为主要目的，自

《汉书》关于汉武帝
巡幸不其县的记载（左）

清同治版《即墨县志》关于
明堂故址的记载（右）

元鼎四年（前113年）始至征和四年（前89年）的二十四年间，前后十一度东巡，九度抵达山东半岛，其间多次巡幸或经过不其地，汉史载录最明确的是太始四年（前93年）的那一次巡狩。对此，《汉书·武帝纪》的记载是：

夏四月，幸不其，祠神人于交门宫，若有乡坐拜者，作《交门之歌》。

时当汉朝开国百年以后，在不其县，汉武帝执行了其个人命运与帝国意志，构造了混合着多重文化渊源的海上求仙历史图景，特作《交门之歌》以记之。

作为汉武帝的海上求仙基地，作为春秋以来持续数百年的海上求仙运动的历史终结地，不其文化登临其巅峰。东巡期间，汉武帝于不其敕建明堂、太一祠和交门宫，不其缘此而成为天下明堂的东方结穴处，成为太一崇拜的东方中心，成为汉帝国的东方之门。历史地看，这是汉不其文化的第一重核心内涵。

汉武之为不仅是海上求仙，他还试图推行以太一信仰为中心的一元化宗教体系建设，缘此而以特殊方式拓展了汉朝的天文视野与海外视野。虽说这一切并不囿于道教思维框架，然而架通道教史前史之功尤为显赫，这也是不期而然的事。武帝本人怀有创设太一教的强烈意图，可后世历史逻辑还是导向了道教。恰因汉武祭祀太一神之故，不其历史性地成为道教史前史的肇始之地，为后世道教的正式创立与发展提供了一个极为重要的历史前缘。这是汉不其文化的第二重核心内涵。

循汉文化思维与海陆关系奥秘，参合相关地理要素与方志信息推断，明堂、太一祠与交门宫三者当分布于胶州湾西北岸近海地带，与不其城相望不远，大致不出不其城与今女姑山、红岛三者构成的一个弧形地带。

女姑山坐落于胶州湾东北岸，海拔高程仅59.2米，面积0.5平方公里，然其境势之卓荦与形态之周正可谓天赋异禀，缘此而成为历史名山。从古地质环境看，此为

⊙ 女姑山及其周边

女姑山为崂山山系之余脉，立于石门山中支尽处，山体呈东西走向，直面胶州湾。从地质结构上看，呈火山口地貌，山顶状若平台。图中右侧山丘即为女姑山，远景为崂山群峰。

火山口地貌，山顶状若平台，四维均衡延展，胶州湾绵亘于前方，白沙河自东南和西北入海，遂成水环海抱、山海交融之势。望之，俨如矗立海边的一座神工夯筑的高丘，传达出一种特有的稳固、端正与敦厚之感。这是秦汉高台建筑所崇尚的地理境界，与明堂辟雍所传示的人地关系天然吻合，可能是汉武帝敕建明堂之所。

红岛秘藏于胶州湾深处，原先为海中岛屿，近几十年中方因环境变化之故而与陆地相连。这里具有特殊的地质地貌，海边常可见绛紫色岩石。初，有荫岛之名，盖帝王荫庇之地，当与汉武登临不其并于交门宫祭祀太一神相关。后来其名衍为阴岛，倒也符合海域气象特征，特别是春夏之交，常有海雾弥漫，成纯阴之象。当然阳光同样钟情于此地，为胶州湾之堂奥，自有其光辉灿烂的一面。其为岛屿，深藏胶州湾之秘奥，汉武所起交门宫当与之有隐秘关联，岛屿南端矗立两根海蚀柱，这一点与秦朝碣石宫的情况颇为相似。

明堂、太一祠与交门宫在一地的并存是异乎寻常的，完全可以说这是自然与文化强力聚合的结果，集结着远非今日所能想象的文化奥义。然沧海桑田，后世诸朝已莫知其详，遑论今朝欲一究其本。沧海面前，我们所能亲眼看见的事物是极其有限的，更多秘密已声沉绝响。

前面说过不其文化的两重核心内涵，不其为汉帝国东方之门，为太一信仰中心并昭示道教史前史。其实，这里还隐映着一重以三神山为象征目标的航海图景。那深藏于海上求仙视野中的，固然首先是海上三神山，可又何尝不是一个强大帝国更辽阔的海外视野？与汉武帝东巡海疆、海上求仙行动相伴随的，正是不其海事的兴起，波谲云诡间勾连海陆东西之梦，演奏了一部极具汉武帝时代特色的海陆交响乐。不其地处东方海陆交接处，有作为汉朝探索海外世界之东方桥头堡的可能性和必然性，也局部

红岛一隅·两尊海蚀柱

两尊海蚀柱形成了一重精密时空，凝结沧桑本意，首先在自然层面上给出了东方之门的象征意味。红岛东南端岸边矗立着一尊花岗岩巨石，看上去俨若沧桑巨船，传为汉武石船。

实现了这一目标。缘此，历史视野中也就展现出了海上丝绸之路的"不其津渡"。可以说，这是汉不其文化的第三重核心内涵。也正是在海上丝绸之路的历史景深中，不其城西南方、胶州湾东北处的女姑口演为海事要津。太始四年，汉武帝在泰山封禅以后，登临琅琊台，尔后自琅琊北上不其，可能就是在女姑口一带登陆的。这儿与不其城相距不远，通过一条河流贯通一体。

上述三重核心内涵汇合起来，我们的历史就勾画出了一种可感的精神形象，洋溢着博大而深邃的光晕。缘此，我们所关注的"海陆一体化"就有了基本的历史形象依托。历史是存在的，而这由女姑山、红岛与不其城所构成的一重文化时空自是意味深长的，展开了一个汉史精神扇面，形成了一个知识、思想与信仰的重力场。可以说，这是潜藏着重大主题的汉史奥秘地带，不可不思。海陆结合处的光晕在发生在回旋，其浩瀚景深中包容着汉武东巡史、海上求仙史、明堂文化史、太一崇拜史、道教史前史以及海上丝绸之路等多重文化史内涵，宜当勘正。

2.2 新莽：两汉之间的过渡

新朝介于两汉之间，为西汉外戚王莽通过"革汉而立新、废刘而兴王"之过程而建立的政权，亦称"新莽"，存于初始元年（8年）至地皇四年（23年）之间。为了缓和西汉末年日益加剧的社会矛盾，王莽以五德终始学说为依据而施行"托古改制"，史称"王莽改制"，然改制失败，新朝覆亡。

适应改制之需，新朝一个重要现象就是改名，前汉十三州被改为九州，半数左右的县、郡、国改头换面，如即墨改称即善，壮武改称晓武，皋虞改称盈庐，平度改称利卢，黄县改称意母等等，胶东国除，改设郁秩郡。此际琅琊郡改称填夷，仍属徐州。不其县为填夷所领51县之一，延续旧称，县名及辖域均未见变更。

2.3 东汉：从琅琊到东莱，人物辐辏，不其成一代经学重镇

告别汉武时代，不其文化的高峰气象闪过沧海，驰西汉以入东汉。

我们依旧感受到不其的鲜明个性，历史的重力场上，一重重云光变换沧桑世界的真情，钩沉那些未曾遗忘的心事。

东西两汉各两百年，时间大致均衡，可这不意味着文化趋同，特别是对于不其来说，格调相异，在突变、重现与回旋之中，历史节奏显得悠长。回望西汉，因汉武东巡之故，不其获得了历史个性，成为太一信仰中心，以明堂、太一祠和交门宫为载体而确立了基本的价值体系，敞开东方视野，以汉朝东方之门和东方海标的形象面向海洋，独特的地域精神得以培固并初显融汇八方之视野，如果说这是西汉不其文化的特质，弥漫着人神交汇之华美光影，那么东汉之际的不其文化则更具人间本色，没有了《交门之歌》所展现的万神欢宴之奇章，却获得了人间学术与教育之华彩，更多贤良、仁德之士为不其带来了新的荣光，山海之间，人物辐辏，与西汉帝王行迹相辉映。

说起来，这是古老而常新的文化培育，这也是历史与历史的相互还酬，恰恰在

绿釉双系瓷罐

汉

高33厘米，腹径34.6厘米

20世纪70年代城阳仙家寨苇芦村出土

城阳区文物管理委员会办公室藏

青铜博山炉

汉

高7.5厘米，口径12厘米，底径2.3厘米

2010年城阳后桃林汉墓出土

城阳区文物管理委员会办公室藏

铜鼎

汉

高18.2厘米，腹径19厘米

1974年城阳棘洪滩镇北万村出土

青岛市博物馆藏

彩绘陶鼎
汉
高13.5厘米，口径14.2厘米，腹径16.5厘米
青岛市博物馆藏

灰陶壶
汉
高27.4厘米，口径14.4厘米，腹径21厘米
1964年城阳出土
青岛市博物馆藏

青瓷双耳壶
汉
高33.3厘米，口径14.3厘米，腹径24厘米
1966年城阳河套镇孟家村出土
青岛市博物馆藏

东西两汉的均衡视野之中，不其文化的整体形象得以较为均衡地建立了起来，海陆一体化的精神气候得以全面养成并臻于极致。

变化与重现之间，不其文化实现了深刻的历史转型。

2.3.1 皋虞地的并入与不其县隶属关系的变化

东汉初年，那些在王莽新朝改过的地名纷纷恢复了原名，惟胶东国不复置，其地并入北海国（治在据，位于今寿光东南），不其县遂与北海国为邻。

东汉沿袭西汉政制，继续实行中央以下的州、郡（国）、县三级行政体制，数度对全国行政区划进行调整。初，不其县与不其侯国循例属徐州琅琊郡。建武十七年（41年），改琅琊郡为琅琊国，不其随隶。就此，自汉初置县后，琅琊不其度过了两汉的350余年时光，是作为沟通胶东半岛与广大世界之要枢而存在的。

此际，一个显著变化是皋虞县的变迁。溯其源，皋虞与不其均是汉初三分即墨的结果，原本处于同一个区域文化体系中，分合之际，深刻互鉴，文化史的内在活力彼此激发了出来。西汉各自为县，皋虞县（治在今即墨温泉镇东皋虞村）处于不其县的东北方，境内设有皋虞侯国，胶东康王刘寄之子刘建受封皋虞火易侯，传国六代，至新莽时废。1977年在皋虞侯国旧地偶然发现了一枚龟钮金印，是为"诸国侯印"，隐含着汉朝东方诸侯国的相关历史奥秘。

从地理环境上看，皋虞地的最大特色就是处于两片海湾——鳌山湾与丁字湾之间，就如同不其地处于胶州湾与崂山湾之间一样，地脉精良，文化深厚，均称山海形胜之地。皋虞故城以北有钱谷山，广义上这也是崂山山系的一部分。东汉建武年间裁撤皋虞县，地归不其。就此，不其迎来了县境最辽阔的一个历史时期。两处同样具有海陆要津性质的山海胜境合一，既是地域的汇合，亦是文化的整合。对于不其文化来说，这是一个重要契机，是一种积极变化，获得皋虞传统力量——特别是

莒县马丞印

汉

边长1.9厘米，高1.5厘米

1977年城阳皂户村出土

青岛市博物馆藏

"诸国侯印"龟钮章

汉

直径2.5厘米，高2.1厘米

1977年即墨王村小桥墓群出土

即墨市博物馆藏

汉谏大夫王吉所开创的王氏经学的滋养，并因此而有了包容皋虞文化的一大历史机缘，对于不其经学体系的完整性与深刻性来说，这是一大福音。从此以后，两地合一并进，共同处于海陆一体化的维度上。

还有一个重要变化是，原属琅琊国的不其与黔陬、长广两邑一起划归东莱郡。《后汉书·郡国》言及不其有"故属琅邪"一语。这既是一个重大变化，也是一个深刻回转。琅琊不其为南北交融地的角色有所减损，而今为东莱不其，遂更深一步结合到胶东半岛本身的历史嬗变之中。相对于上古而言，这未尝不可被视为一种文化渊源和历史地理意义上的复归。当然，不其地兼容南北的文化性格已不可更改。

建安五年（200年），分东莱郡之一部新置长广郡，治长广（今莱阳东），辖长广、不其、牟平、东牟及昌阳五县，旋废，其地复入东莱郡。一年内，不其县曾隶属于昙花一现的东汉长广郡。这是历史上长广郡的初置。

○ **青铜扁钟**

汉

高18厘米，腹径17厘米

1984年即墨王吉墓出土

即墨市博物馆藏

2.3.2 诸侯国的重置

东汉重置不其侯国和泛乡侯国，形成了历史回旋点。

先看看泛乡侯国的情况。建武四年（28年），光武帝刘秀封卓崇为泛乡侯，传国四代。《后汉书·卓鲁魏刘列传》言明泛乡侯的承嗣序列：

> 子崇嗣，徙封泛乡侯，官至大司农。崇卒，子棽嗣。棽卒，子欣嗣。欣卒，子隆嗣。永元十五年，隆卒，无子，国除。

从第一代泛乡卓崇开始，传国四代，依次是：卓崇—卓棽—卓欣—卓隆。汉和帝永元十五年（103年），因卓隆无子而除国。至此，东汉泛乡侯国存续75年。

建武六年（公元30年），光武帝刘秀诏令重置不其侯国，侯国衙门设于不其城核心地带，原属徐州琅琊郡，后与不其县并属青州东莱郡，大司徒伏湛封为第一代不其侯，传国八代，伏湛传于伏翕，往后依次传于伏光、伏晨、伏无忌、伏质、伏完、伏典。建安之际，伏氏家族卷入政治漩涡，被曹操灭门，不其侯国废。

《后汉书》及历代典籍多言不其侯与不其侯国事，相关的具体记载已罗列于本书第二章（见《"不其"在汉史及后世典籍中的记载情况》部分），在此仅重提两例，回顾一下不其侯国的终始。第一例是关于不其侯国之初始缘由的记载，见之于《伏侯宋蔡冯赵牟韦列传》，其中有言：

> 六年，徙封不其侯，邑三千六百户，遣就国。

点出封侯时间，为建武六年。"徙封"之意是早先伏湛已于建武三年（27年）被光武帝封为阳都侯，而今改封不其侯，其食邑规模在当时侯国中是比较大的。这儿最有意思的就是"遣就国"三字，字面上看就是帝王敕令伏湛东行不其就国，于是伏湛远离朝堂，入不其城，度过了七年不其生涯。

伏湛位高权重，为一朝之大司徒（丞相），何以委身于一个小小的不其侯国？事出有因，当时光武帝御驾远征，伏湛总览朝政，某日奉祀高帝时，两位朝官在祖庙中争吵不休，伏湛未将此事禀明皇帝，因而犯下了"微过"（南阳太守杜诗力荐伏湛还朝上疏中语）。另有玄机者在于，光武帝深知东方的重要性，遂委派重臣以定东方。这与汉初置不其县的逻辑是基本一致的。

第二则是不其侯国的末日记载。第七代不其侯伏完之女伏寿为汉献帝皇后，世称伏皇后。建安年曹操"挟天子以令诸侯"之际，伏寿惊惧曹操之残忍，乃写信与其父，表达了请他设法除掉曹操的意图。伏完未敢举事，于建安十四年（209年）过世，其子伏典袭爵。又五年后，密信之事败露。事见《皇后记》，有言：

> 后自是怀惧，乃与父完书，言曹操残逼之状，令密图之。完不敢发。至十九年，事乃露泄。

这是一个密信除曹事件的关键环节，未想竟照出了不其侯的末日影像。得知消息后，曹操逼献帝废后，伏皇后幽闭而崩，所生两位皇子皆被斩杀，株连九族，末代不其侯伏典及伏氏一门两百余人惨死刀下。后来，不其城竟再无伏姓。

建安十九年（214年），不其侯国废。至此，一个以经学立家、立国的诸侯国消失了，前后存续184年。不其城故址附近，世传有伏氏八代之墓。

总体上看，不其侯国在东汉历史上的存在力度令人愕然，特别是在家族与侯国命脉的角度上，在家学与经学的联结点上显得尤为奇绝。为不其侯，八代之间，光影跌宕，经学流光与政治风云的变奏惊心动魄，呈现出了一种家学、经学与国运相流转的深刻性。不其侯伏湛为经学大家，在《齐诗》方面享有权威，其家族是两汉之际一大显赫的经学世家，九世祖伏生首传今文《尚书》于汉初，伏湛之父伏理改治《齐诗》，自此接通了家族与政治的通道，迭出博士与帝师，累世封侯拜相，自成帝以迄献帝，伏氏家族保持了260余年的鼎盛状态。

带铭文墓石
汉
长38厘米，宽19厘米，厚3厘米
1980年城阳区城子村出土
青岛市博物馆藏

童真宫原为汉代童公祠，是不其老百姓为纪念不其令童恢所建的庙宇，是青岛及山东半岛地区历史最悠久的古代庙宇之一。元代归全真教管理，演变为道观，称通真宫，民间习惯称之为童真宫。院内有童恢衣冠冢，清乾隆年间置有"敕封后汉不其尹童府君之墓"墓碑一座。庙门双开，西门前两尊石猴为汉代旧物。院中有古柏为纪念之树，人称童公香柏。2010年全面修复，现为山东省重点文物保护单位。

2.3.3 童恢往事：入载国史的不其令

不其人物中，口碑最佳者当属不其令童恢。

童恢，世称童公，琅琊国姑幕县（故城址在今安丘石埠子镇）人，生活于汉灵帝时，光和五年（182年）授不其令。《后汉书·循吏列传》载其事，言：

> 童恢字汉宗，琅邪姑幕人也。……恢少仕州郡为吏，司徒杨赐闻其执法廉平，乃辟之。及赐被劾当免，掾属悉投刺去，恢独诣阙争之。及得理，掾属悉归府，恢杖策而逝。由是论者归美。

说童恢因"执法廉平"而得司徒杨赐征召。后来杨赐遭弹劾将免职时，他的部属纷纷离去，唯有童恢一个人到朝廷为杨赐争辩。等到杨赐平反时，先前离他而去的那些部属又都回来了，可童恢却驱马远去。你看，这是一个忠勇无私的形象，获得舆论赞赏。接着就写道了出任不其令的事，其文曰：

> 复辟公府，除不其令。吏人有犯违禁法，辄随方晓示。若吏称其职，人行善事者，皆赐以酒肴之礼，以劝励之。耕织种收，皆有条章。一境清静，牢狱连年无囚。

童恢理政有方，不其政通人和，诸业并举，一境清平，狱中竟多年无犯人，外埠两万余户前来归化，由此树立了一个祥和社会的理想形象，乃至于感动汉史。

童恢官职卑微，可在不其老百姓心目中，他是一位伟大的县令，是一位真正视苍生若己的亲民县令。至今人们依然津津乐道他为民除害的一段奇闻，这就是"童恢驯虎"之事，竟入载国史。《后汉书·循吏列传》的相关记载是：

> 民尝为虎所害，乃设槛捕之，生获二虎。恢闻而出，呪虎曰："天生万物，唯人为贵。虎狼当食六畜，而残暴于人。王法杀人者死，伤人则论法。汝若是杀人者，当垂头服罪；自知非者，当号呼称冤。"一虎低头闭目，状如震惧，即时杀之。其一视恢鸣吼，踊跃自奋，遂令放释。

天下县令中，恐怕唯有不其令童恢能说出"天生万物，唯人为贵"这等话，是可以当做一种人性宣言来看待的，颇有治世理性色彩。当然这句话有其特定适用范围，似乎不能在动物保护主义的立场上成立。不过话说回来，视虎为人，以人性教化之，这又何尝不是一种尊重动物、万物平等的态度呢？他以王法评断是非，说出这等豪迈的理性之言，也唯有他能办到"驯虎"这等远非"理性"所能解释的事了。不其令童恢在历史上第一次按照人的标准对老虎进行了教化，以这种方法区分了动物的善恶，这倒是一件不寻常的事。换一个角度看问题，"童恢驯虎"未尝不可被视为一个政治隐喻，孔子不是说"苛政猛于虎"（《礼记·檀弓下》）吗？可以说，这是由乱归治、拨乱反正的象征。

此外还有一件事值得在此提起，某种程度上，童恢担当起了"教民稼穑"的先贤责任，致力于农桑、畜牧、渔盐的全面发展。贾思勰《齐民要术》记载了他率领不其百姓饲养家畜以确保祭祀和安魂之事，其文曰：

> 僮种为不其令，率民养一猪，雌鸡四头，以供祭祀，死买棺木。

说童恢（僮种）让老百姓每家饲养一头猪和四只鸡，换来无忧生活。这被认为是古代畜牧业发展史上的一个经典事例。

因政绩突出，童恢擢升丹阳郡（治宛陵，今安徽宣城）太守，逝于任上。不其老百姓怀念他，奉若神明，择不其城东南方宝地敬造童公祠（今童真宫），有衣冠冢，前立双石阙。后来石阙不知所终，南宋时此碑曾出现于济州任城（今济宁）。在1929年郑午昌所著《中国画学全史》中认为汉画像石"以不其令童恢阙画像最为精巧"，云"此为子孙展墓之图"。宋赵明诚与李清照的《金石录》已收录此阙。洪适撰于乾道二年（1166年）的《隶释》亦收录此阙，其中有如下描述：

> 此阙刻一冢，冢上三物植立若木叶然，二男子拜于前，其后有一妇人二稚子，又有六夫人鱼贯于后，冢旁有一大树，其下有一马立于木下，及马后者各一人，马前有数物，如鸡鹜之状者。

童恢驯虎壁画（局部）

图为童真宫中的童恢驯虎壁画，绘制于明清时期，表现是童恢率人入不其山（崂山）捕虎的情形。画面前方人物即为不其令童恢。画面虽已斑驳陆离，然情深意长之处在于不其百姓对一位亲民县令的景仰。

○ 汉故不其令董君阙

　　所指为"汉故不其令董君阙"，其上所刻名字为"董恢"，洪适已做出"当以碑为正"的判断，信是。根据汉阙提供的准确信息，不其令本名"董恢"，后衍为"童恢"，谢承《后汉书》称为"董种"，贾思勰《齐民要术》称为"僮仲"，均系传写之误，指的都是同一人。毕竟他只是一位小小的县令，口传笔录之间难免有偏差。然既已约定俗称，我们暂且还是称作"童恢"。

　　以不其令入载国史，为一代循吏之光，谱写了不其记忆中至诚无极而豪迈有加的一章，在广大百姓心目中保持着持久不衰的温暖光辉，闻之如沐春风，而两汉经学的旨归已然有所昭显矣。《后汉书·循吏列传》对童恢的赞语是：

　　　　政畏张急，理善亨鲜。推忠以及，众瘼自蠲。一夫得情，千室鸣弦。怀我风爱，永载遗贤。

　　大意是：施政切忌疏于民情而过于严苛，治理得法，则如煮小鲜那样简单。将忠恕推己及人，许多弊病就会自然消除。一人体恤民情，千家弹琴和鸣。我们怀念前贤的仁爱，后世永远铭记并传承他们的美德。赞语言辞恳切，是对大一统王朝中一位小小县令的理性评价，所传达出来的不正是一种顺应民心并协调民意的理政精神吗？不正是一种建立在儒家理想基础上的至善情怀吗？作为古代廉吏典范，童恢的意义尤在于"位卑未敢忘国忧"，为民请命，担当道义，躬践正义，笃行仁德，见证了天下为公的伟大理想。这是我们可从不其令童恢身上得到的一个启示。

2.3.4 隐逸者与复归者的往事

　　我们与不其人物的对话继续延伸，八月桂花飘香，孩子们采满了希望。

　　以仁德传世的不其人物还有名臣王扶，他的人生光辉因为不其山而显现，《后汉书·刘赵淳于江刘周赵列传》载其事，如是言：

　　　　少修节行，客居琅邪不其县，所止聚落化其德。

　　王扶为东莱掖县（今莱州）人，时不其属琅邪郡，故有"客居琅邪不其县"之说。获"化其德"之美誉者还有隐士逢萌，《后汉书·逸民列传》载其事，言：

> 及光武即位，乃之琅邪劳山，养志修道，人皆化其德。

逢萌为北海都昌（今昌邑）人，与贤良入仕者不同，他走的是仁德归隐之路，于建武元年（25年）从辽东半岛渡海而来，隐居劳山（不其山，崂山），仁德感化一方。汉明帝刘庄屡次诏其出仕，逢萌佯作疯狂拒之，坚持独善其身而不为朝廷所用，表征隐逸之风。汉史人物纷纭，而获得"化其德"盛誉的唯此两人而已。当然用词并不重要，汉史虽未以此三字来言说童恢，但其所做所为恰恰体现了"化其德"的要义，自我垂范而教化万民。

垂名青史者还有王景，他从八世祖王仲渡海所居的朝鲜半岛回到故土，入朝为官，通易学，善理水，发明"静流法"以治水患，而入载《循吏列传》，所载王景的主要事迹是：

> 永平十二年，议修汴渠，乃引见景，问以理水形便。景陈其利害，应对敏给，帝善之。又以尝修浚仪，功业有成，乃赐景山海经、河渠书、禹贡图，及钱帛衣物。夏，遂发卒数十万，遣景与王吴修渠筑堤，自荣阳东至千乘海口千馀里。景乃商度地势，凿山阜，破砥绩，直浜沟涧，防遏冲要，疏决壅积，十里立一水门，令更相洄注，无复溃漏之患。

王景为东汉著名水利学家，治理黄河有奇功，黄河五百年安澜。从西汉王仲到东汉王景，这是琅邪王氏与不其文化所缔结的历史因缘。

2.3.5 一道经学之光所照亮的事物

总览东汉一朝，不其文化的核心价值最终匡定于经学维度上。

不其侯伏湛就是一位经学大家，以《齐诗》贯名，自到任不其侯以后，为经学在不其的发展贡献尤著，标志着经学与政治的结合，展开了一个不其经学世家的历史画卷。其后人中，也不乏经学大家，如第五代不其侯伏无忌就是一个代表，从师梁丘贺学《易》，于经史子集皆有研究。

汉经学泰斗郑玄的到来尤具标志意义，为不其的经学画卷压轴并延承久远。郑玄（127~200年）字康成，北海高密（今山东高密）人，拜大司农，因此常被称为郑司农。他是东汉经学首要的代表人物，创成"郑学"。他以毕生精力整理古代文化遗产，编注群经，教授群伦，使经学进入了一个"小统一时代"，深刻影响了儒学传统下中国人的精神世界，对中国文化的传承与发展做出了重大贡献。

郑玄曾两度来不其山讲经，他的讲经活动和注经岁月密切联系在了一起，而之所以东行传道，当是与汉谏大夫王吉、青州牧房风等前世经学家所奠立的文化传统有关，亦当与不其侯伏氏家族所凝聚的经学氛围有关。

首先是"客耕东莱"，见载于《后汉书·张曹郑列传》：

> 玄自游学，十余年乃归乡里。家贫，客耕东莱，学徒相随已数百千人。

这是郑玄的第一次东行讲经传道行动，大致应发生于汉桓帝永康年间（167年~173年），是时郑玄赴长安游学十年后返家，因家贫而"客耕东莱"，自此始缔结不其经学盛缘。不过这第一次东行的目的地尚有争议，我们只能根据相关要素做出合理推断，应在不其，当时不其已由琅邪国改隶东莱郡。

铜带钩
西汉
长7厘米
2008年城阳文阳路汉墓出土
城阳区文物管理委员会办公室藏

○ 康成书院遗址所在地全景
（城阳惜福镇书院村）

　　第二次东行应是与第一次相呼应的，时间基本清楚，目的地很明确，发生于汉灵帝中平五年（188年），值黄巾之乱，郑玄率众弟子避难于不其山，设帐授徒，传经释典，崔琰等弟子以及本地学子近千人来从学。此事首先见载于《三国志·崔琰传》，从崔琰二十九岁说起：

　　　　至年二十九，乃结公孙方等就郑玄受学。学未期，徐州黄巾贼攻破北海，玄与门人到不其山避难。时谷籴县乏，玄罢谢诸生。琰既受道，而寇盗充斥，西道不通。于是周旋青、徐、兖、豫之郊，东下寿春，南望江、湖。自去家四年乃归，以琴书自娱。

　　第二次东行传道的目的地很清楚，这就是现在的城阳区惜福镇书院村，后世不断向那里回望，历代文人墨客乐于吟咏郑康成，形成了一重重不断加深的历史经学心象。如顾炎武作《不其山》，言：

　　　　荒山书院有人耕，不记山名与具名。

　　　　为问黄巾满天下，可能容得郑康成。

　　至明正德七年（1512年）即墨知县高允中在当年郑玄讲经的书院村山麓建起了康成书院并设康成祠，勾连文脉于千年以上。可以说，郑玄在不其山的讲经活动奠立根基，有开中国古代书院文化历史先河之功德，垂光深远无极。

　　于是，想起王吉在《上昌邑王疏》文中描述的那个颇为经典的讲经论道场景，所谓"夫广厦之下，细旃之上，明师居前，劝诵在后"云云，针对当时的昌邑王刘贺喜游猎而厌读经以至失德丧志而发出了劝诫，将读经视为人生成长的不二法门。

　　汉时明月下，这是一段令人激怀的书声琅琅的岁月。百年之间屡见奇章，不其地被注入了浓郁的国学精神，弥漫着特有的经学光辉，不其城也缘此而成为了当时中国东方海岸上的经学重镇。

　　现在，群山之间的读书声可曾获再度听闻？当蝴蝶寻香而至，那在灿烂花影中显现的事物不是别的，而是典正沧桑之光，是今古共同的历史良知。

3. 汉以后：不其县延续于乱世风云之中

千秋风雨路上，不其延续其宗脉，我们与不其文化的对话变得悠远。

汉末以迄魏晋南北朝，中国社会进入了新一轮大动荡周期，旧有的大一统盛景不再，文化矛盾空前加剧。整体上看，随着政治与文化重心下移，地域观念因之而趋于增强，可就不其文化来看，似乎大异其趣，那在汉文化背景上获得的文化个性渐趋消解，不其文化核心内涵不可避免地相对空疏和黯淡了下来。与历史大势相适应，随着儒学一统地位的丧失和佛教中国化历史进程的展开，剧烈的文化冲突与深刻的文化对话成为主流，而不其文化也将因此而获得新的历史属性，呈现出了复杂的延续与突变与汇合轨迹。北齐时，经历了750年左右的连续存在，不其县一度废止。隋朝，中国重现统一局面，不其县一度复置而旋废。至此，不其告别了近800年的县制时期，不其县退出了历史舞台，未来光阴结合在了即墨文化之中。

3.1 魏晋：历史变幻与佛教登陆

汉家王朝瓦解以后，不其文化的种种核心内涵已减损乃至消弭，不复旧观。

当然，巨大的历史失落往往伴随着巨大的历史补偿，这是历史的万变与守恒。魏晋时期（220年~420年），随着佛教的登陆与传播，古老的不其文化拓开一重新境界，我们与不其文化的对话也有了新景深。这是历史之变，亦是文化格调之变，而所有变化之中唯一不更改的就是文化融合之力，新的文化气象在盛开。

3.1.1 历史的重叠、变幻与回旋

魏晋时期，不其的历史归属关系反复变幻。

先是曹魏，公元三世纪的历史道路上，不其的历史动荡趋于强烈。严格地讲，曹魏的正式起点在曹丕称帝、建立魏朝之年，即延康元年（220年），其历史终点则在咸熙二年（265年）司马炎篡魏为晋之际。不过在一般的历史口述习惯中，亦将曹操崛起而"挟天子以令诸侯"的东汉末年视为曹魏的历史渊源，魏文帝曹丕追谥曹操为"武皇帝"，庙号"太祖"，更是强化了这一口述传统。因此也就有了曹魏与东汉的岁月交叠，客观上存在着二三十年的重合期。严格讲，延康元年以前与曹魏一朝相关的史事应归于东汉末期，考虑到历史口述习惯与文化特色等原因，在此我们不对这一模糊界限进行思辨。曹魏之初，不其县循例为青州东部的战略要地，原属东莱郡，后一度纳入新置的长广郡范围内，旋复归东莱郡。说起来，不其县与长广郡可谓渊源深厚，历史上，曾先后于汉末建安年间和西晋咸宁年间两度置设长广郡，前者治在长广（故城址位于今莱西市牛溪埠乡），后者治在不其。

西晋（266年~316年）与东晋（317年~420年）合称晋朝。西晋之国祚虽然仅有51年，但历史结束了魏蜀吴三国鼎立的分裂局面，中国重新实现了统一。咸宁三年

○ 白陶瓶
晋
高28.3厘米，口径7厘米，腹径15厘米
1956年城阳流亭镇苇山村出土
青岛市博物馆藏

○ 白陶碗
晋
高7.4厘米，口径14.5厘米，底径5厘米
1956年城阳流亭镇苇山村出土
青岛市博物馆藏

○ 白陶罐
晋
高16厘米，口径4.1厘米，腹径20.5厘米
1955年李村窑白墓出土
（所在地晋朝属不其县）
青岛市博物馆藏

（277年），晋武帝复置长广郡，以不其为郡治，辖域分布于胶东半岛中南部，原属东莱郡的不其县、长广县（治在今莱阳东）和原属北海国的挺县（治在今莱阳南）归其统辖，为青州所辖六郡国之一。此际，琅琊王氏大规模南迁，先由不其皋虞地迁至诸城及临沂一带，再往南迁至建康（今南京）及会稽（今绍兴）一带。

晋室衣冠南渡，历史上遂有同姓王朝的东西之转。西晋的历史终止于建兴五年（317年），在东晋则为建武元年，在王、谢等士族势力的拥戴下，西晋宗室司马睿在建康（今南京）建立了东晋政权（317年~420年）。与此同时，来自北方的少数民族开始入主北中国，政权更迭频繁，占据长江以北大部分土地，与东晋长期隔江对峙，这一段历史亦称五胡十六国（304年~439年）。

总览东晋十六国的百余年当中，不其县及长广郡之隶属关系变幻无常，爬梳历史，尚可摸清此际不其县的历史沿革，自317年西晋灭亡至410年东晋重新占领青州的93年之中先后七度变幻轨迹，其中有87年（323年~410年）先后属于五个北方少数民族政权，均为长广郡属县和治所。简言之，这一时期不其的归属关系如下：

317年~323年，曹嶷割据青州，不其归其统辖。

323年~352年，属羯族石勒所建的后赵。

352年~约370年，属鲜卑族慕容皝所建的前燕。

约370年~385年，属氐族苻洪所建的前秦。

385年~398年，属鲜卑族慕容垂所建的后燕。

398年~410年，属鲜卑族慕容德所建的南燕。

409年，刘裕率东晋大军攻破不其城，不其县及长广郡重归晋家。翌年，东晋攻破南燕都城广固（在今山东青州市境内）并收复青州全境。

这是一个大致的历史脉络，给出了东晋十六国时期不其县及长广郡的历史从属关系，同样这一序列也基本适应于今青岛及山东半岛的其他地区。

黄青釉四鼻罐
西晋
高23厘米，口径16厘米，底径16厘米
1955年李沧东李村出土
（所在地晋朝属不其县）
城阳区文物管理委员会办公室藏

3.1.2 法海寺的创建

当法海寺出现在不其城东南方的时候，不其历史有了一个新支点，早期中国的佛教版图也有了一个东极。在魏晋南北朝大动荡大分裂的背景上，法海寺是历史留给不其地的一大纪念，在不其暨山东半岛的佛教文化史上占有独一无二的地位。

法海寺为青岛乃至山东地区历史最久之佛刹，肇创于曹魏时期，当有慰勉苦难生灵之意在焉。关于法海寺的创建年代，以前曾有三种意见：一说始建于北魏，所据为元泰定三年《重修法海寺碑》，其中有"魏武皇帝创建"之言，于是就找到了北魏最后一位皇帝孝武帝元脩，似是而非。一说始建于北齐，因在寺前出土的佛造像上发现了"大齐武平二年"题铭，然此为信徒敬造佛像时间而非建寺时间，建寺时间应早于此。于是就有了第三种说法，言为东晋高僧法显登陆崂山后驻锡不其城时所建，此为臆说，于史无据。

回到元泰定三年《重修法海寺碑》，这是断定建寺时间的一个直接证据，关键在于所谓"魏武皇帝"何所指。综合考虑法海寺史迹、相关历史背景及建筑遗风，所指当为三国时的魏武帝曹操，而非北魏孝武帝，原因有二：一者北魏孝武帝元脩在史籍中从未被称为"魏武皇帝"，二者北魏时期有多位皇帝谥号带有"武"字，并不专指一人，孝武帝之前尚有道武皇帝和太武皇帝，另有武穆皇帝元怀。

综合各种历史要素判断，三国曹魏时期建法海寺是可能的，当在曹操大军攻克不其城之际，合于东汉则为建安五年（200年）左右。时，新置长广郡，治在不其。新置之郡，在郡城以南立寺为纪，为郡城及百姓祈福，况乱石攻伐之后，尤须

○ 法海寺

171

精神慰勉。若此，则法海寺为山东最古之佛刹。至于内中隐含的佛教海上传播路线命题尤须深思，宜当勘正。

3.1.3 法显登陆，初传弥勒信仰，见证盂兰盆会

回望四五世纪的时候，大历史剧烈变幻，不其文化沉陷于乱石云烟之中，岁月一片模糊。然海上有光，法显登陆，一片惊世光华照耀着不其文化之路。就不其的历史脉络及文化格调来说，经历了长期黯淡之后，得以在东晋重现盛大与庄严，这不能不说是一个奇迹。

东晋义熙八年（412年），一代求法与译经高僧法显从海上归来，在不其牢山（崂山）南岸登陆，这实在是一等一的殊胜因缘，在标志佛教中国化与海上丝绸之路之历史荣耀的同时，也为不其文化注入了全新的历史光彩。登陆后，长广郡太守李嶷将法显及其携归经像迎至不其城。

是年秋，法显驻锡不其城。这期间，他是否曾入法海寺讲经尚不得而知。在此需要说明的是，根据《法显传》的真实记载及相关地理要素甄别，登陆的具体地点当在崂山南岸的沙子口湾与栲栳岛一带。过去了大约五个多世纪，那里建起了潮海院，自有纪念高僧登陆之意在焉，然确非法显本人所建。而且，《法显传》亦非在不其所写，当然那些古典梵文佛经也不可能在这里译出。

那么，除了登陆这件事本身之外，高僧法显还留下何等重大启示？特别耐人寻味的一点是，据《法显传》中"明当七月十五日，欲取桃腊佛"的记载判断，当时

法显西行求法与海路归国路线图

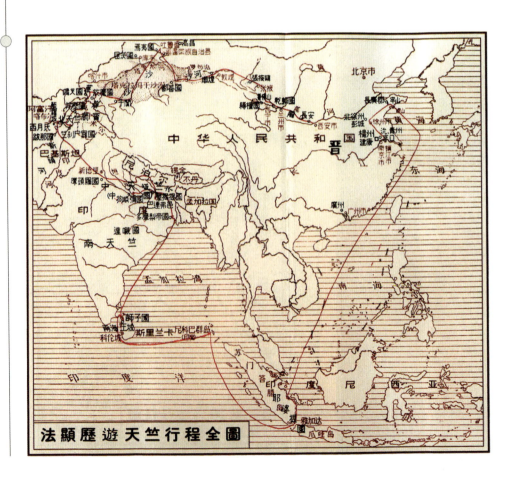

《法显传》书影
（北宋福州东禅寺本）

《法显传》书影
（金赵城藏本）

《法显传》书影
（宋碛砂藏本）

在不其地已可见盂兰盆会这一极重要的礼佛仪式，此为中国历史上关于盂兰盆会的最早记载，说明佛教在本地区已有了较为深入的传播，就此也再度提示了佛教海上传播路线的相关问题。还有一点，在不其地，高僧法显必有讲经之为，亦当开示过他取自中天竺的《龙华图》，在东土不其地初传弥勒信仰。缘此，不其成为弥勒圣地，值159年之后的"大齐武平二年"（571年），在法海寺佛造像上出现了"弥勒三会"内容，这也就顺理成章了。其实，登陆本身的意义已允称非凡了，这已不仅是法显一生的关键节点，而且是佛教中国化的关键节点，否则高僧与那些佛经原典都会逝灭于海上，而"一切众生皆有佛性"这等革命性宣言就不可能在东晋十六国的纷纭乱世中激荡，大乘佛教精神在中国扎根并广为接受的时间自然也就会被推迟。同样，海上丝绸之路的历史也就必然失却了一部壮丽华章。

告别不其后，法显南下，在彭城（今徐州）或者京口（今镇江）接受了青、兖二州刺史刘道怜"一冬一夏"的供养。尔后抵达建康（今南京），入道场寺。未想在那里遇见一位来自佛陀故乡同道者，也就是译经伙伴、来自中天竺迦毗罗卫的高僧佛陀跋陀罗（Buddhabhadra，华言觉贤），乃协作译经。两位高僧心迹相合，行迹亦多有相合之处，想来历史有时竟如此不可思议，就在法显登陆牢山不久之前，佛陀跋陀罗也在胶东半岛相距不远处登陆。由于他们合作译经的缘故，法显自天竺（印度）和师子国（斯里兰卡）取回的《大般泥洹经》等大乘佛典和《摩柯僧祇律》等权威戒律得以布惠中国佛教界，实质性促进了大乘佛教思想在中国的传承与更新。译经之际，法显又写出《法显传》（亦名《佛国记》《历游天竺传》），以"夫子自道"的口吻依实载录西行求法与海路归国的历程，其中铭记登陆时刻与登陆地点的一段话是：

> 即便西北行求岸，昼夜十二日到长广郡界牢山南岸，便得好水菜。

法显登陆之于不其文化的意义实难以估量，在佛教中国化和海上丝绸之路的时空中打下了深深的不其烙印，缘此而照见了八百年不其文化的又一个历史巅峰。与汉不其文化相辉映，这同样是要在海陆一体化维度上证解的奥秘。

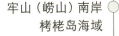

牢山（崂山）南岸
栲栳岛海域

那罗延山

恰在法显回忆求法历程之际，他的译经伙伴佛陀跋陀罗译出了大乘佛典《大方广佛华严经》（六十华严），有言如是：

真旦国土有菩萨住处，名那罗延山。过去诸菩萨常于中住。

说中国（古称真旦，亦即震旦）有一菩萨住处，是为那罗延山（那罗延窟）。如是所言，自是意味深长的，对于澄清佛教在中国的初始因缘至关重要，再度将不其佛教结合到了宏大时空之中，内中因缘，尚待沉思。经唐朝高僧澄观判教，那罗延窟在东海崂山，又过去千年之后，明末高僧憨山来崂山寻访那罗延窟。

3.2 南北朝：风雨路上的旷世微笑

南北朝路上，不其接受着历史风雨的洗礼。

南北朝（420年~589年）是对公元五六世纪中国历史的统称，是处于东晋十六国至隋朝之间的一个历史阶段，其中南朝（420年~589年）包含宋、齐、梁、陈四朝，北朝（386年~581年）包含北魏、东魏、西魏、北齐和北周五朝，合则称之为南北朝。这一时期，不其先属南朝的宋，后属北朝的北魏、东魏和北齐。

南北朝是这样一个时期，这是历史大分裂时期，也是民族大融合时期，也是文化大动荡时期。神州大地风雨飘摇，中国文化在重重矛盾之中前进，本土文化与域外传来的佛教进行着极深刻的历史对话。在战争与和平的变奏中，我们的不其故事变得愈加深邃，而记忆往往迷失于路上，变得沉重，这是历史的宇称不守恒。

北齐天保之际，裁撤不其县，这是不其县制时期的一个断裂地带。历史告别了不其县，留下了佛造像。

一弯新月不曾如此令人惊异地滑过山巅，花树缤纷的屋宇亦不曾如此悠远地盼望故人，那些寻找家园的人们为什么担忧，走在哪条路上，怀着什么心事？

3.2.1 战争与和平的历史变奏

时至420年（东晋元熙二年，刘宋永初元年），刘裕灭掉东晋司马氏政权，建起了一个以"宋"为国号的新王朝，定都建康（今南京），史称"刘宋"，开南朝历史之门，国祚延续59年（420年～479年）。

刘宋立国当年，即改青州为东青州，治所设在东阳城（故址位于今青州市北关一带）。刘宋少帝景平元年（423年），因刘宋与北魏连年交兵之故，东阳城毁坏严重，已不适为州治，遂"移镇不其城。"事见《资治通鉴》卷一一九：

> 竺夔以东阳城坏，不可守，移镇不其城。

[1] 饶宗颐：《早期青州城与佛教的因缘》，《中国史研究》，2001年第3期。

竺夔为刘宋东阳城守将，因城毁而"移镇不其城"，这反映了当时南北征伐的激烈程度。翌年，北魏攻下了东阳城。刘宋与北魏旷日持久的交战过程中，可能不止一次"移镇不其城"。饶宗颐先生考证，刘宋文帝元嘉八年（431年），不其城为州治，迨刘宋孝武帝大明元年（457年）西移州治于历城[1]。这样看，自景平元年起至大明元年止，不其城为东青州州治的历史前后跨越了34年。刘宋明帝泰始四年（468年），又因战乱之故而再度移镇不其，东青州刺史沈文静亲率卒众镇守不其城。恰因"移镇"之故，不其城短暂成为州治之所在，也是中国历史上少有的叠合着县、侯国、郡与州三级四重行政中心于一地的古代城郭之一，这一点也在客观上增加了不其的历史厚度。

北魏（386～557年）亦称拓跋魏，是北朝的第一个王朝，这是鲜卑族拓跋珪建立的少数民族政权，长期与刘宋对峙，盘踞北方，攒力东进，

女姑口为海事要津的历史由来已久，北魏与刘宋对峙之际，女姑口的地位尤显重要，因通联南北交通之地理优势，自然成为其攻取的重要战略目标。这是南北两朝的交力场，所透射的正是不其及周边地区长期处于南北政权反复争夺中的历史。468年（北魏皇兴二年，刘宋泰始四年），刘宋与北魏在女姑口海域发生激战，这是古代历史上的一次著名海战。当时刘宋东青州刺史沈文静镇守不其城，经女姑口一战，败于北魏慕容白曜。自此始，不其的历史进入了北魏周期。

北魏析青州东部置光州，不其在其境，依旧为长广郡治所。到了献文帝皇兴四年（470年），长广郡地盘扩大，其西界延展至胶水（胶河），郡治从不其城移至胶东城（即墨故城，位于今平度古岘镇大朱毛村）。自西晋咸宁三年（277年）至此，不其作为郡治的历史凡193年。

北魏之后，北方国土分为东魏（534年～550年）和西魏（535年～556年），不其归东魏管辖，依旧为光州长广郡属县。

接着就是北齐（550年～577年），这是高洋废掉东魏而建立的一个新的割据王朝。在东魏统治仅16年之后，城头再度易帜，不其进入了北齐周期。文宣帝天保七年（556年），废不其县和即墨县，两地并入长广县，同年长广县亦废，其地并入昌阳县（治在莱阳照旺庄一带）。至此，自汉初置县以来，经历了750余年的风风雨雨，不其县退出了历史舞台。

当然，不其地一如既往，山海依旧，文化绵延。

双耳小瓶
南北朝
高9.5厘米，口径3.6厘米，腹径7.5厘米
即墨市博物馆藏

◯ 北朝佛造像

北朝

1980年城阳法海寺前源头河畔出土

城阳区文物管理委员会办公室藏

3.2.2 北朝佛造像：在佛教海陆入华与早期传播的历史图景中

海色苍寒，历史退潮，佛造像的光辉弥漫开来。

那么，这是一条路的终点，还是一条路的起点？

南北朝苍茫而苦涩的岁月在延宕，中国文化处于深刻的动荡与变革之中。矛盾引导前进，巨大的历史代价总是伴随着巨大历史补偿的，不其文化的深刻性正表现在它与大历史逻辑的吻合，表现在它对大历史的见证力，重重历史危难之中映现出佛造像，圣者的微笑抚慰着苍生。

我们这里说的是法海寺出土的北朝佛造像。1980年春，法海寺前源头河畔出土了百余件汉白玉佛造像，未全部挖掘，尚有部分仍然埋藏于地下。已发掘的这批造像沉埋在1.5米深地下，均呈头东、胸南有序排列。造像毁于历史上某一次法难，很可能是唐武宗会昌五年（845年）的会昌灭法之际被寺僧掩埋于地下的。当一道千年的隐匿之光重现之际，我们与不其文化的对话加深到庄严之境。

就艺术风格来说，法海寺佛造像极具包容性，既渗透着"秀骨清相，凛凛然若生神明"这等高贵与神秘之感，亦浸润着丰颐秀目的安详与朗润之感，那与苦难现实相对称的微笑表达得极为感人，呈现了从北魏到隋唐之间中国佛造像艺术的基本格调，为佛造像风格的嬗变轨迹提供了珍贵见证。

从法海寺佛造像中，最可沉思的一点是佛教入华的路径问题，一道佛光来自何方，来自海上，抑或来自陆上？

一部漫长的丝绸之路历史，同时也是佛教东渐的历史。一般认为，佛教是在公历纪元前后，也就是东西两汉之交由陆上丝绸之路传入中国的。1996年10月，今青州市龙兴寺发现了一处大型佛藏窖，400余尊精美绝伦的佛教造像重见天日，一时引起轰动，被认为是堪与敦煌藏经洞相提并论的20世纪佛教考古的重大发现。围绕着这一发现，人们以新的视野关注佛教传播与发展的历史，有学者认为青州是陆上丝绸之路与佛教东渐之路的东方终点。那么，如何看待这件事？

青州是一个终点吗？如果从大的范畴来看，也就是把青州视为古代一个州而非当今一个市的话，那么是终点，但当今青州市并非终点。既如此，那么一道佛光还将去向何方？当然首先是继续向东。不其为魏晋南北朝之际青州的东部重镇，与当今的青州市相距约200公里，两地间有着极为密切的文化关系。468年，北魏攻克不其城，这一地区也纳入了北魏佛教传播体系。北魏的佛教思想及其佛造像艺术由青州核心地带继续向其东方推进，这是一个必然的方向。从青州市到不其地，这是早期佛造像艺术东渐的最后一环，抵达了古老海岸。这是佛教陆上传播的逻辑路线，这是问题的一面。

另一面就是海洋，有一个来自海洋的方向。南北朝时佛教传入中国已有数百年了，已经逐渐扎下根来。就南北朝本身的情况看，南朝由海路通往南海诸国，进而通往天竺的路线是畅通的。不其及胶州湾地区长期为南北朝交汇之地，在南朝刘宋时，是其最北方航海中心，在北朝更是当时最重要的交通口岸。总览南北朝之际，胶州湾地区是当时的四大交通口岸之一，海上路线是当时天竺佛教传入中国的一个重要渠道，因此，在考察不其造像与青州造像之间关系的时候，不能排除另一个方向的传播路线，就是说天竺佛造像由胶州湾一带登陆，由不其传向青州。当然，客观地看，这更有可能是一个双向传播而相互影响的问题。

在此尤须申明的一点，法海寺佛造像同样是可以放在佛教中国化历史进程中考察的一个重要篇章。佛造像的分布与佛教中国化进程一致，从陆路传播的维度上看，法海寺佛造像处于东部边缘，给出了早期佛造像分布地理区域的一个东极。若以海路视之，则这里有可能隐含着一个起点的秘密，起码是处于一个相对开阔的海域佛教肇兴之地，也就是秦汉琅琊郡的范畴之内。早期佛教往往伴随着道教而传播，因此在道教发端的琅琊郡海滨地带，佛教出现甚早，这里很可能就是佛教登陆中国的第一站。对此，汤用彤和陈寅恪先生已做出过深入分析。

回溯汉魏之际，完全存在佛教自海上登陆中国的可能性，而且"登陆"是一种持续性的历史景观，结合前述法海寺、法显登陆以及那罗延窟诸事考察，不其有可能成为这一历史图景中不可忽视的一大支点。要言之，从佛教入华及其早期传播轨迹来看，这里既是陆路的终点，亦有可能是海路的起点，从而给出了佛教中国化两大路径的交汇点，也就是陆上丝绸之路与海上丝绸之路的交汇点。

北朝佛造像

北朝

1980年城阳法海寺前源头河畔出土

城阳区文物管理委员会办公室藏

北魏至北齐时期的统治者将佛教视为国教，推行佛教不遗余力，他们深知在汉代名镇不其城传播佛教的意义，况且这里已有古刹法海寺。历史选择了佛教，不其法海寺成为佛教进一步向胶东半岛传播的桥头堡，成为中国东部的佛教传播中心。对于崇信佛教的北魏统治者来说，这是一件顺理成章的事，客观上极大促进了民间对佛教的热情。于是，"末法"时代敬造佛像就成为一个精神解脱的必然方向，缘此也就有了法海寺佛造像的大量出现。

在南北朝佛教的大背景上，作为古青州历史最久之佛刹，法海寺继续成为不其地及山东半岛的佛教中心，佛造像创作与供养臻于历史高潮。

前面我们已讨论过，东晋高僧法显西行求法，乘东晋之船海路归国，九死一生之际在不其牢山（崂山）登陆，这是一个承前启后的历史节点，特别是在见证不其佛教史迹和佛教中国化的历史维度上垂光深远。东晋义熙年间，高僧法显登陆时，佛教在不其地已经有了较为广泛的传播，从长广郡太守到山中猎人都信奉佛法，而且在此地还出现了中国历史上最早的盂兰盆会，况且还有那罗延窟的菩萨光环，从这一系列征兆之中，似已可察见不其为佛教入华之桥头堡的可能性。佛教因缘的昭示，显得深邃而悠远。

3.2.3 弥勒三会：再思不其佛教因缘

东晋高僧法显登陆牢山（崂山），首传弥勒信仰于不其，这是他对不其及周边地区佛教传播的一大贡献，自此始，弥勒三会思想逐渐深入人心。经过北魏的培固，到了北齐时期，弥勒信仰在不其的传播已经非常普遍。缘此，一尊弥勒造像的长方形底座上出现了如下铭文：

> 大齐武平二年岁次辛卯五月丁未朔七日癸丑，任娲亡先主许法择，自恨生不值佛出，又不见弥勒三会，娲敬造弥勒像一躯，上为国王帝主，下为七世父母，生存养属，一切众生，普同斯福，一时来佛。

这是法海寺北朝佛造像中唯一带有纪年铭文的一尊佛造像。"大齐武平二年"为北齐后主高纬在位之时，即公元571年。据此可见，这是一尊北齐佛造像。

从上述铭文来看，敬造佛像者的心胸是很开阔的。当时，其心愿并不限于一己之私愿，而是在为天下苍生祈福，于是就有了"上为国王帝主，下为七世父母，生存养属，一切众生，普同斯福，一时来佛"这等宏大祈愿，超越了个人的目的，可谓领会了弥勒之真意。

弥勒是佛教"五大菩萨"之一，习称"弥勒佛"，其实他并未成佛，依旧在执行着人间救度的使命，可人们依旧称其为佛，是因为佛祖释迦牟尼曾有"授记"，预言他将继承释尊法统而成佛，他是佛教之三世佛（过去、现在、未来三世佛）中的未来佛。云何"弥勒三会"？佛教的弥勒三会亦称龙华三会，说的是弥勒降世，在龙华树下三度说法，以度化众生上生兜率内院。

一般认为，中国的弥勒信仰首先是经由西域传入内地的，早在西晋太安二年（303年）高僧竺法护已译出《弥勒下圣经》，是为东土中国第一部弥勒经典。而中国佛教徒得观弥勒说法之圣像，则始自法显，他自天竺求得《龙华图》，并将其带回了中国。法显初入天竺境，第一度遇见的佛光即为弥勒。对此，《法显传》有

佛造像

北齐 1980年法海寺前源头河畔出土

城阳区文物管理委员会办公室藏

明确记载，其文曰：

> 度岭已，到北天竺。始入其境，有一小国名陀历，亦有众僧皆小乘学。其国昔有罗汉，以神足力将一巧匠上兜率天，观弥勒菩萨长短色貌，还下刻木作像。前后三上观，然后乃成。像长八丈足跌八尺，斋日常有光明。诸国王竞兴供养，今故现在。于此顺岭西南行十五日。其道艰岨，崖岸崄绝，其山唯石，壁立千仞。临之目眩，欲进则投足无所。下有水，名新头河，昔人有凿石通路施傍梯者，凡度七百。度梯已，蹑悬絚过河。河两岸相去减八十步。九译所记，汉之张骞、甘英皆不至此。众僧问法显："佛法东过，其始可知耶？"显云："访问彼土人，皆云古老相传，自立弥勒菩萨像后，便有天竺沙门赍经律过此河者。像立在佛泥洹后三百许年，计于周氏平王时。由兹而言，大教宣流，始自此像。非夫弥勒大士继轨释迦，孰能令三宝宣通，边人识法？固知冥运之开，本非人事，则汉明之梦，有由而然矣。

说的是度过葱岭（今帕米尔高原），入北天竺，在陀历国，他特意去礼拜一尊神奇的弥勒巨像，据说当初雕塑这尊法像时，一位罗汉运用其法力，将造像工匠提升到了兜率天，亲观弥勒真容，然后下来雕刻，如此三回，方成此弥勒像。法显以"大教宣流始自此像"一语来纪念这一时刻。

崂山登陆后，高僧法显进入了不其城，应在那里示现过《龙华图》。缘此，不其就成为《龙华图》的首度示现之地。你看，这难说不是一种神奇的时空重合，因缘际会，西行求法入天竺境，第一度遇见的正是弥勒法相，度过重重危厄而海路归国后，首度示现的也是弥勒光华。

北齐造像铭文中清楚写明"弥勒三会"，缘此而与前述高僧法显所传布的弥勒信仰联系了起来，说明法海寺久为弥勒圣地。佛像基座右侧题有敬造者的名款：

> 佛弟子任阿娲、佛弟子许仕宽、佛弟子许仕亮。

"大齐武平二年"佛造像基座铭文

北齐
1980年城阳法海寺前源头河畔出土
城阳区文物管理委员会办公室藏

北朝佛造像

北朝

1980年城阳法海寺前源头河畔出土

青岛市博物馆藏

菩萨像
南北朝
高78厘米，宽39厘米，厚20厘米
1980年城阳法海寺前源头河畔出土
城阳区文物管理委员会办公室藏

　　说明这是北齐武平二年佛教徒任阿娲为超度其夫许法择之亡灵而敬造的。时距高僧法显登陆不其崂山的东晋时代仅150余年，那时在山东地区的佛造像中直接出现"弥勒三会"铭文者还是很少的，这一点尤其值得思考。

　　那么，为何在一尊普通女子敬造的佛像中清楚地刻上了"弥勒三会"的字样？这起码可以说明三个问题：其一，敬造者对当时的佛教思想有着很深的理解，而非一般信众的粗浅了解，因此她所求者亦非一己之福，愿及天下帝王苍生；其二，弥勒思想在当时的不其地区已广为人知；其三，北齐的佛家思想状况在此得到了具体而微的体现。综合种种要素判断，弥勒信仰深刻影响了不其佛教，因着法显在此示现"龙华图"的缘故，"弥勒三会"广为人知并深入人心。

　　北齐佛造像的主题系之于此，所昭显的正是大乘佛教"普度众生"的理想。弥足珍贵的一点是，透过"弥勒三会"，正可更深入地思考不其佛教在大乘精神成立上的意义。大乘佛教以"普度众生"为宗旨，在法显与佛陀跋陀罗所译《大般泥洹经》中，已有所宣示：

> 泥洹不灭，佛有真我，一切众生皆有佛性。

在东晋时的中国佛教界，这等宣示无异于石破天惊了，这是佛教中国化的一个基本主题。对于当时的中国佛教界来说，对于那些认为此生与佛隔着亿万光年的苦行僧们来说，抑或是对于那些把佛仅仅视为彼岸事物的学者们来说，这完全是一道新的光芒，第一次宣告了"人人皆可成佛"的大乘智慧，佛性之光与人心之光合一，照亮了佛教改革之路，也照亮了中国文化融合之路。缘此，法显西行，既是求经典，亦是求智慧，亦是求希望。在一个伟大梦想持续展开的道路上，我们将看到一个有"真我"的求法者，而随着一扇扇岁月之门的开启，众生的"佛性"智慧之光也将照亮未来。

岁月依旧在路上，在"弥勒三会"的花雨中弥漫。

3.3 隋朝：不其县复置而旋废，佛教重光

隋朝开国于581年，标志着中国告别了数百年分裂而重新实现了统一。

开皇年间（581年～600年），"不其"之名被再度想起。这是不其文化史上的

四鼻青釉瓷壶
隋
高28厘米，口径6.5厘米，底径11.5厘米
1980年城阳夏庄古镇村出土
城阳区文物管理委员会办公室藏

又一个关键节点，给出了不其历史记忆中的又一个分水岭，古老的不其县走到了重现与告别的时刻，它再度被大历史所关注，一度重置，旋即归于同年新置的即墨。随着不其与即墨的再度汇流，一个新的区域文化共同体在胶州湾畔出现，继续流布着海陆一体化的光辉。

历史的纪念之意再现，就在不其县重置与消失之际，不其佛教迎来了新的生机，慧炬院重光，崇佛寺亦在不其山下出现，与法海寺等庙宇共同组成了一个显赫的不其佛教组团，书写着不其文化的新篇章。

而不久之后，中国历史之路跨入唐朝，随着大唐气象的磅礴展现，以琅琊与不其为东方起源地的本土道教亦将重现灵光。

3.3.1 不其县的重现与消失

隋文帝开皇十六年（596年），隋朝一度复置不其县。

同年，移址重置即墨，遂裁撤不其县，其地并入了即墨县。清同治《即墨县志》载录其事：

> 文帝开皇十六年，徙即墨于今治，兼有不其、皋虞地。

这一年是即墨的复生之年，一个声闻史籍的古老名字重现。自周灵王五年（前567年）齐侯灭莱而置即墨以后，至此已经过去了1160多年，它再度呈现出了自身历史的悠久性与区域文化的整体性。隋朝重置即墨，其治所由第一个即墨的古老秘府即墨故城（位于今平度市古岘镇大朱毛村）移至今即墨市的中心地带，是为历史上的第二个即墨，属莱州府东莱郡。汉初三分即墨而有不其县和皋虞县，皋虞地已先于东汉初年纳入了不其地，分开了将近800年之后，即墨与不其两地的历史再度汇合到了一起。

文化超越历史分合，继续在苍茫海岸上演绎着古老东方的故事。

3.3.2 不其佛教组团，慧炬院的重光与崇佛寺的出现

法显登陆不其之后不久，一片佛光在不其地以新的形式闪烁。

法显登陆不其，这是不其文化史和佛教文化史上的一件大事，对不其及周边区域的佛教传播是有影响的，当然这种影响的表现方式并不体现在法显本人是否辟建寺院这一点上，人们常说法显登陆地栲栳岛有潮海院，为法显所建，这一点于史无据，法显驻锡不其仅一月有余，也没有时间在这里创建寺院。潮海院原称石佛寺，之所以在栲栳岛岸上建庙，自有纪念法显登陆的一层历史内涵在焉。然其始建年代无明确记载，应在唐宋之际。

可以确认建于隋以前的是慧炬院，它坐落于不其山凤凰岗下，原称石柱庵，今已圮。慧炬院是继法海寺之后不其地出现的又一座重要的佛教寺院，应建于南北朝时期，给出了中古不其佛教的一个新支点。隋文帝开皇十二年（592年），重修石柱庵并易名慧炬院，以示传灯之旨。此时，距不其县裁撤仅有4年，这也是不其近800年县制时期留下的最后一个人文足迹，因此而别具纪念意义。关于慧炬院的创建年代，一个重要证据是明成化年间即墨蓝章所撰《慧炬院重修佛殿记》，其中提及院中两通仆碑，据此写道：

○ 慧炬院遗址远眺

有仆碑二，其一为隋开皇中所立，额曰重修，则院之始创，可谓旧矣。其一为元大德中所立，然皆文字浅灭，不可以句读。盖历年岁既深，废而复，复而废者屡矣。

慧炬院见证中古佛教史，久为教内外所重。明万历二十三年（1595年），海印寺沙门憨山因一场讼至明廷的佛道之争而罹获"私创寺院"之罪，被发配雷州，所有的海印旧物，包括旃檀佛像、明版《大藏经》等经卷法器以及憨山部分手稿等悉数移藏慧炬院，再后转藏华严寺。明末清初，本地硕儒、易学大家胡峄阳也在此度过了一段读经岁月，沉思儒释道融合的时空。

开皇记忆还在加深，不其县消失之际，另一座寺院也出现在了不其地，此即崇佛寺，原称荆沟院或金沟院，位于今惜福镇院后村附近山麓，今已圮。关于崇佛寺的创建年代，清同治版《即墨县志》有着明确记载，言：

> 荆沟院在不其山东麓，隋开皇年建。

此处"不其山"指的不是崂山整体，而是崂山东部的铁骑山，言明荆沟院建于隋开皇年间（581~600年）。另外，与建寺时间相关的另一历史信息是，1967年，当地村民挖菜窖时，偶然挖出了一块刻有"魏甲申"字样的残碑，似乎又将建寺时间推向了更遥远的岁月。若以"魏甲申"三字表征时间判断，则合于两个历史年代：其一为曹魏元帝景元五年（264年）或同年改元的咸熙元年；其二为北魏太武帝太平真君五年（444年），然此际北魏尚未占领不其。因此所谓"魏甲申"即应指曹魏时期，就此将建寺时间推向了法海寺的创建年代。可是由于缺乏上下文的互证，此残碑暂不作为建寺年代之依据，当结合其他历史信息再做勘定。

不其山（铁骑山）山西南麓有百福庵为道观，原名百佛庵为佛刹，始建于北宋宣和年间（1119~1125年）。院内存有石室两处，后世名之为"萃元洞"，为利用天然花岗岩体人工开凿的石室，其中一处石室的侧壁上尚可见火焰纹佛龛。另，院外西南方另存有一处石室岩柱组合景观，中间为人工开凿的石室，其上原先曾立有一佛塔，石室两边对称分布两座较矮的岩柱，构成组别具特色的景观。根据石室造型、历史渊源及风化程度等要素并结合青岛地区其他同类型石室推断，这些石室应开凿于隋唐时期乃至更早岁月，原应为佛教修禅石室，在不其及周边地区这是一种十分罕见的文化景观。就百佛庵与石室的关系来看，应是先有石室而后有寺院，结合不其地区佛教史迹分析，这种情况也是完全有可能的，就此丰富了我们所说的这个不其佛教组团的文化内涵。就石室本身的文化构成来看，原出佛教，后在元朝时归入了全真道，兼具佛道两教景深。

隋朝正是佛教中国化这一历史进程得以基本实现的时代，大乘八宗开始流布其光，中国本土文化与域外文化的这一度对话已臻于完满，渗透着佛教精神与中国意识的大乘佛教全面兴盛。

对于不其文化来说，隋朝的意义是独特的，当然并不仅仅意味着消失，它同样意味着复现和交响。山海之间，以法海寺、慧炬院和崇佛寺为代表的不其佛教组团正式形成，与那罗延窟、法显登陆诸事联系起来，呈现了博大与深邃的历史图景。理所当然，对于大历史来说这也是有见证力的事物，具体而微之间自见真意，小中见大之中自有华章，所昭显的正是中国文化的融合力与创造力。

天地之间，岁月悠长，群星的往事将反复被孩子们提起。

告别不其以后，历史之路在继续延伸，海岸之花依旧在同一个梦中盛开，追思秘境，在这片古老的山海之地继续讲述着过去和未来的故事。

至此，我们与不其文化的对话也有了一个休止符。一路走来，不其在大历史的变奏中成就自我并且反哺历史，以东方之门的形象承载着大地和海洋之梦，放射着海陆一体化的光辉，洋溢着融古开新的精神韵味，其光所及，我们全部的历史记忆无不可以形成深沉的回旋，而岁月每每令人怀想，在相互珍守的眼神中表达着永恒的渴意。如果有一天你忽然想起什么，比方说一个不经意间失落的梦境，或者自我与世界的秘密，那么你可以沿着星光的小径来到这儿，置身大地与海洋结合处，那古老而常新的一切就会发出问候，视线所及，无非东方。

【第五章】

取精用弘：多重文化关系中的不其文化

　　一地与万方之间，一朝与万世之间的相互关系如何？

　　忘了哪一部地方志中曾写着"一地之兴必有一地之史"这句话，说得很在理，过去、现在与未来的关系如此简单。与此相应，万世之存必有万世之灵。

　　不其文化固然自成体系，但是它必然更深刻地存在于多种文化关系之中，非此不足以澄清其自身的内涵与价值体系，乃至于失去存在理由。唯有在大文化背景上成立的一切，方可见证于未来并获得生生不息的因缘。作为一个内蕴深厚而特色鲜明的地域文化体系，不其文化是多重文化主题与多重历史景深的复合体，在宏阔的时空关系中奠立其精神基脉与传世格调。今古之间，所有岁月可相忘亦可相遇，唯有"对话"是永恒的。虽然所有对话都不意味着最终答案的出现，往往只是开始，每在一个终结点上就会有新的问题生发出来并将对话扩展到新的领地，可意味与意义也正在这里。这是万般艰难之事，亦是至为美妙之事。在我们与不其文化的对话之中，也包含着多重文化时空的相互对话，缘此就有了万方星空的盛大和鸣，无数有情的眼神汇入岁月长河而奔腾，于是"对话"重新开始。

　　人之所为，文明以生，文明以止，崇高的律令来自星空，而历史所拥有的一切都必将在过去和未来同时显现，那属于地方文化的一切也应当在宏观文化背景与纵深文化视野中显现，文化的生命力系之于此，这是局部与整体的关系，是千瓣莲花中的每一瓣与整体的关系，否则任何一片花瓣都将因为失去伟大的滋养而枯萎，而我们全部的知识、情感和信念也都将面临失效的危险。这是文化对话的必然要求，所有历史都与此刻相关联，每一个此刻都与永恒相关联。

　　文化关系，这是各种文化形态得以成立的前提，就像任何一片花瓣都系之于整体一样。将不其文化放在多重文化景深中考察，察知它在宏观文化体系中的存在方式，明白它与微观文化形态的关系，以达成相互协调与彼此见证，这是文化对话的机要所在。历史不请自来，钟情的是文化与文化的契合点，而岁月向纵深处展开。那些光沉响绝的人文旧事已远逝，我们无以窥知其全貌，唯有透过一片浪花来领略那宏大的整体。

你相信这事行得通，这就像布莱克的诗：

> 从一粒沙子看到整个世界，
> 从一朵野花窥见天堂。
> 把无限放在你的掌心，
> 让永恒在一刹那间收藏。

一本万殊，这就是奥义，孩子们天真的眼神可以澄清这一切。

何为其然也？从一瞬到永恒，新的万有引力之虹如约盛开，今古之间的全部记忆和全部遗忘都像花朵一样，有花蕊，有叶子，有香气，所有灵魂都在这里等待着你的问候，群星手稿上的两个字长出了翅膀，将要代表所有灵魂去飞翔。

使语言和历史有家园，在一刹那想起自我和世界的归途。你要有更开阔、更精微的视野，这是所有文化对话的动力资源，这也是历史存在的一个基本理由，因为"一"与"一切"在相互观照，相互实现。

玛瑙环
战国
外径4.5厘米，内径2.9厘米
1974年城阳夏庄镇安乐村出土
青岛市博物馆藏

1. 第一重景深：通史视野中的不其文化

宇宙的唯一边界就是无边界，文化时空何尝不是如此。

通史视野中的不其意味着什么呢？若仅是一片可有可无的花瓣，一扇迷津之门就不会开启。它与通史中的广大世界密切相关，就其文化性格和精神禀赋来看，尤其得益于东夷文化、齐文化和汉文化。若说不其文化是一艘船，那么出现在它面前的就是一重重海洋，在此我们要透过彼此贯通的三重海洋来看不其之船。

多少生生死死的往事已经忘怀，多少迷津中的迷津已经遗弃。入乎其内，你就可能被完全吞噬，以至于我们只能像荒岛求生者那样陷入无时间的绝境，而且等不到救援。这样，所有前世往事都变成了来世梦想。

1.1 东夷文化视野

东夷文化在山东半岛发源以来，形成"以山东为中心的东方"（苏秉琦语）。在中华文明起源的宏观体系中考察，这既是多元中的一元，亦是构成东西方轴心的一维，对中国文化精神的养成发挥了至关重要的作用。

东夷文化首先赋予不其地以至为深厚的历史渊源，关于这一点，在前面"三知不其"一节中我们已经予以申明。不妨再度强调这一点，实际上，在与不其文化对话的时候，我们将无数次向东夷岁月发出回望，重温东夷精神，让那些冰冷的历史有温度，活起来。这样说吧，就像海洋与岛屿的关系一样，不其文化出自东夷，而且继承了东夷文化的禀赋，其文化性格中处处闪耀着深沉的东夷文化的光辉，那渗透在不其文化中的诸多精神奥秘是可以从东夷寻获前缘的，比如说东方意识和海洋精神，这就是至为深刻的文化基因，从东夷文化到不其文化俱可见证这一点，历史展开了一条波澜壮阔的东方之路，虽然时空流变，但内在的精神气象是一以贯之的。着眼于东方与海洋的一体化，未尝不可以说不其文化是汉朝大一统文化背景上东夷精神的适度重光，或者说是汉文化与东夷文化精神融合开新的产物。这一点尤为重要，认识不其文化，从尔夷开始。

从县制时期不其地范畴内考察，东夷文化在不其地有着深刻的历史集结。北阡遗址（位于今即墨金口镇北阡村）标志着七千年以上的文明足迹，给出了胶州湾地区乃至整个胶东半岛之有人类居住的历史起点，也标志着北阡文化与大汶口文化的衔接点。此地在西汉时属于皋虞县，在东汉时属于不其县，因而也给出了即墨地、不其地与皋虞地所共有的一个历史起点。迄今为止，在不其地的中心区域（今城阳区）境内已发现最早的东夷文化遗迹为距今四千年以上的城子遗址，它明确标出了不其文化的一个史前路标。除了城子遗址以外，尚有李家宅头、半阡子、冷家沙沟等龙山文化遗址和霸王台、西窑顶等商周文化遗址。

如前所述，不其地是一个具有包容力的概念，不囿于汉置县以后的历史，同样可对辽阔的史前岁月有所映现。于是就有了局部与整体的相互影响，不其地在胶州湾东北方，而整个胶州湾地区是可以作为东夷文化发源地来看待的，这里存在着多种东夷文化形态的衔接点，尤其是对东夷民族海洋性格的孕育发挥了不可替代的作用。不其地加入了这一历史进程，经历漫长史前岁月而闪烁奇光异彩，内在于一个宏阔的海洋性东方文化体系，在熔铸东方精神与海洋禀性的同时也深刻印证了早期中华文明的基本价值。恰恰正是在这一视野中观察，不其地与周边区域有着共同的文化渊源，在文化精神上具有更为协调的一致性，共同内在于胶州湾文化带，特别是因着胶州湾的缘故，这一地区历史性地获得了一种古老海洋精神的滋养。龙山文化初辟中华海洋文明曙光，开启三代航海迷津，在这一历史进程之中，隐含着不其地的文明足迹。海色结连深广，更多文化起源的秘密尚可从更大历史范围内探寻，缘此我们将首先见证"东方"的意义，认识一个东方中的东方。

面对东夷文化，我们的视野同样要包容海陆，而胶州湾作为海陆结穴处，显现了非凡的起源意义。那么，我们究竟看见了什么呢？从无限遥远的海上传来的阵阵声响，那回声之中有我们要追寻的事物吗？

● 双孔石刀

新石器时代·龙山文化
长14.8厘米，宽4厘米
1984年城阳皂户村出土
青岛市博物馆藏

1.2 齐文化视野

齐鲁文化是东夷文化与中原文化相融合后的新境界，实现了中国文化史上最成功的一次转型，其精神实质在于融古开新。

孔子言"齐一变，至于鲁，鲁一变，至于道。"（《论语·雍也》》）说的是春秋战国时期地域文化的精神趋向，从礼乐文明的角度看，鲁更多地保存周礼，因而更接近某种道德理想化境界。齐重工商，鲁重农耕；齐国面海而兴，鲁国载道而存；齐文化倾向于豪放，鲁文化沉潜于仁厚。

不其地久经齐鲁文化的沉浸，养成了兼容齐鲁的禀性。今天，我们尤其需要长久研究并沉思一种文化精神上的海洋系统，一种知识体系上的海洋系统。面对先秦历史，顾炎武曾发出"史文阙佚，考古者为之茫昧"（《日知录》）的慨叹，今天我们思考不其文化与齐文化的关系，虽然相对于东夷文化来说，齐文化已经是亲近得多的一重世界了，然依旧感到茫昧，似乎匮乏直接的信物，而唯有精神上的深刻联结是不可更改的。对于一种知识体系的追索是必要的，那些凌乱的事物必将有所归整，就海洋人文来说，历史到齐国这里，开始呈现出一种相对清晰的海洋知识体

绳纹灰陶罐（左）

春秋~战国
高38厘米，腹径29厘米，口径11.6厘米
1979年城阳流亭镇出土
城阳区文物管理委员会办公室藏

铜盉（右）

春秋战国
高9.5厘米，口径8.5×7厘米
1960年城阳夏庄镇源头村出土
青岛市博物馆藏

系，一种知识化的海洋视野打开了齐国的精神世界。这其中，邹衍倡导的大九州学说不常被提起，却蕴含着一种海洋人文思想的丰富可能性，虽然我们的历史最终并没有导向大九州之境，依然固守着禹序九州体系，限制了海洋视野的开张，但这样一种学说的存在是有历史反响的。春秋以来兴起的海上求仙运动，某种程度上也反映了大九州学说与黄老之道的混合意识，客观上带来了对海外世界的强烈关注，与求仙相伴随的，是海外探险与文化拓荒行动，这也是不争的事实。

以周灵王五年（前567年）齐侯灭莱而置即墨为标志，不其地周边区域逐渐纳入了齐国版图，齐文化时代开始了。齐相管仲施行"官山海"政策，得渔盐之利而兴国，到汉朝演变为更严格的国家对盐铁等战略资源的垄断政策。作为齐东方和汉东方的渔盐中心，作为中国海盐业的发源地，不其文化的这一面相对清晰一些，其煮海为盐的传统从东夷文化中萌芽，而在齐文化中再度获得了历史性的确证。

当司马迁写下"夫齐，东有琅邪、即墨之饶"（《史记·高帝纪》）的时候，齐东方的重要性已有所体现，所言即墨为齐国东方大邑，包含着不其地在内。当梁启超写下"齐，海国也。上古时代，我中华民族之有海权思想者，厥惟齐"一语的时候，所有航海者都会向海洋发出沉思性的注视，而中国的海洋意识也首先通过琅邪显现了出来。至汉朝，不其之所以成为东方海标，与齐国的海洋精神是不无关系的，缘此而形成了跨时空的呼应。

1.3 汉文化视野

汉文化博大恢弘，带着大一统王朝的精神气度展开。

不其文化得益于汉文化者深矣。因着汉武东巡的缘故，海岸线上出现了明堂、太一祠、交门宫三大汉史纪念性建筑，这是值得深思的事物。

中国意识中的天地是圆的，汉朝故人更钟情于这件事，他们对神秘事物的热情更胜于我们，他们的精神动力远比今天大得多。虽然那在通史视野中彼此关联的事物常被彼此时间否定，比方说明堂外面的辟雍，那些特别设计的环形水道就被堙埋了，花落在上面，仿佛一切从未发生。不其地有女姑山，那是一座状若高台的火山口，白沙河从两个方向环绕着它，与胶州湾一起构成了天然辟雍，绝妙的构思，比一切人为设计的建筑更完美，完全吻合神意，所以就有了不其明堂。上方是荒凉的月球，环形山播撒着冷光，降下了非时间性的潮水。这都是相互关联的事物，不同文化形态间的关系又何尝不是如此？从这一角度看问题，一切文化与文化之间都保持着绝妙而均衡的关系，即使一千重回音封闭了通道，如同时光堙埋了辟雍，你也可以因着它们的共同规律找到那里。于是打开通史视野，从上古开始走完一条路，但是不要在任何一个节点上耽溺于梨花的春雨。

汉朝，这是一个探索东方与探索西方并行不悖的时代，张骞、班超和甘英往西方行进，凿通丝绸之路，以闪光的形象留存于我们的历史记忆之中。可面向东方的探索却显得扑朔迷离，后世历史视野中似乎只剩下海上求仙了，虽然海上方士经历了比西行者更艰辛的努力，但是在正统历史思维之中，这也终究是荒诞之事，而帝王求仙本身也注定是非理性的。由是观之，东方的最大价值似乎只在于通往海上三

齐建邦长法化刀币
战国
高17.5厘米，宽3厘米
即墨市博物馆藏

十二辰规矩禽兽镜

汉
直径14厘米，厚0.5厘米
1972年城阳北疃村出土
青岛市博物馆藏

豆形浅腹圆底铜熏炉

西汉
高17.6厘米，腹径9.4×9厘米
2010年城阳后桃林汉墓出土
城阳区文物管理委员会办公室藏

神山，为求长生故，帝王本人走向了这里。其实，这并非问题的全部，自东夷文化以迄汉朝，中国意识中的神圣方向以及相关知识体系的基本着力点始终是东方，前有太阳诞生地的想象，后有三神山的想象，它们都是作为东方理想国的象征而存在于一个无限延展的东方的，这是合乎古代历史逻辑的事。

中国的海外探险与海上交通也都是以东方为起始和归宿的，山东半岛的重要性与此相关，当然绝非仅仅表现在海上求仙的维度上。汉武时代，山东是中国经济最发达的地区，同时也是文化最先进与信仰最复杂的地区，这也是帝王巡狩以山东为主要目标的原因所在。帝王巡狩，其现实功业目标和精神远景都是真实存在的，这是古今的共同性。汉武帝十一度东巡，九度抵达山东半岛，当然也不止一次登临不其。至于客观上带来的海外文化拓殖更是超乎想象。作为汉武帝东巡目的地之一，作为海上求仙基地和太一信仰中心，作为通往海外世界的桥头堡，不其可谓天命所托之地，其复杂性也正在于此。不过我们可以客观地看待这一切，不其是以汉朝东

方之门的形象矗立于苍茫海岸上的。两汉经学同样在这片海岸上闪烁光华，带来了深沉的学术传统，这是与帝王东巡同样深刻的文化行动，当然没有人从负面来看待这件事。

推想汉初，在东方的海陆结合地新置不其县，一个基本理由应当也是着眼于海疆的稳固、海域经济的开发和海外交通的开展，是在综合考察此地所特有的海陆关系后而做出的战略选择。今天我们可以站在更客观的立场上来看待历史，在这一部分，我们可以用最少的话来表述不其文化与汉文化的关系，可以说，没有汉置不其县，没有汉武东巡与经学东播，就没有不其文化成立的历史机缘与文化动力。不其文化绵延于历史，其中心就是汉不其文化，这是不其文化的主轴，是其基本内涵、主题价值与文化禀赋得以确立的时代。问题的另一面同样深刻，因为有了不其因缘，汉朝的东方视野得以开张。

汉文化在东方，弥漫着神秘、雄浑而诡异的气息，逼近理解力的极限。看上去这不是一个历史命题，而是一种文化天命，带着东夷文化以来与东方和海洋相关的信仰出现，在探索世界的时刻探索自我。一俟剥去迷误，我们将看见的是瑰丽而透明的文化结晶体。今天我们能在多大程度上认识和理解汉朝的东方，这岂止是对历史的回答，而且也必将因此而接受未来的拷问。

2. 第二重景深：儒释道视野中的不其文化

天地之间，那具有终极魅力的一切往往是同一精神远景的不同实现方式。

中国传统文化素怀儒释道三教融合的理想，当然这种理想状态的出现是唐宋之际的事，汉朝远未达成这种平衡，其精神世界具有海洋般的激荡感。不过正是从儒释道的角度来审视，我们看到了不其文化在传统文化多重重大主题视野中所呈现的面目。在文化统合视野中，这也算是一种历史前缘吧。历史所能给出的是这样一重图景，在中国文化形成、演进与完型过程中，不其地深受浸润并留迹深远，在道教史前史、经学文化史与佛教早期传播史上闪烁光影，留下了历史对话的因子。

2.1 不其与道教史前史

汉朝是一个充满思想重力与信仰引力的时代，汉武帝时代更是如此。

但是可以像花瓣那样回望的世界是不存在的，而历史迷津的每一次加深似乎都与无限未知世界相关，危难无所不在。正因此，面对汉朝那样一个充满危机也充满豪气的精神重力场，我们是不能以今天的思维来衡量历史意志的，何况历史本身富于启示力，有时是完全超乎我们的理解力。

汉武所兴祠极为繁复，有数百之多，其中最显要者，当为太一祠和后土祠以及泰山封禅，而太一祠尤具开创性意义，对认知汉朝思想史具有特殊价值，集结着多方面的文化景深与多层次的宗教奥秘，展开了一个令人深思的汉史境界。

双夔龙纹玉璜
春秋
高11.6厘米，宽72.1厘米，厚0.6厘米
即墨市博物馆藏

汉武帝的东巡之路延伸到不其地，意味着神人交遇，也就接近于一个历史终点了。他在不其地敕建明堂、太一祠和交门宫，主要目的之一就是祭祀太一神。这是一桩极稀有的汉文化事件，内中隐含着远非今天我们所能理解的复杂内涵，事关汉朝精神法统的成立方式。以后世回望前世，可以约略看到一些端倪，一重重历史图景的深处包容着道教然不囿于道教。太一之祀的历史深度似乎完全不在常规思维所及之处，从这件事上看，汉武一朝的宗教意识有着超乎想象的深刻性，内中沉积着种种意识和无意识潜流，涉及千年以上已经萌发的天人意识。

那么，太一之祀与道教的关系究竟如何？大致上可以说，汉武帝有建立一元化信仰体系的想法，奉太一为至上神，而道教为万神共尊的体系，这是不同的理趣。不过，在《交门之歌》所呈现的那种天神宴飨情境之中，已分不出彼此了。以东汉道教正式创教以后的眼光来观照前朝风景，的确是可以发现某些共同意味的，这是历史的先验与后觉。道教吸纳了太一，然其神格较汉武之际已不可同日而语，在汉武帝那里，太一是统摄一切的至上神，而道教中太一真人虽为尊神，然而已失去了至上神的地位。

中国意识的包容性消弭了思维界限，不同事物是可以相互包容的。恰因此，历史预设了太一信仰与道教的契合点。在东方海岸上，汉武帝启动了一套含有道教元素在内的太一精神系统，他在西汉的祭祀活动也就具有了道教史前史的意义，而且进入了道教起源程序。这是可以互鉴的历史机缘，文化发生与嬗变的秘密在此深有见证。意识之花盛开，不其地见证了道教在东方起源的秘密。

要言之，不其开张道教史前史于东方，成为道教的发源地之一，这是历史所赋予的一种特殊内涵，前世历史之为，应当得到后世历史的理解。云霞奔腾中，不其山（崂山）与道教的深刻机缘在这里透露了出来。

其实，道教在东方滨海地带发源是一件顺理成章的事。自春秋战国之际开始，随着海上求仙运动的开展，齐地海滨成为海上方士和相关力量的集结地，盛行黄老之术和以神仙学说为主旨的方仙道，这已为道教出世创造了必要条件，提供了历史

不其山（崂山）

前缘。逮至东汉太平道创立之际，琅琊国海滨地带自然成为道教精神的蕴发、成熟之域，从此不难看到一种传承有序的历史逻辑。从历史地理角度看，两汉琅琊（西汉为琅琊郡，东汉为琅琊国）就是道教的发源地。对此，汤用彤先生结合早期道教经典《太平经》（《太平清领书》）的作者于吉以及东汉黄老道家宫崇等俱为琅琊人的情况予以研判，他说：

> 《江表传》，称于吉琅琊人。襄楷亦称宫崇为琅琊人。东汉琅琊国，当今胶东沿海地。而琅琊县近海上之劳山。太平道发源于此。[1]

陈寅恪先生《天师道与滨海地域之关系》亦持同样观点，厘定琅琊一带为道教的重要发源地。

至于不其，一方面长久为西汉琅琊郡和东汉琅琊国属地，自然内在于道教起源的大系统之中；更因着汉武帝祭祀太一神的缘故而凸显了深刻的宗教精神渊源，以东方太一信仰中心的形象涵容道教意识于一体。以琅琊与不其做统一观照，可以发现道教发生的历史机缘，这是与东方和海洋密切相关的机缘。

历史地看，在道教史前史的邃密景深中，在道教精神肇兴的历史图景中，琅琊与不其共同标志着道教精神在东方的起源。这是一个基本的历史认证。

海上有山，山中有洞天，与道教精神存在着天然会通，俨若浩荡神仙的居所，洋溢着洞天福地意味与超然物外旨趣，对于道教意识滋长来说，这是一种合适精神气候。无疑，大自然最具宗教精神，所启示的正是万法归一的可能性。

[1] 汤用彤：《汉魏两晋南北朝佛教史》，《汤用彤全集》，第1卷，第64页，河北人民出版社，1999年。

2.2 不其与两汉经学

一道经学之光贯穿东西两汉，在这片苍凉海岸上形成了深远的映照。

两汉经学在不其及周边地区有着深远的传播，缘此不其成为经学的东方重镇。看上去这有些意外，然文化的本意是清楚的，一切都是自然而然发生的。

两汉之际，不其及其周边地区诞生了多位经学大家，其中尤其汉谏大夫王吉和青州牧房凤为代表。王吉为一世硕儒，兼通五经，尤精于《韩诗》和《齐论语》。在西汉传世经学家中，他是特别善于将经学与现实政治结合起来的人物。他是琅琊郡皋虞县人，汉武一朝的后期往长安游学，得蔡义《韩诗》之真传。学成后返乡为郡吏，先举孝廉，再举贤良，昭帝时任昌邑王刘贺中尉，宣帝时征为谏议大夫，奠定了其家族数百年的仕途辉煌。作为西汉"以经治国"的代表人物，他深怀"致君尧舜"之德，积极践行儒家理想人格和济世精神，垂范于后世。王吉之子王骏承续家学而有所为，尝随诸县（今诸城）梁邱贺学《易》，汉成帝时履其父旧迹而再任谏议大夫，颇有政声，官至丞相，有《鲁论说》二十卷传世。王骏之子王崇亦蒙祖荫而入仕，建平年间破格征为御史大夫，汉平帝时拜大司空并封扶平侯。王吉三代皆登三公之位，家国并兴，累世簪缨而禄位弥重，树立了一个经学世家的风范。而王吉身后所隐含的，正是琅琊王氏的千秋基脉。

不其人房凤亦为一世硕儒，官至青州牧，今不其城故址附近尚有"青州牧房凤之墓"。他活动于西汉后期，是《谷梁春秋》学的泰斗，创成"房氏之学"，而且独具今、古文经学的融通视野，在两汉经学史上这是一种极为罕见的学术风范。

兽面衔环式铜铺首
汉
长6.2厘米，宽4.3厘米，环外径3.5厘米
2010年城阳后桃林汉墓出土
城阳区文物管理委员会办公室藏

玛瑙环
西周~汉
直径10厘米，孔径7厘米，厚2厘米
即墨市博物馆藏

清同治版《即墨县志》
关于康成书院的记载

东汉经学大师郑玄的到来，标志着经学在不其的新高度。郑玄是两汉经学史上首屈一指的集大成者，开创了经学的"小统一时代"，毕生致力于古代文化遗产的整理和研究，深刻影响了儒学传统下中国人的精神世界，对中国文化的传承与发展做出了重大贡献。与编注群经一起展开的，是教授群伦。根据《后汉书》和《三国志》等典籍的记载，结合有关历史要素判断，历史上，他先后于永康年间和中平年间两次东行不其地，于不其山中设帐授徒，从学弟子数千人，创造了汉朝的私学典范。其光绵及后世，明正德七年（1512年），即墨知县高允中建康成书院并设康成祠于当年郑玄讲经之处书院村。

人间花树缤纷，时节送走了浮云，孩子们开始读书，诵经声此起彼伏，燕子为之左右盘旋，海风站在山顶上等候。其实，我们可以更好地把这件事说出，岁序更新，不其山中的一日显得悠长，种植梦想的人在辛苦劳作，为果实赞美土地。你看，时光驿站多么荒凉而完美，只留下星辰在那里写字，从每一个字中看见自己。长日将落之际，忽然有人询问去往故乡的路径。

198

2.3 不其与佛教的早期传播

佛教入华，这也是汉朝的事。

佛教肇创于古印度，约在两汉之交传入东土中国，其传播路径无非海陆两途，至于何者在先，尚难有定论，梁启超先生主张海路早于陆路。无论如何，佛教入华是一个极复杂的历史过程，当海陆并进而殊途同归。

一个极其耐人寻味的现象是，早期佛教不为世人理解，是借助玄学和道教的力量方得以在中国扎根的，一度呈现佛老并祀的局面，汉朝佛教几乎就被当作道术的一种，故称之为"佛道"。对此，汤用彤先生早有研判，明言黄老道术"盛行之地亦即佛教传播之处"，他说：

> 东汉常并祀佛老。黄老之道以及方士托名于黄老之术，其盛行之地亦即佛教传播之处，为理之所应然。[2]

这也是合乎本土文化与域外文化对话之逻辑的事，内中所隐含的正是佛道两教在中国成立路径的一致性。秦汉琅琊郡为道教发源地，随着佛教的入华，在这里形成了两教的第一度碰撞与交融。从这一角度来看，内在于大琅琊郡的不其完全有可能较早地接触佛教，这在地理条件和精神气候上是具备的。推思历史脉络，早期道教与佛教似乎无不对一种适宜的海洋性精神气候有所依赖，而最适宜的环境就是岸海高山了。在此，可重点关注法海寺，元泰定三年《重修法海寺碑》有"魏武皇帝建"诸字，将建寺年代指向了曹魏时期。若此，则法海寺即为山东最古之佛刹。

东晋高僧法显的到来至关重要，既有影响后世之德，亦有勘验前世史迹之功。时为义熙八年（412年），法显取经归来，海路归国，在经历了海上夏坐的重重危难之后，他所乘坐的东晋之船在不其牢山（崂山）登陆，被长广郡太守李嶷迎入了不其城，住一月左右。《法显传》言"太守李嶷敬信佛法"，已可说明当时不其地已有佛教。最值得品思的是《法显传》中记载的高僧法显与山中猎人的对话。当时东晋之船刚刚停泊在牢山脚下，然尚不知此地为何地，这不会又是一次耶提婆（法显归航时经过并停留了半年的一个地方，一般认为应为南洋某处，亦有说法认为是在美洲某处）迷航吧？于是就找来了两个猎人，他们说着中国话，一船人唯有法显尚能听得懂，于是便就有了高僧与猎人的三问三答：

> 法显先安慰之，徐问："汝是何人？"答曰："我是佛弟子。"
>
> 又问："汝入山何所求？"其便诡言："明当七月十五日，欲取桃腊佛。"
>
> 又问："此是何国？"答言："此青州长广郡界，统属晋家。"

第一回问答表明猎人身份，为佛弟子，这已是本地区有佛教存在的证明。第三回问答说明法显登陆地为长广郡牢山，其时不其归属东晋，法显已抵达故国。第二回问答尤其值得重视，猎人回答法显"汝入山何所求"一问时竟说出"明当七月十五日，欲取桃腊佛"的话，听上去颇感意外，显然此非外道之言，虽面露"诡言"之状，然无疑说明山中人对佛教仪轨是有足够了解的，猎人要参加的是一项重要的佛事活动。那么，何谓"取桃腊佛"？说来话长，简言之这是盂兰盆会的一个供养

[2] 同1。

内容，而盂兰盆会是专门超度历代宗亲的人间佛教仪式，每年的农历七月十五日举行，这一天也成为中国传统的中元节，正是祭拜先祖、安慰亡灵的日子。时当东晋义熙八年农历七月十四日，法显归来，解安居，由于闰月之故，这旷古未闻的海上夏坐竟然经历了110多天。《法显传》提供了中国最早的关于盂兰盆会的历史记载，基本上可以说明不其为最早举行这等佛教仪式的地方，这也间接证明了法海寺建于东晋以前，当为曹魏时所建。至此，不其佛教之真容已有所显现。

高僧法显的不其岁月虽然短暂，然意义重大，充满文化见证力。无论从法显个体生命还是佛教中国化的历史来看，这都是一个至关重要的节点，承前启后，连接起求法与译经岁月。否则相关历史记忆将沉没，佛教中国化的进程将延缓，而海上丝绸之路亦将失去一部华章。登陆不其后，求法历程转变为译经岁月。法显于义熙九年（413年）秋来到东晋首都建康（今南京），驻锡南方佛教中心道场寺，在那里与天竺高僧佛陀跋陀罗（觉贤）精诚合作，译出了法显从天竺带回《大般泥洹经》和《摩诃僧祇律》等梵文佛典，有效促进了当时中国的佛教改革，开创了大乘佛教在中国传播的新局面。他们共同完成了伟大的译经工作，然后法显独自写出了历游天竺的回忆录《法显传》（《佛国记》），佛陀跋陀罗则在历史上首度译出了佛教五大部之一的《大方广佛华严经》（六十华严），其中有这样一句话：

真旦国土有菩萨住处，名那罗延山。过去诸菩萨常于中住。

在唐朝译经高僧实叉难陀（Sikshananda，华言学喜）的译本（八十华严）中，同一段话译为：

震旦国有一住处，名那罗延窟。从昔已来，诸菩萨众于中止住。

奥义沉沉的一语，一片佛光中的中国圣迹，殊胜因缘与无量功德已不容猜度。你知道，这是佛教思维的果实，这同样是可以在海洋视野中显现的人间真谛。所云"真旦"与"震旦"皆为梵语Cīna-sthāna之音译，指的都是中国。《华严经》如是

《法显传》书影
（福州开元禅寺本）

佛头

北魏
高21厘米，直径18厘米
1984年城阳法海寺出土
城阳区文物管理委员会办公室藏

说，菩萨有三十二住处，在中国有四处，其中一处名那罗延山（那罗延窟），过去很久以来，诸菩萨常在这里留住。那罗延为梵语Nārāyanna的音译，原为印度教中毗湿奴女神的别名之一，意为金刚坚固。经唐朝华严四祖澄观法师判教，那罗延窟在东海（古东海，今黄海）崂山。明万历年间，高僧憨山自五台山来东海崂山寻访那罗延窟，加深了这段那罗延因缘。你看，这是三个朝代的三位高僧所共同勘验的华藏奥义，意味着佛教中国化历程中至为关键的一个节点。

1984年，法海寺前出土了大量北朝佛造像，为我们思考佛教入华及早期传播轨迹提供了新的启示。有必要将法海寺佛造像与青州造像体系进行比较研究，以澄清其来龙去脉，发现内中隐含着的佛教在山东半岛登陆及传播的秘密。

大历史之呼应，在佛教上表现得至为深邃而精密，那在一道佛光中显现的事物精美异常。不其为佛教在中国早期登陆与传播的圣地，殊胜因缘，不可不思。

双羊头浮雕画像石

汉

长196厘米，宽45厘米

1966年城阳流亭镇南城阳村出土

青岛市博物馆藏

3. 第三重景深：区域文化视野中的不其文化

山海之间有不其，古雅的姿态令人感动。

谈及不其文化的成立因缘，可以说是多重文化力量的并至，既在于自身的天赋异禀，更在于一种整体文化环境和历史传统的滋养，大文化与大历史浸润、激扬的同时，亦离不开周边文化形态的相互支撑与相互增益，这是不其文化的幸运，也是不其文化的贡献。汉不其文化加深了青岛及山东半岛地区的文化性格，而且赫然成为当时中国文化版图上的东方海标，集结着诸多极具特色的文化史内涵，从而有了普世性与地域性深度结合的魅力。

不其文化是胶州湾地区古代文明的重要组成部分，从这样一重区域文化视野中观察，它与即墨文化、琅琊文化及崂山文化等多种地方文化形态密切关联，存在着深刻的互通、互证、互鉴关系，这也是理所当然的事。比较各种地方文化形态，透过相互间的文化影响、渗透与包容，我们所看见的正是一幕整体图景。缘此，一个区域文化共同体是可以建立起来的。

3.1 岁月包孕：不其文化与即墨文化之关系

红陶背壶

新石器时代·大汶口文化

高14.5厘米，口径7.4厘米，腹径13.5厘米

即墨市博物馆藏

古代星空下，不其与即墨几度分合，历史足迹与文化精神上互为昭显，彼此关系深到了超乎想象的地步。细说起来，这可不是有限时光所能澄清的事物。远溯数千年以上，东夷文化在这片土地上扎根，阳光逐渐荡开了黑夜，无论早先的北阡风雨还是后来的城子炊烟中，那从海风中走来的都是东夷故人，而且对未来保持着同样的姿态。在东夷文化记忆中，你是绝对分不开何者为即墨，何者为不其的，历史所显现的都是东夷故人的同一片家园。

不其与即墨，建制时间固然有先有后，分布区域固然有大有小，可我们的历史所能呈现和见证的终究是两者相互依托的历史文化关系。前面曾多次提及，隋开皇十六年（596年），不其告别了近八百年的县制历史时期，其地并入了新置的即墨县，自此以后，不其文化属于即墨文化的内在一部分。与此同时，这也是古老即墨的重生时刻。看上去，这是一种历史变更，其实这又何尝不是一种历史回归？汉以前，不其地即内在于即墨，此前的数千年的"不其文化"是作为"即墨文化"的一个子命题而存在的。换一种说法，除了近八百年的县制时期，古代史上不其地均在即墨地之内。自齐置即墨邑开始，不其地就作为即墨的一部分而直面沧海。至汉初，不其为新置县，方与即墨暂时分开。明清之际即墨所立九贤祠中，就有不其令童恢和汉谏大夫王吉，历史未分彼此。出于即墨而又归于即墨，而在其不长的独立建制时期，以东方海标的形象而存世，获得了非凡的文化个性，无疑，这是不其对即墨的历史反哺。

不过说起来，一提即墨，人们的第一印象是汉以前的即墨，而历史所赋予即墨的诸多个性特征恰恰也就体现在齐秦汉时期，此即周灵王五年（前567年）齐侯灭莱以后所置即墨邑，其历史中心为即墨故城（位于今平度市古岘镇大朱毛村一带，民间亦呼之为朱毛城），其建城史已逾2580年，是为第一个即墨，也就是以即墨故城为地标的古即墨。秦时为琅琊郡属县，辖域一度广及胶东半岛大部分区域。入汉朝，其主体部分设为胶东国，为胶东半岛首屈一指的历史中心。终齐、秦及西汉的近600年中，即墨的行政中心始终在平度。历史宗续错综复杂，汉时，今平度市区却不在这一范畴之内，西汉为郁秩县，东汉为胶东县。客观地看，"即墨文化"这一命题并非单指今即墨市境，在不其文化与即墨文化这一对文化关系中，切莫忘记平度的意义，很大程度上这也是区域文化上的三位一体关系。汉初三分即墨，除了大部分领地设为胶东国以外，其东南部沿海地带分置不其县和皋虞县，并各置侯国于其境内，应是着眼于海疆稳固性的需要。汉景帝时，析胶东国东部新置东莱郡，古即墨地进一步缩小，然其精神气象一以贯之。隋朝东移现址重置即墨，是为第二个即墨，境域延续至今，而汉时其主要领地属不其县，故而《康熙字典》乃有"今即墨乃汉之不其县"一语。

猴抱树连杆灯
春秋
高38厘米，宽26厘米，厚8厘米
2002年六曲山汉墓群出土
平度市博物馆藏

卷草纹鸡心玉佩
西汉
长7厘米，宽3.2厘米
即墨市博物馆藏

北宋金银书
妙法莲华经卷

北宋
即墨市博物馆藏

  不其为佛教中国化历史进程的一个重要节点，那罗延石窟、曹魏时期所建法海寺、东晋高僧法显登陆以及北朝佛造像所构成的历史图景中，隐含着佛教入华及早期传播的历史秘笈，一切尚待深思。于是，当即墨博物馆所藏北宋金银书妙法莲华经卷显现的时候，佛教文化因缘显得更为盛大，延续着历史。

  不其与即墨的文化关系中，也包含着皋虞在内，这是一个子命题。西汉皋虞县的核心地带在今即墨市温泉镇东皋虞村一带，背依钱谷山，面向鳌山湾，其辖域还包括今即墨东部的金口、丰城、田横、王村诸镇全域及鳌山卫镇北部（其南部时属不其县）。东汉废皋虞以入不其，隋朝废不其以入即墨，似乎重现了三分即墨以前的历史逻辑，虽然这已不是同一个即墨，然其文化精神一以贯之。

  无论历史如何变更，我们所看到的都是即墨与不其在文化上的相互包孕。即墨一向是以齐文化之东方标杆的形象而立于历史洪流中的，两个即墨的记忆中回荡着齐文化的博大与进取精神。复观两汉之际，即墨、不其和皋虞在胶东半岛就具备了三星并耀的文化高度。虽地有分殊，然三地在文化上呈现出了相互流转与包容的深刻关系，在经学传播及海洋文化史等重大主题上形成了共同的说服力。

  汉武帝东巡祀太一于不其，汉宣帝祀太室于即墨，一者亲临，一者遥祭，所见证的无非东方的特殊性，历史在这里实现了深度回旋。皋虞传唱着田横五百士的壮歌，苍凉悲怆之间回荡着的，又何尝不是一方天地所共有的仁德与豪气？你必须在同一道光中才能明白这些事，天人相酬的深情与豪气俱在。出自古即墨的不其成为汉帝国的东方之门，这对沉雄的即墨文化来说，又何尝不是一种历史性格的张扬？与即墨同在，共有的海陆文化性格因此而显得卓绝。

  文化精神绵延，即墨的包孕之功允称无量，而不其的反哺之德亦称无量。进思之，这又何尝不是历史与历史的相互包孕与相互反哺呢？在持续的文化对话中，这是最动人的事，群星为之默默颔首。

3.2 时空呼应：不其文化与琅琊文化之关系

琅琊出场以后，我们的海洋国史有了更深厚、更稳固的基点，在大方海洋文明的视野中看待琅琊，其历史深度、高度与广度几无出其右者。

东方毕竟是东方，同一道海洋之门所开启的，其实正是大地的梦想。缘于此，我们的文化视野变得辽阔了许多，我们的历史思维也变得通透了许多，当然也面临着更多阐释的困境。在海洋视野中，不其与琅琊必然是要相遇的，两者构成了极为严密的时空呼应关系，也可以说这是一种基于航海、海洋意识和历史传承序列而产生的海洋精神一体化关系。

考历史地理区域，当有大琅琊和小琅琊之分，所谓大琅琊指的是秦汉琅琊郡属地，南至苏北地区，北及胶东半岛，跨越中纬度带的广大海疆，为三代以迄秦汉时期海洋国史的枢密区。秦汉琅琊郡的治所均在琅琊县（今青岛市黄岛区琅琊镇），西汉不其县为当时琅琊郡所领51县之一。终西汉两百多年间，不其县构成了琅琊郡最具文化活力的一部分，与琅琊县共同标志着琅琊郡的历史高度，相互之间影响与被影响的痕迹是很深的，俱因海而兴，俱养成了面向海洋与兼容南北的文化性格。东汉琅琊郡变身为琅琊国，起初不其县在其中，而后改隶东莱郡，遂与琅琊分开。就地理范畴来看，历史上的琅琊县大致上与现今青岛市黄岛区相当，这也就是小琅琊，在"不其文化与琅琊文化"这个命题中，我们指的是小琅琊。

当然问题尚不止于此，要问不其与琅琊的文化关系之密切到了何种地步，倒是完全突破了行政建制上的关系，特别是在秦汉海洋文化体系中，琅琊与不其并称双

黑陶鼎
春秋
高9.5厘米，口径11厘米，足高4.5厘米
黄岛区博物馆藏

"千秋万岁"瓦当 ●

秦

直径18.7厘米，周长57.5厘米，厚3厘米
20世纪80年代琅琊台出土
黄岛区博物馆藏

琅琊刻石（局部）●

秦

通高4.8米，上宽0.76米，下宽2米
原立于琅琊台
国家博物馆藏

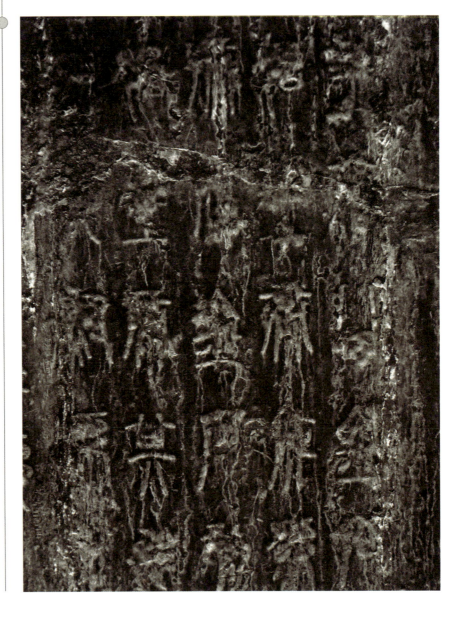

壁，在中国东方发出了协调而精密的闪光。置身于海上丝绸之路的历史视野中，不其与琅琊是完全可以彼此照亮自己的。要之，在东方与海洋的维度上，琅琊与不其一脉相承，俨若秦汉时空中的双子星座。

以史观之，琅琊的海洋文化渊源更为深厚，为亚洲始祖港，为春秋战国时期形成的中国五大古港之首，独领海事风骚上千年，首开海上丝绸之路的历史荣光。望尽三代海路，我们的历史之眸是完全可以照见一片深邃无比而精妙无极的琅琊心象的。得益于同一个东方之梦的浸润，不其与琅琊心象合一。秦汉之际，两者各自在其时空中傲立沧海，作为东方海标，共同洋溢着海陆一体化精神，分别构成了两朝的海外桥头堡。说到当年秦始皇登临琅琊台并祭祀四时主一事，太史公司马迁曾以"琅琊在齐东方，盖岁之所始也"（《史记·封禅书》）一语来推求琅琊心象，意味着天人时空自此开始运转的奥义，东方之为东方，这是一个精神基脉。而汉武帝在不其祭祀太一神，秘密同样系之于此。不其成为太一信仰的东方中心，之所以有

明堂、太一祠与交门宫三大汉史纪念性建筑的出现，这又何尝不是同一重东方奥义的体现呢？内中均涉及极为深刻的天文、地文与海文关系。基于此，我们还可以看到道教发端的历史因缘，其初始因缘与海上方士有关，或者说与方仙道有关，而相关的海洋知识体系与海外视野亦缘此而建立了起来。

历史和历史相互印证，琅琊与不其同为东方海标，同为道教的东方发源地，而且有可能同时见证了佛教海上入华的初始奥秘，这都是两地文化交渗与互鉴之处。换言之，在海陆一体化的维度上，在秦汉两朝的历史视野中，以琅琊和不其为两大支点，以它们为考察对象，中国早期的海洋文化高度即可获得历史性的确证，相关文化渊源亦可获得历史性的澄清。

徐福东渡为秦朝航海之巅峰，汉朝堪与之相比较的是王仲东渡，前者自琅琊出海，后者自不其出海，都是朝向东方的航行，拨开重重历史迷雾而审视，俱可见海外文化拓荒的一层意义在焉。他们归于何处？徐福的去向已然成谜，不过一般认为徐福船队，起码是其中的多数人抵达了日本，梁启超先生以"开化日本"来定位徐福的文化史功德。相对来说，王仲的去向要清楚得多，他去了朝鲜半岛，而且其后裔、八世孙王景还返回汉朝为官，特因治理黄河而名垂青史。

秦皇汉武热衷于海上求仙，也正是在这一维度上，我们再度看到了琅琊与不其的历史同构性。秦始皇的海上求仙基地在琅琊，汉武帝亦曾多次登临琅琊，太始四年（前93年）的那一次，很可能就是从琅琊沿海路北上以入胶州湾而登临不其的，恰因胶州湾之故，汉武帝的海上求仙基地转向了不其，内中渊源可能与胶州湾的风水显藏关系相关，亦与当时存在的不其方士集团有关。考察春秋战国以来兴起的海上求仙运动，历史有起点有终点，以琅琊为起点，以不其为终点。随着汉武帝在交门宫祀神并写出《交门之歌》，因着某种天人圆满情景的显现，这事情获得了终结的机缘，不其为五百年海上求仙运动画上了句号。

"西舍"灰陶壶
西汉
高33.5厘米，口径16.5厘米
黄岛区博物馆藏

荆公孙敦（左）
东周
高10.7厘米，口径20.7厘米
黄岛区博物馆藏

青铜鼎（右）
西周
通高28厘米，重6.9公斤
黄岛区博物馆藏

琅琊与不其，秦汉两朝的海标，群星的航海史诗从这里开始。从东方到东方的道路延伸，这永远是浪花传递的同一个东方故事，海上一片帆影划过时间。

3.3 一体两面：不其文化与崂山文化之关系

何谓"崂山"？它既是作为大自然与文化秘府的名称，亦是现今青岛市一个区的名称，前者与不其文化是无差别概念，而后者也仅仅是行政地域上的差别，在文化地域与文化精神上是高度一致的。如果说不其文化与即墨文化、琅琊文化有着至深因缘，那么不其文化与崂山文化更是难分难解了，绝大程度上就是一个整体，两者一也，难分彼此。可以说，这是一体两面的关系。

今城阳区与崂山区原本是一家，自1994年始分为两区，但区划调整并不导向历史文化上的隔阂，以海上崂山为依托，两地的文化史关系深刻到了非彼此依托、彼此互证则各自不足以成立的程度，从文化史内涵到地域精神均具有深刻的一体化征候。当然，从更大的范畴来看，即墨同样存在于这个一体化的历史文化系统之中。隋开皇间重置即墨县且不其县归入其中以后，直到19世纪末，一千三百多年间，崂山都是以即墨崂山的形象而存在于传世历史记忆中的，而崂山山系的一部分亦坐落于今即墨市境内。大自然意志中，崂山、城阳与即墨三地是三位一体的关系。汉史视野开合有度，今城阳区为不其文化的核心地带，而今崂山区则为其辐射地带，以今稽古，尚可将不其文化与崂山文化相对区别开来。不过，这终究是一体两面的关系，从有限度的区分到无限度的融合，这是两种地域文化形态的相互关系，两者各具特色而又贯通一体，区域文化之同中有异、异中有同，于此可得一例证。

自蒲松龄《崂山道士》奠定强大传播效力以来，人们津津乐道，说起崂山已近妇孺皆知的程度，然而"不其"为崂山之旧称，不其县为汉魏晋南北朝之际崂山所

烟台山石刻

图为位于崂山南部烟台山上的西晋石刻，镌刻于太安二年（303年），两处左右相临。其一（左）为："勃海朱未武/晋太安二年岁在癸亥/平原羌公烈"，凡19字，总高50厘米，宽42厘米，字径约3.5厘米。其二（右）为："高阳刘/初孙/魏世渊/晋太安二年"，凡13字，总高49厘米，宽26厘米，字径约8厘米。这是崂山已发现年代最早的古代石刻，时崂山称牢山，属不其县。

线刻菩萨像及"敕孙昙采仙药山房"石刻

位于崂山明道观西南巨石之上，共两处。其一（左图），右侧线刻带背光菩萨像，左侧篆书阴刻"敕孙昙采仙药山房"诸字。另一处相距约60米，上刻8行60余字短文，部分字迹已漫漶不清，内容是："大唐天宝二年三月初六敕采仙药孙昙□□□□□□□山海于□□使将柴房郡□悬□之以俟来命。"两处石刻所记载的为同一件盛唐旧事，天宝中，唐玄宗李隆基敕孙昙、王旻、李华周等人来崂山采药炼丹，并改崂山为辅唐山，以荣宠之。《古今图书集成》《太平广记》等古代典籍载有王旻、李华周之名及采药事。

在之地，却已古雅到了人间莫识其真容的程度。

"不其"为崂山最古之名称，汉及三国史籍皆云不其山，其渊源与东夷故族相关，其概念范畴则因时而变，原用以指称整个崂山山脉。汉魏以后，崂山之山名迭经变更。不晚于西晋，又区分为大劳山和小劳山，两者一也。劳者，劳劳之谓也，一如《诗·小雅·渐渐之石》中"维其劳矣"一语，云山之广阔浩大貌。至东晋高僧法显所撰《佛国记》（即《法显传》）中，已称之为牢山，有金刚坚牢之意，旨归《华严经》所载菩萨说法居住圣地那罗延窟，亦因此之故而有那罗延山之称。唐宋两朝，多称之为劳山，如李太白"我昔东海上，劳山餐紫霞"诗篇所吟。唐玄宗曾派孙昙、王旻等道士入山采药炼丹，盖以其增益江山之故，遂授之以"辅唐山"之名。这期间，牢山与诸名并存于口传，至于其意，则衍生出所谓天牢星表征牢狱一解，故此长春真人丘处机嫌其不雅而改以"鳌山"之名呼之，一度行于金元之际。明清以后，"不其山"之概念重现，然指称范围已大大缩小，特指崂山西北部的铁骑山。今人提起不其山，所指多为铁骑山，而山之整体则被称为崂山。

在不其文化的生成与嬗变过程中，崂山的作用自是非凡的。汉置不其县以后，终不其近八百年的县制时期，崂山始终内在于其中，是不其历史的一个重要组成部分，也是构成不其文化之山海轴心中的一维，岩岩高山所铭刻的，正是不其文化的风骨。人们熟知崂山为道教名山，然少有人晓喻道教之正源恰在于不其这一边，在今城阳境内。汉武东巡，敕建明堂、太一祠与交门宫，这是太一信仰的载体，也是后世导向道教传统的载体，三者均分布于胶州湾近岸。当然有太一祠亦有仙人祠，汉志载武帝所起"太一、仙人祠九所"（《汉书·地理志》），其中仙人祠多坐落于今崂山区境内，总归于崂山群峰之间。显而易见，在道教史前史及道教开宗序列中，不其与崂山一并呈现。唐宋以后，特别是随着全真道统一崂山局面的出现，崂山广布道观，演为道教天下第二丛林，明清之际有九宫八观七十二庵之盛况，其中崂山

绝大多数分布于今崂山区境内，而今城阳区所在地只是边缘地带。

说起来，在历史视野中，在不其文化与崂山文化的关系中，任何差异都是次要的，诸多共同记忆将两者连为密不可分的一体。东晋高僧法显登陆牢山，是为不其牢山，而山中的那罗延窟与山外的法海寺，所展示的无不是佛教早期传播的历史图景，无不可在北齐佛造像的神秘微笑中显现。同样，郑玄讲经不其山、王扶与逢萌隐居不其山，这都是不其与崂山的共同记忆。

要言之，不其文化是在中国东方海陆交接地带衍生、传续和变转的一种极具海洋特征的古代文化形态，凝结着龙山时代以来的东方意识，其汉朝东方之门的形象中包容深广，与多种文化形态相渗透，达成了共同的文化精神，表现出显著的海陆一体化特征。两汉之际，不其一地为山东半岛的文化中枢，内蕴深厚而独树一帜，自此始声闻史籍约八百年，在中国东方海岸线上奠立文化海标，千载之下犹令人怀想，神秘，雄浑，悠远……

其来远矣！不其文化渊源有自，非天地人心不足以穷其本。

夫天地者，万物之逆旅也；光阴者，百代之过客也。

李白所言何物？天地之间，光阴之内，每个人都是文化对话的永恒起点，意味着时间与空间的一体化。于是就有了另一句话：

今人不见古时月，今月曾经照古人。

缘此之故，这世界有了彼此沟通的因缘，我们与汉朝故人，与东夷故人享用的是同一轮明月，无边的海洋浮动着道路，那些重返家园的灵魂享受着晚宴，交门宫冰凉的台阶上，一片无言之花飘落，等待着凤凰归来。

于是，我们重返对话的起点，与历史和未来对话。

【结 语】

融古开新："海陆一体化"的再思考

—— 一片海或者与"不其文化"相关的五个问题

天地之东方，汉朝之东方，文化之东方。

不其文化在中国东方的海陆结合处衍生，处于无穷岁月的轮回之中，以其博古通今的形象傲立海表，经受沧桑。卓然于世者，无论多少历史风云为之激荡，旨归天地共生、海陆并尊的文化气度。汉时明月下，不其立海标于东方，固然系之于其深厚的历史文化渊源，固然浸润着汉朝思维斑驳陆离的光影，这一切首先是与其独特的海陆地理环境密切相关的，这倒不是说环境决定一切，可在古代文化思维中，又岂能离开天人大环境而定天下大小事，不其然耶？说到底，不其文化存在于具体的天人环境、历史环境和自然环境中。那么，应如何理解这一环境的要义呢？综合多种要素，可表述为：这是一种洋溢着文化气象的海陆环境。

文化合于自然，两相渗透而共成本质，这就是"海陆一体化"。

1. 天地苍茫，云何"海陆一体化"

天色幽秘，每一颗星都处于命定的完美位置上。

我们是从海陆结合点上开始与不其文化对话的，领受了历史启示，可是又将如何还酬历史，终究不能像长风掠过群山一样匆忙，不留痕迹。

不其文化并不复杂，唯一的奥秘正在于海陆一体化，这是我们反复申明的一个主题。非此，不足以证解历史真意，亦不足以领悟未来的本意。光中一扇门所敞开的，是大地与海洋的同一个梦，走进去和走出来是一回事。大自然的完美已经无需猜度，蓝宝石发出紫光，那在东方天宇下显现的事物如此简洁有序。等到你从终点回望这一刻，就会明白行星序曲到底意味着什么。

我们也知道，"海陆一体化"这个概念成立的所有理由其实都是与人相关的。

从天地关系的角度看，更具整体意义的首先是"天人一体化"，这是比"海陆一体化"更具本原性的一个概念，起码有五千年以上的历史为之加冕。我们的传统意识中，对"天人一体化"的强调已到了无以复加的地步，这个概念最经典的表述就是"天人合一"。可以说，这是中国哲学的元意识，或者说是一个文化母题，其原发性、合理性与深刻性毋庸置疑。其适应力几乎无所不在，我们在地上的一切似乎都在寻求天上的对应，这是对生命本源的探求、沉思和皈依。

得着"天人合一"的启示，我们可以更好地思考"海陆一体化"的问题，同中有异，异中有同，这两者都是异常深刻的。首先，后者脱胎于前者，前者所针对的是人与宇宙的关系，解决的是人类"从哪里来，往哪里去"的问题，也是人类在这个世界上所依赖的本质力量的问题，给出了超越人生有限性的方向，给出了这个世界的合法性基础，几乎所有精神法则都可以从这里衍生出来，体现了人与宇宙、人与自然、人与文化的本质关系，将本原性与超越性结合在了一起。天人合一的光辉降临世界，我们文化的一切俱包容于其中。

既如此，何言"海陆一体化"？其实，这个概念已包孕于"天人合一"元意识中了，这是一个子命题，本来毋需另立门户即可成立。然而我们的历史思维长久贯通于天地之间，却严重忽视了天地之间一面海洋的真正价值，造成了认识上的种种误区，致使海洋与陆地关系或者模糊不清，或者极度紧张，无法达成全面、科学、有效的平衡态势，而诸如"大九州"等极具突破性和革命性的海洋学说也只能是昙花一现了，早期诸多航海事件也只能掩映于种种迷雾之中乃至于趋向反面。经过了两千多年的反省，如今我们才能基本客观地看待像徐福东渡这种事。我们过于强调面向上苍的精神依恋，却忽视了面向海洋的理性探索，虽然上古大航海波澜壮阔，却未能转化成生生不息的海洋国史基因，未能引展持续性、有目标、可衡量的海洋价值观，真实的海洋开拓行为也变成了神话，迟迟未能发育出健全的海洋意识和海洋精神，即便是有如梁启超所言海洋齐国那等历史存在，也只能是作为边缘现象而存在，成为可有可无的历史陪衬，那似乎是不足以构成国家主体意识的。从古代的虚无缥缈到近代的神州陆沉，海权思想的缺位造成了何种悲惨苦果，又丧失了多少发展机遇？面对未来的拷问，我们是可以从历史中寻获启示的。

孩子们的花朵如此简洁，注望星空的眼神如此丰盛，在每一个春天播种四季。缘此，我们再度面对天空和海洋，可以更简单地说明"天人一体化"和"海陆一体化"的意味，如果说前者回答的是人的本源与世界的合法性问题，那么后者要解决的是人在这个世界上干什么的问题，是一个文明体系的存在状态与发展思路问题。换一种说法，其实文字本身的含义已经明确，前者解决的是人及其所在的文明体系与宇宙的关系问题，而后者解决的就是人及其所在的文明体系与海洋的关系问题，后者比前者要简单得多，也不特别强调精神超越性问题，分明更具现实意义。可就是这样一个简单命题，长久以来被严重忽视了。或许这命题太简单了吧，毋需太多沉思之故。可这的确是一个问题，不可不思。

我们的历史思维极善于从天人关系的角度来甄别历史经验，以确定现实世界的合法性并寻求未来的合理性。在我们的传统文化中，似乎面向上苍的一切都有可能是正确的，而面向海洋的一切却都有可能是荒谬的。怎么说呢，还是以汉武帝为例吧，他在二十多年时间中十一度东巡，除了常规范畴内的巡狩疆土、煊赫皇威、巩固统治、协调文化以及抚恤民生等意义之外，帝王所作所为最重要的其实无非两件事，一是泰山封禅，一是海上求仙，这是东巡的目的所在。两者的精神本质是相同或者说相融的，首先都表现为古代的祭祀活动，只不过祭祀对象、祭祀目的和祭祀场所不同罢了。对于前者，我们的历史评价相对公允得多，普遍认为这是一种必要仪式，是天子秉承敬畏之心寻求上苍神力加持以确定其统治合法性的仪式，符合基本的历史逻辑，对此庙堂和乡野并无多大分歧。可对于后者，则完全不同了，其合理性内核被不断剥离，只剩下非理性迷误了。所以，我们的历史话语体系中随处可见对海上求仙的讽喻和批判，固然这是必要的，却鲜见客观认知之言，从庙堂到乡野，无不可戏言一番，事件中蕴含的探索海洋的一面被忽视了，与之伴随的航海行动及其文明拓荒成果也得不到全面、公正的伸张，谁叫他妄求长生呢？秦皇汉武之为，何其荒谬乃尔！长久以来，这几乎就是海上求仙运动的盖棺论定了。

今天我们可以更客观地面对历史，从具体的历史环境中看待历史，知其内在必然性与偶然性，有走出那些逻辑怪圈的可能性，特别是要避免以今视古而苛责前人的褊狭。这样说吧，今天实已万难理解上古以来中国人面向东方的心理，何以如此执著？从东夷人追寻日出圣地，到海上方士追寻三神山，一个持续数千年的东方理想国意识究竟意味着什么呢？关于东方的想象带来了多少波谲云诡的航海史景观，龙山文化远播太平洋彼岸，徐福"开化日本"（梁启超语），以及箕子和王仲东渡朝鲜半岛等等，这些海上往事究竟意味着什么呢？说起来，不其有明堂、太一祠和交门宫，这倒是相对简单的事，因着特殊的历史和地理原因，相对超越了事件的限制，可以成为东方海标，成为海洋国门的象征，意义以新的方式存在。这算是历史对历史的馈赠吧，意义的转化不是因为别的，恰恰就是事件本身的存在机缘，因为这是同一问题的不同实现方式，是一体两面。海岸的这一边，潮起潮落的每一天都是沧桑，从沧桑到沧桑展开的就是历史。

沉思是历史的本能，特别是充满精神张力的汉史更需要沉思，而所有沉思也都是关于今世的沉思。现在是哪一重东方，那些被遗忘和被隐匿的岁月还将如何说出自己？群星的采石场上，火焰、闪电和海风一起飞扬，分开了世界和梦想。想想吧，这究竟是怎样一回事？我们的历史钟情于磐石永固，却更喜欢昙花一现，在惊人地成就了某种事物的独特价值之后，却又惯性地陆沉其光于无声无息的深渊，文化史的断裂令人诧异，就像采石场上忽然滚落人间或重返星界的陨石一样。可穿越的历史就是历史，无所知晓的事物不是别的，其实正是我们自己。

我们的历史思维还将缘何而自赎，又有多少等待者站在地平线上，望尽海路。由于历史的原因，本然一体化的概念分殊，于是就有了两个概念或者说两种观念的相对矛盾，造成了适应力的不同，使得"海陆一体化"这个子命题有了极大的重新思考和认识的必要。出于"天人合一"之中，与之相辅相成却又大异其趣，文化思维的着力点不同，文化探索的具体对象不同，所框定的文化实践范畴不同，可内在的文化远景应是完全一致的。

"海陆一体化"其实就是"天人一体化"的具体实现方式，两者不仅不矛盾不冲突，而且完全可以达成内在的契合，从而更完备地昭显中国精神。所有历史和所有未来都与现在相关，这是一个基本契合点。这样说吧，"海陆一体化"的哲学内涵全部系之于"天人合一"大智慧中，在澄清海陆关系的前提下，唯一需融古开新之处，恰恰在于其自身。我们应当合理调整历史思维，建立基于海陆平衡维度上的海洋国史观念，善于吸纳、聚合与培固海洋精神，接受无边海洋的重大启示，形成新的海洋动力，实现海洋中国的文化自觉。

对海外世界的理解有多个角度，不能说那单纯是地理意义上的，更重要的在于一种思维方式，在于一种文化精神，在于一种价值导向。那在同一重视野中敞开的世界未曾忘记你的本源，而星空中发芽的也正是一种持续性的精神能量。当然，你知道故乡在哪里开始，为一个精神故乡所缅想的事物不是别的，那是旷古奇缘般的至简事物。在最低限度上，这也是一种文化地理和文化气候的结合，是可量化的指标与不可限度的思想的结合，你就是这个结合点。

今天，凉爽的天气诞生文字，造字者走上山巅，观察着世界。往昔那些海上的占天歌谣在这里响起过，每一阵风都在试图传布那不可见的事物的意图，一种包含伟大精神意旨的光辉或将以新的方式照亮人类内心的恐怖与震颤，那是真正的人文勇气，那是探索的目光在闪烁。这儿是东方，龙吟与凤鸣之光充满了深深惊叹，那奥义最终将得以澄明，把凝视的眼睛托向星空。

然则今古之间，我们的文化视野还将如何开张？

当其时也，群星寂照，沧桑无极。

2. 东方理想国意识：为什么要探索东方，探索海洋

在故乡与异乡之间，从此岸到彼岸，那些有梦和无梦的眼神在相互领悟。

这是孩子们未被更改的智慧和未曾遗弃的梦想，足以唤醒我们久已麻木的历史良知，要我们作出回答，诚实而非虚妄的回答。可是究竟应如何回答，一个简单的问题变得复杂了，似乎每一个答案都变成了障碍。

岁月悠远，多少人从不其、从胶州湾扬帆出海，今已不得而知。当然，这时空也并非一片茫昧。汉不其的航海记忆中，尚有琅琊王氏的帆影闪耀于波光之间。汉初，不其人王仲为避吕后之乱而自不其出海东渡，去往朝鲜半岛，成为汉时朝鲜的文明拓荒者，重现了商时箕子之为，其家族栖居地后来成为了武帝时"汉四郡"之一的乐浪郡。在不其与朝鲜半岛之间，王氏家族勾勒了一幕有景深的文化迁徙与文明对话图景。也因此，不其地实质性结合进了海上丝绸之路的历史记忆之中。

回望龙山时代，今天我们很难想象龙山时代与海洋的关系，这是一个充满海洋风神，以海洋为基本动力和本质方向的时代，似乎这是一个"不存在的存在"。其实，东夷人，或者说上古时代的中国人是必然要走向海洋的。原因并不复杂，海洋是"东方"的自然延展方向，包孕着日出之地，在以太阳崇拜为要旨的时代，这件事单纯至极，缘此而诱发了最早的航海行动，内在的精神驱动力就是要寻找太阳的诞生地，或者说要寻找世界的尽头与起点。很可能，距今四千多年以上的龙山时代

就是因着这件事而形成的上古大航海时代。东夷入海，驶向太阳诞生的东方极境，可那终究是一个永无止境的"东方"，多少人未曾如约归来。今天，我们所能约略理解到的一个基本事实就是：对于东夷人来说，"东方"既是起源，亦是宿命；既是磐石一样稳固的永恒家园，亦是海浪一样动荡的传世梦想。许多年以前，一代代东夷人从这里走向了海洋，没有归来。

彼时，恢弘的世界景观充满了神秘性，无从思辨的事物在不可见之处发挥着影响力，弥漫着创始的幻影，也弥漫着黑夜的幽灵，种种可能性都会因着某一道神奇的自我发现之光而呈现目前，这必然是精神冒险的时刻。海洋形成一种持续的张力，内在的紧张与外在的宏阔联系在了一起。看龙山时代的世界，你会感到奇妙，龙山文化遗存几乎遍布太平洋两岸，从亚洲到美洲闪现着共同的文明光彩，这是耐人寻味的古文化现象，你不得不悉心关注。《山海经》中那些关于太阳诞生地的描述充满神话与历史的共同可能性，极有可能存在一个上古的大航海时代，那是一个可歌可泣的英雄时代，无论我们的历史已变得多么淡漠，但无法从民族记忆中消弭这一抹云霞。那是一个以沧海为道路、以不断推延的越来越遥远的"彼岸"为目标的神圣的航海时代，航海的精神性远远大于其实际功利性，航海成为一种实现生存本质与精神远景的必然行为。上古航海充满了上古的精神特征，第一目的就是追寻日出圣地。

光中最小的一片光，那是精卫鸟依旧在填海，弱小的身躯与坚强的意志不对称，目的不是要把无边海洋变成荷花池塘，而是要为一个伟大的航海部族招魂。何出此言？《山海经·北山经》记载"精卫填海"神话有多重精神意味，可从不同的角度来理解它，这是神话有别于历史之处，相对自由一些。无论作何种理解，俱与海洋相关，涉及上古时代的海陆关系，你想，神话所透露的心迹，不正是一个航海民族英勇探海并付出巨大民族牺牲之后所生发的悲壮与缅怀之情吗？神话也许只是一部航海壮歌的破碎反光罢了，它隐含着一种集体性的大航海壮举，在探险与追寻精神归宿的航海之路上，无数死者的惊魂变成飞鸟，那不是一只具体的鸟儿，那是一种凝缩于幼小的博大精神的象征。神话虽然自由，可往往是一种极具时代特色的集体记忆的表征。我们所看到的不只是精卫衔木填海、知其不可而为之的勇气，其深处所传响着的正是先驱们英勇蹈海、九死一生的壮丽情怀。远古海路上，不知多少人葬身于太平洋的波涛中，精卫似乎正是为殉航者招魂的神鸟，为了唤回已死者那不死的灵魂，为了填平那淹没了无数生命的海洋，寄托着化万丈危澜为坦途的渴望，以便抵达彼岸的太阳诞生地。那时，所有未知事物都可能构成一种绝对的航海动力，先民们祈求那不可能的事物变成可能，而且付诸英勇的行动，这是一种本质的精神活动方式，是东夷民族大航海时代的隐喻，意味着永不逝灭的精神因子，先驱者已变成海的一部分，后来者以神话的形式宣告了永生。反思东夷民族的鸟图腾，从中既可看出渔猎时代的影子，更弥漫着一种飞海浴日的渊博情思。自东夷民族在山东半岛开辟海洋文明之后，因为追寻日出圣地的缘故，"东方"就一直意味着一个太阳理想国的所在。

到了春秋战国时代，随着海上求仙运动的开展，东方理想国意识发生了变异，由日出圣地变成了海上三神山。那么你可以明白为什么秦皇汉武要海上求仙了，有长生之思，亦不无海外之梦，秦汉中国的海外视野因此而得以开张，这也是不争的事实。求仙与探海，这是看待同一个问题的两个角度，今天我们可以更客观地看待这件事。自龙山时代到汉朝，东方的重要性远非今天可以想象可以怀疑。从这里，你也可以明白为什么一位坐拥天下的帝王要执著地东巡，要上泰山之巅封禅，要在不其建造明堂、太一祠和交门宫。无论多少重光明与黑暗的眼神为之回旋，那初始因缘无非东方，无非东方中的东方。

东方的重要性与东岳泰山相关，这一点早在三皇五帝时代就已决定，奉泰山为神山，是大地上最接近上苍的所在，因此从黄帝和尧帝就开始到泰山封禅。当泰山独尊的神圣地位奠定以后，其正东方的神圣性更加明确了，在先是琅琊，接着就是不其。对于重求仙不亚于封禅的秦皇汉武来说，琅琊与不其的意义是显而易见的，寄托着个人与帝国万寿无疆的希望。于是，两个地方就自然而然地成为海上求仙的基地，初始因缘与终极奥秘无不系之于东方和海洋。在我们习惯于批判海上求仙之荒诞的同时，也不应当忽视这一点。我们的历史思维中长久存在着一个东方之梦，绝非仅仅帝王为之倾心，我们神话中的时光贯注了多少深情，《山海经》时代踏勘世界的行路者又为此而激扬多少豪气！显然，这是东方、海洋与理想国意识的一体化。直到两汉之交佛教传入中国之后，尤其是唐朝净土信仰确立之后，中国人心目中的理想国意识再度发生了转化，才演变成佛教的西方极乐世界。这是一次至为深刻的东西方之转，影响了中国人的精神史，亦影响了中国人的航海史。当然，航海方向的飘转倒不是因为一种新的理想国意识诞生了，而在于旧有的理想国意识衰微了，朝向东方的航海失去了精神原动力。

再者，古代中国海事起伏不定，就汉以后的情况看，除了因特殊缘故而发生的如郑和下西洋这等壮举以外，再不见大规模的国家性航海了，未形成持续性的大航海热情，上古以来那探索东方理想国的行动消失了。这儿，除了别的原因以外，显然还有一个原因，这就是在中国东方的海外，从大地东极开始的海外，那里不存在一个基本对等的文明体系，这一点就不同于古希腊和古罗马，遑论阿特兰蒂斯。你想，那些围绕着地中海而星罗棋布的古代文明在多大程度上相互诱使了航海行动？对于一个高度成熟的文明体系来说，在催生新海洋文明的意义上，彼岸与此岸对等的文明体系是尤其重要的，对等意味着发现、交流、贸易的均衡性，也意味着征服、拓荒与探险的有效性，在古代这也是维系航海的一个基本动力之所在。东方以外的东方是什么，大地以外的大地在哪里？多少人费心思考过这问题，海洋因而充满了诱惑力，可是最终发现那里只存在几个小岛，实不足以为之，有徐福在就够了。至于更遥远的东方，那又实在是太遥远了，亦不足以为之。况且龙山时代的人们已经抵达那里。对等文明体系的缺位，造成了微妙而深刻的潜意识，这也是古代中国人久经探索之后发现的海外地理真相。由于缺乏相对临近的对等的可探索、可对话的文明体系，所以只有神性航海，而不可能有正常航海，这也就造成了航海的历史惰性，大地本身的稳固性逐渐加强了，乃至于到了无视海外世界的地步，近代中国的悲剧因此而发生了。

历史的二律背反如此深刻，焉能不让星辰为之黯然神伤，而凤凰涅槃，火焰还将如何逼近这一刻？可在两千年以前的世界，所思所见是另一番情景。彼时，星空依旧，你可以听到这样的声音：

赛里斯国位于小熊星座下面。

这是《厄立特里亚海航行记》中的一句话，古希腊称中国为赛里斯（Seres，意即丝国）。多么关妙的说法，听起来俨如神的国度，它的沉没与卜升同样令人惊叹。古人观察星空，看到博大星空的轴心点正靠近小熊星座，这被视为一个正极，而五千年以上那些手持璇玑而航海的东夷人也曾这样凝望星空。你想，这只是一刹那的改变，在我们与上古世界之间，距离很小，宇宙时空的轮回似乎重合了。

从中国之外的西方看，关于东方的想象导致了新的文明突进。自《马可·波罗行纪》打开了西方世界的东方视野之后，那处于遥远东方的黄金般的文明国度——中国就成为欧洲人倾心憧憬的理想国了，恰因此，催生了十五六世纪大航海时代的来临。所以人文地理上的"东方"自然而然地再度生辉，成为人类文明演进的一大精神原动力。到中国去，这也是大航海家哥伦布毕生的理想，虽未能如愿，却因此而重新发现了美洲新大陆。"重新"？考古学和人种学已经证明，是中国人首先发现了新大陆，不过未进行大规模的殖民开拓，把巨大的历史空间留给了西方。康南海有句诗"坐令科伦布，后来着先觉"，说的也是这回事。

20世纪前两个十年，德国传教士、汉学家卫礼贤在青岛译经，将《易经》《论语》《道德经》《礼记》等诸多中国文化元典介绍给西方知识界，其中包括道家养生典籍，其德文版《太乙金华宗旨》上载有歌德的一句诗："西方与东方，不会再天各一方。"说的又何尝不是同一回事。东方与西方，本是一方，而唯有东方可以包容万方，这就是启示，因为东方是起源和生命力，是时间开始的地方。

你看，探索东方可以更好地包容世界，这是同一个问题充满回旋感的起点。你久已知道秘密何在，这是人类、自然与文化意义上的同一个东方，万方所归，相互对称而又贯通一体。这也是所有人心底埋藏着的岁月之谜，蓝宝石的闪光在沉睡，无穷无尽的思念为之倾注。惊鸿一瞥之际，东方之花不曾如此完美地盛开，紫水晶一样，在万仞岩壁上盛开。那些被过去和未来同时放逐的灵魂有理由回来了，回到了此时此刻的东方。他们忘记了名字，不置一词，只把星辰的无言秘笈像尘土一样放在这光中，并不要求我们献上新世界的祭品，除非第一句话可以发出前世、今生和来世的问候，当东方故人走过时间，叩击着星空、人地和海洋。

彼时，凤凰在海上涅槃，光影在路上重生，亘古在此刻复现。

3. 世界很小，何以知见"大九州"

上方是星空，海的动荡与大地的沉稳一样真实。

万方宇宙保持着一如既往的超然姿态，虽一无所言，却已全然知晓人类奥秘和方向。所以沉静无比，只把光撒在云里云外的每一个角落。

东方就是东方，合万方于一方。今天的东方视野可以重新开张，这也是我们重新思考"大九州"概念的一个历史机缘。说起来，自中国文化轴心时代奠定万世根基以来，自思想史开启未来之路以后，我们的历史思维和地理观念在整体上是以陆权的形式存在的，我们久已习惯于禹贡九州系统的稳定性，而大九州学说始终未引起充分重视。何谓大九州？这是春秋战国百家争鸣之际由阴阳家鼻祖、齐人邹衍提出的一种全新的世界地理观，《史记·孟子荀卿列传》载录其说：

> 以为儒者所谓中国者，于天下乃八十一分居其一分耳。中国名曰赤县神州。赤县神州内自有九州，禹之序九州是也，不得为州数。中国外如赤县神州者九，乃所谓九州也。于是有裨海环之，人民禽兽莫能相通者，如一区中者，乃为一州。如此者九，乃有大瀛海环其外，天地之际焉。

将世界划分为九大州，每一大州皆由九个如中国赤县神州般的小九州组成，其外则有"裨海"相环绕，而这由九大州组成的世界又有"大瀛海"相环绕。中国为天下九九八十一分之一，另有广大世界分布各方，各大洲之间，无所谓尊卑。大九州思想突破了禹序九州之成说，标志着普世化海洋思想的一次解放，时空运行逻辑变得浩大无边，一种强烈的向海外世界发展的思想脉搏在跳动。中国的地理思维发生了一次隐秘震荡，也曾在东方海滨地带形成了强烈的冲击波。客观地说，战国以迄秦汉之际盛行于齐燕方士中的大九州意识衍生出了独具魅力的海洋情怀，新的开拓力与创造力在发育，某种程度上这也应当是齐秦汉之际海事兴转的一个潜在的思想背景。本来大九州是可以在更开阔的世界视野中得到验证的，是可以因之而实现全新文化自觉的，已然具备了创设宏大的海陆一体化思想体系的条件，具备了积极开张科学世界视野的条件，并因之而奏响一个崭新的大航海时代的号角。然憾者，我们的传统文化始终未能彻底正视"大九州"这一革命性学说，对此基本上是持否定态度的，所谓"其语闳大不经"（《史记·孟子荀卿列传》）云云，所谓"此言诡异，闻者惊骇，然亦不能实然否，相随观读讽述以谈。"（《论衡·谈天》）云云，总之是异端怪论，纠结于一种复杂的矛盾、疑惑和讽刺心理，稳妥起见，复归于平淡，安守儒家的小九州幻象，几近无视外部世界的宏阔存在。唯在齐国，尚可见大九州思想的深刻影响并一度确立了海权思想，诚如梁启超所言：

> 齐，海国也。上古时代，我中华民族之有海权思想者，厥惟齐。故于其间产出两种观念焉；一曰国家观；二曰世界观。[1]

这是一个历史基点，我们观察琅琊文化、即墨文化和不其文化，均可从这里入手，它们构成了齐海洋文化系统，而其历史前缘早已在东夷文化中预设。我们常说知行合一或者行胜于言，早期中国航海的诸多事相出自东夷，复映现于齐国，这也就不足为奇了。上溯龙山时代，神奇璀璨的海事流云飘过，我们还能如何怀念那些伟大的航海先驱者，他们在四千多年以前就曾经有过跨越太平洋的航海壮举，远播中华文明于美洲。《山海经》为上古地理勘测实录，其中的一部分可能就是龙山时代大航海的结果。《山海经》所载山川物产几乎均可在亚欧大陆上找到对应者，唯"五藏山经"中的《东山经》不合大陆轨迹，而将视野引向大洋彼岸。美国学者亨莉埃特·默茨（Henriette Mertz）考证，《东山经》所载地理风貌和自然物产与现今中北美洲的情况几乎完全一致，证明上古时代的中国人已徒步考察过太平洋东海岸。在《几近退色的记录》（《PALE INK》）一书中，默茨发出了这样的感慨：

> 对于那些早在四千年前就为白雪皑皑的峻峭山峰绘制地图的刚毅无畏的中

[1] 梁启超：《论中国学术思想变迁之大势》，《饮冰室合集》（一）文集之七，第21页，中华书局，1989年。

国人，我们只有低头，顶礼膜拜。[2]

可以相信，龙山时代或曰山海经时代的航海者就是东夷人，而起航地应就在胶州湾地区及其周边。历史相互传递其意绪宗脉，大九州学说在战国时期的出现，多大程度上与龙山时代的海事活动相关，一切尚待推思。

大九州的启示正在于，中国文化意识不应限止于天地关系一维，而应奠立真正有效的海陆关系思维，视其为核心价值，接受无边海洋的原动力，以海承天，面向世界。大九州学说在中国边缘灵光一闪之后，儒家框架内的中国地理思维依旧固守上古圣王定下的禹贡九州体制，中国居天下中心，而四周皆为蛮夷，诸朝历史思维不断陷入"华夷之辨"的怪圈，天下独尊的主统意识严重制约了古代航海事业的全面的持续性发展，后世中国终未能以海权思想立国，难说这不是一个历史性遗憾。走出小九州光环，开张大九州视野，确立开阔的世界意识，这理应成为中国文化转型的一个关键环节。大九州的精神遗产理应被正确理解，中国文化的多元包容力足以实现这一点，况且是在丰富的历史经验与教训的基础上。

航海者手持梅花影骨，思念故土，在北斗七星的视野内勘定航线。

他们被要求报出真名，可以继续前进，从东方到东方。

4. 奥义更新，历史在哪一重"中心—边缘"图景中回旋

在"海陆一体化"这个概念中，涉及多重"中心—边缘"图景。

不其地处海表，从古代陆权中心论的角度看，海隅动荡不安，为边缘地带，几无多大文化影响力，更谈不上什么历史决定性，因而是可以忽略的，而且确实也被忽略了。东夷故人未曾忽略此地，汉武时代因特殊原因而高度重视此地，东晋因着高僧法显登陆的原因，此地成为佛教中国化与海上丝绸之路的关键节点，在佛教早期传播与道教史前史图景中，不其地卓然于世。往后的漫长历史中，"忽略"成为常态。这倒也不足为奇，绝大程度上符合古代历史逻辑。其实，我们的东方精神早已在"华夷之辨"的矛盾中迷失了。

孔子以后，中国历史渐渐演化成为以儒家思想为国家主导精神的文化体系。儒家思想发源于齐鲁，今天所言的齐鲁文化被认为是中国传统文化思想的主干。虽言齐鲁，但实际上更多倾向于鲁文化。齐文化与东夷文化一脉相承，具有浓郁的海洋氛围和鲜明的海陆一体化特征。但是在历史的叙述结构之中，齐文化的波风海韵几经衰减而渐次衰微，乃至于完全湮没于鲁文化的伦理道德框架之中。史籍所谓齐人善渔盐之利，虽点出齐文化的一个特点，但这实际上只是对齐文化风范的一种低度指称，消解了海洋文化精神的原动力。当海洋文化蜕化为渔盐文化，一个民族对海外世界的本质性探索也就终止了，中国海上文明的航船悲惨地搁浅了，搁浅于稻麦田垄上。虽依然有航海，有海上贸易，但是已经失却了海上探险与文明拓荒的原生气象，失却了中华文明开创时期宏大的海外拓荒与传播视野。这就是为什么在15世纪大航海时代，欧洲开辟了新大陆新纪元，实现了通向近现代文明的历史转折，而

[2] （美）亨莉埃特·默茨著，崔岩峙等译：《几近退色的记录——关于中国人到达美洲探险的两份古代文献》，第100页，海洋出版社，1993年。

中国却从那时起逐渐趋向没落的重要原因之一。虽然当时，中国经济依然在世界上占有显赫地位，但是东方古代动力的衰竭已经不可逆转，而西方近现代动力的勃兴同样不可逆转，此消彼长，结局自是一目了然的。在三百年制海权的竞争之中，中国如同一个弃权者，至晚清，泱泱大国竟沦落为任人宰割的地步。

多少轮沧桑，从东夷开始的东方，天命的东方，亘古岁月保持着悲怆的喜悦，却已不忍心打开一部浸满星光的手稿，上面闪烁的不是文字，而是梦想和命运。无数重东方中的东方为之倾注，东夷故人之所为，在茫古开辟道路，筚路蓝缕，却未被两千年的漫长历史所真正理解，常常被当做蛮荒边地的野蛮人，是"华夷之辨"这个最大矛盾命题中的"夷"，所谓"东方曰夷"，往往是作为"华""夏"或者"华夏"这个概念的他者而存在的，适用于商周的历史思维。

可以更远一点、更高一点看世界，岂不知东夷为中国的土著，奠立上古中国的东方基脉。孔夫子不是也有过"欲居九夷"之念想吗？那是天下无道时的无奈一念了，含有教化边地的意思。而那些终其一生只倾心于帝都和帝辇的"文明时代"的史家们何曾更认真地来思考和关注过东方，他们无人不知东方为边缘为海隅，却忘记了万物之起源与太阳之诞生，更无法理解海洋，以至于我们的历史对东夷人的理解竟耽搁了数千年，直到近世考古学揭开谜底，方恍然大悟，恰在东方看到了中国文化最具"民族形式"的事物，东夷文化也就获得了与华夏文化对等的历史地位。上古以迄秦汉的数千载岁月之中，东方始终是一个神圣方向，催生了波澜壮阔的航海，而我们的历史思维终究是不可能绕过东方而融合万方的。

东夷人的东方，来自东方的东夷人，他们是最具东方性和海洋性的人，这是与生俱来的禀性，这也决定了他们的梦想和命运永远没有终点，因为东方永无止境，因为这不是一片静止宇宙，而是一个无限延伸的方向，这是大地的终点，是海洋的起点，从岩岩高山开始的伟大道路如此坚定地通向东方，无论来自何方，往前一步就是海洋了，充满永恒的激荡。在这儿，在大地和海洋交接的地方，我们与哪一重东方相遇？与东夷故人对话，与汉朝故人对话，同时要与未来对话，那儿雪花飞过星辰的采石场，那些古代史家、诗人和工匠们等候已久，虽然彼此不相识，却有着同样的宿命，承担非时间性的工作。

一旦我们的理解力通达海洋，从多元文化关系的角度来审视，所谓"边缘"就必然成为文化对话的前沿，是海内外两重世界的联结点，正是在这一维度上，方有中华文明的出海与域外文明的登陆。面对琅琊文化和不其文化，面对胶州湾，这不是难以理解的事物，那些一本万殊的眼神彼此印照，面向东方的航海意味着远行也意味着回归，船上的伙伴们等待着重返故乡。恰因海洋之故，大地变得更温暖，比一切梦中的事物更珍贵。

海陆一体化，这是自然的至简秘约，也是文化的至繁奥义。这是不其文化和东夷文化的基脉、精髓与禀赋所在，而存在于胶州湾及其周边区域的即墨文化、胶州文化、琅琊文化以及崂山文化无不可在这一维度上获得新的确证，并获得文化自觉的可能性，缘此而奠立共同的文化基脉并昭显人间光辉，那属于历史的一切终究是属于人的，文化与文化间的对话和协调弥足珍贵。

5．万方交响，何必重温不其文化

九天之下，必有华章；六合之内，可闻真音。

求其是，思其过，传其神，这是我们面对古代文化的一种态度。

在海陆一体化的维度上，我们与不其文化的对话显现出了新的可能性，意味着一种海洋人文观念的浮出。

一切历史道路无不通向未来，这必将是多元文明对话的展开，这同样也是一个文化体系内部的传承与变革力量。可以打通"边缘"与"中心"的思维障碍，从多元文明对话的角度看，所谓"边缘"往往就是前沿，而且存在着中心与边缘的合一，因为并没有绝对的边缘与绝对的中心，只有对话是永恒的，那些充满想象力和创造力的事物从这里开始。

可以在对话中挽救的事物是有限的，然而对话精神与普世法则未曾休止，其创造力、关怀力与融合力的实现方式往往由边缘决定，边缘力度是新的衡量标准。许多时候，边缘力量的存在不囿于边缘，所透射出来的恰恰就是那形成文化中心的动力，一旦从中发现了文化奥秘的生成肌理、衰减方式和复现节奏，我们的历史思维就可以不被一时一地所限制，而文明对话的远景也将因此而变得开阔，从一人到达所有人，从一时到达所有岁月。

重温不其文化，别有意味之处恰在于东方、海洋和星空的诗意交响，那因此而展开的一切探索都是可贵的，都应当得到客观的理解和认知，既与具体的历史环境相关，亦与我们民族精神中一种深刻的海洋基因相关。掌心小小的一片花与世界关联，唯有在宏观背景上方可洞见这一切，奥秘就在小大之间，所谓"其大无外，其小无内"之谓也。往古来今的世界不能是碎片化的，如何重现整体的意脉就成为文化存在的基本理由，任何一个微观命题都存在于宏大时空的映照之中。

既如此，不其文化的深刻性展现出来，虽然历史所晓喻我们的只是冰山一角，但一幕整体图景系之于此，因此憨山法师所说的"以心融迹"显得尤其是意味深长的。此刻，借着一盏星辰之灯的精密照射，我们可以再度把目光投向时间开始的地方，这儿是结束和开始的地方，岁月与岁月的"对话"在重新开始。

你明白，有些事物是可以不受时间制约的，而我们的"对话"却寻求最大限度的时间制约，时间与空间赋予文化以边界以中心，群星寻找精神故乡的旅程有了路标。在故乡与异乡之间，从此岸到彼岸，那些有梦和无梦的眼神在相互领悟。这是孩子们未被更改的智慧和未曾遗弃的梦想，足以唤醒我们久已麻木的历史良知，要我们作出回答，诚实而非虚妄的回答。可是究竟应如何回答，一个简单的问题变得复杂了，乃至于所有回答都变成了询问。

可对话的事物是活的，写下这句话，也就意味着上古玉器的加工程序重启，那不是瞬间之为，而是永恒之为。当沙粒从指间滑落，又一个十年过去了，玉器家族的孩子们已长大，可璇玑第三个璇角尚未磨好。另一座屋宇中，一面玉铲也刚刚开好一面刃，另一面还沉醉于自我沉思的阶段，未曾在现实主义的轮子上加速。可燕子已飞到了另一时代的起点，把故乡的消息带到了彼岸。缓慢与迅疾，这是时间的相对论，普遍节奏被神奇梦想加强了。当重力加强到万方星空的边界，挂在绝对完美的屋檐下，那些等待归航的神子们站在天命的高度。这一边是花树缤纷的黄昏，一个古代造船村落美得令人忧伤，可是还是要尽量快一点，因为要用船，因为船上的伙伴等待着返航。

上方的回声同时抵达彼岸和此岸，与其说意义存在于历史，莫若说存在于未来。取精用弘，每一天都必然是要与永恒相融，一刹那必然是在永恒中存在的，在海洋那壮丽的激荡中扩展，朝向一个无穷无尽的东方航行。

至为简洁的事物在发生，因为这是海陆一体化的素朴光辉，于百代雄奇之文化灵魂有渊深凝结，于万方复绝之宇宙意识有精微观照。

孩子们接受了国史中的空白一页，看到了自己。

北极星发出蓝光，保持着超然姿态，平衡着亘古亘今。

群星重返起点，做好了准备，要把此生献给众生。

参考文献

《十三经注疏》，中华书局，1980年。

《二十四史》，中华书局，1982年。

《新编诸子集成》，中华书局，1982年。

《尚书文字合编》，顾颉刚、顾廷龙，上海古籍出版社，1996年。

《易经》，苏勇点校，北京大学出版社，1989年。

《庄子今注今译》，陈鼓应注译，中华书局，1983年。

《古本竹书纪年辑证》，方诗铭、王修龄，上海古籍出版社，1981年。

《山海经校注》，袁珂校注，上海古籍出版社，1980年。

《说文解字四种》，（东汉）许慎，中华书局，1998年。

《法显传》，（东晋）法显撰，章巽注，中华书局，2008年。

《大方广佛华严经》（六十华严），佛陀跋陀罗译，和裕出版社。

《搜神记》，（晋）干宝撰，汪绍楹校注，中华书局，1981年。

《〈水经注〉地名汇编》，（北魏）郦道元，中华书局，2012年。

《齐民要术今释》，（北魏）贾思勰著，石声汉校释，中华书局，2009年。

《世说新语笺疏》，（南朝宋）刘义庆著，余嘉锡校注，中华书局，1983年。

《资治通鉴》，（北宋）司马光，中华书局，1956年。

《艺文类聚》，（唐）欧阳询，上海古籍出版社，1998年。

《通典》，（唐）杜佑，中华书局，1988年。

《宋本广韵》，（北宋）陈彭年，江苏教育出版社，2008年。

《太平御览》，（北宋）李昉等，中华书局，2011年。

《太平广记》，北宋李昉等，人民文学出版社，1959年。

《太平寰宇记》，（北宋）乐史、王文楚，中华书局，2008年。

《金石录校证》，（宋）赵明诚、李清照撰，广西师范大学出版社，2005年。

《隶释隶续》，（宋）洪适，中华书局，1986年。

《齐乘》，（元）于钦，商务印书馆，2013年。

《农桑辑要译注》，（元）孟祺著，马宗申译注，上海古籍出版社，2009年。

《妙法莲华经卷》（北宋金银书写本），即墨市博物馆藏。

《律吕正声》，（明）王邦直，即墨市博物馆藏。

《即墨志》（明万历版），即墨市博物馆藏。

《即墨县志》（清同治版），即墨市博物馆藏。

《即墨县志》（清乾隆版），即墨市博物馆藏。

《崂山艺文志》，（清）黄宗昌，即墨市博物馆藏。

《山东通志》（清宣统版），方志出版社，2014年。

《胶澳志》，袁荣叟，青岛出版社，2011年。

《甲骨文合集》，郭沫若主编，中华书局，1978~1982年。

《甲骨续存补编》，胡厚宣、王宏、胡振宇，天津古籍出版社，1996年。

《山东省博物馆珍藏甲骨墨拓集》，刘敬亭，齐鲁书社，1998年。

《胶州湾自然环境与地质演化》，李乃胜、赵松龄等，海洋出版社，2006年。

《胶县三里河》，中国科学院考古研究所，文物出版社，1988年。

《郭店楚墓竹简》，荆门市博物馆，文物出版社，1998年。

《纪念城子崖遗址发掘60周年国际学术讨论会文集》，齐鲁书社，1993年。

《考古学和科技史》，夏鼐，科学出版社，1979年。

《考古学论文集》，夏鼐，河北教育出版社，2003年。

《中国文明的起源》，夏鼐，文物出版社，1985年。

《夏商周考古学论文集》，邹衡，文物出版社，1980年。

《秦国文物的新认识》，李学勤，《文物》，1980年第9期。

《中国画学全史》，郑午昌，江苏文艺出版社，2008年。

《封泥考略》，（清）吴式芬、陈介祺，浙江人民美术出版社，2013年。

《青州龙兴寺佛教造像艺术》，山东美术出版社，1999年。

《城子崖》，傅斯年、李济等，中央研究院历史语言研究所，1934年。

《纪念城子崖遗址发掘60周年国际学术讨论会文集》，齐鲁书社，1993年。

《建筑考古学论文集》，杨鸿勋，清华大学出版社，2008年。

《宫殿考古通论》，杨鸿勋，紫禁城出版社，2009年。

《苏秉琦考古学论述选集》，苏秉琦，文物出版社，1984年。

《中国文明起源新探》，苏秉琦，三联书店，1999年。

《中国通史简编》，范文澜，商务印书馆，2010年。

《中国通史》，白寿彝总主编，上海人民出版社，1999年。

《章太炎全集》，上海人民出版社，1985年。

《王国维全集》，王国维，浙江教育出版社，广东教育出版社，2010年。

《炎黄氏族文化考》，王献唐，齐鲁书社，1983年。

《山东古国考》，王献唐，青岛出版社，2007年。

《那罗延室稽古文字》，王献唐，齐鲁书社，1985年。

《国史金石志稿》，王献唐，青岛出版社，2008年。

《饮冰室合集》，梁启超，中华书局，1989年。

《顾颉刚古史论文集》，顾颉刚，中华书局，2011年。

《闻一多全集》，生活·读书·新知三联书店，1982年。

《高亨著作集林》，高亨，清华大学出版社，2004年。

《中国历史地图集》，谭其骧主编，中国地图出版社，1982年。

《秦汉史》，钱穆，三联书店，2005年。

《秦汉史》，吕思勉，商务印书馆，2010年。

《魏晋南北朝史讲演录》，陈寅恪著，万绳南整理，黄山书社，1987年。

《魏晋南北朝史论集》，周一良，北京大学出版社，1997年。

《中国文化史》，柳诒徵，东方出版中心，1988年。

《汉魏两晋南北朝佛教史》，汤用彤，中华书局，1999年。

《中国道教史》，任继愈主编，上海人民出版社，1990年。

《士与中国文化》，余英时，上海人民出版社，1987年。

《方言与中国文化》，周振鹤、游汝杰，上海人民出版社，2006年。

《中国思想史》，葛兆光，复旦大学出版社，2002年。

《汉代思想史》，金春峰，中国社会科学出版社，2006年。

《中国神话传说》，袁珂，中国民间文艺出版社，1984年。

《读史搜神》，国光红，广西师范大学出版社，2014年。

《古代社会》，（美）摩尔根，杨东莼等译，商务印书馆，1997年。

《历史研究》，（英）汤因比，曹未风等译，上海人民出版社，1986年。

《佛教征服中国》，（荷）许理和撰，李西龙等译，江苏人民出版社，1998年。

《知识考古学》，（法）米歇尔·福柯，谢强、马月译，三联书店，1999年。

《文化的解释》，（美）克利福德·格尔茨，韩莉译，译林出版社，1999年。

《从混沌到秩序——中国上古地理思想史述论》，唐晓峰，中华书局，2010年。

《中国方术正考》，李零，中华书局，2006年。

《中国古代航海史》，孙光圻，海洋出版社，1989年。

《中国航海史基础文献汇编》，中国航海史基础文献汇编编委会，海洋出版社，2009年。

《几近退色的记录——关于中国人到达美洲探险的两份古代文献》，（美）亨莉埃特·默茨著，崔岩峙等译，海洋出版社，1993年。

《东夷杂考》，李白凤，河南大学出版社，2008年。

《东夷古国史研究》，刘敦愿、逄振镐主编，三秦出版社，1988年。

《东夷文化与山东·骨刻文释读》，丁再献、丁蕾，中国文史出版社，2012年。

《海岱地区考古研究》，栾丰实，山东大学出版社，1997年。

《海岱区先秦考古论集》，高广仁，科学出版社，2000年。

《东夷文化通考》，张富祥，上海古籍出版社，2008年。

《山东龙山文化研究文集》，蔡凤书、栾凤实主编，齐鲁书社，1992年。

《齐文化的考古发现与研究》，张光明，齐鲁书社，2004年。

《新中国的考古发现和研究》，中国社会科学院考古研究所编，文物出版社，1984年。

《今古和声——青岛市第三次全国文物普查新发现不可移动文物辑录》，文物出版社，2011年。

作者附言

2010年，汉代童公祠（童真宫）修复，城阳区文化新闻出版局有意利用两处偏殿，做一个关于不其文化的专题陈列，以增加文物古迹的历史感。我接受了委托，开始做专题研究。想来，那可是一段难忘的时日，沐浴着山中阳光，想着汉时事物，竟有了一种周流往古而不知返的感觉。记得那个展览的名字叫"汉晋秘境，东方之门——不其文化陈列"，之所以如此定位，是因为不其文化在两汉及东晋之际呈现出巅峰状态，在两汉以汉武帝东巡为标志，在东晋则以高僧法显登陆为标志。那可能是空间面积最小的一个历史文化陈列了，两处偏殿七八十平方米，却要容纳不其近八百年的历史风云，自有一种小中见大的韵味在焉。未想，从那时起，与不其文化的对话再未终止，陆续写下了不少文字。可一旦要成书，一系列问题就出现了，于是也就有了面对迷津之感，真不知是如何进去又如何出来的。

书稿付梓，也算是了却一桩心事。这期间，得到城阳区有关方面的大力支持，有幸列入《城阳历史文化研究丛书》的第一种，希望确实可起到奠基石的作用，以建立今古之间新的对话模式，导向新的文化自觉。本书所收录文物图版除了城阳区文物办的藏品外，特别感谢青岛市博物馆，那里保存着大量与不其文化相关的历史文物，使得我们回望历史的目光有了依托。青岛各区市博物馆也提供了重要的馆藏资料，有效丰富了本书的内容和阐释体系。北京大学王守常教授拨冗为序，内中学术相知之谊是远非一个谢字所能表达的。几年来，多次与著名历史学家、青岛农业大学党委书记程玉海教授讨论历史话题，契阔谈嘛，多蒙教益，亦深感前辈之仁德无量。诸多师友都提供了帮助，恕不一一例举。在此，谨致谢忱！

面对古文化，每有天高海深之感，聊以陋作为顽石，若能激起一片浪花，则足矣。书中多有挂一漏万之处，殷望大家不吝指正！是为盼！

2015年9月于天游园

图书在版编目（CIP）数据

　　海陆一体化维度上的东方秘境：不其文化研究／
巩升起著. -- 北京：文物出版社，2015.9
　　ISBN 978-7-5010-4193-0

　　Ⅰ.①海… Ⅱ.①巩… Ⅲ.①文化史－研究－青岛市
－汉代 Ⅳ.①K295.23

　　中国版本图书馆CIP数据核字(2014)第296891号

海陆一体化维度上的东方秘境——不其文化研究

作　　者：巩升起

责任编辑：许海意
责任印制：张道奇
装帧设计：惟至文化传播有限公司
　　　　　　（weizhiwenhua@126.com）
　　　　　卓　然　王　冠　杜盛业

出版发行：文物出版社
社　　址：北京市东直门内北小街2号楼
邮　　编：100007
网　　址：http://www.wenwu.com
邮　　箱：web@wenwu.com
经　　销：新华书店
印　　刷：济南麦奇印务有限公司
开　　本：889×1194　1/16
印　　张：15.25
版　　次：2015年9月第1版
印　　次：2015年9月第1次印刷
书　　号：ISBN 978-7-5010-4193-0
定　　价：218.00元

颐和园

the Summer Palace

编委会

主　办：北京市颐和园管理处

编辑制作：颐和园研究室

编委主任：杨　华（男）　李晓光

编委会成员：秦　雷　王　馨　原　蕾　王树标　吕高强　王晓华　杜　娟

主　编：秦　雷　王树标

执行主编：杨　华（女）

编　辑：刘　精

参与编辑：张鹏飞　郜　峰　陈　忱　段润宇　曲溪云　李　倩

摄　影：范炳远

从辽金元《舆服志》看玉饰与服装的搭配　王淑珍———七八

颐和园琴条福寿方修复与研究　高晓茗　刘铁力———八六

"园说Ⅳ——这片山水这片园"策展回顾与解析　隗丽佳　张利芳———九四

颐和园西府海棠精细化养护管理　戴培　李洁　艾春晓———一○二

5G消息在景区的创新应用——以颐和园为例　柏恩娟　武剑轩　许达———一一○

戴泽先生笔下的颐和流光　郑石如———一一四

西昆明池映瓮山阿，秋月春花阅几多究
启功在颐和园休养时　唐润———一二二

颐和园 the Summer Palace

第拾捌辑

目 录 catalogue

清漪园茶陈设及其文化研究

吴琛 田皓文——六

从城市到山水田园
畅春园盛期空间复原新探

朱强——一五

清朝皇子教育探析

许艳峰——三一

仁寿殿的两种镜子

夏成钢——四〇

「草木贲华」
颐和园园林植物文化探究

赵晓燕——四八

宫廷插花在北京冬奥会花卉环境布置中的应用研究

张莹 王爽 佟岩 张淼 曲溪雲——六四

颐和园博物馆藏清慈禧御笔「尧镜多晖」匾的修复

曹聪颖——七二

清漪园茶陈设及其文化研究

吴琛　田皓文

摘　要：本文以历史文献及图档为研究的基础资料，首先对清漪园建筑中的茶相关陈设进行分类与统计，界定茶陈设范围；其次挖掘清漪园茶活动，并分析其中的联系；最后，揭示乾隆皇帝将茶文化作为纽带，兼容并蓄，融合儒家、禅宗及满族、蒙古族、藏族等民族习俗为一体的茶文化理念。

关键词：茶文化；陈设档；茶空间；园林活动；乾隆

中国茶的历史悠久，茶是中国人生活中不可分割的一部分。清代在继承明代饮茶习俗的同时，对茶具进行了改良和创新，首先表现为清代皇帝严格要求茶具的制造过程，这使得茶具艺术化、精品化。其次，清代的文化兼收并蓄，清代皇帝受满族、蒙古族、藏族等民族的习俗及儒家文化、西洋文化等影响，使得茶具的题材和样式更为丰富多样。

乾隆时期的清代皇家园林是中国传统园林创作的高峰期，其中清漪园[1]（颐和园前身，1764—1860年）是清代皇家园林现存保存最为完整的山水园林之一，也是乾隆皇帝泛舟观荷、品茗作诗、修禅拜佛的重要场所。《内务府陈设清档》（下文简称"陈设档"）[2]记载了清漪园中布置的大量茶陈设，极具研究价值。但相比较清代的茶文化，茶陈设尤其是皇家园林中茶陈设的相关研究较为薄弱，其中，茶陈设不但缺少归纳整理，而且其布置规律和文化内涵也亟需分析和挖掘。

一　茶陈设概念及分类

从广义上来看，与茶相关的陈设都可以算是茶陈设，从古籍记录可知，宋代文人四雅包括插花、品茗、焚香、赏画——"烧香点茶，挂画插花，四般闲事，不宜累家"[3]。此类陈设种类繁多，与茶活动同时进行。因此为了营造饮茶环境，配置专门的茶瓶、茶画、熏炉、文玩等，煮茶过程需要火钳、水盆、火炉、竹筷子等。在茶叶运输过程中需要瓶、桶、匣等密封器具，放置茶具的家具，这些都可以算作茶陈设。

从狭义上来看，茶陈设多指茶具，与茶事活动直接相关，例如茶壶、茶盏、茶托等，这类陈设可称之为主要茶陈设。主要茶陈设可以分为储茶器、饮茶器。而广义提及的其他与茶事相关的陈设则为辅助茶陈设，辅助茶陈设可以分为家具类、煮茶类、涤滤类、摆设类。

1. 清漪园的主要茶陈设

通过对《陈设档》整理发现，清漪园的主要茶陈设布置规律与宫廷御画的茶陈设布置类似，以《弘历是一是二图》主要茶陈设位置图（图一）为例，图中红色虚框为主要茶陈设，室内出现两处主要茶陈设，画面中心为童子执青花缠枝牡丹纹军持，方桌上放置墩式碗及盖罐（图一：③④⑤）。画面右侧圆桌上放置了青花凤穿花纹罐、莲花式玉盏（图一：①②）。该图又可称为乾隆鉴古图，是仿《宋人物》册所画，室内的陈设真实地反映了清代的饮茶环境，乾隆时期的主要茶陈设，已经简化为储茶器和饮茶器，储茶器为茶罐，饮茶器为茶壶和茶盏。

（1）储茶器的数量统计及分类

清漪园的储茶器是指储藏茶叶和茶具的陈设。储藏茶叶的陈设有盖罐、盒、瓶、匣、木茶具。据统计，清漪园中储茶器共有59件，其中盖罐56件、木茶具2件。此外，陈设册中还记录有大量的盒、瓶、匣，但由于记录不涉及其使用功能，很难判断这些陈设是否与茶活动相关，所以未纳入统计。

清漪园主要的储茶器为盖罐，盖罐从材质可分为瓷罐、紫砂罐、玉罐、珐琅罐。例如：青龙瓷盖罐、青玉罐、宜兴罐、乾隆款掐丝珐琅有盖罐。其中瓷盖罐居多，占65%。从色彩上可分为单色釉瓷罐、多彩瓷罐。单色釉可分为青、白、黄、均釉等，例如：填白釉盖罐、黄釉盖罐、均釉宝珠罐。多彩分为三彩、五彩，例如：白地三彩瓷盖罐、成窑五彩瓷浦池盖罐。此外，瓷盖罐题材也很丰富，人物、花鸟、动物、植物，种类繁多，计有嘉窑青人物盖罐、宣窑青龙盖罐、洋瓷出戟兽面腰圆盖罐等。

（2）饮茶器的数量统计及分类

饮茶器是茶活动直接相关的载体，是清漪园占比居多的茶陈设。饮茶器分为茶壶、茶盏、盏托。陈设册记载园中茶壶共有38件。从形状上可分为提梁壶、扁壶、卤壶、执壶、甘露壶、僧帽壶、嘚吧壶等。例如：青绿象式提梁壶、兽耳双环蒜口扁壶、青玉莲喜有盖卤壶、青玉夔龙把三足有盖一

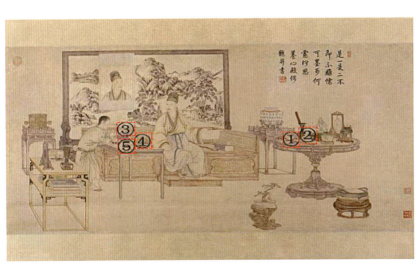

丁观鹏《弘历是一是二图》（故宫博物院藏）

1 青花凤穿花纹罐

2 莲花式玉盏

3 青花缠枝牡丹纹军持

4 墩式碗

5 盖罐

图一 《弘历是一是二图》中主要茶陈设分布图

统执壶、白地红花瓷甘露壶、铜烧古唪吧壶、五彩瓷有盖僧帽壶。从材质上可分为铜壶、金壶、银壶、瓷壶、玉壶、紫砂壶。其中玉茶壶可分为白玉壶、青玉壶、青白玉壶。例如：青玉夔龙把三足有盖一统执壶、青白玉诗意龙把执壶、乌白玉寿字索子有盖执壶。

茶盏共计68件。从形态可分为茶盅、盖碗、撇口碗、把碗。例如：永乐款青花白地瓷茶盅、红漆菊瓣式盖碗、霁青瓷撇口碗、霁青瓷把碗。盖碗和撇口碗的大小形态相似，从材质可分为玉碗、竹碗、瓷碗、漆碗。从题材可分为植物、动物、福字、人物。例如青玉寿字盖碗、红漆菊瓣式盖碗、宣窑红龙盖碗、御制诗意红漆菊瓣式盖碗、嘉窑青花白地人物茶盅。

盏托共计17件，部分茶具带紫檀座，这类装饰的盏托不计入统计，盏托主要表现为圆茶盘。

样式有海棠式、葵瓣式。例如：青玉云龙海棠盘、白地青双凤葵花式木瓜盘。材质有瓷、玉、木等。例如：龙泉釉木瓜盘、乾隆欵蔡玉盘、霁红瓷暗花木瓜盘。

2. 清漪园辅助茶陈设

辅助茶陈设是茶活动的重要组成部分，是主要茶陈设的固定搭配，辅助茶陈设往往并不具备饮茶的功能。按照功能可分为：家具类、煮茶类、涤器类、摆设类。以《弘历是一是二图》辅助茶陈设位置图（图二）为例，图中蓝色虚框中为辅助茶陈设，画面右侧家具类茶陈设为紫漆描金花卉纹葵花式圆桌（图二：⑤），摆设类茶陈设有盆景、扁瓶、香炉（图二：②③④），涤器类茶陈设为玉洗（图二：①）。

（1）家具类辅助茶陈设数量统计及分类

家具类辅助茶陈设是指专门用于存放茶具的家具。园中此类陈设共计24件。从

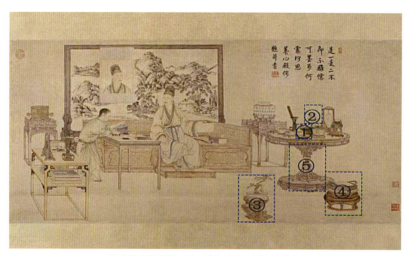

丁观鹏《弘历是一是二图》（故宫博物院藏）

①玉洗

②盆景

③青花双耳扁瓶

④香炉

⑤紫漆描金花卉纹葵花式圆桌

图二 《弘历是一是二图》中辅助茶陈设分布图

种类可分为榻、琴桌、案、供桌、书桌、高香几。例如：紫檀边腿菠萝漆心格子、紫檀边腿影漆心琴桌、紫檀供桌、紫檀翘头案、紫檀边腿黑漆心龙书案、棕竹高香几。材质可分为紫檀、花梨木、樟木、鸂鶒木。

（2）煮茶类的数量统计及分类

煮茶类是用于煮茶的陈设，在园中数量不多。在《活计档》[1]中记载："初十日员外朗白世秀、催总德魁来说：太监胡世杰交黑漆茶具二分…… 夔龙式银屉冰盆一件、水漏子二件…… 青花白地茶盅二件（随双圆盘一件）、瓷缸一件…… 木把银钩子一件、木把铜簸箕一件…… 竹筷子一双…… 纱勺子一件。四夔龙式银屉冰盆一件…… 水漏子二件…… 铜方火盆一件、木把铜簸箕一件、铜镊子一把、解锥一把……"

上述历史文献提到需将两套煮茶具交给胡世杰去做：第一套煮茶具有银屉、水漏、簸箕、瓷缸、银钩子、竹筷子、纱勺子。第二套煮茶具有银屉、水漏、簸箕、火盆、铜镊子、解锥。清漪园的煮茶类陈设共计14件，统计发现两套煮茶类陈设皆是由火夹子、火筷子、火盆、银舀子、水盆、簸箕、银钩子和竹筷子组成。

从功能上可分为簸箕类、舀子（水漏）类、夹子（镊子）类、筷子类、火盆（火炉）、水盆类。从材质上可分为铜、木、铁、竹。

（3）涤器类的数量及分类

涤器类主要用于茶渣和茶具的清理，清漪园的涤器共计18件，包括洗具和渣斗，其中洗15件、渣斗3件。洗的材质有玉和瓷两种，题材可分为植物和动物。例如：哥窑葵花式洗、青玉把莲荷叶洗、青绿兽面双环折边大圆洗。渣斗用于处理残渣，材质也有玉和瓷两种，例如正窑黄瓷绿龙渣斗、清汉玉渣斗。

（4）摆设类的数量统计及分类

乾隆皇帝在布置茶房时会专门配置摆设类陈设。清漪园摆设类茶陈设共计117件，按照种类可分为茶画类、茶花类、茶瓶类、香炉类、文玩类。茶画的类型有山水、人物、花鸟等。茶花和茶瓶在室内具体表现为花插、花囊和花瓶。香炉表现为熏炉、盖炉。摆设类茶陈设具有多功能的特点，在其他场所仍有发现。

3. 清漪园主要茶陈设特点

清漪园中的主要茶陈设，因其和茶事活动关系密切，功能指向明确，与辅助茶陈设相比，其类型和特点更鲜明。

（1）从材质上看，种类繁多，质地精良。清漪园的主要茶陈设瓷器数量最多，少部分为陶器、玉器、金器、银器、鎏金器、铜器、紫檀、漆器等。其中玉器有白玉、青玉、青白玉、碧玉等。

（2）从色彩与主题来看，清漪园主要茶陈设色彩丰富，可以考证的有斗彩、多彩、单色釉、青花、珐琅彩，其中珐琅彩是清朝独有。单色釉有红釉、霁红、黄釉、填白釉、青白釉、均釉；多彩分三彩和五彩，五彩有成窑五彩、宣窑五彩、嘉窑五彩、万窑五彩。主题上，清漪园的茶陈设与人物、动物、植物密切相关。

（3）从分布来看，清漪园的主要茶陈设分布范围广泛，在清漪园中共有13组建筑群、22间房间记载有主要茶陈设。其中乐安和的主要茶陈设数量最多，共计17件，分布于东寝宫、两次间、西进间。5组建筑的主要茶陈设分布在2间或以上房间中。从地形上看，8处建筑临水，5处建筑临山，其余为庭院建筑。

（4）从使用配套来看，乾隆皇帝为了配合不同的饮茶氛围，往往配置不同的主要茶陈设类型。在清漪园中，与文人雅趣相关的茶陈设以紫砂壶居多；日常饮茶的茶陈设以提壶、扁壶居多；祭祀礼佛茶陈设以嗻吧壶居多。

二　清漪园茶活动及茶陈设布置规律

饮茶活动的范围是广泛的，在品茗的过程中可以伴随读书、休憩、观景、煮茗、祭祀、修禅、赏玩、嗅香、插花等相关园林活动发生，清漪园的同一个场所可承载多种茶活动，同时茶活动范围受限在建筑群的某一间或建筑的某一角。为了区分茶活动的差异，通过《陈设档》《乾隆御制诗》和《宫廷画》等历史文献图档的综合分析，将清漪园的茶活动分为三类：日常起居类、煮茶类和祭祀类。

1. 日常起居类茶活动及茶陈设布置规律

日常起居类是指与生活关系密切的活动，通过对历史文献图档的分析，清漪园中日常起居类茶活动主要为读书品茗、观景和休憩品茗。

（1）读书品茗

从陈设清册角度来看，能承载此类茶活动的建筑有怀新书屋和翠籁亭。此类活动的茶陈设摆放规律存在相似之处。其茶陈设布置（图三）有以下几个特征：主要茶陈设

为宜兴壶、宜兴罐、竹炉，室内的辅助茶陈设家具类为琴桌。琴桌分两部分，上设摆设类茶陈设、涤类陈设和书籍。茶陈设的位置是靠窗布置，利于乾隆皇帝观赏景色（表一）。

（2）观景和休憩品茗

清漪园水域广阔，且昆明湖多荷叶，乾隆皇帝常泛舟观荷，在乾隆御制诗《荷露烹茶》[5]中提到："荷叶擎将流溢稠，天然清韵称茶匦。"从陈设清册角度来看，能承载此类茶活动的建筑有畅观堂、无尽意轩、水周堂、惠山园、云绘轩、乐寿堂等。此类活动的茶陈设摆放规律存在相似之处。其陈设布置有以下几个特征：主要茶陈设为茶壶、盖碗和盖罐，茶壶种类丰富，例如：提梁壶、执壶、卤壶等，其中瓷壶数量占多数。辅助茶陈设以槅为主，常放置在楠木包厢床上，并分左右两槅，左右两槅数量接近，内设摆设类陈设和涤滤类陈设（表二）。

2. 煮茗类茶活动及茶陈设布置规律

乾隆皇帝对烹茶极具兴趣，在乾隆御制诗《煮茗》[6]中提到："烹煎松风鸣，活泼雪色漉。"从陈设清册角度来看，能承载此类茶活动的建筑有清可轩和春风啜茗台，此

表一　怀新书屋、翠籁亭部分陈设表

房间	方位	家具		摆设	
怀新书屋明间	靠西窗下安	紫檀琴桌一张	上设	全唐诗录一部四套……	
			下设	紫檀茶具一件	宜兴罐一件 宜兴壶一件 竹炉一件
	西窗槛柱上挂			御笔字挂屏一件	
翠籁亭	北面窗户	花梨笔管式琴桌一张	上设	初学记一部二套……	
			下设	棕竹茶具一件	竹炉一件 宜兴罐一件 宜兴卤壶一件 茶具顶上设 嘉靖款红填漆圆盒一件
	两边贴			董邦达墨色山水画一张……	

怀新书屋透视图

1. 竹炉
2. 宜兴罐
3. 宜兴壶

图三　怀新书屋复原图及主要茶陈设（自绘）

表二　无尽意轩部分陈设表

房间	方位	家具			摆设
无尽意轩东进间	面北安	楠柏木包镶床三张	两边安紫檀边菠萝漆炕格	左格内设	青绿天鹅提梁有盖三喜调和壶一件、青玉罐一件、成窑五彩瓷碗一对、白地三彩瓷盖罐一件
					青玉三螭卮一件……
				右格内设	均釉宝珠罐一件、青玉碗一件、青玉盖碗一件、青绿鎏金起线三兽高足葵花式盘一件
					青玉漫耳葵瓣洗一件……
				两格顶上设	古香斋新刻袖珍渊鉴类函一部三十套
	东边贴				常生着色楼台画一张
	两边贴				德昌着色花卉画一张

类活动的茶陈设摆放规律存在相似之处。其陈设布置有以下几个特征：主要茶陈设以宜兴罐、宜兴卤壶、茶盅、竹炉为主，辅助茶陈设家具类数量相比较其他茶活动家具多，多为高香几和茶槅。辅助茶陈设上置主要茶陈设和煮茶类茶陈设。茶陈设位置不固定，但与建筑环境融合，例如窗下、山石下（表五）。

3. 祭祀修禅类茶活动及茶陈设布置规律

主要茶陈设除饮用外也可用于祭祀，《大清会典事例》[7]记载："万寿圣节祭，显佑宫，用三两重黄蜡烛二枝，二两重六十五枝，松萝茶一两。"清漪园中祭祀修禅类茶活动多为供佛，小部分为祭祀，从陈设清册角度来看，能承载此类茶活动的建筑有岁华室、畅观堂，此类活动的茶陈设摆放规律存在相似之处。其陈设布置有以下几个特征：主要茶陈设为茶壶、盖碗（图四）、盖罐，不同于日常型的主要茶陈设，祭祀修禅型茶活动的主要茶陈设的主题与宗教息息相关，主要茶陈设中至少有一样为宗教贡品，例如嗖吧壶、龙钵等。辅助茶陈设家具类为供桌。茶陈设的位置灵活，门内、墙旁皆可（表四）。

表三　春风啜茗台、清可轩部分陈设表

房间	方位	家具		摆设
春风啜茗台楼下明间	西方窗下安	鸂鶒木茶具一件	内盛	宜兴罐二件、宜兴诗意卤壶一件
				银屉竹盆一件、黄铜圆盆一件、银钩子二把、银舀子一把、紫檀木把黄铜籦箕一件、黄铜火镊子一把、亮铁火夹子一把、亮铁火筷子一双、竹筷子一双
		茶具	顶上设	嘉窑白地青花人物茶盅二件
		鸂鶒木方高几一件	上设	竹炉一件
			下设	鸂鶒木方箱一件
清可轩明间	靠山石下	紫檀高香几一件	上设	紫檀茶具一件、自鸣钟一架、瓷器六件
		棕竹茶具槅	内盛	海棠式宜兴罐二件、六角宜兴罐二件、永乐款青花白地瓷茶盅二件、紫檀座描金盘一件、宜兴诗意小卤壶一件、宜兴壶二件
				黄铜籦箕一个、黄铜火夹子一个、亮铁火夹子一把、竹筷子二双、亮铁火筷子一双、银舀子一把、黄铜圆盆一件、黄铜方盆一件、花梨把银钩子二把
		绢衣仙人二件（随紫檀小椅一张、紫檀小桌一张、茶铫火炉一件）		
		棕竹高香几一件	上设	竹炉一件
			下设	铜诗意地壶一件、古铜兽面渣斗一件、宣窑青龙兽面花囊一件、均釉缸一口
	墙上挂	黑漆琴一张、安青绿诸葛鼓一件		

三 清漪园茶文化

　　清代皇宫茶事频繁，乾隆皇帝嗜茶，并以儒家文化为代表，吸收借鉴满族、蒙古族、藏族等少数民族及西方文化要素，打造了独特的乾隆茶文化。满族入关以来，饮茶习俗以奶茶为主，但通过陈设清册的整理分析发现，金银奶茶具的数量极少，而与汉族饮茶活动密切相关的瓷器和紫砂器居多，这表明了清代皇帝在饮茶方式的转变。

　　乾隆皇帝不仅在饮茶陈设上发生了转变，在饮茶环境方面更是追求与历代茶人的精神同步，在明《长物志》中曾提到："构一斗室，相傍山斋，内设茶具，教一童子专主茶役，以供常日清谈。"乾隆皇帝继承了传统文人茶舍的精神内涵，不采用简便的浸泡法而采取相对烦琐的煮茶法，这在清朝皇帝中并不多见；并且，乾隆皇帝在清漪园中依山建造清可轩，依水建造春风啜茗台，茶房的形制和陈设布置与宋代文人茶舍的风格相似甚至更胜一筹。在室内活动中体现了文人四雅：焚香、品茗、插花、挂画。这是乾隆皇帝对宋代茶文化的一种认可与推崇。

　　乾隆皇帝同时将茶文化与宗教相融合，

图四　青花题诗三清图盖碗（颐和园博物馆藏）

表四　岑华室、畅观堂部分陈设表

房间	方位	家具		摆设
岑华室	门里面北安	紫檀供桌一张	上供	青玉寿字盖碗一对 成窑五彩瓷盖罐二件 铜烧古喯吧壶一件
				瓷青纸金字观弥勒菩萨上生兜率天经一册 （陈孝泳字紫檀壳面套）……
	背后挂			菩萨像一轴
畅观堂西里间	靠西墙安	紫檀供案一张	上供	青玉有盖执壶一件 万窑五彩瓷盖罐一对 青玉云龙海棠盘一件 青玉云龙钵一件
				铜胎阿弥陀佛一尊……
	墙上贴			全廷标着色画罗汉像一张

从茶陈设上看，可以看到独具道教、佛教、萨满教等宗教的特色茶陈设，比如清漪园的叉车设有嘛吧壶这种传统佛教的贡品，有卢仝仙人、绢衣仙人等带有道教特点的贡品。同时乾隆皇帝借鉴西洋技法，将透视和色彩纳入到茶陈设的设计中，这是乾隆皇帝对不同类型文化兼容并蓄的体现。

综上所述，清漪园的茶文化是清代皇家园林文化的集大成者，乾隆皇帝充分发挥了清漪园的山水特色，在赏景休憩、祭祀、煮茗等茶活动中将美感和意境融入了陈设布置中。

参考文献

[1] 张龙：《济运疏名泉，延寿创刹宇》第2页，天津大学硕士学位论文，2006年。

[2] 中国第一历史档案馆、北京市颐和园管理处编：《清宫颐和园档案·陈设收藏卷（十八）》，北京：中华书局，2017年。

[3]（南宋）吴自牧著，周密注：《梦粱录》卷19，济南：山东友谊出版社，2001年。

[4] 廖宝秀：《茶韵茗事》，《故宫茶话》，台北：台北故宫博物院，2010年。

[5]（清）爱新觉罗·弘历：《清高宗（乾隆帝）御制诗文全集》之三，第66页，北京：中国人民大学出版社，1993年。

[6]（清）爱新觉罗·弘历：《清高宗（乾隆帝）御制诗文全集》之三，第62页，北京：中国人民大学出版社，1993年。

[7] 赵云田：《钦定大清会典事例》卷816·太常寺·支销，北京：中国藏学出版社，2006年。

[8]（明）文震亨原著，陈植校注，杨超伯校订：《长物志》第31页，南京：江苏科学技术出版社，1984年。

从城市到山水田园

畅春园盛期空间复原新探

朱 强

摘 要：畅春园及附属的西花园是北京西郊皇家园林群"三山五园"的重要历史组成部分，但在经过清中后期以来一个多世纪的衰亡和近20年来的城市建设后，除两座寺庙山门外几乎完全丧失了历史风貌，给研究及遗产保护带来严峻挑战。本文在系统考证6类35件跨越康熙朝至21世纪的一手图文史料的基础上，论述了重绘乾隆四十二年（1777年）畅春园及西花园的盛期复原平面图的推敲过程及方法，涉及边界、山水及建筑三方面内容，初步揭示了这座86.77公顷皇家宫苑的庞大规模以及杰出的艺术水准。

关键词：三山五园；畅春园；西花园；复原研究

一 畅春园复原的背景

中国古代皇家园林具有极高的艺术成就，但绝大部分都在历史中湮灭，仅有少量保存有遗址，其余则停留在文献或绘画之中。复原研究作为园林史的重要组成部分之一，是了解古代园林艺术、思想演变所必须的途径，只有借助考古、图档和文献的相互支撑才能够复原出较为科学、精准的历史布局。近年来的唐代大明宫[1]~[3]、华清宫[4]、九洲池[5]和清代圆明园[6]、避暑山庄[7][8]等复原研究都是较为知名的案例。但并非所有园林都具备完整的线索链来支撑复原，因此这项工作对资料的搜集分析具有较高的要求，研究周期也很可能跨越很长一段时间。

畅春园是北京西郊皇家园林群"三山五园"之一，也是清代帝王在西郊最早设立的离宫，具有非同寻常的历史价值（图一）。但遗憾的是，它的遗址除两座寺庙山门和被改道的万泉河外已全部被城市占据，虽然已有不少学者尝试进行空间复原[9]~[13]，但可能都因为史料匮乏而未能以真实尺度精细表达园林的边界及内部的山水、建筑乃至植物、小品等信息。2017年以来，《北京城市总体规划（2016~2035年）》及《海淀分区规划（2017~2035年）》对三山五园地区提出了"整体保护"和"恢复山水田园的历史风貌"的重要发展目标，如何破解畅春园的窘境、尽可能地保护潜在遗存，并且进一步挖掘与展示历史文化，是当前的迫切任务。

笔者曾在2019年的旧文《清代畅春园复原及理法探析》[14]中粗略介绍了对该园沿革的考证，以及基于不同时期的样式房图档、航拍影像、测绘图等资料复原了乾隆、道光时期畅春园布局的过程及结果，并初步分析其景观和功能布局。然而由于篇幅有限，未能详细介绍图像资料的解译、推断及复原图的绘制过程；更重要的是，由于最新披露的国家图书馆及故宫珍藏的多幅样式房（雷）图档可对上一版复原成果进行较大幅

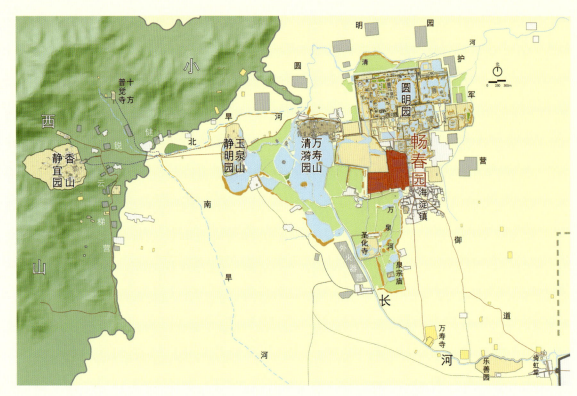

图一　畅春园在三山五园地区的区位（咸丰末期）

（改绘自《今日宜逛图——图解皇家园林美学与生活》[15]）

度的修正和细化，并对复原研究的结论产生影响。因此，本文重点介绍对史料的全面辨析以及复原图绘制及修正。

二　畅春园复原资料解析

（一）清代样式房图档和舆图

在清代皇家园林、城池、陵寝的研究中，样式房图（又称"样式雷图"）发挥了不可替代的重要的作用，但值得注意的是，样式房平面图（或称地盘图）并非按现代制图标准绘制，除建筑尺寸比较贴近真实比例，山水、园墙均仅为示意性表达。遗憾的是，畅春园的图档在数量和精度上都存在严重的不足，仅有的一张畅春园总平面图绘制于清道光十六年（1836年），该图应为当时的勘察图，显示此时大多数景区中的建筑群已被拆除[16]；虽然无逸斋、清溪书屋等5处景区的详图[17]能弥补这一缺憾，但仍有相当一部分景区的具体布局无从得知，仅通过《钦定日下旧闻考》[18]的零星文字记载是远远

不足以推测出原貌的。畅春园西侧建有附属的西花园，也仅有一张时期不明的总平面图《西花园现查情形（平样）》，画面上绘有围墙、山形水系以及多处推测是建筑群轮廓的尺寸标注，而园中的分景点详图仅有宫门区一处。

除了专门为畅春园绘制的图档，一些区域尺度的舆图在记载畅春二园的外部关系上发挥了重要作用，如绘制于道光二十九年（1849年）的《圆明园来水河道全图》[19]、时期不明的《西花园圣化寺地盘全图》[16]和《京城内外河道全图》[20]等。此三图还描绘了西花园内部的水系，虽然不够详细，但可作为西花园总平面图的重要补充。清晚期承泽园曾扩建并占用了畅春园西北的土地，图档上也明确记载了前后的修建方案[21]，其中标注的"万泉河驳岸至（畅春园）北大墙距离9丈"可作为定位畅春园北墙的辅助依据。

（二）近现代测绘、航拍及考古资料

古今格局的巨大差异是造成考证困难的主要因素。为此，复原研究必须借助

畅春园遗址在被城市化之前的地形地貌资料。目前已知最早的一幅遗址测绘图为清光绪三十三年（1907年）的 *PEKING AND UMGEBUNG* 一图，虽然位于画面左上角的畅春园只露出了局部的山水遗存，但它对于定位边界与园内南部格局来说意义重大。民国时期的《实测京师四郊地图》《三山五园全图》等几幅测绘或鸟瞰图并未详细记载遗址信息，参考意义不大。因此，上一版复原方案主要在叠加1907、1957、1972和2002年的4幅测绘或航拍卫星图的基础上识别出畅春二园遗址的山水轮廓和周边北京大学、承泽园、蔚秀园等建筑群（图二），再依据清代图档勾勒出原有的围墙和山水信息。此外，畅春园大宫门遗址区在2000年的考古图纸为定位宫廷区建筑群和南墙提供了重要

依据[22]，现存的恩佑寺、恩慕寺的山门又为定位清溪书屋建筑群和东墙提供了重要依据。

新版复原引入了1967年的高清美国锁眼卫星图（清晰度远高于1972年的 USGS 卫星图），将它的比例校正后，与1957年1：5000测绘图叠加发现二者的吻合度极高（图三），证明这10年间的变化并不明显，不仅畅春园和西花园遗址上的地物地貌可一目了然，而且特别是西花园西墙外的河道和土山可与《圆明园来水河道全图》精确对应，这对于修正西花园边界及内外水系起到了十分重要的作用。

由于复原工作涉及的资料类型庞杂、跨越时期较长、参考价值多样，笔者将上面介绍过的6类共计35件核心一手史料整理如下表所示（表一）：

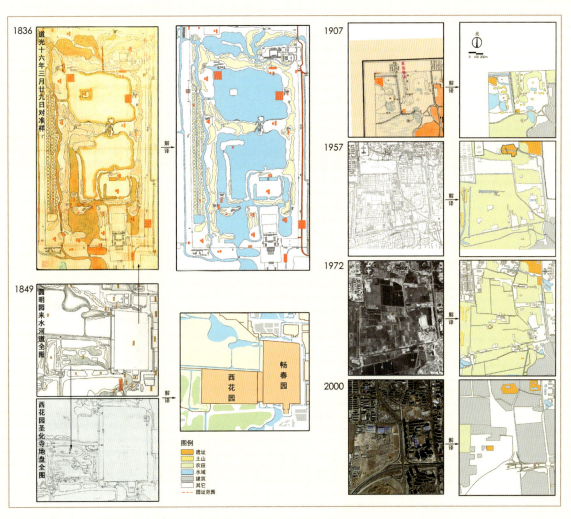

图二　对不同时期畅春园一手图像资料的解译（作者自绘）

图三 1967年畅春园锁眼卫星图与1957年测绘图叠加

（改绘自两份资料并标注）

三 复原时期的选择

畅春园在历史上几经改扩建（表二），重要时间点包括康熙二十六年（1687年）初建完毕、康熙五十二年（1713年）扩建、乾隆初年为太后重修、乾隆四十二年（1777年）太后去世、嘉道咸时期陆续拆除、宣统初年将遗址改建为操场等，因此需选择一个证据链最为充足的复原时期作为畅春园研究的基础。

首先可以明确的是，畅春园历史上最后一项添建工程是乾隆四十二年（1777年）为纪念崇庆皇太后去世而建的恩慕寺，之后就在被不停地拆除，物料被用于其他园林的建设[23]，直到道光二十三年（1843年）时皇家终因无力维护而下令撤销了畅春园的管理部门[24]。而唯一完整记录园中景点布局的文献《钦定日下旧闻考》完成于乾隆四十七年（1782年），因此它记载的正是畅春园最盛，也应是最后完整的面貌。而从康熙二十三年（1684年）始建到1777年之间，特别是雍正和乾隆朝更多详细的工程记录和图像资料[25]还有待进一步挖掘。

其次，晚清、民国至新中国成立初期的测绘图表明，废弃后的畅春园遗址遭受了进

表一　复原畅春园及西花园应用到的核心史料及价值

类别	图名	年代	参考价值
舆图和样式房图档17幅	嘉庆六旬万寿庆典汇总画样	嘉庆二十二年（1817年）	畅春园东侧街巷布局
	京城内外河道全图（国家图书馆）	嘉庆之后	外部水系及西花园布局
	道光十六年三月廿九日对准样（故宫）	道光十六年（1836年）	畅春园布局
	圆明园来水河道全图（国038-0001）	道光二十九年（1849年）	两园的外部水系及西花园内山水布局
	西花园圣化寺地盘全图（故宫）	嘉庆至道光二十五年前	
	西花园现查情形（平样）（国133-0025）	嘉庆、道光时期	山形水系、平格网及9处建筑群的尺寸和面积
	春晖堂地盘糙底（国123-0016）、观澜榭地盘画样（国343-0667）、观澜榭地盘平样（国123-0014）、清溪书屋地盘画样（国123-0008）、无逸斋地盘全图（国217-0035）、疏峰地盘样（国123-0013）、疏峰地盘画样（国210-0074）	嘉庆、道光时期	畅春园内的分景点布局及建筑尺寸
	西花园地盘画样（国132-0001）、西花园九年六月初五日查得情形细底（国284-0024）	嘉庆、道光时期	西花园宫门区布局及损毁情况
	（承泽园）新拟地盘画样（国118-0030）、原旧地盘画样（国118-0031）	嘉庆、道光时期	承泽园侵占畅春园的情况以及万泉河与畅春园的距离、畅春园北墙外的中和乐他他房
地图5幅	PEKING AND UMGEBUNG	光绪三十三年（1907年）	局部遗址格局
	实测京师四郊地图	1915年	遗址格局（简略）
	北京颐和园和八旗兵营图（美国国会图书馆）	清末民初	全园布局鸟瞰（简略）
	畅春园平面图（金勋绘）	清末民初	畅春园布局
	清西郊园林图（侯仁之绘）	1986年	外部关系及内部布局
测绘图2幅	1：5000遗址测绘图	1957年	遗址格局
	畅春园大宫门及西花园石桥考古测绘图	2000年	大宫门遗址格局
卫星及航拍图4幅	美国第十四航空队航拍图	1945年	恩佑寺、恩慕寺遗址格局
	美国锁眼卫星图	1967年	两园遗址的清晰格局
	美国地质调查局（USGS）卫星图	1972年	遗址格局
	谷歌卫星图	2001年	西花园遗址格局；恩佑寺、恩慕寺区位
照片3幅（组）	恩佑寺及恩慕寺山门老照片2幅、现在照片1组	清末、2019年	恩佑寺、恩慕寺格局及现状
文献4份	内务府总管赫奕等奏于畅春园建大殿费用片	康熙五十二年（1713年）	畅春园宫廷区改建记录
	万寿庆典初集	康熙五十六年（1717年）	早期畅春园大宫门图像
	钦定日下旧闻考	乾隆四十七年（1782年）	两园景点布局
	钦定总管内务府畅春园现行则例及续编（国图）	嘉庆、道光年间	拆建记录

表二　畅春园在明清时期的主要沿革

年号	主要变化	发生时间	使用状况
（明）万历	始建清华园	1573—1620年	私家别业
康熙	兴建畅春园	康熙二十三年（1684年）起	皇帝离宫
康熙	新建九经三事殿等宫殿	康熙五十二年（1713年）	皇帝离宫
雍正	新建恩佑寺	雍正三年（1725年）	闲置
乾隆	为皇太后修缮及改建	乾隆三年（1738年）起	皇太后园
乾隆	新建恩慕寺	乾隆四十二年（1777年）	闲置（理论上的皇太后园）
乾隆	将部分佛像移至圆明园	乾隆四十二年（1777年）	闲置（理论上的皇太后园）
乾隆	改建九经三事殿	乾隆四十二年（1777年）	闲置（理论上的皇太后园）
嘉庆	裁撤陈设、拆除部分殿宇	嘉庆十二年（1807年）	闲置（理论上的皇太后园）
道光	拆除澹宁居、疏峰、观澜榭、大西门、凝春堂、藻思楼	道光三年（1823年）	废弃拆除
道光	拆除寿萱春永、松鹤延年、云涯馆等处	道光十七年（1837年）	废弃拆除
咸丰	拆除清溪书屋、导和堂	咸丰六年（1856年）	废弃拆除
咸丰	英法联军焚毁恩佑寺、恩慕寺	咸丰十年（1860年）	被毁
宣统	将西花园改为操场	宣统元年（1909年）	再利用

★根据《总管内务府现行则例、续纂现行则例·畅春园卷》、康熙五十二年《内务府总管赫奕等奏于畅春园建大殿费用片》、《清代三山五园史事编年》等资料整理而成

一步严重的人为破坏，如光绪时期大墙被皇家拆除用作修建乐善园，宫门铜狮被移至颐和园排云门前[26]。虽然园内逐渐被夷为平地，除部分高地和水沟可辨别外，直观上大部分遗址与农田无异，但园林周边的道路、河湖水系和农田的布局与1849年的《圆明园来水河道全图》基本吻合。

综上所述，复原首选的、较为严谨的时期应为乾隆四十二年（1777年），亦可称此时为"盛期"。

四　边界定位及山形水系的复原

（一）园墙四至的推断

畅春园和西花园的园墙虽然在样式房图中较为规整，但实际上是不规则的异形，

可根据不同时期图像资料的痕迹来综合推断出四至边界。

1. 畅春园的边界

畅春园的四面围墙推断过程如下。

（1）南墙。可根据2000年的考古图纸定位出大宫门及朝房的真实位置，再依据1907年、1957年测绘图上的山水遗存推测出南墙的延长线。这里出现了与图档的矛盾在于：宫门距离南墙的实际距离仅有32米，无法完全容纳下九经三事殿及月台（图档中的大殿在宫门与南墙之间），故将九经三事殿适当向北平移。

（2）东墙。现存的恩佑寺、恩慕寺山门的具体尺寸方位可以辅助推测出东墙的位置，20世纪初的老照片反映了旁门和围墙

的具体形象，两座寺庙的东西向轴线并非平行，致使围墙在寺之间形成轻微的转折。

（3）北墙。畅春园北墙外是万泉河，根据承泽园的图档可知驳岸距离北墙的距离大约为9丈（约28.8米），本次复原修正方案根据1957年测绘图上的承泽园准确位置，将北墙西段改为直线；又考虑到蔚秀园的南墙位置，东段围墙仍然依据了河流的蜿蜒走势而确定。

（4）西墙。在1907年图纸上畅春园的西墙仍然保留，因此根据图纸加以确定，西墙在大西门附近略微向西凸出，其余均为直线。

畅春园的四至范围可就此确定，南北方向最大约为1012米，最小约为887米，东西方向保持在530米左右。经测量，四周的园墙总长度约为3344米，这与《日下旧闻考》记载的"一千六十丈有奇"（按1丈≈3.2米，约3392米）比较接近，畅春园总面积为52.03公顷（按1亩≈614.4平方米[27]，约846.86亩）。

2. 西花园的边界

对西花园围墙的推断因资料缺乏而相对艰难，本次修正方案几乎对其重绘，仅有南墙保持在了畅春园南墙的西延长线上。修正原因在于经对比多幅图档发现的两个矛盾。

第一是西花园在历史上并没有西墙外的护园河，而在1957年测绘图上有一条宽约20米的笔直长沟，上一版方案误将它作为护园河并绘制了西墙，致使西墙位置不准；第二是马厂南墙外的水沟与西花园内的东西向河道贯通，并没有拐弯，而在上一版方案中，为了衔接水系，误将它向南拐弯，从而使西花园北墙的定位出现问题。

又根据1907年测绘图及地盘图，两园之间的夹道宽度约40米，故与畅春园西墙平行的西花园东墙得以确定。经过修正发现，西花园的外围并非规则矩形，南北向最宽处约680米，最窄处约524米，东西向最宽处约602米，最窄处约502米。西花园总面积为32.80公顷（约533.84亩）。算上两园之间的夹道，畅春二园的总面积为86.77公顷（约1412.25亩）（图四）。

（二）山形水系的复原

山形水系是最核心的人工造景元素，分为园外和园内两部分。如上文所述，测绘图显示畅春二园周边区域的水系、稻田、道路等并未遭受严重的破坏，格局与样式房图基本吻合，这为布局的精确复原提供了极大的便利。就此可分析出畅春二园在区位上既具备繁华街市的便利、赐园群和马厂的拱卫，又借景近处的田园风光和远处的西山叠嶂。

1. 畅春园内的山形水系

相对而言，园林内部格局的设计程度远高于园外，毕竟它具备前朝名园——李氏清华园的雄厚基础。畅春园的山水布局特色可以总结为5湖（宫西小湖、宫东小湖、前湖、后湖、北湖[28]）3堤（桃花堤、芝兰堤和丁香堤）1岛（蕊珠院）、四周土山萦绕、西侧田渠平旷。空间划分清晰，山水作假成真，艺术十分高超。畅春园之水来源于万泉河，水从西南的两个闸口引入后自南向北流动，最终从西北和东北的两闸流出；此外，另有一条支流流入两园之间的夹道处，既能为西花园供水，又能作为西护园河。恩佑寺以北另有一座水闸（同时也是桥），这是万泉河向东部赐园输水后又流回畅春园的入水口。

依据《道光十六年三月廿九日对准样》和遗址测绘图中的残存山水形态，可推测出山水布局的大致原貌，但其中前湖三条堤和北湖区的范围仅作示意。在地盘图上，全园密集分布有64座大小和形态各异的带状土山，少量底盘较宽的土山可能比较高耸，但多数较狭长的土山可能十分低矮（一般都会再栽植上高大乔木）。由于在测绘图上，已经看不出任何土山的痕迹，本文暂仅能将地

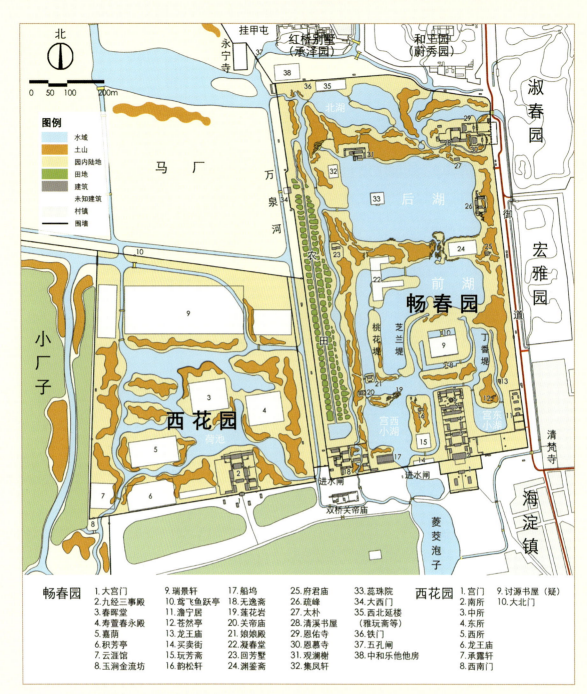

图四　畅春园及西花园复原平面示意图（乾隆四十二年）（作者自绘）

畅春园

1.大宫门	9.瑞景轩	17.船坞
2.九经三事殿	10.鸢飞鱼跃亭	18.无逸斋
3.春晖堂	11.澹宁居	19.莲花岩
4.寿萱春永殿	12.苍然亭	20.关帝庙
5.嘉荫	13.龙王庙	21.娘娘殿
6.积芳亭	14.买卖街	22.凝春堂
7.云涯馆	15.玩芳斋	23.回芳墅
8.玉涧金流坊	16.韵松轩	24.渊鉴斋

25.府君庙	33.蕊珠院
26.疏峰	34.大西门
27.太朴	35.西北延楼
28.清溪书屋	（雅玩斋等）
29.恩佑寺	36.铁门
30.恩慕寺	37.五孔闸
31.观澜榭	38.中和乐他他房
32.集凤轩	

西花园

1.宫门	9.讨源书屋（疑）
2.南所	10.大北门
3.中所	
4.东所	
5.西所	
6.龙王庙	
7.承露轩	
8.西南门	

盘图进行图像拉伸变换使其与实际山水空间叠加，再描摹出土山的大致轮廓；今后若进行竖向上的研究，还需更多的复原依据（如圆明园的真实土山高度）。对于为数不多的假山而言，澹宁居西侧、莲花岩、渊鉴斋西侧、观澜榭以西的假山同样被描摹进平面图中相应位置进行示意。从这里可以发现一个细节，前湖与后湖之间由狭长的山石河道相连，泛舟交通时或许具有深入峡谷的空间体验，这里的假山空间在全园应是最丰富的一处。

2.西花园内的山形水系

西花园的损毁情况更为严峻，在航片测绘图中除1907年测绘图外，几乎无法辨认出任何山水的原貌。上一版方案仅根据《圆明园来水河道全图》和1907年遗址测绘图推测了简略的山水轮廓，即主湖面、3座岛屿和1座半岛，但随着《西花园现查情形（平样）》和两幅地盘图《西花园圣化寺地盘全图》的披露，西花园得到了进一步修正复原方案的可能。

这两幅地盘图描绘的园林格局基本是相似的，只是前者标注的尺寸更容易辨认。将苏州码子换算为汉字后可知，该图实际上是当时样式房勘察西花园中9处建筑群的一份手稿，每一处都标注有建筑群的长、宽及面积（图五；表三）。按1丈等于3.2米来换算，可知标注的面积为长乘以宽的数值，建筑群的面积之和为"一顷四十二亩八分六厘"，即8.78公顷左右。其中规模最大的为园正北侧的2号地（约3.8公顷），最小的为西南角的7号地（约0.41公顷）。也就是说，算上宫门区的建筑群，全园共分散布置有10处建筑群。故依据尺寸绘制矩形、参考轴线来适当调整角度，最后将它们安放在恰当的山水位置，并以此作为重绘西花园的山形水系的重要依据。从中可得知西花园土山共19座，主要分布在园墙内侧和岛屿边缘，对岛上的建筑群形成围合的态势。

《钦定日下旧闻考》卷78对于西花园布局的记载十分简略，但结合此图可大致对景点分布做出判断：由"河北正殿5楹为讨源书屋"可知讨源书屋（含左右配殿及后敞宇"观德处"）位于水系之北，但位置不明；由"园西市门内为承露轩"可知承露轩位于7号地；承露轩"东有龙王庙"，那么龙王庙应位于6号或8号地。

原文记载"西花园之前有荷池，沿池分四所，为皇子所居"，这"四所"的位置曾经令人十分困惑，但结合新图档可知："南所"正是宫门建筑群[29]；又综合考虑"南所之东为东所""由东所而西为中所""南所之西为西所"这三句话可知，"中所"位于4号地[30]、"东所"位于5号地、"西所"可能位于6号地[31]。也就是说，龙王庙和"西所"只可能在6号或8号，而重要性极高的讨源书屋可能位于规模最大的2号地，东北角的3号地可能为附属建筑群[32]。

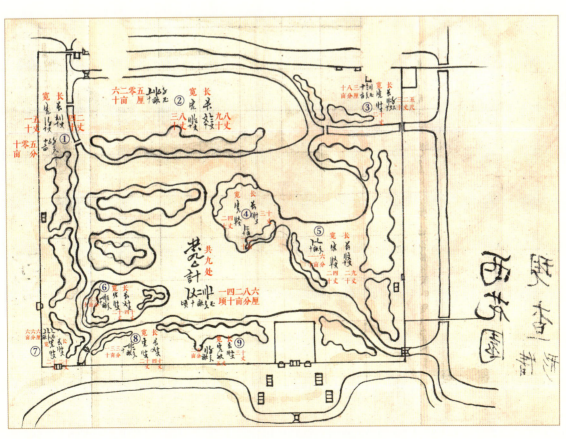

图五　对《西花园现查情形（平样）》的解读和地块标注

（改绘自样式房图档）

表三 西花园中9处建筑群的尺寸及面积

编号	宽	丈	公制（米）	长	丈	公制（米）	面积（计算亩）	面积	面积（平方米）
①	十五丈	15	48	四十二丈	42	134.4	10.5	十亩零五分	6451.2
②	三十八丈	38	121.6	九十八丈	98	313.6	62.067（略有误差）	六十二亩零五厘	38133.76
③	二十丈	20	64	三十二丈五尺	32.5	104	10.83	十亩八分三厘	6656
④	二十四丈	24	76.8	三十丈	30	96	12	十二亩	7372.8
⑤	二十四丈	24	76.8	二十九丈	29	92.8	11.6	十一亩六分	7127.04
⑥	二十丈	20	64	四十丈	40	128	13.3	十三亩三分	8192
⑦	二十丈	20	64	二十丈	20	64	6.67	六亩六分六厘	4096
⑧	二十丈	20	64	四十丈	40	128	13.3	十三亩三分	8192
⑨	五丈	5	16	三十丈	30	96	2.5	二亩五分	1536
⑩	合计共九处						142.83	一项四十二亩八分六厘	87756.8

五 建筑群的复原

由于遗址时期建筑无存，样式房图是目前最主要的复原依据，因此畅春园和西花园建筑的复原可分为三类：有总地盘图无分景图、有总地盘图有分景图、无图有文字。

对于第一类，1836年地盘全图上清晰地描绘了宫廷区（宫门、九经三事殿、春晖堂[33]、寿萱春永殿[34]、云涯馆、澹宁居、龙王庙）、前湖区（关帝庙、娘娘庙、府君庙）、后湖区（观澜榭、疏峰、回芳墅）和北湖区（清溪书屋、恩佑寺、恩慕寺）的建筑格局（还有园外的双桥寺和堆拨），信息包括建筑开间和进深、院落组合形式及比例关系，但没有尺寸信息。因此采用如前文所述方法，用色块来表示建筑（含山墙）、用实线表示院墙，严格按照图档反映出的轴线及对位关系、比例以及与山水的空间关系进行重绘，其尺寸的精度比较有限。

第二类中，新披露的分景点建筑平面图既涉及上图已有的景点（如清溪书屋、观澜榭），也包含了被拆去的景点（如无逸斋、疏峰、西花园宫门），可根据图上标识的开间、进深尺寸绘制出建筑组群的柱网平面，但暂不推测台明、踏跺等细节信息（图六）。同时这类复原对上一版总平面图进行修正，如无逸斋景区内部的详细格局、清溪书屋的尺寸、疏峰的完整格局、西花园宫门区的建筑群等。

第三类中，由于缺少西花园9处建筑群的具体布局信息，暂且按照图档上的精确尺寸来绘制它的矩形外轮廓，并且以灰色示意。对畅春园中的瑞景轩、渊鉴斋、蕊珠院等缺少具体布局的景区同样采用这种表达方式。

综上所述，修正版方案共绘制出了畅春二园19处景区中的191座854间大小房屋，其中游廊225间（表四），这一统计数据只是历史原貌的很小一部分。上述第二类景区的建筑仍可依据具体尺寸开展更为详细的复原研究。

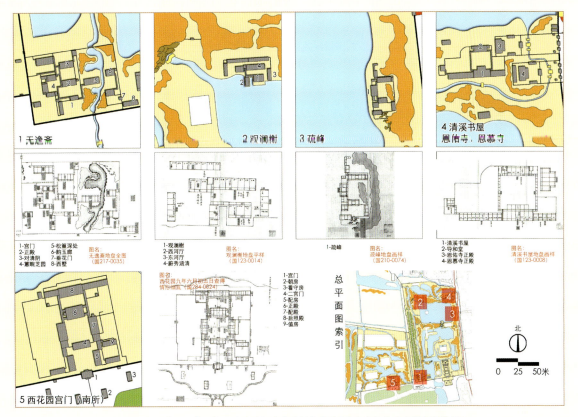

图六　部分景区的建筑复原平面图与对应的样式房图（作者自绘并引自样式房图档）

表四　畅春园及西花园建筑复原统计（作者自绘）

景区名	建筑名称	建筑数量	开间数量
宫门建筑群	影壁	1	
	朝房	2	10
	大宫门	1	5
	九经三事殿	1	7
春晖堂建筑群 （太后寝宫区）	二宫门	1	5
	朝房	2	10
	春晖堂	1	5
	配殿、穿堂殿及耳殿	10	22
	垂花门	1	1
	寿萱春永殿	1	5
	配殿及耳殿	4	16
	后照殿	1	15
	嘉荫、耳殿及值房	1	26
	积芳亭	1	1
	云涯馆	7	25
	游廊		18
	东西两侧房	7	21
	小影壁	1	
澹宁居	门殿	1	3
	垂花门	1	1
	澹宁居及耳殿	1	5

景区名	建筑名称	建筑数量	开间数量
澹宁居	后殿及耳殿	5	21
	游廊		47
	砖门	1	1
	苍然亭	1	1
龙王庙	龙王庙及配殿	2	5
瑞景轩	鸢飞鱼跃亭	1	1
莲花岩	方亭	1	1
关帝庙	山门	1	1
	正殿	1	3
	后殿	1	4
娘娘殿	牌坊	1	1
	正殿及耳殿	3	5
无逸斋	垂花门	1	1
	正宇	1	3
	宫门	1	3
	韵玉廊	1	3
	松篁深处	1	5
	无逸斋	1	5
	对清阴	1	5
	其他殿	13	34
	西墅	1	5
	游廊		66
回芳墅	房屋	2	6
	砖门	1	1
府君庙	砖门	1	1
	正殿	1	3
	耳殿	1	2
疏峰	各殿	11	28
	游廊		7
清溪书屋 （康熙帝寝宫区）	清溪书屋	1	7
	导和堂及耳殿	3	7
	顺山房	2	15
	其他殿	2	5
	游廊		39
恩佑寺	山门及砖门	3	3
	门殿	1	3
	砖门	4	4
	正殿	1	5
	配殿	2	6
	附属殿	2	6
	影壁	1	

景区名	建筑名称	建筑数量	开间数量
恩慕寺	山门及砖门	3	3
	门殿	1	3
	砖门	3	3
	正殿	1	5
	配殿	2	6
	后殿	1	7
	影壁	1	
观澜榭	观澜榭	1	3
	西河厅	1	3
	东河厅	1	4
	蔚秀涵清及耳殿	1	8
	其他殿	2	6
	后殿	2	21
	游廊		14
大西门	大西门	1	5
堆拨房	堆拨	20	51
	长殿	1	16
西花园宫门（南所）	朝房	2	6
	宫门	1	3
	看守房	2	6
	宫门内配房	2	10
	无名房	2	6
	二宫门	1	5
	大殿	1	5
	配殿	2	10
	顺山房	2	4
	后照殿	1	7
	顺山房	2	14
	值房	2	10
	灰房	5	6
	游廊		34
合计		191	854
游廊总计			225

六　结语

随着本文从外部到内部、从整体到局部的反复辨析与推断，畅春园及西花园庞大的园林和建筑规模、杰出的艺术水准已经得到了初步展现，意味着它在空间、设计层面的研究可以在前辈打下的良好基础上[35]继续深入开展。正如开篇所言，资料的丰富度和精确度直接关系到复原图纸的精确程度，但目前存在的问题主要体现在两个方面。

第一，清末以来的图纸资料的时间跨越大、精确度参差不齐，考古资料严重缺失。解译这些资料及重绘复原图的过程存在一定的设计成分，特别是地形的表达相当困难。

第二，不同时期的样式房图与工程奏销档严重缺失，不仅致使难以继续推敲平面尺寸、结构及外形，而且大量景点中的建筑信息仍为空白。在此情况下，专家团队共同研讨和继续深挖史料，并不断修正和细化平面布局仍应该是未来长期的主要工作。

不过，当前深度的复原平面图仍然能够说明不少问题。就园林遗址的保护与展示而言，叠加图粗略示意了历史空间在现状城市中的区位（图七），其中海淀公园、海淀新技术大厦外广场、海淀体育中心、畅春新园及万泉亭公园5处城市开放空间的地下仍可能深埋有古建或园林遗址，外加埋藏于北四环之下的大宫门遗址，共有6处园外的稻田完全消失，万泉河也从过去的支流纵横被改为一条较为机械形态的深沟，大概位置是历史上畅春园试验田以东。

然而，以上这几处的城市风貌并不容易被改变，至少是在短期内。不过，位于西花园旧址上的三山五园艺术中心的建设正在进行中[36]，或许未来能够借助新的展陈形式，帮助保留畅春园模糊的记忆，并唤起公众对这块沧桑巨变的土地的情感。

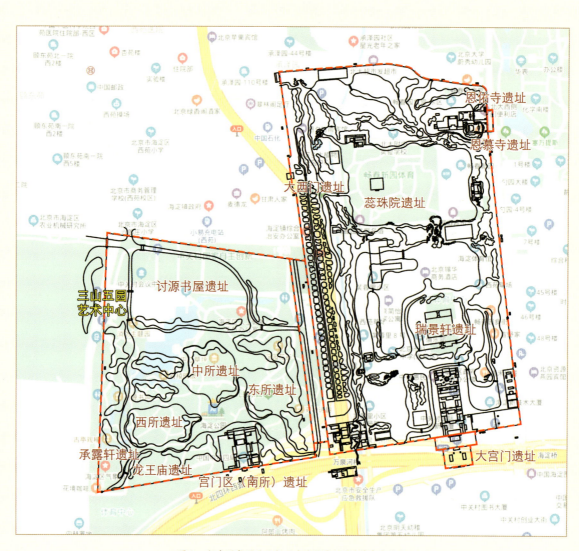

图七　畅春园复原平面与百度地图叠加图（作者自绘）

特别感谢张宝章先生对复原研究工作的关怀与悉心指导！

课题项目：北京农学院科技发展基金"基于多时期图档文献的北京三山五园地区空间格局复原及布局理法研究"（编号 QJKC-2022057）

注　释

［1］杨鸿勋：《唐长安城大明宫丹凤门复原研究》，《中国文物科学研究》2012年第3期。

［2］侯卫东：《大明宫复原研究》，中国文化遗产研究院，2010年1月1日。

［3］傅熹年：《唐长安大明宫含元殿原状的探讨》，《文物》1973年第7期。

［4］张蕊：《从建筑宫苑到山水宫苑：唐华清宫总体布局复原考证》，《中国园林》2020年第10期。

［5］韩建华：《唐宋洛阳宫城御苑九洲池初探》，《中国国家博物馆馆刊》2018年第4期。

［6］郭黛姮、贺艳：《数字再现圆明园》，北京：中西书局，2012年。

［7］毛祎月：《康熙朝避暑山庄景点研究》，北京林业大学，2018年。

［8］吴晓敏、范尔蒴、吴祥艳、陈东：《避暑山庄清代盛期原貌数字化复原教学研究》，《中国建筑教育》2019年第1期。

［9］周维权：《中国古典园林史》，北京：清华大学出版社，2008年。

［10］侯仁之主编：《北京历史地图集·政区城市卷》第99页，北京：北京出版集团公司、文津出版社，2013年。

［11］孟凡人：《宋代至清代都城形制布局研究》，北京：中国社会科学出版社，2019年。

［12］崔山、王其亨、崔景舒：《康熙时期畅春园平面布局推测及其园景题名解析》，《中国园林》2019年第5期。

［13］崔景舒、崔山：《康熙时期畅春园范围界定及平面布局研究》，《中国园林》2022年第1期。

［14］朱强、李东宸、郭灿灿、姜骄桐：《清代畅春园复原及理法探析》，《风景园林》2019年第2期。

［15］朱强等：《今日宜逛园——图解皇家园林美学与生活》，北京：中国林业出版社，2019年。

［16］杨菁、高原：《从样式雷图档看北京"三山五园"的水利工程》，《紫禁城》2019第2期。

［17］国家图书馆：《国家图书馆藏样式雷图档·畅春园卷》，北京：国家图书馆出版社，2020年。

［18］（清）于敏中、英廉、和珅等：《日下旧闻考》卷76、78，北京：北京古籍出版社，1983年。

［19］国家图书馆：《国家图书馆藏样式雷图档·圆明园卷初编》，北京：国家图书馆出版社，2016年。

［20］北京市颐和园管理处等：《明珠耀"两河"——西山永定河与大运河文化带中的颐和园》，北京：国家图书馆出版社，2019年。

［21］国家图书馆：《国家图书馆藏样式雷图档·王公府第卷》，北京：国家图书馆出版社，2020年。

［22］北京市文物研究所：《北京皇家建筑遗址发掘报告》，北京：科学出版社，2009年。

［23］据《总管内务府现行则例、续纂现行则例·畅春园卷》，咸丰六年（1856年）时清溪书屋和导和堂的物料被拆除用于修建含芳园，这在样式房图档《畅春园清溪书屋道和堂内檐装修抵安数目略节》（国064-0014-05）中得到了证实。

［24］据《钦定总管内务府现行则例·圆明

园卷》园役定额记载："（道光）二十三年五月，畅春园酌减官役，该园官员均拨圆明园，遇缺酌量陞补所遗之缺。……所有房地租钱粮一并归圆明园管理。"

[25] 特别是乾隆帝在1736年即位后为太后修缮畅春园的档案尚未寻得。

[26] 据《清宫颐和园档案》记载："畅春园颓废已久，势难修复。四围墙垣逐渐坍塌遗失共计九百余丈，与现修乐善园墙垣尺丈大致相同，可否将此项石料挪用以节经费之处"；"畅春园栋宇无存，墙垣颓废，现只有稻地数区，势难兴复，宫门外铜狮一对、山坡上石笋数支均尚完整，可否移至万寿山安设"，《翁同龢日记》也确认了这一事。

[27] 清代五尺为1步，240平方步是1亩。

[28] 仅"前湖""后湖"的名称来自于古代文献，其余为作者命名。

[29] 原文记载"南所3楹，二门内正殿5楹，东廊门内正室9楹，西廊门内正室5楹"与《西花园地盘画样》中的建筑格局完全吻合，而其中"3楹"正是西花园宫门。

[30] 确实位于全园正中，且在《西花园圣化寺地盘全图》上标有"中"字。

[31] 主要因为南所西侧的9号地为狭长形（长96米，宽16米），类似于联排的值房，与《钦定日下旧闻考》中的"门3楹，门内正殿5楹，西廊门内正宇2层"格局不符。

[32] 在《西花园圣化寺地盘全图》中，该区域被围墙封闭。

[33] 仅存有宫廷区的一幅春晖堂地盘糙底（草图）（国123-0016号）可以与1836年地盘全图对应吻合。

[34] 虽然地盘图上寿萱春永殿区域为空白，但可根据《钦定日下旧闻考》的"后为垂花门，内殿5楹为寿萱春永。左右配殿5楹，东西耳殿各3楹，后照殿15楹"来进行补绘。地盘图上的嘉荫、积芳亭和云涯馆均能隐约看出格局。

[35] 张宝章：《三山五园新探》，北京：中国人民大学出版社，2014年。

[36] 《三山五园艺术中心主体结构封顶，竣工后将免费开放》，北京日报客户端，2022-06-26[2022-11-04].https://baijiahao.baidu.com/s?id=1736698570326362118&wfr=spider&for=pc.

清朝皇子教育探析

许艳峰

摘　要：众所周知，清朝是少数民族建立起来的王朝，也是封建社会的最后一个王朝，可谓集封建制度之大成，前后历经268年。在这期间，既经历过康乾盛世的辉煌，也经历过鸦片战争的奇耻大辱。但是不管是清朝前期的盛世还是后期的没落，总体来讲，清朝皇帝的素质在历朝历代中是最高的。即便如光绪等几个后期帝王，在社会条件和世界形势发生巨大变化的历史背景下，面对当时纷乱的时局，也都相对勤政，和同为少数民族政权的元朝及不远之前的明代相比，始终没有出现过荒淫无度的昏君。究其原因，这与清朝严厉的皇子教育制度息息相关。本篇文章结合清朝皇子教育的历史沿革和特色，分析和探究这种教育制度背后的利弊，从而为当代教育提供一些有益的借鉴与参考！

关键词：清朝；皇子；教育制度

随着时代的发展和清代档案的解密，清朝历史被越来越多的人所熟知。就中国古代历代王朝而言，对皇子的教育一直是一件非常重大的事情。尽管历代王朝都颇为重视皇子教育，但在其重视程度、严格程度及制度化方面，清朝皇子教育属历代之最。

一　清朝皇子教育之历史沿革

清朝皇子教育从起源 — 建制 — "家法"的基本确立 — 形成完整的"家法"— "家法"变成"虚应的故事"，共经历从努尔哈赤到溥仪等12个皇帝。

清太祖 — 天命皇帝 — 爱新觉罗·努尔哈赤：在位10年（1616—1626年）

说起清朝皇子教育的起源，最早可追溯至努尔哈赤时。满清入关之前，天下大势已定。为培植人才，满足日后完成统一大业的需求，努尔哈赤广设学校，狠抓本族子弟教育。因为他清楚地认识到，满族文化较汉族要落后很多，要想统治人数比自己多、文化层次比自己高的民族，就必须吸取中原文化，加强子弟教育。努尔哈赤曾以万金供养汉人谋士龚正陆，聘其为儿子的师傅。龚正陆，见多识广，博闻强记，对中国传统文化非常熟悉，常常给努尔哈赤及其子孙讲授汉人崇敬的儒道思想，让他们大开眼界，也让他们对汉文化有了一定的认识，对中国朝代的更替与兴衰也有了一定的了解与感悟。

清太宗 — 天聪皇帝 — 爱新觉罗·皇太极：在位17年（1626—1643年）

皇太极在位期间，把皇族教育作为巩固政权的重要内容。皇太极曾下令："今诸贝勒、大臣子弟读书，所以使之习于学问，讲明义理，忠君亲上，实有赖焉。自今，凡子弟十五岁以下者，俱令读书。"天聪三年（1629年），清朝设置文馆。天聪十年（1636年），改为内三院，内三院包括内国史院、内秘书院和内弘文院。《清史稿》中有明确记：内弘文院之执掌为"注释历代行事善恶，进讲御前，侍讲皇子，并教诸亲王，颁行制度"。也就是说"内弘文院"的职责之一就是由大学士来给皇帝和皇子以及诸亲王讲学。这是清朝首次在制度中提到皇子教育。

清太祖、清太宗对皇子教育所做的一系列尝试，为后来清朝各位皇帝开展皇子教育做了很好的铺垫，清代的皇子教育开始起步。

清世祖 — 顺治皇帝 — 爱新觉罗·福临：在位18年（1643—1661年）

顺治元年（1644年），国家设立翰林院，皇子教育从此由翰林院学士负责。顺治即位的时候，正值清朝入关前后。当时因政情不稳，皇权有待巩固，再加上他年幼失怙，幼龄登基（6岁），求学未受到妥善安排。所以顺治对汉文化的学习和治国之道的掌握，大多都是靠自身勤奋苦读，他亲自撰写《资政要览》一书，成为清朝教育皇子及贵胄子弟的教科书。虽然顺治的求学之路比较艰辛，但他对皇子的教育还是非常重视，曾在乾清宫西庑的懋勤殿设立教席，聘请全国最好的儒臣为皇子师傅，教导皇子读书学习。顺治生前共育有皇子八人，由于英年早逝（24岁），诸皇子年幼，加上皇长子、皇四子、皇八子早早夭折，以致皇子教育未有定制，不能系统的开展，仍没形成清朝所谓的"家法"。

清圣祖 — 康熙皇帝 — 爱新觉罗·玄烨：在位61年（1661—1722年）

康熙临朝后，之前未成规矩的皇子教育，逐渐开始形成"家法"，这标志着清朝皇子教育制度的基本确立。康熙本人自幼便刻苦求学，他曾自云："朕幼年读书，必以一百二十遍为率，概不如此则义理不能淹

贯"，并且还曾因过度用功而呕血。成年后的康熙认为："自古帝王，莫不以豫教储君为国家根本……朕观古昔贤君，训储不得其道，以致颠覆，往往有之，能保其身者甚少。如唐太宗亦称英明之王，而不能保全储副。朕深悉其故，虽闻见裁寡，惟尽心训诲。"这段话比较集中地阐述了他对教育子嗣的看法。康熙明令皇子"四五岁即令读书，教以彝常"，并且还号称"朕宫中从无不读书之子"，同时还向翰林院学士炫耀皇子们读书的成果。据《康熙起居注》记：康熙二十六年，康熙率领诸皇子与大儒汤斌相会讲学，他向汉大臣们说自己的皇子们"虽非大有学问之人所教，然已具能读书"，然后随手从案上取经书十余本，对汤斌说："汝可信手拈出，令诸皇子诵读。"结果康熙的皇子们皆"纯熟舒徐，声音朗朗，又能融贯大义"；后又令皇子们演示骑射，皇子们都射中数箭，随观之汉大臣"无不惊奇称叹"。康熙亲自挑选博学多才、德高望重的师傅教皇子读书，开蒙读书之处就选在自己理政的乾清宫东南侧庑房，即后来的"上书房"，以便于随时了解皇子们的读书状况。在教导皇子骑射方面，康熙秉承祖母教诲，也相当重视。他曾说："朕谨识祖宗家法，文武务要并行，讲肄骑射不可少废。故令太子、皇子等课以诗书，兼令娴习骑射，即如八旗以次行猎"，以此来作为培养未来君主的主要标准。另外，康熙喜欢带皇子出巡，增广见闻，也让皇子们有各种办理政务的实习机会。康熙三十二年（1693年）五月，康熙染患疟疾，多日不愈，就让20岁的皇太子胤礽第一次正式代父听理国政。在其后康熙的三次亲征期间，一直是由皇太子代理政务，前后达10个多月。在征讨噶尔丹时，康熙则让19岁的皇长子任副将军，跟裕亲王一起率军出征。康熙还十分重视皇子们在实践中学习知识。他常亲自带领皇子们学习西方科学与技术，一起从事实验活动。他曾亲自率领皇子们在乾清宫"用千里镜"观

测日食；还教皇三子实用几何学和理论几何学。五十年（1711年）春天，他巡视通州河堤时，向随行的皇太子及六位皇子示范讲解如何使用仪器丈量土地，以增加他们的感性认识，培养其实际操作能力。从上面可以看出，康熙皇帝在皇了教育方面确实是花费很大的心血，他对皇子们的教育方法与态度对清朝后来的皇子教育有着深远的影响。

清世宗 — 雍正皇帝 — 爱新觉罗·胤禛：在位13年（1722—1735年）

雍正皇帝深知皇子拜师受业事关重大，基于康熙朝诸皇子虽个个学识渊博、能力超群但尔虞我诈、钩心斗角的教训，雍正即位后，特为上书房题词"立身以至诚为本，读书以明理为先"（意思就是安身立命一定要讲诚信，读书为的是明事理），并分别委派满汉大学士鄂尔泰、张廷玉为总师傅。总师傅之外，还有特别挑选的满族、蒙古族师傅，教授皇子们满文、蒙古文与骑射之术。清朝的皇位传承方式始终是在变化的，从清初的"汗位推选制度"，到顺治朝的"皇帝个人意愿选择"，再到康熙朝初期的"明设太子"、康熙朝晚期的"于诸皇子中择一贤者为继位人"。为避免康熙朝"九子夺嫡"事件的重演，雍正继位之后，对皇位传承进行了有益的探索，进而创建了清代历史上影响深远且极具特色的"秘密立储制度"，这是相对于"嫡长子继承制公开立储"而言的。秘密立储制度就是在皇帝生前把自己认可的继承人名字写到两份圣旨里，一份放到自己的身边，另一份放置于乾清宫"正大光明"的匾额后面，去世后拿出来对照印证，这样就使每一位皇子都可能成为继承人。因此他们每个人都兢兢业业，勤奋好学，不敢松懈，努力提高自身修为，想以自己的独特才华和能力来打动他们的父皇，从而争取在最后的储位争夺战中取

得优势和决定性的地位。由此可见，"立贤不立长"的秘密立储制度与皇子教育是相辅相成的：皇子教育家法严明，提高了诸皇子的综合素质；反过来，秘密立储制度又加强了皇子们的求学意愿。

清高宗 — 乾隆皇帝 — 爱新觉罗·弘历：在位60年（1735—1796年）

到了乾隆年间，经过入关后近百年的发展，上书房教育制度逐步完善，并向系统化、正规化过渡。不仅对皇子的读书地点、就学年龄有了明确要求，而且在皇子教育内容与方法、师资来源等方面均有了定制，至此才形成清朝完整之"家法"。如在皇子就学年龄和读书地点方面，《清史稿》中有这样的记载，乾隆四十三年（1778年），皇帝正式下谕："诸皇子六岁以上即就上书房读书，皇孙、皇曾孙亦然。"

清仁宗 — 嘉庆皇帝 — 爱新觉罗·颙琰：在位24年（1796—1820年）

清宣宗 — 道光帝 — 爱新觉罗·旻宁：在位30年（1820—1850年）

清文宗 — 咸丰皇帝 — 爱新觉罗·奕詝：在位11年（1850—1861年）

清穆宗 — 同治皇帝 — 爱新觉罗·载淳：在位14年（1861—1875年）

嘉庆、道光、咸丰、同治在位期间，清朝逐渐走向衰落，大清国力日渐衰退，财政亏空，武备废弛；阶级矛盾越来越尖锐，频繁爆发大规模的民众起义，而这些又给西方资本主义侵略势力以武力逼迫清统治者造成了可乘之机。在这种内忧外患的特殊时期，虽然皇帝们仍然恪守祖训，沿袭皇子教育家法制度，但他们更多担忧的是自己能否稳固

这百年基业，对皇子教育的事情已难抽出多余的精力去顾及。因此上书房教育从执行的角度来讲，实际上趋于懈怠，表现为上书房管理越来越松弛，日讲没有坚持，甚至出现师傅旷职、皇子逃学的事情，这在清朝中前期是绝对不可能出现的，所以直接影响了诸皇子的教育水平和上书房的教育效果。

清德宗—光绪帝—爱新觉罗·载湉：在位33年（1875—1908年）

宣统帝—爱新觉罗·溥仪：在位约3年（1908—1912年）

到光绪、宣统在位年间，清朝进入灭亡时期。由于皇帝无子嗣，在上书房里接受教育的人也多由原来的"帝之骄子"变为当朝的"皇亲国戚"，读书的时间也由最初的"天未明即入书房，薄暮方休"，变为"后来提早下书房，至五更鸡鸣则已回家安歇"。由此看出，此时的皇子教育逐渐变成"虚应的故事"。但即便如此，光绪、宣统两位小皇帝对祖宗留下来的"家法"仍不敢忘。无论情形如何，"学学武艺、练练骑马"还是要的。1912年2月，爱新觉罗·溥仪被迫退位。从此，清朝统治正式结束。

二 清朝皇子教育之特色分析

（一）宿儒硕彦，名重当时
　　清代帝王对皇子的教导只是起到督促的微妙作用，重点还是由钦定的博学茂才的师傅负责教授。清朝皇子教育兼具满、汉两种民族特色，在皇子师傅的安排上也得到鲜明体现。清代上书房有一套完整的师资配置制度：上设统管的总师傅，由满、汉大学士数人充任；下设专门教习汉文的师傅、教习满语、蒙古语及骑射的"谙达"。总师傅的主要职责是时而去各屋检查诸皇子的功课，时而与授读师傅交谈了解皇子们的学习

情况。经常与皇子一起的便是授读师傅，由于他们所教授的对象是未来皇帝的候选人，因此授读师傅的人选必须是皇帝亲自来挑选。据《康熙起居注》里记：只有"老成谨慎""学问优长"或"纵无渊博通儒，或满洲、汉人内有人品端方，可资辅导者亦好"者，才会被钦点为某皇子的授读师傅。他们个个学识渊博，德高望重，如康熙朝的汤斌、张英、李光地，雍正朝的张廷玉、朱轼、福敏，乾隆朝的蔡新，嘉庆朝的汪廷珍，道光朝的杜受田，咸丰朝及同治初的李鸿藻，光绪朝的翁同龢等，皆宿儒硕彦（年高而博学的读书人、才智杰出的学者），名重当时。这些人大都教导有方，对诸皇子的性格、志向、爱好、知识的形成都起了非常重要的作用。同样，负责教授诸皇子满文、蒙古文与骑射的谙达，皆八旗中精于骑射、翻译者，也由皇帝亲选。

　　按清朝的制度，"王公大臣见皇子，皆双膝跪"，以显示皇权的至高无上。清朝统治者一向推崇和宣扬儒家学说，显然不允许授业恩师跪于学生前。雍正二年，雍正对皇子入学之事特发上谕，明确规定上书房内的陈设和师生见面之礼："诸皇子入学之日，为师傅预备凳椅四张、高桌四张，将书籍笔砚置于桌上。""皇子行礼时，尔等力劝其受礼。如不肯受，皇子向座一揖，以师傅之礼相敬，如此，则皇子知隆重师傅，师傅等得尽心教导，此古礼也。"至于平时上书房师傅见皇子时，只需拱手为礼，并不跪拜，这充分体现了清朝的尊师重道。此外，清廷对入值上书房的老师也有严格规定。师傅、谙达每日入上书房，"某人某时入直，某时散直，或因事不至，皆一一注明。故侍读者工夫严密，无间断"。如果老师旷误入值，就要受到降职、罚俸等处分。因此，清朝教授皇子的师傅对自己这份既光荣又沉甸甸的工作大都认真对待，丝毫不敢疏忽与怠慢。

（二）严格管理，孜孜不倦

说起皇子，大家会认为他们每天的生活就是歌舞升平、锦衣玉食。但实际上，清代皇子读书，远比我们想象的辛苦。据《清史稿》记载，清代皇子是封建王朝中最累的皇子，清朝皇子教育制度也是最严厉的制度。具体表现在以下几方面。

一是入学年龄早。清人吴振棫在《养吉斋丛录》中记："我朝家法，皇子、皇孙六岁即就外傅读书。"清末刘锦藻在《清朝续文献通考》中记："我国家之制，诸皇子六岁以上，即就上书房读书。"据《康熙起居注》中记：康熙朝的皇子"四五岁即令读书，教以彝常"。

二是上课时间既早又长。卯入申出，也就是清晨5点至下午3点，共10个小时，长年累月每天如此。道光帝第七子即后来的醇亲王回忆说：读书时每天只能到下屋休息一两次，每次不过一刻钟时间，还须经过师傅允许才可以去。在读书的空隙间，同为皇族的叔侄、兄弟之间只可以谈谈书的内容或历史掌故，决不可以到处乱走，否则就可能被罚站读书，即使有苦也不能说出来。清朝赵翼在《檐曝杂记》中记："本朝家法之严，即皇子读书一事，已迥绝千古……""余内直时，届早班之期，率以五鼓入，时部院百官未有至者，唯内府苏喇数人往来黑暗中，残睡未醒时，复倚柱假寐。然已隐隐望见有白纱灯一点入隆宗门，则皇子进书房也。吾辈穷措大，专恃读书为衣食者尚不能早起，而天家金玉之体，乃日日如是……"这段话是说在乾隆时期军机处任职的赵翼有一次在宫中值班，当时天还没有亮，上朝的官员也都还没来，他刚想靠着柱子再睡一会的时候，却隐隐望见白纱灯一点入隆宗门，皇子们已经进书房，于是发出了这样一番感慨：自己这些读书人靠读书吃饭尚不能早起，而这些皇子皇孙本可锦衣玉食却仍坚持早起学习，真得让人佩服。

三是放假时间短。一年之中，"寒暑无间，虽婚娶封爵后，读书不辍"，除了元旦、端午、中秋、万寿（皇帝生日）、自寿（皇子本人生日）等五日可免入上书房读书，除夕仍要上学，只是放学早一些而已。

四是督促严明。清人吴振棫在《养吉斋丛录》中记："书房在乾清宫左，五楹，面向北，近在禁御，以便上稽查也。"据《康熙起居注》中记，康熙皇帝"于听政之暇，时时指授，罔或有间"。可见清朝皇子教育督促严明，皇帝可随时突击检查皇子们的学习情况。

（三）内容全面，文武兼修

清朝皇子教育的目标是要将皇子们培养成为文武双全之人，也就是说皇子们既要熟知四书五经，又要精通满文骑射；既有治国之术，又能领兵打仗。因此，清朝皇子教育内容设计也十分广泛，主要包括汉文、满文与骑射等三方面。

清人福格在《听雨丛谈》中记载："每日功课，入学先学蒙古语二句，挽竹板弓数开，读清文书二刻（三十分钟），自卯正末刻（六时四十五分）读汉书，中初二刻（三时三十分）散学，散学后晚食。食已，射箭。"清人赵翼在《檐曝杂记》中记载："（皇子）既入书房，作诗文，每日皆有课程。未刻毕，则又有满洲师傅教国书、习国语、骑射等事，薄暮始休。"从上述记载来看，清朝皇子教育每日课程安排的时间先后或有不同，但内容大致是相同的。

1. 汉文：为皇子们教习汉文经书的老师是上书房的总师傅和师傅，都是从翰林官员之中精挑细选出来当时的大儒，均学识渊博，德高望重。教习汉文内容包括汉语言文字、以儒家经典为主的教材（四书五经）、国史、祖宗家训（皇帝对于诸皇子从学业到为人处事等方面的训诲）和依专长设计的教材，比如翁同龢为光绪增加了魏源的《圣武记》《海国图志》以及冯桂芬的《校分卢抗议》等西学书籍。汉文的学习方法："师傅读一句,皇子照读一句,如此反复上口后,再读百遍,又与前四日生书共读百遍。凡在六日以前者,谓之熟书。约隔五日一复,周而复始,不有间断。"这种"师傅讲一句,皇子跟一句,以及讲书之后还要背书"的方法,一直到清末也未曾改变。据《康熙起居注》中记:"康熙皇帝5岁开始读书,从不间断。每日老师给指定这一段要念一百二十遍,之后再背诵一段新的内容,直至把《大学》《中庸》《论语》《孟子》完全背下来。"

2.满文:教习皇子满文、骑射的师傅是从满洲贵族中挑选的,专门设有"谙达""总谙达"。"谙达"又分为"外谙达"与"内谙达",教满语、蒙古语的师傅为"内谙达",一般为三人;教骑射的师傅为"外谙达",每位皇子配有五名,主要给皇子们管理鞍马、弓箭,并"教演鸟枪"等事。管理上书房诸庶务者称为"总谙达",他们更番入卫,轮流值班。正如清人吴振棫在《养吉斋丛录》中记载的一样:"又或云内谙达、外谙达共五人,内谙达教满蒙书,由八旗翻译人员选派;外谙达教弓箭骑射等事,由八旗参、佐领选派,轮日入直。"另据《清史稿》记载,像《西域同文志》《清汉对音字式》《御制满洲蒙古汉字三合切音清文鉴》《清文启蒙》《三合便览》等,均有可能作为教导皇子满文的教材。教习满文的方法:由教习满文的老师谙达口授念法,手教写法。满文教授的成果,从康熙、雍正、嘉庆、道光、咸丰等皇帝的朱批谕旨当中就可看出,他们的满文造诣颇深,文笔流畅。到了清末,由于满文越来越缺乏实用性,皇子们对其掌握程度越来越差。如同治的汉文学习良好,却不喜欢读满文,需要变换各种花样来诱导他学习。光绪4岁入宫,6岁依祖制入学,学习上极为用功,经史诗文都有不错的造诣,也学过英文,却不肯读满文。宣统6岁入学,满文学了多年,连字母都没学会。尽管如此,清室从未放弃过教导,因满文与骑射为"满洲之根本",即便实用价值相当有限,幼帝与皇子仍必须学习,以示不忘本,并将其作为八旗子弟的表率。

3.骑射:众所周知,清朝是"马上得天下"的民族,因此对皇子们骑射武功的训练也十分重视。皇太极在位时,就以金朝女真为前鉴,表示对"后世子孙废骑射而效汉人以至亡国"产生忧虑。从此,历代皇帝都把骑射作为立国的根本而加以提倡。清朝幼年皇子每日功课之一就是要拉弓练射,他们每天下午3时左右放学后就开始骑马射箭。为了检验诸皇子学习骑射成果,皇家会定期开展围猎活动及不定时的较射。清朝前期的王公贵族与皇子们骑射技艺纯熟自不待言,康熙本人骑射非常精湛,他曾告诫诸皇子:"我朝旧典断不可失""文武要务并行,讲肄骑射不可少废",正是基于这种强烈的危机意识,使他在培养皇子的骑射技艺上投入了很大精力,而皇子们的骑射水平也是相当了得。到了清末,骑射教育仍受重视。慈禧身边的女官裕德龄在《瀛台泣血记》中曾经记述此事:"在从前的时候,满洲人是最重武事的。即使在将覆亡的四五十年以前,实际上满洲人已不再有什么特殊的武功可夸了,但各种虚空的习尚,却还十有八九保持着。男的照例要学学武艺、练练骑马,女的也得多少在'跑马''射箭'这两门技艺上学一些皮毛,以备应付万一。"这表明,清末骑射的学习已经渐渐变成一种形式。但即使如此,对太后和小皇帝来讲,祖宗留下来的家法仍不可忘。

除了以上学习内容外,皇子教育的内容也会依情况调整:比如光绪皇帝曾经在他的老师翁同龢的安排下读西学;慈禧太后也曾请身边的女官裕德龄教光绪英文;苏格兰外籍教师雷金纳德·约翰斯顿,中文名字叫庄士敦,教授末代皇帝溥仪英文,在中国住了三十多年。在清皇宫里任教以来,一直受到皇室和皇子们的敬重。在其《紫禁城的黄昏》一书中，详细记述着自己给皇帝教书的所见所闻，记录了清末宫廷里大量的真实学习情况，指出皇宫里老师的地位非常高，仅次于包括亲王在内的王公而优越于其他所有人。

（四）成绩斐然，人才济济

清朝严厉的皇子教育使诸皇子接受着严格的教导与培养，在各方面均做出不俗的成绩。比如军事方面，太祖之子中自幼便接受严格的军事训练，褚英、代善、阿拜、汤古代、阿巴泰、皇太极等皆在20岁之前走上战场；康熙年间剿抚噶尔丹的过程中，允禔、允祺、允祐都曾随父亲征，允禵于"五十七年，命为抚远大将军，讨策妄阿拉布坦"。另外，在汉文化的影响下，清朝诸皇子开始接受较为系统的汉文化教育，涵盖四书五经、诗词歌赋、书法绘画等多方面内容，并逐渐在文坛上崭露头角，在诗文、书画乃至音律等方面都取得了丰硕的成果。这不仅提升了整个清皇室的汉文化修养，而且丰富了中华民族的文化宝库。吴吉远在《清代宗室教育述论》一文中，对清代的皇族教育给予了较高的评价，他说："清代宗室教育不仅培养出大量善骑射的人才，也出了不少的诗人、文学家、史学家等，清代皇帝的素质，按封建政治统治的标准衡量，是以往任何一个朝代不能比拟的，整个宗室的素质也普遍有所提高，涌现出不少兼有武功的文人。"自大清入关后的两百多年以来，历代帝王著述甚丰，有的是总结历代执政经验之得失，为本朝执政提供借鉴；有的是为教育后世子孙。比如《资政要览》《圣祖庭训格言》等，是现代学者研究清朝祖训的重要文献。

清朝皇子教育虽具有汉、满两种民族特色，但到了清代中期，汉文化的特色日渐突出并占压倒之势，许多满洲贵族子弟不再擅长骑射，反倒是文人习气浓郁。不仅清帝如此，诸皇子亦如此。李治亭在《爱新觉罗

家族全书》一书中说道："各朝皇帝虽为日理万机的国君，虽是出身满族的异族人，但从清初的世祖、圣祖、世宗，到清中期的高宗、仁宗，再到清晚期的宣宗、文宗，他们几乎都长于汉族传统的诗文辞赋乃至琴棋书画，有的已不只是自我喜爱和标榜，而确实对中国传统文化内容达到谙熟及运用自如的程度。"康熙诸子中通音律、精文翰者颇多，如允祉精通乐律，著有《八音乐器考》；允祥擅长书法，善作自对楹联；允禄承父皇指授，精天文算法；允礼擅长书法，兼工绘事，所作山水以小帧精妙，尤能画松；允禧擅长山水笔致超逸，水墨花卉亦雅韵；雍正诸子中除弘历外，弘昼、弘曕亦有诗名，弘曕善诗词。乾隆时，清朝达到鼎盛并显露衰败之势，"汉族的传统封建思想和文化已深深浸入了满族社会，并为不同阶层的满族人所普遍接受，弘历本人更是一位汉文化的热衷者"，基于此，其子在汉文化方面也是成就斐然，如永瑆善画墨荷，永琪精于天文算法，永瑢工诗、能书善画，永璇擅长书画、书法师法赵孟頫，永瑆曾提出三指握笔悬腕作书之法等，他们在书画、理学、诗文甚至自然科学、乐律学等各方面都作出了突出的成绩。

三　清朝皇子教育之历史评价

从以上分析中可以看出，清朝皇子教育无疑是相当成功的。但任何一种教育制度都有其优劣性，清朝皇子教育制度也是如此，因此要一分为二地看待，既不能全盘吸收，也不能全面否定。

（一）清朝皇子教育的可取之处

1.清朝皇子教育有助于未来皇帝勤政素质的养成。在中国古代历代王朝中，皇子作为未来的最高统治者，其个人素质的养成直接关系到国家的兴衰。从秦始皇登基到宣统退位，尽管中国封建帝制历经2132年、

20多个王朝，都颇为重视皇子的教育，但就其重视程度、严格程度及制度化而言，清朝皇子教育属于历代之最。清朝皇帝勤政素质的养成，除与秘密立储制度的确立和大清贯穿始终的内忧外患等原因之外，也与清朝严厉的皇子教育息息相关。客观上来讲，清朝皇帝能力虽然有高低之分，但与元朝、明朝相比，始终没有出现过骄奢淫逸、荒淫无度的昏君，也很少出现皇帝不上朝、沉溺于后宫的事情，"勤政"是皇帝最基本的素质，而这点也恰恰反映了清朝严厉的皇子教育之功不可忽略。在清朝诸位皇帝中，体现勤政素质的例子比比皆是。如顺治皇帝对汉文化的学习和治国之道的掌握，大多是靠自身勤奋苦读。康熙自幼便刻苦求学，曾因过度用功而呕血，成年后更是将"勤政爱民"作为执政的基本思想。特别是雍正皇帝，他本人高度自律，是以勤政著称的皇帝。白天与臣工商议政务，晚上在养心殿批阅奏折。雍正在位期间仅批阅汉文就达三万五千多篇，其批语也多达数百篇，经常处理政务到深夜。正如他自己所说："朕之训谕每折或手批数十言，或数百言，且有多至千言者，皆出一己之见……此等奏折皆本人封达朕前，朕亲自览阅、亲笔批发，一字一句皆出朕之心思，无一件假手于人，亦无一人赞襄于侧。"哪怕是在三千年未有之变局中执政、资质较为平庸且在位期间有鸦片战争之败的道光皇帝，临终之际还不忘叮嘱道："仰为列圣家法，一以敬天法祖、勤政爱民为本。"

2. 清朝皇子教育有利于皇子的全面发展及未来政权的有效统治。以往朝代，皇子大多偏重于文修，失之于武修。清朝皇子教育充分体现了"满汉文化兼蓄，文武要务并行"的特点，不仅重视文修，同样也重视武修。因此清代诸皇子大多能文能武，技压群芳。在文修方面，为打击汉族士大夫的文化心理优势，避免出现"口服心不服""视其为蛮夷"的状况，清朝皇子教育中除要求诸皇子每日学习满语之外，也要学习汉文与儒家经典，吸取并融入中原文化，从而有利于清朝未来政权的有效统治。同时在武修方面，清太祖以武起家，太宗以武兴邦，世祖以武入关，爱新觉罗家族也终以"马上得天下"，因此诸皇子每日骑射武功的训练也必不可少，从而有利于诸皇子的全面发展。据《康熙起居注》中记，清代皇子如此文武兼修，其"文学安得不深"，"武事安得不娴熟？""以之临政，复何事不办？"

3. 清朝皇子教育有利于巩固多民族国家的统一。清朝皇子们除了重视满语和汉语的学习，也要兼修蒙古语，有时也学习藏文与维吾尔文，这一切都有助于满族文化的发展，而且对于巩固多民族国家的统一起到极大促进作用。在皇子教育上加入蒙古语的学习，其政治意图就在于加强对蒙古族的笼络。学习藏文与维吾尔文，也是为了加强与藏族与维吾尔族的团结，从而有利于清朝的统治。

（二）清朝皇子教育的局限性

1. 从清朝内部来看，清朝皇子教育内容总体没超出封建统治文化的窠臼，说到底还是为了适应中国封建集权制度。清朝皇子教育除了要求诸皇子具备更多封建统治的素质，根本不重视自然科学和世界科学知识的学习，以至于晚清统治者逐渐成为愚昧时势的"天朝皇子"。比如为防止军事产品用在对抗国家政府上，晚清统治者采取一系列措施，扼制和禁止相关军事科技的发展。从这点来讲，清朝皇子教育就是封建集权制度下权力斗争的产物，与以往朝代没有本质区别。同时在治国策略上，清朝自诩为"天朝大国"，不仅继承了明朝闭关的桎梏，甚至发展成"闭关锁国"，从而造成晚清政府面对列强的冲击，态度上傲慢自大，闭关自守，使中国错失了最佳的发展时机，最终在世界落伍。

2. 从世界形势来看，清朝皇子教育与同时期世界先进的工业文明格格不入。晚清时期军事发展的不用心，导致西方列强虎视眈眈，频繁对中国入侵。1840年鸦片战争爆发，西方列强的船坚炮利，逐渐打开清朝后期闭锁的国门，更是迫使清政府签订多条丧权辱国的不平等条约。而在同一时期，随着第二次世界工业革命的兴起，西方资本主义国家已经脱离原始的农业社会，开始迎来先进的工业文明时代，不仅经济发展突飞猛进，自然科学研究也取得重大进展。所以我们说，此时的皇子教育内容已经与同时期的世界先进工业文明格格不入。换句话说，那个曾经不可一世、笑傲天下的大清王朝在面临内忧外患和世界形势变化的历史背景下，不懂得思考与变通，跟不上世界发展的脚步，这也是加速清朝灭亡的一个重要原因。

四　结语

通过研究清朝皇子教育背后的利弊，可以得出这样的启示：一个家族若重视教育，就会生机蓬勃、兴旺发达；一个民族若如此，就会繁荣昌盛、经久不衰。最后，希望本篇文章能够起到抛砖引玉的作用，为我们当代教育提供一些有益的借鉴与参考！

参考文献

［1］（清）赵尔巽等：《清史稿》，北京：中华书局，1977年。

［2］（清）吴振棫：《养吉斋丛录》，北京：北京古籍出版社，1983年。

［3］（清）福格：《听雨丛谈》，北京：中华书局，1984年。

［4］（清）赵翼：《檐曝杂记》，北京：中华书局，1982年。

［5］中国第一历史档案馆整理：《康熙起居注》，北京：中华书局，1984年。

［6］裕德龄著，秦瘦鸥译：《瀛台泣血记》，昆明：云南人民出版社，1980年。

［7］李治亭：《爱新觉罗家族全书》第4册，长春：吉林人民出版社，1997年。

仁寿殿的两种镜子

夏成钢

四
〇

仁寿殿位于颐和园东官门内，是帝王临朝理政、接见大臣与外国使节的地方，也是游览园区的起始点。这里安置有"虚""实"两种镜子，位置显赫，突显了它们的重要性。"虚镜"指的是大殿檐下的巨匾"大圆宝镜"；"实镜"则是殿内皇帝宝座左右后方、对称竖立的两面长方形巨镜。"虚""实"二镜虽然形态不同，但寓意相似。

一 实镜：秦皇的利器

先说"实镜"。对称安置的两面巨镜分别镶于精雕的紫檀木框中，幽光闪闪，华贵中透着威严（图一）。巨镜朝向大殿前方，只要有人出现在殿门，就能清晰映在镜中。

这种配置在紫禁城、西苑三海，以及避暑山庄的许多朝政殿堂中反复出现（图二、三），它有一个正式名称：仁寿镜。因在晋代华林园仁寿殿正式使用而得名，当时文人陆机在给陆云的信中说道：

图一　仁寿殿内景

二 ｜ 三
───
四

图二　紫禁城乾清宫雕云龙"仁寿镜"
图三　紫禁城乾清宫"仁寿镜"位置
图四　阿房照胆镜铭"四兽铭文镜"

（晋都洛阳）仁寿殿前有大方铜镜，高可五尺余，广三尺二寸，立着庭中。向之，便写人形体了了，亦怪事也[1]。

这面巨镜竖在庭中，对之一照，人的形体显得清清楚楚。尺度如此之大，影像如此清晰，在当时确实令人惊叹，也说明晋代制镜技术已经相当成熟。陆机没有解释放置镜子的目的，不过到隋唐时，宫中流行配置小型铜镜，大量的镜铭给予了答案（图四）。如隋代"四兽铭文镜"所刻：

阿房照胆，仁寿悬宫。菱藏影内，月挂壶中。看形必写，望里如空。山魑敢出，冰质惭工。聊书玉篆，永镂青铜。

另外还有一方著名的《有玉辞夏》镜铭[2]：

有玉辞夏，惟金去秦。俱随革故，共集鼎新。仪天写质，象日开轮。牵舞鸾凤，奔走鬼神。长悬仁寿，天子万春。

这些铭文告诉后人，仁寿镜是用来显现鬼魅、驱凶镇邪、保佑平安万寿的，也就是宫中的镇物。镜铭中"阿房照胆""惟金去秦"则是"秦镜"的典故，它又是"仁寿镜"的源头。

传说秦始皇时有一方镜，能照见人心善恶，史料记：

高祖（刘邦）初入咸阳宫，周行库府……有方镜，广四尺，高五尺九寸。表里有明，人直来照之，影则倒见；以手扪心而来，则见肠胃五脏，历然无硋；人有疾病在内，掩心而照之，则知病之所在。又女子有邪心，则胆张心动。秦始皇常以照宫人，胆张心动者则杀之。[3]

文中的秦代"方镜"不但可以看见五脏病灶，连思维也不遗漏，这对查验阴谋邪念之人极为有用。方镜使用地点都在深宫，如咸阳宫、阿房宫，后人便称之为"秦镜""秦鉴"或"金镜"。

到汉武帝时，又有类似的"秦镜"出现，《汉武帝别国洞冥记》记：

钧影山去昭河三万里，……望蟾阁十二丈，上有金镜，广四尺。元封中，有祇国献此镜，照见魅魅，不获隐形。[4]

这面金镜又名"青金镜"，实际就是"秦镜"的延续，连尺寸都相似。随着朝代更迭变化，人心愈加阴险邪恶，于是威力强大的"秦镜"不再藏于深宫秘殿，而是请出来侍卫前朝正殿，这就出现了陆机笔下的"仁寿镜"（图五、六），用以镇妖辟邪，如镜铭所说"俱随革故，共集鼎新"。从此，巨大的方镜成为朝堂"标配"，并得到正式名称"仁寿镜"，魏晋、北齐、隋唐，及以后历朝的仁寿殿里，毫无例外都设有仁寿镜。

图五　仁寿殿右侧仁寿镜"应天景祥"

图六　仁寿殿左侧仁寿镜"璇图春永"

"金镜""仁寿镜"又引申出"明察"的深意,这是帝王必备的一大素质。如何洞悉臣属的心机智愚,需要明晰如镜的"眼力",装饰仁寿镜既是对心怀诡计者的震慑,也是对当政者的提醒,镜子功能得到最大神化,成为帝王权力象征之一,所以常用"握镜"一词来形容掌握大权之人。

二 虚镜:佛祖的智慧

随着制镜技术的进步,铜镜进化为清代的水银镜,尺寸也达到极限,这时的统治者也面临更为复杂的人或鬼,这就需要另一形态的镜子来辅助,这就是前述的"虚镜"——大圆宝镜（图七）。

图七　仁寿殿匾额"大圆宝镜"

"大圆宝镜"为大圆镜智的通俗语,这是源自佛经术语"大圆镜智"。由于大圆镜子具有"圆而明亮""真实反映"的特征,于是很早就被佛教各部经典用来诠释教义,如《成唯论》阐述,佛具四种智慧:大圆镜智、平等性智、妙观察智、成所作智。居首位的大圆镜智,是说佛的智慧可以洞察一切,犹如大圆明镜,显现世界万象,光明无纤、丝毫不遗、清净圆满。各部佛经对此都有解释,禅宗六祖惠能归纳为:大圆镜智是纲,此智所成,其他三智自然通会,即可明照三千界。在密宗中,又以大圆镜智代表东方香积世界的阿閦佛,并以四色塔中的白塔标识。乾隆皇帝在《万寿山五百罗汉堂记》中也讲到这四智,并以雕塑形式来诠释。

大圆镜还在佛教绘画雕塑中广泛运用,以浅显形象表达深奥之意。如北京房山天台寺曾用大圆镜铸千眼观音像,诗云:"大圆宝镜舒千手,尺五青天压乱峰。"佛画中常见的佛首后衬的圆光也是同样出处（图八、九）。最为生动的引申故事是《西游记》真假美猴一幕,两只孙猴打遍天上地下,各路大仙都无法识别,结果在佛祖大圆镜下,真假立显,原形毕露（图十）。因此又出现了通俗称谓"照妖镜",流行民间挂在檐下镇宅。

大圆镜从初始的佛理比喻,逐步变为具体形象,又进一步影响到社会各个阶层。清代纪晓岚在《阅微草堂笔记》中写下三个大圆镜的故事,借用神灵无处不在的佛教精神,阐释传统的伦理道德,其中《朱介如病游冥司》一节谈到明镜如何把思维照出来:

人镜照形,神镜照心。人作一事,心皆自知。既已自知,即心有此事,心有此事,即心有此事之象,故一照而毕现也。若无心作过,本不自知,则照亦不见心,无是事即无是象耳。冥司断狱,惟以有心无心别善恶,君其识之。

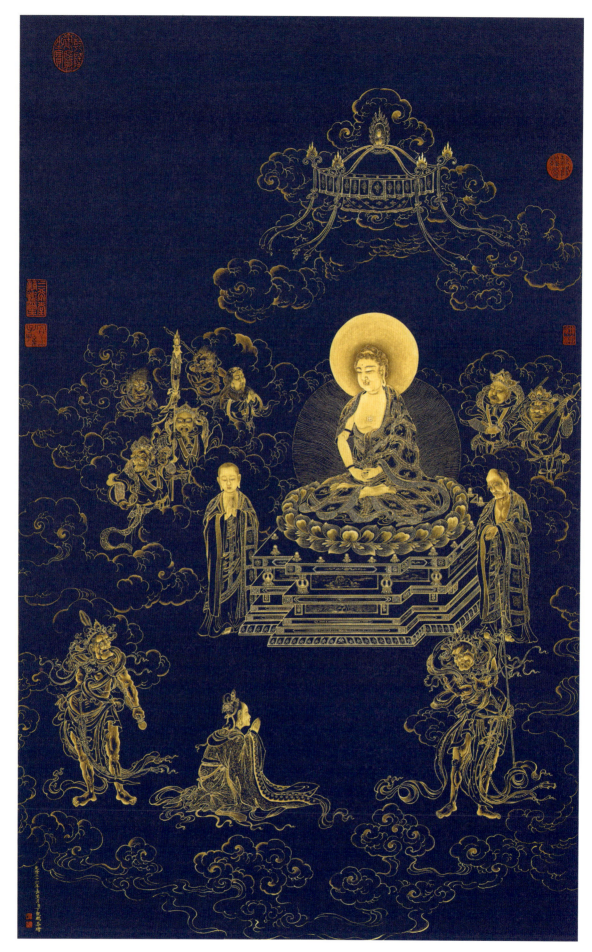

图八　丁观鹏绘《无量寿佛图》

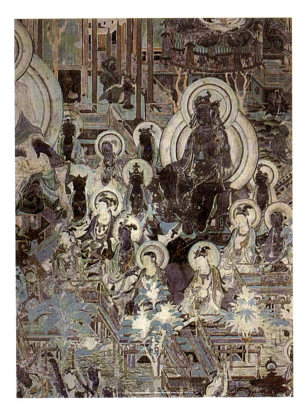

图九 《观无量寿经变》（部分）

75 假悟空忙把身子一摇，变个蜜蜂儿想逃走，却被如来的金钵罩住，立刻现了原形。

图十 《西游记连环画》真假猴王

康熙时大学士张照在《观音大士庙碑记》中，又解释了大圆镜智与帝王的关联：

> 佛是三圣大圆镜智，以是四智图满三身，然后竖穷三际，横亘十方，同是一如，固无如尊。然则天子当阳，现帝王身而度世，固必以无缘大慈，无作而成所作矣。[4]

这是说，帝王是佛的化身以度世人，自然也就具备了佛性与大圆智慧。这种说法与皇帝为"天之子""君权神授""奉天承运"一脉相承。

这些论述就是颐和园悬挂"大圆宝镜"的社会文化基础。在慈禧之前，宫苑题署"大圆镜"一词最多者为乾隆皇帝，他最早在宝月楼（今新华门）旁的同豫轩题写"大圆镜——小方壶"对联，以形容环境的清净出尘；在西苑南海岸边建佛院，名曰"大圆镜中"；乾隆二十一年（1756年）又在太液池北岸建造颇具规模的"大圆镜智宝殿"，殿前的琉璃九龙壁成为举世精品；其后，在长春园法慧寺建"现大圆镜殿"；晚年又在香山昭庙红台东题"大圆镜智殿"。他在承德《须弥福寿之庙碑记》的偈语中，阐释了"佛—镜—人"之间的关联：

> 上人演法轮，蠢蠢普超度。佐我无为治，雨顺与风调。众生登寿世，慧炬永光明。
>
> 合十作赞言，初非为一己。如悬大圆镜，遍照于十方。而镜本无心，回向亦如是。[5]

在崇庆皇太后万寿庆典上，闽浙总督还建有祝寿镜轩：

> 浙省出湖镜，则为广榭，中以大圆镜嵌藻井之上，四旁则小镜数万鳞，砌成墙人一。入其中，即一身化千百亿，身如左慈之无处不在，真天下之奇观也！[6]

大圆镜的泛宗教、通俗化的寓意在当时文化语境中人所共知，所以在颐和园悬挂"大圆宝镜"匾也就自然而然了。

然而不同的是，乾隆皇帝的题写集中于佛事殿堂，直书"大圆镜智"，或比喻清境乐土。到了慈禧时期，大圆镜则被直接引申是对当政者的护佑加持，是对当权者智慧的暗喻，也是对外人的"意念"震慑，直白说就是：这里上有佛光普护笼罩，下有君王明察，来者休想藏奸耍滑！

念佛的慈禧非常喜欢"大圆宝镜"一词，在她五十大寿时便将其制成巨匾，悬于紫禁城自己的住所储秀宫内，"老佛爷"尊称也从这时被广泛使用。慈禧还制作了数枚"大圆宝镜"印玺，闲暇把玩（图十一、十二）。在颐和园仁寿殿、排云殿建成后，又齐悬这一题匾（图十三），在北海团城承光殿也有同匾

（图十四），全不顾环境之别、雷同乏味。在"大圆宝镜"下，慈禧又举行了数次寿典活动。

在颐和园高悬"大圆宝镜"之际，大清朝已经危机四起，皇太后与当权者的惴惴不安、相信佛法无边、寻求神灵保护的心态在匾题中显露无遗，这与义和团的神符在身、刀枪不入同属一种思维模式，所以也就不难理解慈禧太后为何支持义和团了。

三　结语

传统中的"虚实"二镜只有在挂者与观者处于同一文化语境中方起作用，一旦传统信息消失，神"镜"也就失去了威力。看今天，游览仁寿殿的人们，个个坦然、脸脸微笑，全然不知殿上的两种神镜正在审视、辨别着他们的心肝脾肺、智愚忠奸（图十五）。

十一	十二	十三
	十四	

图十一　慈禧印玺：大圆宝镜（一）
图十二　慈禧印玺：大圆宝镜（二）
图十三　排云殿"大圆宝镜"匾额
图十四　北海团城承光阁"大圆宝镜"匾额

图十五　颐和园仁寿殿外景

参考文献

［1］（明）梅鼎祚：《西晋文纪》卷 15。

［2］（明）梅鼎祚：《隋文纪》卷 8。

［3］（晋）葛洪：《西京杂记》卷 3。

［4］上海古籍出版社：《汉魏六朝笔记小说大观》，上海：上海古籍出版社，1999 年。

［5］（清）纪晓岚：《阅微草堂笔记》卷 16。

［6］（清）英廉等：《钦定日下旧闻考》卷 43。

［7］（清）《清高宗御制诗文集》二集卷 30。

［8］（清）赵翼：《檐曝杂记》卷 1。

『草木贲华』

颐和园园林植物文化探究

赵晓燕

植物与山石、水体、建筑一并作为中国古典园林造园的四大要素，其中植物是最具有生命力特征的园林要素，能使园林环境呈现出生命的活力，富于四时变化。自魏晋以来，植物已从最初的食用、药用功能转变为具有观赏功能的造景元素，并通过不同的传统艺术表现形式融入园林景观，逐渐形成了特有的植物文化，成为人们表达思想情感、托物言志的重要载体。 颐和园作为清代皇家园林的典型代表，在园林植物的配置、栽种位置、种植方式上颇具匠心，被称誉为"中国古典园林自然风景植物群落"。（图一）

一 颐和园植物景观历史变迁

颐和园始建于1750年，原名清漪园。自乾隆建园之初，园内便开始了人工种植花木，不断栽植和引种名贵花木，形成了由针叶树和落叶乔灌木组成的植物群落。1860年英法联军焚毁清漪园，万寿山前山中部树木几乎损失殆尽。光绪时期，慈禧太后在重建颐和园后，园内的花木配置更注重名贵花木的栽植和庭院花卉的布置。至民国时期，颐和园内的植物由于缺乏资金，管护不力，花木逐渐凋零。

新中国成立后，党和政府十分重视对园内植物的养护和绿化工作。在保护古树名木的同时，颐和园依照原有的植物配置风格，对树木进行补植、增植，加强植物景观、植物养护、保护古树名木和特色花卉养护工作，继承中国古典园林自然与人工相结合的艺术手法，最大限度地体现出清代皇家园林植物配置的特点以及深刻的文化内涵和道德喻义。

二 颐和园园林植物文化

作为中国皇家园林的典范，颐和园中栽植大量名贵树种，用于装扮湖山、点缀庭院。除了造景功能以外，这些花木往往被赋予中

图一　万寿山遍植苍松翠柏

国传统文化的象征意义，蕴含不同的寓意，充分体现了皇家园林植物配置的特点和文化。

1. 松柏常青

孔子说："岁寒，然后知松柏之后凋也。"古人往往把松柏耐寒的精神特征，比德于君子的坚强性格。从清漪园建园时起，象征"长寿永固"的油松、白皮松、桧柏、侧柏等常绿树种就得到了广泛应用，成为万寿山的基调树种（图二）。

（1）松，苍劲刚健，不畏霜雪风寒

按《礼经》云："天子树松，诸侯树柏。"因此松树被称作王者之树，在皇家园林中大量栽植。颐和园最常见的是油松，其枝干平展，姿态最是入画。一级油松多集中于后溪河南岸和后山御路两侧，从万寿山西麓贝阙城关绵延至东麓谐趣园，均有分布。古人称"松令人古"，仁寿殿庭院的两株古油松，其中一株树形平展如凤尾；另一株则高耸入云似巨龙，被人们称作"龙凤松"。"云松巢"一词常常被文人雅士用来命名隐居之所，乾隆在万寿山山坳之中建云松巢院落，四周环以苍松翠柏，夏季雨后云烟缭绕，景色最合题意。

白皮松是我国特有树种，其树皮在不同时期呈现不同的色彩。排云殿月台下对植的白皮松古树，有记载称之为"五彩松"，因其树皮年年有斑驳脱落现象，看起来色

图二　万寿山古油松

彩不一。这两株白皮松均为多干式，树冠几乎铺满整个庭院，树影随着日光变化，落在殿前石阶上，因此排云殿东顺山殿的楹联为"露气渐移高阁漏，日华初照御阶松"，让人感受到时光变迁的动态之美。

（2）柏，庄严肃穆，长寿而不朽

在民间认为柏树可以辟邪，是吉祥昌瑞的象征。《本草纲目》记载："柏性事凋而耐久，禀坚凝之质，乃多寿之木，是以可入服食，道家以之点汤常包饮，元旦以之浸酒避邪。"在皇家坛庙、宫殿、园林、陵寝均广植长寿常青、木质芳香、经久不朽的柏树，寓意"江山永固，万代千秋"。

在颐和园众多的柏树中，长廊古柏群最为壮观，相邻的古树树干形成一个个框景，将远处的湖上风光框出连续不断的画卷。东宫门内的古柏林则是成行成排栽植，营造了仁寿殿临朝理政区域庄严凝重的氛围。介寿

堂院中有两株古柏，其中较大的古柏主干呈人字形连搭，另一株较小古柏的主干正好垂直长在人字柏的中间，恰好组成一个天然的"介"字，这个院落因此得名介寿堂。南湖岛上的龙王庙院内，一排排古柏林立，营造出祭祀场所的庄严气氛。仔细看去，这些古树朝向古建方向的树干上均有大小不一的纵向伤痕，这是1860年英法联军焚烧清漪园时留下的痕迹。乐寿堂庭院青芝岫东西侧花台内各栽植翠柏一株，状如灵芝，与院内著名的赏石"青芝岫"相匹配，它们最早来源于庆亲王进献给慈禧太后的寿礼。

2. 嘉木亭亭

（1）象征"三公"的槐树

《周礼·秋官》记载，周代宫廷外种有三棵槐树，三公朝见天子时，站在槐树下面。三公是指太师、太傅、太保，是周代三

种最高官职的合称。后人因此用三槐比喻三公，成为三公宰辅官位的象征。颐和园共有古国槐13株，大多分布于长廊沿线及各院落。"槐花黄，举子忙"，夏季是科考的季节，也是国槐盛开的时候，因此历朝历代都把国槐当作与仕途密切关联的树木。后溪河岸边的嘉荫轩，名字亦来源于这里曾经有高大的古槐作为庭荫树（图三）。

唯植槐楸。"仁寿殿院落栽植松、楸、槐。松树居中，象征君王；槐、楸分列两班，槐象征三公，楸树象征士大夫，寓意帝王率领群臣共同商议国家大事。乾隆二十九年御制诗《借秋楼》："窗挹波光庭种楸，一天飒景在高楼。"把楸树当作感受秋总的树种（图四）。

图三 国槐盛花期

图四 楸树盛开

（2）材貌俱佳的楸树

宋代梅尧臣《和王仲仪楸花十二韵》"图出帝宫树，耸向白玉墀。高绝不近俗，直许天人窥。"楸树树姿挺拔，春末时满树繁花，蔚为壮观。楸树也是珍贵的用材树种之一，唯其"材"貌双全，自古素有"木王"之美称。《朱子语类》云："国朝殿庭，

（3）最宜书院的梧桐

宜芸馆在清漪园时是皇帝藏书的地方，颐和园时为光绪皇后的寝宫，这里栽植有梧桐和玉兰。梧桐有青桐、碧梧、青玉、庭梧之名称，其树皮青绿、平滑，看起来十分干净。因倪瓒的洁癖让"洗桐"故事成为文人雅士洁身自好的象征。明代陈继儒

图五　凤栖梧桐贴落

图六　栾树盛开

《小窗幽记》对庭院中梧桐树配置有如下记载："凡静室，前栽碧梧，后栽翠竹。然碧梧之趣，春冬落叶，以舒负暄融和之乐；夏秋交荫，以蔽炎烁蒸烈之威。"在宜芸馆里亦有同感（图五）。

（4）象征大夫的栾树

有关栾树最早的记载见于先秦时期的《山海经·大荒南经》中："大荒之中，有云雨之山，有木名曰栾。"春秋《含文嘉》曰："大夫八尺，树以栾。士四尺，树以槐。"写明了皇帝陵寝旁栽植松树，王公贵族陵前种柏树，士大夫陵前种栾树，因此栾树也被称为"大夫树"。栾树花开时节，一团团一树树明黄色，点缀在万寿山的苍松翠柏之间，十分耀眼（图六）。

（5）皇后亲采的桑树

清代为了表明帝王重视"农桑"，在很多皇家园林里都专门栽种桑树。栽桑养蚕受到历代统治阶级的高度重视，在农业生产和农民生活中占有举足轻重的地位。汉景帝曾下《令二千石修职诏》："朕亲耕，后亲桑，以奉宗庙粢盛祭服，为天下先。"昆明湖西北耕织图一带，桃柳之外栽植大量桑树，以突出这里江南水村的田园特色。

（6）事事如意的柿树

柿子成熟后是金黄色或者红色，喜气洋洋，"柿"和"事"同音，所以寓意着事事如意、万事顺心，是很好的吉祥物。乐寿堂庭院东西两侧各栽植一株柿子树，寓意"事事如意"，与东配殿匾额"舒华布实"相呼应，用开花结果借喻皇朝的兴盛。

3. 桃柳夹岸

西堤在清乾隆时期便效仿杭州西湖苏堤，采用"间株杨柳间株桃"的植物配置方式，营造出柳绿桃红酷似江南的婉约风光。

（1）桃之夭夭，灿若云霞

山桃花是北京地区最常见的早春开花花木之一。每年3月上旬，随着气温的回升，山桃花陆续开始绽放，最早感知春的到来。西堤栽植有百余株山桃花，乾隆皇帝写了多首御制诗，盛赞西堤桃花。如乾隆十九年《湖上杂咏》："山桃报导烂如霞，风定乘闲揽物华。"又比如乾隆二十年《昆明湖泛舟》："千重云树绿才吐，一带霞桃红欲然"。颐和园耕织图景区则栽植大量各品种桃花，其中单瓣的实生桃最具江南水乡气息（图七）。

图七　西堤桃花

图八　西堤烟柳

（2）杨柳依依，烟柳春佳

昆明湖堤岸的植物配置一直以旱柳为主，烟柳春佳，最是入画。堤岸植柳，不仅仅是造景需要，最重要的功能是护堤。《诗经·小雅·采薇》："昔我往矣，杨柳依依。""柳""留"二字谐音。古人送行，折柳相赠，表示依依惜别。西堤六桥最南端的柳桥，桥名出自唐朝诗人白居易"柳桥晴有絮"的诗句，春末晴日柳絮飞扬，柳色清新，极具诗情画意（图八）。

4．玉堂富贵

皇家园林中往往将玉兰、海棠、牡丹、桂花相配植，寓意"玉棠富贵"。

（1）"玉香海"之称的珍贵玉兰

玉兰是我国著名的传统观赏花木，因"色白微碧，香味似兰"而得名。自乾隆时期，乐寿堂便有数十株玉兰栽植，花开时，芬芳扑鼻，有"玉香海"之称（图九）。乐

图九　乐寿堂玉兰

寿堂后院曾有一株乾隆时期栽植的紫二乔玉兰，因此乐寿堂后檐下悬挂"渊芳馥风"匾额，形容花开时芳香四散的景象。邀月门东南有一株清代留存的古玉兰，盛开时节，恰似一片馨香的雪海，2018年被评为"北京最美十大树干"。

（2）来自极乐寺的名品海棠

西府海棠树形俏丽，花蕾深粉红色，开放后淡粉色。仁寿殿、乐寿堂院内的西府海棠最早是光绪中叶从极乐寺移来的极品苗木，当时就很有名，有大量文人为之写诗作赋。最著名的是清代张之洞《极乐寺海棠初开置酒会客》诗中的"火急邀客城西去，绛蕾如珠点碧树。莫嫌来早香未齐，犹胜繁枝逼春暮"之句，盛赞初花时的娇蕾更胜过盛开时的繁花。

（3）山东进贡的名种牡丹

牡丹是中国特有的木本名贵花卉，有"国色天香"的美誉，是颐和园内著名的庭院地植花卉，清宫时已经非常兴盛。当时园中的牡丹花台有多处：国花台14层，仁寿殿北花台8层、南花台5层，乐寿堂内花台2座。其中栽植规模最大的当属光绪二十九年（1903年）佛香阁下东侧建造的国花台，栽种从山东进贡的名种牡丹。花开时"繁英灿烂，洵为美观"，曾有八品苑副白永麟奉旨恭书的"国花台"二字石刻（图十）。

（4）清宫遗留的盆栽古桂

清代李渔的《闲情偶寄》记载："秋花之香者，莫能如桂。树乃月中之树，香亦天上之香也。"颐和园的大型盆植桂花品种来源于清宫，1928年在移交国民政府"内政部"的盆花清册上列有桂花120盆、小桂花110盆，占移交全部盆花之半。颐和园现有盆栽桂花千余盆，其中清宫留传树龄在百年以上者有70余盆。每年中秋节和国庆节期间举办"颐和秋韵"桂花文化节，根据季节特点及桂花生长习性，提前控制各个品种桂花的花期，营造桂花飘香的节日氛围（图十一）。

图十　牡丹

图十一　颐和园古桂

5. 湖上清芬

昆明湖水面占据全园四分之三的面积，这座以水取胜的园林，湖上栽植大量水生植物。

（1）莲红坠雨

荷花"出淤泥而不染，濯清涟而不妖"的高尚品格为世人称颂，是颐和园长廊彩画中除牡丹外最常见的绘画题材。昆明湖的荷花从元、明时期的西湖（昆明湖旧称）相沿至今，曾享有"莲红坠雨"的美名，被誉为"西湖十景"之一。乾隆皇帝开拓昆明湖修建清漪园，荷莲铺满了湖面，既净化水源又点缀了景观。光绪时期重修颐和园后，昆明湖中荷花依然非常茂盛。藕香榭为玉澜堂的西配殿，因紧临昆明湖，每到夏天，昆明湖上莲叶接天，藕香阵阵飘进院里，溽热暑气顿消（图十二）。

（2）蒹葭苍苍

芦苇，古称蒹葭。芦花迎风摇曳的姿态特别唯美，从夏末到深秋直至严冬，洁白的芦花成为园林构图的前景，在昆明湖岸边轻轻摇曳，不仅丰富了水面景观层次，又让人诗意顿生，想起《诗经》："蒹葭苍苍，白露为霜。所谓伊人，在水一方。"（图十三）

图十三　昆明湖岸边的芦苇

图十二　昆明湖荷花

（3）参差荇菜

《诗经》："参差荇菜，左右采之"。荇菜茎细长柔软而多分枝，匍匐生长，漂浮于水面或生于泥土中，叶片形如睡莲，花朵鲜黄色，花量多且花期长。《毛诗传》曾有"后妃采荇，诸侯夫人采蘩，大夫妻采萍藻"的记载，因此在颐和园中后妃们曾居住的西四所建有荇桥，桥下水中生长荇菜。荷花、荇菜、香蒲等水生植物传来阵阵芬芳，荇桥东侧牌楼题额"蔚翠""霏香"，点名此处意境。

（4）蒲草昌盛

古人将生于水畔湖边的草统称为蒲草。蒲类之昌盛者，称作"菖蒲"。乾隆在《泛舟至玉泉山》一诗中有"醉鱼逐侣翻银浪，野鹭迷群伫绿蒲"的描述，当时昆明湖边生长茂密的蒲草，大量野鹭栖息期间。然而水畔繁茂昌盛之蒲草种类颇多，因此御制诗中提到的蒲草，也不是一种。昆明湖边最常见的就有香蒲、菖蒲、黄菖蒲等多种。

6. 名花佳卉

美国女画家卡尔在《慈禧写照记》中描述当年园中花木情况："颐和园中所植花草极多，草地上每经数步，亦有名花一堆，名花佳卉，无虑千百种，而新陈代谢，四时不断。太后平生酷爱鲜花，凡之寝宫、朝堂、戏厅及大殿等处，名花点缀，常年不绝。"可见颐和园中花卉品种及数量之繁多。

（1）盆梅

梅花是中国特产观赏花木，列中国十大名花之首，具有3000多年栽培史。因北京气候严寒，在清代梅花往往栽培成盆梅，《宫女谈往录》（金易、沈义羚编著）记

载："慈禧老太后殿里的摆设一般不变换的，只有盆花要随着节气而更换。最东头一间静室里，摆着一棵鲜艳的古红梅，静室里唯一的一盆鲜艳红色，让整个屋子雅而不素。"（图十四）现今随着科技的进步，北京也有了可以陆地栽植越冬的梅花。颐和园的梅花集中栽植于谐趣园内外，与效仿江南园林的意境一致。耕织图水村居附近则"绕屋栽梅"，体现了江南水乡的清雅景色。夕佳楼下假山旁东西各栽植"丰后"梅和江梅，谐趣园则栽植有绿萼梅、粉红朱砂、淡丰后等梅花品种。

（2）翠竹

早园竹是北京园林中最常见的竹类。颐和园中多栽植于背风向阳的庭院，风过竹梢颇有韵味，因此在玉澜堂有"风篁成韵"的匾额。玉澜堂东配殿霞芬室前后檐悬挂"障殿帘垂花外雨，埽廊帚借竹梢风"和"窗竹影摇书案上，山泉声入砚池中"的楹联，因此在玉澜堂的天井栽植早园竹，营造竹影婆娑的文雅氛围，十分契合玉澜堂曾为御书房的功能。

（3）榆叶梅

榆叶梅，又名鸾枝、兰枝花，因叶形似榆叶而得名。长廊栽植榆叶梅的最早记载是在1937年。每逢榆叶梅盛开时，为长廊古柏林增添明媚的艳丽春色。颐和园榆叶梅常采取桩景式修剪方式，多年重剪形成曲折有力的枝干，花朵亮丽硕大，整个花冠层次感丰富。而在一些山脚湖边，则根据地形修剪成悬崖式或探水式，以万寿山浓绿的松柏或古建筑为背景，衬托着整株花树显得亮丽典雅，颇具古意（图十五）。

图十四　颐和园盆梅

图十五　榆叶梅

（4）木香

　　每年四月底五月初，颐和园南湖岛上，月波楼前的两株百年重瓣白木香花开满枝，如繁星点缀，香气悠然，令人陶醉。据说是清代一位王爷进贡给慈禧太后的寿礼，原是盆栽，后下地栽植于此。因背靠月波楼为其挡住冬季北来的寒风，加之庭院阳光充沛，这两株原产江南的木香居然生长得团团如盖，成为园中名木（图十六）。

图十六　南湖岛月波楼前的木香

（5）太平花

　　颐和园中的太平花最早源于四川青城山，为落叶灌木，枝干有高丈余者，花"似桃四出，千百苍骈萃成朵"，被川人称为丰瑞花。宋朝作为贡品献至汴梁，宋仁宗赐名太平瑞圣花。金兵破汴梁时，移到北京。清道光年间，因嘉庆帝谥号为"睿皇帝"，"睿"与"瑞"音谐，道光帝令改花名为太平花。1860年英法联军烧毁三山五园，只长春园幸存两丛，遂移至故宫绛雪轩前。慈禧太后重修颐和园，分栽一部分在排云门前，左右各置两丛。20世纪80年代以后，在山色湖光共一楼后山坡上下均有成片栽植，清宫佳卉得以繁衍。

（6）芍药

　　芍药在《诗经》里就有记载："维士与女，伊其将谑，赠之以芍药。"被人们誉为"花仙"和"花相"，因自古就作为爱情之花，被尊为七夕节的代表花卉。芍药是颐和园内著名的庭院地植花卉，清宫时已经非常兴盛，排云殿院内、乐寿堂东西院及谐趣园等处均有芍药花台。现存排云殿院内芍药花台。长廊彩画中有"四相簪花"的芍药花文化题材。

（7）金银花

　　金银花是忍冬科忍冬属爬藤植物。初开为白色，后转为黄色，因此得名金银花。金银花自古被誉为清热解毒的良药，在园林中用作花廊、花架以及缠绕假山石等。颐和园水村居竹篱边有栽植，花开时节清香袭人。慈禧十分喜欢金银花的香气，经常把金银花泡在茶水中闻香品茗（图十七）。

图十七　金银花

（8）紫藤

紫藤花开一串串如同紫色云霞笼罩着避暑的宫苑，这是祥瑞的象征。谐趣园内玉琴峡山石上镌刻着慈禧太后御题之"玉琴峡""松风""萝月""仙岛"等字。这里栽植的紫藤萝攀上树顶，月色从藤萝枝叶间洒下，称作"萝月"，描述这里的景色如同仙岛瑶台一般。西侧的瞩新楼楹联"万年藤萝宜春苑，百福香生避暑宫"，也点明此处藤萝遮天蔽日的景象。

（9）菊花

菊花开放在深秋霜冻之时，自古文人以其不畏寒霜的特性来象征清高气节。《神农本草经》将菊花喻为"轻身耐老延年"的饮食上品，所以菊花有"寿客"之称。颐和园栽培菊花历史悠久，慈禧十分喜欢菊花，在园内用上等瓷盆栽植各色菊花，她养菊、画菊、戴菊、摘菊入药、枕菊入睡。据记载在1902年和1903年的重阳节，慈禧太后将数百盆黄菊和五彩菊送给各国公使馆和公使参赞夫人。

7. 秋色斑斓

深秋，万寿山北侧的后溪河，进入了一年当中最为华美的季节。唐代刘禹锡《秋词》二首中盛赞秋天的景色："山明水净夜来霜，数树深红出浅黄。"岸边探水生长的元宝枫、白蜡、小叶朴、栾树、槲树、丁香、杏树等等，换上了深浅不一的秋装，与高大翠绿的古松形成鲜明的色彩对比，五色斑斓倒影在湖水中，宛若进入九寨仙境。

（1）元宝枫

元宝枫是颐和园内最常见的秋色叶树种。绘芳堂位于后溪河的西南端，这是座被五色斑斓的元宝枫包围的建筑，乾隆曾经在这里写下这样的诗句："风金露玉又相将，一棹山阴趁晓凉。阶下丁星诗意者，秋芳端欲压春芳。"那阶下丁星诗意者，可能是黄色的野菊，更有可能是飘落的枫叶，抑或二者兼有。绘芳堂下岸边的三株元宝枫，自西向东分别呈现红、黄、绿三种颜色，十分奇特（图十八）。

（2）大果榆

园内秋色最美的要数谐趣园涵远堂两侧山坡上的大果榆。大果榆落在石板路上斑驳的树影，曾给人无限的诗意遐想，被乾隆称作"寻诗径"。大果榆生长在山石的缝隙里，年久日深以后，与周围的园林环境融为一体，极大地丰富了景观层次。但是颐和园的园林管理者并没有任其滋长，而是结合景观树木防灾修剪，一方面控制树冠的大小，防止对古建的影响；另一方面还要修整树形，使其姿态入画，符合中国古典园林的审美（图十九）。

（3）黄栌

黄栌是华北地区重要的观赏红叶树种，叶片秋季变红，鲜艳夺目，著名的北京香山红叶就是此树。黄栌花后不孕花的花梗呈粉红色羽毛状，在枝头形成似云似雾的景观，著名的蓟门烟树指的就是黄栌开花时的景象。颐和园万寿山后山构虚轩遗址附近有黄栌成片栽植，深秋呈现夺目的鲜红，在苍松翠柏之间掩映着远处的智慧海和四大部洲古建筑群。

图十八 元宝枫秋色

图十九 谐趣园大果榆秋色

宫廷插花在北京冬奥会花卉环境布置中的应用研究

张莹　王爽　佟岩

张淼　曲溪雲

摘　要：宫廷插花具有庄严隆盛、造型丰满、色彩富丽、寓意吉祥的风格与特征，是一门自上而下、影响力不断扩大的艺术形式，反映了不同历史背景下的宫廷园艺生活和精神追求。宫廷插花与皇家园林的发展一脉相承。北京作为都城最早可以追溯到西周的诸侯国燕国，后来又作为辽、金、元、明、清朝的国都，成为中国拥有帝王宫殿、园林、庙坛和陵墓数量最多的城市。宫廷绘画作为当时宫廷插花的作品写真留传至今，为我们研究中国插花发展脉络提供了宝贵的历史资料。宫廷插花常用于官方活动的环境设计中，重在突出盛世瑞景。它代表着端庄典雅的文明古国风格，折射出中国繁盛富强的气息，为当代国事活动花卉环境布置提供了重要的指导意义。

关键词：宫廷插花；花卉环境布置；北京；冬奥会

一　宫廷插花的历史渊源

中国宫廷插花艺术起源于黄河和长江流域一带，分布于政治中心城市，现在的集中研究、保护、发展中心在北京。据现有资料考证，宫廷插花萌芽于商周时期，它伴随着皇家园林和礼仪制度的建立而产生，距今已有三千多年历史。它经过了汉代的初始期、南北朝的发展阶段、隋唐的兴盛期、宋代的极盛期、元明清的成熟期、清末民国的停滞期以及新中国复兴发展至今。

宫廷插花，可追溯至周代。屈原《九歌》中描写的祭祀场面，盛大的花饰，已透露出楚国宫廷中插花之盛。汉代流传于皇宫中，呈现富丽堂皇、光彩夺目的艺术风格，不同于文人、民间等插花的审美情趣。宫廷插花兴盛于隋唐时代，这一时期是我国插花艺术发展史上的兴旺时期，插花开始在宫廷和民间盛行，这时中国的插花艺术开始有了系统的技术手法和规定，此后历朝历代逐渐臻于完善。隋代设六局二十四司，专司包括花事在内的宫廷事务，这一设置一直延续到明代。宫廷中举行牡丹插花盛会，有严格的程序和豪华的排场，如唐代著名花艺家罗虬的著作《花九锡》，表明了宫廷插花的理想与认真态度。隋唐时代，文化艺术及宗教交流频繁，中国插花还传播到日本，对日本化道的形成和发展起着极其重要的作用。宋代的四司六局中的排办局，专掌挂画、插花、扫洒、打渲、拭抹、供过之事。以宋代为例，《梦粱录》记录："凡官府春宴、乡会、鹿鸣宴及圣节满散祝寿公筵，俱差拨四司六局人员督责。"明代，插花艺术进入了鼎盛时期。插花逐步走向学术性，有关插花的专著相继问世，袁宏道的《瓶史》就是其中之一。清初，《瓶史》传到日本，译为日文刊行，形成和发展成为一个重要的插花艺术流派——宏道流。时至今日，日本的插花艺术专刊——《花道》，还时常引用《瓶史》中的理论。《瓶史》对日本插花艺术影响之深，亦可略见一斑。清代文学家沈复《浮生六记·闲情记趣》中提出"起把宜紧、瓶口宜清"的主张至今仍为插花界所称道，奉为东方自然式插花的插作准则之一。清代宫廷流行谐音式、写景式插花，重视季节的描绘，不同时令、季节要使用不同的应季花材，形成不同的季相特征；通过园林艺术的表现手法，注重远景、中景、近景的安排，展现不同层次的自然美景，作品疏密有致、高低错落、虚实结合、生动有趣（图一）。

二　宫廷插花的应用场景

历朝历代，宫廷和皇室贵族往往都是艺术的最大赞助者，皇室有足够的财力和空间蓄育大批的艺术家，并收藏名家的艺术作品，宫廷绘画反映了不同历史背景下的宫廷生活，而宫廷画师为当时宫廷插花的作品写真，为我们研究中国插花发展脉络提供了宝贵的历史资料。

1. 宫廷礼仪庆典插花

历朝历代宫廷之内会举办很多大型活动，如祭祀、祈福、佳节、寿诞、宴请，这些活动都带有一定目的性，重排场，因而插花创作有较多的形式要求，花型设计较为程式化，往往不带插花者的个人情感和个人审美诉求，迎合皇家品位，满足整个宫廷的装饰、礼仪和娱乐的需要。明代宫廷画师边文

图一　颐和园藏清代宫廷插花古画

进《履端集庆图》（图二）为岁朝清供插花，汇聚梅花、松、柏、柿子、兰、水仙、山茶、南天竹，加上灵芝、如意，共是十种花材，寓意十全十美、吉庆长寿、事事平安。

清代自康熙朝起，出现了一种新的绘画形式——超长卷纪实性绘画，即以绘画手法，在长达数十米乃至上百米的画卷上，描述一个完整的事件或事物。乾隆十六年（1751年），是乾隆帝生母崇庆皇太后钮祜禄氏六十诞辰，乾隆皇帝安排了规模盛大、场面奢华的庆寿活动，绘制超长卷《万寿图》是其中的重要内容之一。《万寿图》（图三）中，从第二卷沿长河两岸开始，至第三卷内城及第四卷皇城内，街道两侧不同地段，绘有大大小小各形、各种、各类插花盆景，多达50多处。为庆万寿节，皇太后回宫路上除了陈放盆景，插花也是处处摆放。在高粱桥畔新建行宫倚虹堂旁的长河两岸，以插花的大场面，恭迎皇太后在此换乘凤辇回宫。从图中可以看到，倚虹堂前以及彼岸的戏台、灯廊、点景前，摆放有造型统一的棕色花儿，上陈红座黄花瓶，内插梅花、寿桃、灵芝、松枝、牡丹、竹兰，粉花绿叶，十分喜庆。

2. 宫廷日常装饰插花

用作日常装饰的宫廷插花，更讲求时令性，采秀丽宜人的小型花材，用纸槌瓶、胆瓶、小梅瓶等适合斋室的花器。北京故宫为明清宫廷所在，有丰富的宫廷历史文化遗存，不仅延续着中国传统花卉名种栽培历史，故宫博物院藏的各类花器也种类繁多、精美绝伦。康熙及乾隆皇帝的书房或以汝、官、哥、定、钧等名窑瓷瓶，或以壁瓶、青铜器插作斋花，多用一两种植物造型，高贵雅致（图四）。

从中国宫廷插花的基本特征来看，凡是为宫廷所吸纳和雇佣，以皇帝的旨意为插花指向的插花形式和插花机构，都应该纳入宫廷插花的范畴之内。宫廷插花也叫宫体花、院体花，在宫廷中流行，用于装饰皇家

图二　明 边文进《履端集庆图》

贵族的休闲娱乐活动，或宴会等宏大场面，重在突出皇家气派与盛世瑞景。因而高雅富贵是其最大特征，从花器到花材皆要精致与讲究，方可为皇家所用。宫廷插花使用的花材名贵繁多，花器精美，配件珍贵。选材上崇尚花大色艳、枝繁叶茂，如牡丹、芍药、

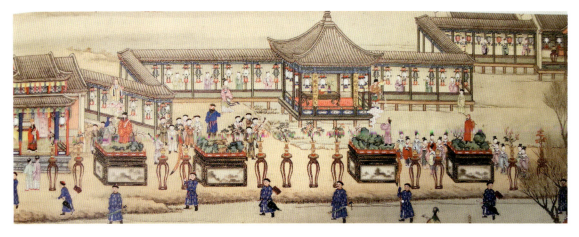

图三　清《万寿图》(局部)

图四　宫廷日常装饰插花
(采自清姚文瀚《芳亭采
花》局部)

大花萱草、海棠等等。选器以官窑烧制的瓷器和古铜器为主，体型较大，做工精致。造型上端庄典雅、富丽堂皇、气势磅礴且寓意吉祥。创作当代宫廷插花作品以客观严谨的态度，不失古典意味，与中国传统文化相衔接相贯通。

宫廷插花是我国传统园艺文化应用与传统室内空间设计的杰出代表，宫廷插花的色彩搭配、空间安排将中华几千年的美学原理诠释到极致。在国事活动、外交场景中运用宫廷插花进行环境设计，其效果是其他类型插花无法比拟的。

三 宫廷插花在2022北京冬奥会花卉环境布置中的应用

根据冬奥会期间新冠肺炎疫情防控要求，涉奥酒店需要闭环管理，为减少维护、确保展陈效果，颐和园宫廷插花团队首次将干花插花技术应用于重大国事活动花卉环境布置中，干花的取材全是真花、真叶、真枝，其花色、花型、花貌与鲜花无异，具有长期保存、持久观赏、永不凋谢的特性。牡丹"不凋花"成功运用于2022冬奥会花卉环境布置，既能满足用花需求又可以延长数十倍的观赏期，免于维护，取得了良好的社会效益和生态效益。

1. 宫廷插花作品"玉堂富贵 万紫千红"赏析

古代插花艺术在对花材的自然形态进行了充分的观察和感知以后，汲取其中的精华、寄予感情，从而展现出作品的艺术之美。通常用"比兴"的方式，借用花材的含义和象征意义，甚至是谐音等方式来传达作品的内在神色气韵，形成一种"景外之意""弦外之音"。

汉代皇宫有"玉堂院"，后世以"玉堂"指翰林院。富贵一词出自《论语·颜渊》："商闻之矣，生死有命富贵在天。"指富裕而显贵的意思。常以玉兰花象征玉堂，牡丹花象征富贵，这两种花卉借喻玉堂富贵，祝愿职位高升，富裕显贵。清代颐和园乐寿堂的植物配置就是"玉堂富贵"的真实写照。本作品（图五）以仿乾隆瓷母大瓶、龙纹粉彩水盘为花器，搭配玉兰、干花牡丹等，配件为蜗牛如意，寓意安居乐业，彰显宫廷插花花材名贵、花器精美、寓意吉祥的特征。

图五 2022年冬奥会香格里拉酒店展陈颐和园宫廷插花作品《玉堂富贵 万紫千红》

2.宫廷插花作品"海涵春育"赏析

创作灵感来源于中国花鸟画《孔雀富贵图》(图六、七)。中国画体现了中国人与自然生物的审美关系,尤其是花鸟画、博古画等,它不仅表达时代精神,间接反映社会生活,还在世界同类题材的绘画中表现出十分鲜明的特点。

作品名"海涵春育"出自颐和园仁寿殿内匾额,意为如海之量可容百川,如春天般养育万物,体现了北京兼容并蓄的文化传统和容载万物的人文精神。以粉彩石榴花瓶、影青八仙四方瓶、龙纹水盘为花器,组合搭配干花松树、干花牡丹、干花月季、枯木、如意、食盒摆件等(图八)。

图六 中国花鸟画《孔雀富贵图》(一)(来自网络) 　　　图七 中国花鸟画《孔雀富贵图》(二)(来自网络)

图八 2022年冬奥会涉外酒店展陈
颐和园宫廷插花作品《海涵春育》

3.宫廷插花作品"龙凤呈祥 春满五洲"赏析

祥瑞文化（或称符瑞、祯祥等）是中国古代帝王承天受命、施政有德的吉祥征兆。祥瑞文化产生于周代初期，以"德行"因素作为评判准则，进而形成了崭新的社会价值观念。

本组作品为涉外酒店重要区域风水龟的布置，以中国古代祥瑞文化为理念，一大四小的设计方案，形成环绕之势。以中间大体量不对称式造型与四面对称式造型，布局平衡中的不统一，首次尝试东西方插花形式的融合。花器采用景德镇帝王黄青花龙纹瓶表达我们是龙的传人，花缸表达聚集力量同心协力。迎客松表达喜迎八方客的好客精神，竹子代表虚心有节的品格，牡丹雍容华贵，寓意着祖国繁荣昌盛，月季象征着幸福和对未来的向往。枯木代表着山川，孔雀羽毛是借与凤凰的最为相似的一种鸟类，是吉祥如意、圆满的象征。整个作品多种素材融为一体，反映出预祝冬奥会运动健儿龙飞凤舞的祥瑞之兆（图九）。

四 宫廷插花的研究保护现状

深入挖掘和整理我国传统插花艺术，是当代插花花艺工作者义不容辞的责任。宫廷插花是中国传统插花艺术中的重要组成部分，一直以来却没有得到相应的重视，相关的研究基础非常薄弱。自20世纪以来，日本将插花作为国粹极力提倡，其文化影响力遍及世界各地。西方以及日、韩等国凭借强势抢占插花艺术的话语权，甚至操纵了世俗的审美观。相比之下，我国作为东方式插花艺术的起源国，传统插花艺术却几近断流。国内许多花艺从业者没有秉承弘扬我国插花艺术的思想，而是着眼于暂时的经济利益，盲目复制或模仿国外花艺。系统梳理与传承

宫廷插花在北京冬奥会花卉环境布置中的应用研究

图九 2022年冬奥会涉外酒店展陈颐和园宫廷插花作品《龙凤呈祥 春满五洲》

保护宫廷插花这一文化遗产，尚有许多工作要做。清代宫廷绘画具有重要的史料和艺术价值，这是宫廷插花研究的一大优势，急需进行相关资料的抢救性挖掘整理。

在各级领导大力关心支持下，颐和园培养了一批插花专业技能人才，多次服务于颐和园、北京市、国家级花卉环境布置工作，在省部级赛事中获奖15项，市级赛事获奖20余项。创作的宫廷插花作品屡次受到学习强国、北京卫视、新华网等新闻媒体报道，在历届北京市职业技能竞赛中晋级决赛并取得优异成绩，多次作为特色项目参加北京冬奥会、北京世园会、中国第十届花卉博览会、APEC服务接待、北京市月季节、北京市菊展、颐和园"傲骨幽香"梅花蜡梅展等花卉环境布置中出色完成任务。颐和园宫廷插花研究人员还结合科研课题，搜集祥瑞题材古画，从中汲取营养；除了沿袭传统，注重仪式感以外，还将植物、容器、羽毛、文玩、配件等和环境有机地融合起来，巧妙地运用动植物吉祥寓意，展现时令、季节的丰富变化和祥瑞文化；并结合新时代要求，传承弘扬中国优秀园林艺术和宫廷插花艺术，为促进宫廷插花在当代花卉环境布置中的创新应用贡献力量。

参考文献

［1］黄永川：《中国插花史研究》，杭州：西泠印社，2012年。

［2］王莲英、秦魁杰：《中国传统插花艺术》，北京：中国林业出版社，2000年。

［3］刘潞：《十八世纪京华盛景图——清乾隆皇太后〈万寿图〉全览》，北京：故宫出版社，2019年。

［4］叶禛菲：《明清插花艺术研究》，南京大学硕士学位论文，2015年。

［5］马大勇：《中国传统插花艺术—情境漫谈》，北京：中国林业出版社，2003年。

［6］孙可、李响：《中国插花简史》，北京：商务印书馆，2018年。

［7］华彬：《中国宫廷绘画史》，沈阳：辽宁美术出版社，2003年。

［8］陈葆真：《图画如历史——中国古代宫廷绘画研究》，杭州：浙江大学出版社，2019年。

［9］北京市颐和园管理处：《几上风雅》，北京：中国林业出版社，2018年。

颐和园博物馆藏清慈禧御笔『尧镜多晖』匾的修复

曹聪颖

摘　要：本文主要记录了颐和园博物馆藏清慈禧"尧镜多晖"书法内檐匾的修复过程及对此匾的使用情况分析，此件文物的修复成功对清代内檐装饰及博物馆原状陈列的研究具有一定借鉴意义。最后清慈禧"尧镜多晖"书法内檐匾修复前后的对比及修复后保存方式的建议，对同类型匾的修复与保存有一定的借鉴意义。

关键词：博物馆；内檐匾；文物修复

引　言

颐和园作为北京地区最大、保存最完整的清代皇家园林，保存有大量较为独特的反映晚清皇家园林生活的文物，在馆藏纸绢类展品中，除传统书画类文物外，还有许多涉及皇家宫殿装饰类的文物，如匾、贴落、隔扇等，随着对原状陈列研究的逐步重视，这类文物的保存修复情况越来越受到人们的广泛关注。

本文介绍的清慈禧"尧镜多晖"书法内檐匾是颐和园博物馆藏内檐匾中具有代表性的一件，匾身硕大，匾芯主体材质为绢本设色，上书慈禧御笔"尧镜多晖"四字，字体遒劲，匾上方钤盖三枚朱文印，分别为"数点梅花天地心""慈禧皇太后御笔之宝""和平仁厚与天地同意"，为清代皇家园林装饰内檐匾中为数不多的由慈禧御笔书写并完整钤盖慈禧三大印章的书法大匾之一。此匾早年因长期悬挂损坏，一直存于颐和园博物馆文物库房之中，背后签条内容残缺不全，应为标明此匾曾经悬挂位置的文字，文字内容为"××殿东向北罩间"，根据颐和园内屋宇建筑名称分析，慈禧时期称为殿者有仁寿殿、排云殿、邵窝殿等，而其中有只有仁寿殿有东向屋宇，故此匾应为早年悬挂于仁寿殿东向北罩间内的内檐匾，对研究清代皇家园林的内檐装饰来说颇为重要。

近期为了更好地保藏此件文物，颐和园博物馆选择对其进行修复，在全体修复人员的努力下，修复效果较好，后期可以继续用于颐和园仁寿殿的原状陈列之中，使其更好地发挥清代皇家园林文物的艺术价值。同时，此件典型大匾的修复过程对同类绢本设色匾的修复亦有一定的借鉴意义。

一　文物现状说明

"尧镜多晖"书法内檐匾早年悬挂于颐和园正殿仁寿殿之中，匾身硕大，匾芯主体材质为绢本设色，上书慈禧御笔"尧镜多晖"四字。"尧镜多晖"四字出自唐代骆宾王《为齐州父老请陪封禅文》:"幸属尧镜多晖,照馀光于连石。"尧为中国古代传说中父系氏族社会后期部落联盟领袖,是一位英明贤德的君主,《论语·泰伯》记:"大哉! 尧之为君也,巍巍乎唯天为大,唯尧则之。"汉武帝评价其"千古帝范,万代民师,初肇文明,世人敬赖。""镜"为可经反射而映照出物体形象的金属制品,在汉语中亦有明净、照耀、借鉴的意思,"晖"字同"辉",表示阳光、光亮,"尧镜多晖"指贤明君主的恩德要像光辉一样照耀四方,是对统治者的一种歌颂与警示。

内檐匾通常悬挂于墙壁上方与屋顶接触处,清代皇家园林使用的内檐匾形制多为双灯草线锦边壁子匾,由木质外框、木质内框以及纸绢匾芯组成,外框包有红、绿色锦,绿色锦用作地子,红色锦包于外框中凸起的部分,俗称双灯草线。内框为木质格栅,因包裹于匾内部而不加装饰。内檐匾的匾芯通常有纸质或绢质,"尧镜多晖"匾就为这类双灯草线匾,匾芯为整幅画绢,绢质优良,绢丝细密,无拼接痕迹,四周压宽2厘米的红色锦边,起装饰作用。匾外框背纸使用双层乾隆高丽纸覆背,上贴签条(图四)。

1. 匾框破损情况

此匾匾框材质为松木,外框尺寸为长157厘米、宽75厘米,由红、绿花纹锦条叠层包裹装饰,上压双灯草线,后背覆乾隆高丽纸,木质匾框无明显损坏痕迹,木质结构整体保存维护较好,表面包裹的锦条有多处脱浆,但整体保存还算良好,不存在较大部位缺失(图一)。文物表面整体灰尘较多,污渍明显,需后期进行清洗。匾后背纸破损情况较为严重(图二),背纸作为匾芯保护的重要一环,具有防潮防霉、控制湿度张力等重要作用,背

图一 "尧镜多晖"匾修复前正面

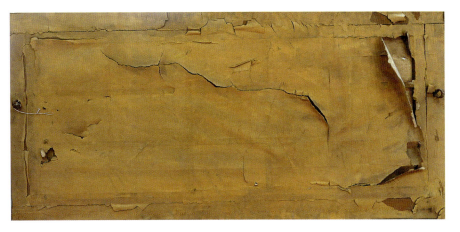

图二 "尧镜多晖"匾修复前背面

纸破损后会造成灰尘沉积于匾内，加速画芯及匾内框的损坏，所以背纸需进行整体揭取并重新覆背。

2. 匾芯材质特点

匾芯为绢本设色材质，尺寸为长145、宽59厘米，表面有少许变色痕迹，慈禧三大印章亦存在模糊现象，绢质现状较为酥脆，修复难度较高。同时，该匾芯为桑皮高丽纸背纸、宣纸命纸及绢质画芯多层覆背而成，宣纸命纸与绢质画芯连接紧密，绢质缝隙较大，年深日久，已有较多墨色渗入到宣纸之中，如按照传统书画修复方案中对画芯的命纸进行整体揭取，则对匾芯字迹墨色损害较大。宋代米芾在《书史》中亦讲"今俗人见古厚纸，必揭令薄，方背。若古纸去其半损字精神，一如摹书……"则可知，从宋代古人就已注意到，揭背时要尽量不损伤画芯墨迹，所以在此件匾芯的修复中，虽然我们面对的是绢本画芯，但仍然要尽力采用不损伤匾芯墨迹，保留匾芯命纸层的修复方式。

3. 匾芯断裂痕迹

此匾芯在左上角、"晖"字日字部首处存在两处横向小断口，"镜"字右下角存在一处U形大断口，庆幸的是所有断口的残片都被保留，不存在缺失现象，这是此匾修复的一大幸事。虽然不存在通体断口，但在修复过程中为防止断口崩裂，继续损害匾芯，还是要对所有断口进行折条加补。

4. 匾芯污渍痕迹

此匾芯由于曾经长期悬挂，同时被放入地库存放时间亦较久，表面存在灰尘较多，同时存在灰尘、绢质黄化不均现象。造成匾芯黄化的原因，可能是长期张挂于室内，受到空气中硫化物、氮氧化物等污染物质的侵蚀，造成的纸张、绢丝酸化反应，以及日光中的紫外光长期照射，使其强度下降老化发脆。三大印章较为模糊，匾芯中上方及左侧颜色较

浅，其他部位颜色较深，需进一步清理。

在修复之前，为了保证文物的安全，首先对文物进行了基本信息采集与病害调查评估、多角度影像采集等，利用数码相机、显微镜等仪器对文物结构、纸纤维种属、装裱材料、绘画材料和技法进行分析检测，确定保护修复技术路线。

二　修复路线

经过前期对文物保存状态和制作工艺的深入挖掘，充分探究文物制作工艺与病害之间的关系，以此为依据研究修复方法，据此制定修复路线如下：

第一，除尘清洁。对文物进行整体除尘，揭掉匾背的覆背纸，清理匾框内部，保留匾背签条（图三）。

第二，固色揭芯。对匾芯文字进行胶矾水固色，之后边缘上水，从匾框上闷润揭取红色锦边和匾芯。清洗匾芯及同匾芯一同揭下包芯红色锦边，将锦边重新用红色色宣托裱，上墙挣平。

第三，修复匾框。对原匾框包锦进行加固处理（包括开裂处加固、脱浆处填浆加固等），同时用稀浆水清洗匾框（图四），在洗去灰尘的同时进行暂时性加固，之后进行色宣加桑皮高丽纸覆背。

第四，修复匾芯。冷水清洗匾芯后对绢质破损处进行拼接复原，之后揭去桑皮高丽纸层，对匾芯破损处贴折条加固。重新对匾芯进行覆背，上墙挣平。

图三　"尧镜多晖"匾修复前签条文字

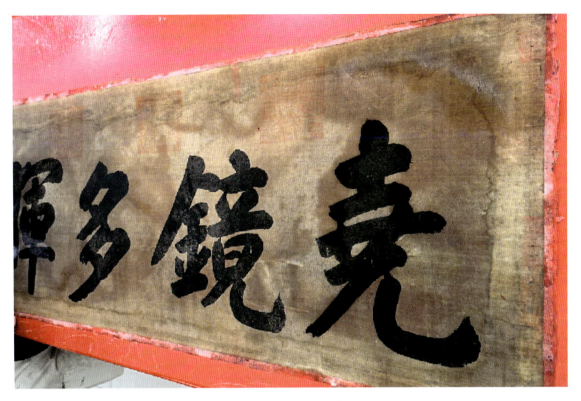

图四 "尧镜多晖" 匾修复中清洗匾芯

第五，恢复原裱。将匾芯下墙裁剪，重新贴回匾框，同时将匾芯原包红色锦边下墙裁剪，贴回匾芯将签条回贴。

三 修复过程

1. 除尘清洁

将文物放置于阴凉干燥通风处，用柔软蓬松的羊毛刷清扫文物表面，去除浮于表面的灰尘污渍，由于匾芯部位绢丝较脆，故清扫时一定注意不能造成绢丝断裂，这一步骤应避开所有绢丝断口。

由于匾框后背纸破损严重，有必要对其进行更换，故在清理阶段将后背纸揭去，同时注意观察背部有无签条痕迹，一般此类内檐匾由于长期在宫殿内悬挂，会有一定的签条标明曾经悬挂位置，可惜此匾背部已无签条痕迹。

2. 修复匾芯、红色锦边

在清代宫廷内檐匾的制作过程中，一般是将匾框内框的四周涂刷稠浆，框内支杆不涂浆，以此将匾芯固定到匾框上，衔接缝隙处再包一圈红色锦边，做加固装饰之用。故在将匾芯从匾框之上取下来时，需先用温水润湿匾芯匾框衔接的四周，将红色锦边取下，待水渗过匾芯层，匾芯匾框连接处糊层软化分离后，再将匾芯小心地从匾框上取下。

将揭取下来的红色锦边清洗，并按揭取位置标注好编号后，先在案子上铺一层化纤纸，将红色锦边放置其上，背面向上，用尺子水平比齐位置，不能出现弯折。揭去锦边后面宣纸托纸，重新上浆，用红色色宣覆背，并上墙挣平。

将揭下的匾芯正面向上放置于铺好两层化纤纸的案子上，用排笔正面淋冷水，同时注意避开断口，待水全部将匾芯润湿后，用镊子拼接断口，注意毛茬的叠压位置，不要露出命纸层断口，亦不能过分叠压断口。在拼好断口后，将毛巾卷成卷按在断口位置，首先固定断口，再依次向外滚动延伸，清洗固定匾芯。在重复以上步骤两次之后，匾芯污渍大部分被洗掉，毛巾挤出的水由污变清。这时在匾芯正面刷稀浆水一遍，固定绢层与命纸层，之后用化纤纸多次在绢层进行刷排，吸去表面多余糨糊，直至所有未渗入绢纸之间的糨糊都被吸去。再将匾芯表面水分吸干后，在匾芯正面刷两层化纤纸固定位置，将匾芯翻转，背面朝上，揭去背面的化纤纸之后，就可以揭除匾芯背面的桑皮高丽纸了。之后找出正面匾芯的断口位置，用宽1～1.2厘米的折条在断口背面进行加固，折条加固具有重要意义，可以增加断口两侧拉力，防止匾芯在上墙挣平时断口开裂，同时在后期匾的悬挂使用过程中，也可以防止旧口再次开裂。

待折条晾干后，重新喷水润湿匾芯，润至五分湿度时，用鬃刷将匾芯背面朝上，刷平在案子上。在备好的桑皮纸上刷浆，晾置于一侧，待其五成干时，将带浆面一侧扣置于匾芯背面，找正位置后用鬃刷清上重排，覆背完成后搭浆上墙，注意留口。

3. 修复匾框

由于此匾匾框包锦较为完整，仅是灰尘较多，为了尽可能多地保护文物原始状态与保留文物原始信息，不采取将包锦揭下重裱的方式，而是对其起翘、脱浆处进行回填加固，捋顺锦丝。在加固后，用稀浆水清洗匾框表面，洗除包锦表面污渍，同时用化纤纸进行多次吸附，去除表面多余浆水，置于阴凉干燥处晾干。

取合适尺寸仿古色宣，在背面托一层桑皮纸，悬挂晾干后，润至三成湿，用鬃

图五 "尧镜多晖"匾修复完成后正面

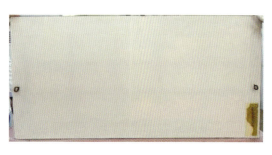

图六 "尧镜多晖"匾修复完成后背面

图七 "尧镜多晖"匾修复完成后签条文字

刷刷平。

在匾框背面木质表面涂抹糨糊，将托好的色宣正面朝上放置，用鬃刷固定，晾干后剔掉多余的纸边，注意从匾框正面看不能露出白边。

4.恢复原裱

将匾芯从墙上取下，根据匾框内框尺寸裁切匾芯废边，将匾框正面木质内框四周处刷浆，此时浆水浓度为放置在隔护板上时有流动趋势但不能流下为宜，之后将匾芯贴回匾框。

待匾芯干透，固定于匾框之上后，将红色锦边从墙上取下，裁剪适宜，按照原位置重新贴回匾芯四周，同时签条回贴，晾干完成修复（图五～七）。

四　总结

此件文物的修复过程严格按照文物修复过程中的"最小干预"原则、"最大信息保留"原则，以及"安全性"原则来操作，在修复"尧镜多晖"内檐匾的过程中，笔者和颐和园博物馆纸绢修复组的同事们多次开展研讨会，参考了大量与匾额修复有关的史料记载，同时也根据此件文物的具体情况，最终制定了修复方案。在修复过程中，对每道工序进行反复的探讨确认，及时处理未知的问题，在保证文物安全性的充分前提下进行修复，是每一位文物修复工作者的责任。

目前国内有关于清代皇家园林建筑中内檐匾的专门修复案例还较少，而随着对原状陈列研究的逐步重视，能直接反映清代皇家园林生活的相关文物会有更广泛的利用价值，为我们提供更加丰富的反映古代生活美学的资料。而随着时间的推移，必将会有越来越多的纸绢类装饰文物历经岁月洗礼，需要修复保护，以求万年永固，成为中华民族宝贵的文化遗产。希望此件文物的修复案例对于其他宫廷建筑内檐匾的文物修复能具有一定的借鉴意义，并推动文物修复工作在不断探索与积累中进步。

附记：此件文物的修复过程为笔者与同事王姝雨共同完成，在修复过程中还得到了颐和园博物馆纸绢修复班前辈何建国师父、杨光老师、高晓茗老师及王颖老师的亲力指导，特在此表示感谢！

参考文献

[1]（清）董浩等：《全唐文》卷197《骆宾王（一）·为齐州父老请陪封禅表》，北京：中华书局，1983年。

[2]卢辅圣：《中国书画全书》（一），上海：上海书画出版社，1993年。

[3]郭宏：《文物保存环境概论》，北京：科学出版社，2001年。

[4]邵真：《上海博物馆馆藏唐寅山水图的修复》，《文物保护与考古科学》2021年第3期。

从辽金元《舆服志》看玉饰与服装的搭配

王淑珍

摘　要： 崇玉、佩玉、赏玉是中国独特的审美文化，至周朝，玉饰被赋予了浓厚的人文色彩，成为明贵贱、辨等列的符号。此后，玉饰与服装的搭配，有其实用功能，而更大程度上是作为身份、地位的礼仪性饰品而存在。辽、金、元是由契丹、女真、蒙古族等游牧民族建立的王朝，三个王朝持续时间461年，以实用、合体为特色的草原服饰文化在汉族民间渗透，汉族传统礼仪服饰以深厚的文化内涵和豪华气派，使华夷服饰进入了双向融合。此时期的舆服制度既沿用了前朝汉人制度，也保留了本民族服饰传统。本文试通过解读辽、金、元时期《舆服志》中对衮冕、公服、朝服、祭服、命妇礼服等玉饰规制，研究这一时期玉饰与服装的搭配。

关键词： 辽金元《舆服志》；玉饰；服装搭配；身份地位

崇玉、佩玉、赏玉是中国独特的审美文化，至周朝，玉饰被赋予了浓厚的人文色彩，成为明贵贱、辨等列的符号。此后，玉饰与服装的搭配，既有其实用功能，而更大程度上是作为身份、地位的礼仪性饰品而存在。

一　《舆服志》出现的背景及早期玉饰规定

舆，原指车厢，后引申为车；服，即为衣冠。中国历代史书中的《舆服志》章节，记录了国家不同礼仪中衣服的装饰，以及使用者的社会等级。舆服制度通常以政令形式公布并执行。东汉永平二年（59年），首次以舆服令规定帝王百官的服饰制度，此后各代正史写入相关内容，有的史书称"车服志""礼仪志""仪卫志"等。

周朝时期，"佩玉"已经成为一种礼仪文化与道德象征。《后汉书·舆服志》最早以文本形式详细记录了玉饰规制，有冕冠上的玉藻、玉珠，衣裳的玉佩，并指出舆服汉承秦制，进一步规定了玉佩中的冲牙、瑀、璜，都要用白玉；綖绶之间用玉环鐍。

"冕服"是汉人对皇帝礼服的一种称谓。《后汉书·舆服志》记："冕冠，垂旒，前后邃延，玉藻。孝明皇帝永平二年，初诏有司采《周官》《礼记》《尚书·皋陶篇》，乘舆服从欧阳氏说，公卿以下从大小夏侯氏说。冕皆广七寸，长尺二寸，前圆后方，朱绿里，玄上，前垂四寸，后垂三寸，系白玉珠为十二旒，以其绶采色为组缨。三公诸侯七旒，青玉为珠；卿大夫五旒，黑玉为珠。皆有前无后，各以其绶采色为组缨，旁垂黈纩。郊天地，宗祀，明堂，则冠之。衣裳玉佩备章采，乘舆刺绣，公侯九卿以下皆织成，陈留襄邑献之云。……汉承秦制，用而弗改，故加之以双印佩刀之饰。至孝明皇帝，乃为大佩，冲牙双瑀璜，皆以白玉。……

継者，古佩璲也。佩绶相迎受，故曰継。紫绶以上，継绶之间得施玉环鑣云。"

《宋史·舆服志》记录了天子之服、皇太子服、后妃之服、命妇服、诸臣服、士庶人服的穿着礼仪，既有朝觐、祭祀、出行等重大活动时的穿着规则，也有民间服饰的规定。

《舆服志》的出现，是为了巩固朝廷统治和维护社会秩序，因此，必须尊卑有序，不容许以下越上，乱了法度。在服饰上要遵守"非其人不得服其服"的原则。

二 《辽史·仪卫志》《金史·舆服志》中衣服的玉饰

《辽史》和《金史》的编撰者是元代大臣脱脱，在《仪卫志》《舆服志》中主要借鉴了前代的基本模式，即农耕民族已沿用两千年的车旗服御制度。"古者车舆之制……历代相承，互有损益。或因时创始，或袭旧致文，奇巧日滋，浮靡益荡……金制皇帝服通天、绛纱、衮冕、偪舄，即前代之遗制也。其臣有貂蝉法服，即所谓朝服者。章宗时，礼官请参酌汉、唐，更制祭服，青衣朱裳，去貂蝉竖笔，以别于朝服。惟公朝则又有紫、绯、绿三等之服，与夫窄紫、展皂等事，悉著于篇云"。并提出舆服制度的运用场合——"以祀、以封、以田、以戎"，就是说，在重大礼仪场合，车旗服御要等级分明、形象整肃。由此可见，入主中原的游牧民族统治者，也认识到了舆服制度对维持朝廷稳定的重要性。

1.《辽史·仪卫志》中的衣服与玉饰

辽代是契丹人占统治地位的政权，五代时辽太宗得后晋的北方十六州而拥有长城内外属地，历时218年。契丹本没有衣冠制度，中华人民共和国成立后，依据契丹传统民族服饰，并吸收中原汉族服饰特色，建立了辽代独有的"一国两制"服饰制度。官分

南、北，南官以汉制治汉人，穿汉服，北官以契丹制治契丹人，穿契丹服，后来三品以上北官行大礼也穿汉服。常服则皇帝及南官穿汉服，皇后及北官穿契丹服。契丹国服分祭服、朝服、公服、常服、田猎服、吊服、素服；汉服分祭服、朝服、公服、常服。

（1）国服中的玉饰

祭服。辽国以祭山为大礼，服饰尤盛，穿祭服。其中，大祀时，皇帝头戴金冠，穿白绫袍绣金纹饰，腰上佩戴犀玉刀错。"大祀，皇帝服金文金冠，白绫袍，红带，悬鱼，三山红垂。饰犀玉刀错，络缝乌靴"。犀玉刀错是一种刀鞘饰错金纹、刀柄饰有犀角和玉石的小型佩刀。在小祀时，皇后服装要戴玉佩（图一）。"小祀，皇帝硬帽，红缬丝龟文袍。皇后戴红帕，服络缝红袍，悬玉佩，双同心帕，络缝乌靴"。

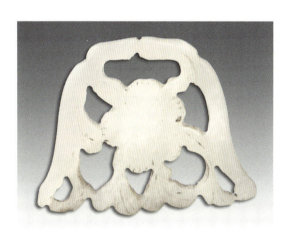

图一 辽代，梅花形玉佩
长3.1厘米，宽3.98厘米，厚0.38-0.42厘米
齐齐哈尔市博物馆藏

朝服。皇帝朝服为实里薛衮冠，"络缝红袍，垂饰犀玉带错"。臣僚朝服叫"盘紫"，为紫窄袍，"臣僚戴毡冠，金花为饰，或加珠玉翠毛。……服紫窄袍，系䪁鞢带，以黄红色条裹革为之，用金玉、水晶、靛石缀饰，谓之'盘紫'"。

公服。公服称为"展裹"，紫色。"皇帝紫皂幅巾，紫窄袍，玉束带，或衣红袄；臣僚亦幅巾，紫衣"。

《辽史·仪卫志》中，对常服、田猎服、

吊服、素服的著述中，未见玉饰。

（2）汉服中的玉饰

"黄帝始制冕冠章服，后王以祀以祭以享……厥后唐以冕冠、青衣为祭服，通天、绛袍为朝服，平巾帻、袍襕为常服。"

祭服。"衮冕，金饰，垂白珠十二旒，以组为缨，色如其绶，黈纩充耳，玉簪导。"

朝服。"皇帝通天冠，……冠加金博山，附蝉十二，首施珠翠。黑介帻，发缨翠緌，玉若犀簪导。……若未加元服，则双童髻，空顶，黑介帻，双玉导，加宝饰""册皇太子仪，皇太子冠远游，服绛纱袍""未冠，则双童髻，空顶，黑巾帻，双玉导，加宝饰"。

常服。"五品以上，幞头，亦曰折上巾，紫袍，牙笏，金玉带。"

2.《金史·舆服志》中的衣服与玉饰

自从女真人进入燕地，开始模仿辽国分南、北官制，注重服饰礼仪制度。后进入黄河流域，就吸收宋代冠服制度。皇帝冕服、通天冠、绛纱袍，皇太子远游冠，百官朝服、冠服，包括貂蝉笼巾、七梁冠、六梁冠、四梁冠、三梁冠、监察御史獬豸冠，大体与宋制相同。公服五品以上服紫、六品七品服绯、八品九品服绿，款式为盘领横襕袍。文官佩金银鱼袋。

金史《舆服志》对天子衮冕、视朝之服、皇后冠服、皇太子冠服、宗室外戚及一品命妇服、臣下朝服、祭服、公服作了如下著述。

（1）衮冕

金代皇帝衮冕，在大祭祀、加尊号、受册宝时穿着。行幸、斋戒出宫或御正殿，则服通天冠、绛纱袍。

"冕制。……青碧线织造天河带一，长一丈二尺，阔二寸，两头各有真珠金碧旒三节，玉滴子节花。红线组带二，上有真珠金翠旒，玉滴子节花，下有金铎子二。……内

组带钿窠四并玉镂尘碾造。玉簪一，顶方二寸，道长一尺二寸，簪顶刻镂尘云龙"。

"衮。小绶三色，同大绶，销金黄罗绶头，上间施三玉环，皆刻云龙。……红罗勒帛一，青罗抹带一。玉佩二，白玉上中下璜各一，半月各二，皆刻云龙，玉滴子各二，皆以真珠穿制。……凉带一，红罗裹，缕金，上有玉鹅七，鉈尾束各一，金攀龙口，以玳瑁板衬钉脚。舄，重底、红罗面，白绫托里，如意头，销金黄罗缘口，玉鼻仁饰以珠。袜用绯罗加绵"。

（2）皇后冠服

袆衣，是皇后礼服之一。"深青罗织成翚翟之形，素质，……小绶三色同大绶，间七宝钿窠，施三玉环，上碾云龙。……玉佩二朵，每朵上中下璜各一，半月坠子各二，并玉碾。……舄，以青罗制，白绫里，如意头，明金、黄罗准上用，玉鼻仁真珠装，缀綦带。袜，青罗表里，缀綦带。"

"犀冠，减拨花样，缕金装造，上有玉簪一，下有玳瑁盘一。"

（3）皇太子冠服

"冕用白珠九旒，……衮，青衣朱裳，……瑜玉双佩，四采织成大绶，间施玉环三。"

"太子入朝起居及与舆宴，则朝服，紫

图二　金代，鱼形玉佩

长6.12厘米，宽3.69厘米
上厚0.51厘米，下厚0.35厘米，孔径0.12厘米
黑龙江省绥滨县奥里米金代石椁墓出土，绥滨县文物管理所藏

袍、玉带、双鱼袋。其视事及见师少宾客，则服小帽、皂衫、玉束带。"

（4）臣下朝服

"凡导驾及行大礼，文武百官皆服之。正一品……天下乐晕锦玉环绶一；……玉珠佩二，……正二品，绯罗大袖，杂花晕锦玉环绶……"

（5）公服

"带制，皇太子玉带，佩玉双鱼袋。亲王玉带，佩玉鱼。一品玉带，佩金鱼。二品笏头毬文金带，佩金鱼。三品、四品荔枝或御仙花金带，并佩金鱼。五品，服紫者红鞓

乌犀带，佩金鱼，服绯者红鞓乌犀带，佩银鱼，服绿者并皂鞓乌犀带。"（图二）

（6）常服

"带，巾，盘领衣，乌皮靴。其束带曰吐鹘。……吐鹘，玉为上，金次之，犀象骨角又次之。鹗周鞓，小者间置于前，大者施于后，左右有双鉈尾，纳方束中，其刻琢多如春水秋山之饰。"（图三）

（7）老人服

"年老者以皂纱笼髻如巾状，散缀玉钿于上，谓之玉逍遥。此皆辽服也，金亦袭之。"（图四）

图三　金代至元代，青白玉俏色荷叶鸳鸯饰件
直径2.6厘米、厚1厘米
北京艺术博物馆藏

图四 金代，玉逍遥

高6厘米，宽8.2厘米，厚0.6厘米
北京房山区长沟峪金代石椁墓出土，首都博物馆藏

三 《元史·舆服志》中玉饰与服装的搭配

元代宫廷服饰既有蒙古族游牧文化特点，同时也受到中原传统服饰制度的影响。《元史·舆服志》记："元初立国，庶事草创，冠服车舆，并从旧俗。世祖混一天下，近取金、宋，远法汉、唐。至英宗亲祀太庙，复置卤簿。今考之当时，上而天子之冕服，皇太子冠服，天子之质孙，天子之五辂与腰舆、象轿，以及仪卫队仗，下而百官祭服、朝服，与百官之质孙，以及于士庶人之服色，粲然其有章，秩然其有序。大抵参酌古今，随时损益，兼存国制，用备仪文。于是朝廷之盛，宗庙之美，百官之富，有以成一代之制作矣。"

《元史·舆服志》记："弁师掌王之五冕，巾车掌王之五辂。"弁师职同"司服"，亦属周制，这说明，元代服饰制度中，有着严格的职官职务。

1. 冕服

元代皇帝的冕服有衮冕、衮龙服、裳、中单。元代初期衮冕规定："衮冕，制以漆纱，上覆曰綖，青表朱里。綖之四周，匝以云龙。冠之口围，萦以珍珠。綖之前后，旒各十二，以珍珠为之。綖之左右，系黈纩二，系以玄纮，承以玉瑱，纩色黄，络以珠。冠之周围，珠云龙网结，通翠柳调珠。綖上横天河带一，左右至地。珠钿窠网结，翠柳朱丝组二，属诸笄，为璎珞，以翠柳调珠。簪以玉为之，横贯于冠。"

"玉佩，珩一、琚一、瑀一、冲牙一、璜二。冲牙以系璜，珩下有银兽面，涂以黄金，双璜夹之。次又有衡，下有冲牙。傍别施双的以鸣，用玉""玉环绶，制以纳石失（金锦也）。上有三小玉环，下有青丝织网"（图五）。

至元十二年（1275年）拟冕服，"右按《太常集礼》，至元十二年十一月，博士议拟：冕天版长一尺六寸，广八寸，前高八寸五分，后高九寸五分，身围一尺八寸三分，并纳言，用青罗为表，红罗为里，周回缘以黄金。天版下四面，珠网结子，花素坠子，前后共二十有四旒，以珍珠为之。青碧线织天河带，两头各有珍珠金翠旒三节，玉滴子

八二

和

国

从辽金元《舆服志》看玉饰与服装的搭配

图五　元代，扭丝纹玉环

直径3.72厘米，孔径2.3厘米，厚0.74厘米
安徽省安庆市棋盘山元代尚书右丞荅文虎夫妇合葬墓出土
安徽省博物院藏

节花全。红线组带二，上有珍珠金翠旒，玉滴子，下有金铎二。梅红绣款幔带一，銙纩二，珍珠垂系，上用金尊子二。簪窠款幔组带钿窠各二，内组带窠四，并镂玉为之。玉簪一，顶面镂云龙。……小绶三，色同大绶，销金黄罗绶头全，上间施三玉环，并碾云龙。绯白大带一，销金黄（罗）带头，钿窠二十有四。红罗勒帛一，青罗抹带一。佩二玉，上、中、下璜各一，半月各二，并碾玉为云龙文。玉滴子各二，并珍珠穿造。金篦钩，兽面，水叶环钉全。凉带一，红罗里，镂金为之；上为玉鹅七，挞尾束各一，金攀龙口，玳瑁衬钉。舄一，重底，红罗面，白绫托里，如意头，销金黄罗缘口，玉鼻，人纯饰以珍珠。金绯罗锦袜一两"（图六、七）。

2．皇太子冠服

"衮冕，玄衣，纁裳，中单，蔽膝，玉佩，大绶，朱袜，赤舄。按《太常集礼》，至元十二年，博士拟衮冕制，……瑜玉双佩，四采织成大绶，间施玉环三……"

3．三献官及司徒、大礼使祭服

"笼巾貂蝉冠五，青罗服五，领、袖、襕俱用皂绫。红罗裙五，皂绫为襕。红罗蔽膝五，其罗花样俱系牡丹。白纱中单五，黄绫带。红组金绶绅五，红组金译语曰纳石失，各佩玉环二。象笏五，银束带五，玉佩五，白罗方心曲领五，赤革履五对，白绫袜五对。"

图六　元代，青玉双螭衔灵芝纹饰件

长8.2厘米，宽6厘米，厚1.4厘米
北京艺术博物馆藏

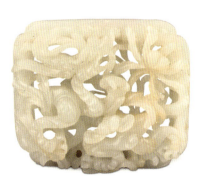

图七　元代，白玉镂雕龙纹带饰

长5.8厘米，宽4.7厘米，厚1.5厘米
北京艺术博物馆藏

4. 社稷祭服

在社稷祭服里，《舆服志》提到的玉饰有"红织锦玉环绶绅四""玉珩璜者四"。

元成宗大德六年（1302年）春三月，祭天于丽正门外丙地，命献官以下诸执事，各具公服行礼。其中对曲阜祭服、百官公服订立了制度。"曲阜祭服，连蝉冠四十有三，七梁冠三，五梁冠三十有六，三梁冠……象牙笏七，木笏三十有八，玉佩七，凡十有四系……大红金绶结带七，上用玉环十有四。青罗大袖夹衣七，紫罗公服二，褐罗大袖衣三十有六，白罗衫四十，白绢中单三十有六，白纱中单七，大红罗夹蔽膝七，大红夹裳、绯红罗夹蔽膝三十有六，绯红夹裳四，黄罗夹裳三十有六，黄罗大带七，白罗方心曲领七，红罗绶带七，黄绢大带三十有六，皂靴、白羊毳袜各四十有二对，大红罗鞋七辆，白绢夹袜四十有三辆。""公服，制以罗，大袖，盘领，俱右衽。一品紫，大独科花，径五寸。二品小独科花，径三寸。三品散答花，径二寸，无枝叶。四品、五品小杂花，径一寸五分。六品、七品绯罗小杂花，径一寸。八品、九品绿罗，无文。""幞头，漆纱为之，展其角。""笏，制以牙，上圆下方。

或以银杏木为之。""偏带，正从一品以玉，或花，或素。二品以花犀。三品、四品以黄金为荔枝。五品以下以乌犀。并八胯，鞓用朱革。靴，以皂皮为之。"（图八）

仁宗延祐元年（1314年），定服色等第，其中对玉饰的订立："命妇衣服，一品至三品服浑金，四品、五品服金褡子，六品以下惟服销金，并金纱褡子。首饰，一品至三品许用金珠宝玉，四品、五品用金玉珍珠，六品以下用金，惟耳环用珠玉。同籍不限亲疏，期亲虽别籍，并出嫁同。"

元代对于庶人的服饰在式样、质地、颜色方面要求颇多，"庶人，除不得服赭黄，惟许服暗花紵丝绸绫罗毛毳，帽笠不许饰用金玉，靴不得裁制花样。首饰许用翠花，并金钗錍各一事，惟耳环用金珠碧甸，余并用银"。而各种艺人的服饰与庶人相同，"诸艺人等服用，与庶人同"，不过演出时装扮的角色服饰不受身份限制。"凡承应装扮之物，不拘上例。"

四 结语

辽、金、元《舆服志》既沿用了前朝汉人制度，也融入了本民族的传统。

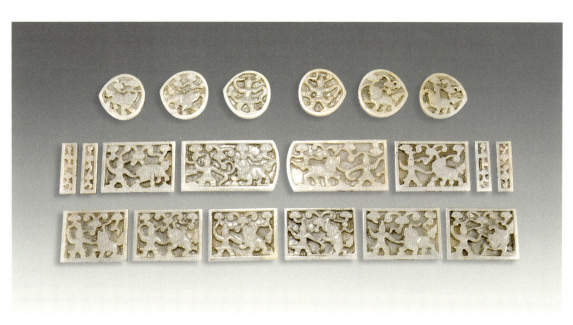

图八 元代带饰

长1.5～9.8厘米，宽4.8～5厘米
北京市海淀区魏公村社会主义学院工地出土，首都博物馆藏

辽代皇帝在大祀时，头戴金冠，身穿白绫袍绣金纹饰，腰佩犀玉刀错。皇后在小祀时，头戴红帕，穿红袍，戴玉佩。皇帝朝服着红袍，垂饰犀玉带错；臣僚朝服毡冠，用金花或珠玉翠毛装饰。皇帝公服戴紫皂幅巾，穿紫窄袍，束玉带，或穿红袄。

金代皇帝冕服，与辽、宋相比，玉饰增加了纹样、镂雕，如玉滴子节花、内组带钿窠四并玉镂尘碾造、玉簪顶刻镂尘云龙纹。衮服中的玉环、玉佩、璜、半月，皆刻云龙，凉带上装饰七只玉鹅。皇后礼服上的玉环、玉佩、璜、半月、坠子刻有花纹。金代还继承了唐宋官员的随身佩鱼制度，并建立起女真人的佩鱼特色。皇太子玉带佩玉双鱼袋；亲王玉带佩玉鱼；一品玉带佩金鱼；二品笏头毬文金带佩金鱼；三品、四品荔枝或御仙花金带并佩金鱼；五品服紫者红鞓乌犀带佩金鱼；服绯者红鞓乌犀带佩银鱼；服绿者并皂鞓乌犀带。

元代天子冕服、太子冠服、祭服、百官公服等，形制都基本依宋金之制厘定，不同之处是，元代饰玉用量胜于前朝。如皇太子冠服，宋代"四采织成大绶，结二玉环"，元代"四采织成大绶，间施玉环三"；命妇首饰，宋代未提及用玉，元代"一品至三品许用金珠宝玉，四品、五品用金玉珍珠，六品以下用金，惟耳环用珠玉"。在元代，玉带既是别等级的饰物，也是皇帝赏赐臣僚的物品，受赐者以此为荣。如顺帝时期，"帝察其真诚，虚己以听。特赐只孙燕服九袭及玉带、楮币，以旌其言"。

辽、金、元本是游牧民族，生活简朴，生产力低下；在其对外扩张中，对异族有屠城的惯例，唯独对待工匠刀下留人。身怀绝技的工匠是他们对外扩张掳掠的主要战利品，日后服务于宫廷。这一时期皇室、官员的玉饰与服装搭配，充满了浓厚的游牧民族生活气息。

参考文献

［1］（清）董浩等：《全唐文》，北京：中华书局，1983 年。

［2］（元）脱脱等：《金史》，北京：中华书局，1975 年。

［3］（元）脱脱等：《辽史》，北京：中华书局，1974 年。

［4］（明）宋濂等：《元史》，北京：中华书局，1976 年。

［5］华梅：《中国历代〈舆服志〉研究》，北京：商务印书馆，2015 年。

［6］黄能馥、陈娟娟：《中华历代服饰艺术》，北京：中国旅游出版社，1999 年。

从辽金元《舆服志》看玉饰与服装的搭配

颐和园琴条福寿方修复与研究

高晓菩　刘铁力

颐和园建筑殿宇内装饰丰富多彩，园藏内檐装饰书画作品，可分为书法、绘画两大类。形式包含内檐匾额、贴落、隔扇、斗方、春条、琴条等。这些内檐装饰的书写与绘画题材多为福寿等吉祥寓意，体现出晚清时期宫廷殿宇内檐装饰的特色和时代风格。

清宫陈设档、清宫内务府造办处活计档中经常出现的"字条""字对""字斗""画斗""画条"等，这些书画装饰在颐和园的内檐中都有安置，现在我们修复和记录时，通常称"字斗"为福寿方、"画条"为琴条。颐和园现存福寿方22件、琴条37件。这些纸绢类书画文物的作者主要包括乾隆、慈禧、王公大臣、宫廷画师等，题材丰富多样，整体上有较高的艺术性和严谨的文风。晚清时期的这些作品是在朝政衰落的情况下，在慈禧修建颐和园的历史背景中产生，具有皇家装饰特色，才使这类书画作品得以保存至今。这类琴条、福寿方通常是裱糊在

尺寸大小不同的木框之上，保留有宫苑装裱样式风格和历史信息。本文以修复（管念慈、刘玉璋、黄际明、梁世恩）绢本设色琴条和慈禧书绢本福寿方为例，探讨晚清内檐装饰性琴条、福寿方修复的相关问题和修复方法，使之成为琴条、福寿方的研习和修复的参考。此次修复遵循传统的装裱方法和样式重新复原，成为今后修复此类文物的范例和借鉴，同时为后人保存了历史信息。

一　概述

古代装裱绘画形式大约分为立轴、手卷、册页、对联等。其中，琴条、春条、福寿方可以说是对联的衍生品。琴条是指宫苑中外形小巧、纵幅长方形、悬挂于殿宇内檐隔间竖长空白空间处的绘画，因为形状似中国古琴而得名，好似古琴悬挂于殿宇边隅之处，增加殿宇内文雅之趣。颐和园的琴条多悬挂于玉澜堂、排云殿、宜芸馆等殿宇边隅间隔之处。福寿方来源于民间，过年喜庆时候常贴在门上墙上。皇宫里的福寿方，由帝后亲自书写，或由文臣代笔书写后，赏赐给王公大臣。一般在每年初一会举办隆重的赐福仪式，也是帝后拉拢王公大臣以示恩宠的施政手段。颐和园殿宇内装饰的福寿方，或是代笔文臣（屈兆麟）书写，或可能是慈禧太后亲自书写，这类福和寿字通常书写在绘有龙纹的绢或撒金红纸上（图一～六）。

二　文物基本信息

1. 清光绪管念慈绘山水琴条　绢本设色

管念慈（？—1909年），字劬安，阳湖（今江苏武进）人，号横山樵客，光绪朝中期召入如意馆，奉旨改号莲盦，光绪称之为"横山先生"，清代苏州画师。性澹泊，喜横山泉石花竹之胜，亦善篆刻，光绪帝有不少印章出自他手。尤精于人物、山水、花

鸟画，笔法工细，设色艳丽，以画艺频频称旨深得慈禧的赏识，曾任如意馆馆长。这幅山水琴条，为绢本设色。画法为浅绛山水，墨色山水勾勒皴染的基础上，以赭石为主色调的淡彩着色。有三处小的开裂，局部有虫蛀，少量绢丝丢失，表面尘土较多。淡雅蓝绿色包框，压边。压条褪色。原悬挂于排云殿前殿东间向南。

一	二	三	四
五		六	

图一　黄际明绘花卉琴条修复前

图二　管念慈绘设色山水琴条修复前

图三　梁世恩绘花卉琴条修复前

图四　刘玉璋绘兰草琴条修复前

图五　福方修复前

图六　寿方修复前

2.清光绪梁世恩绘花卉琴条 绢本设色

梁世恩(生卒年不详),光绪朝中期因其父梁德润的关系入值如意馆,曾为如意馆的掌管,擅绘人物、花鸟。此幅画画面居中,牡丹简洁大气,枝叶小巧。画面有横断裂,下方有少量边角丢失,花瓣白粉基本丢失,绢丝丢失较多,虫蛀,画面尘土较多。淡雅蓝绿色包边,压条。悬挂于排云殿东里间北。

3.清光绪黄际明绘花卉琴条 绢本设色

黄际明(生卒年不详),晚清宫廷画师,曾担任清宫如意馆领班,人物、花卉、动物、山水等技法全面,画技精益。代表作有《仿朗世宁爱乌罕四骏图》轴、与李廷梁合绘《小犬图》轴等。此幅作品所绘牡丹枝叶舒展,花朵淡雅,用粉较厚铺满画面,花瓣上白粉基本脱落,画面有小洞,绢丝丢失较多,有尘土。淡雅蓝绿色包边,压条。

4.清光绪刘玉璋绘兰草琴条 绢本设色

刘玉璋(生卒年不详),晚清如意馆画师,曾与梁世恩、于桢培、刘世林、王继明等人于光绪三十四年正月十六日到同年的四月中旬在西苑内画凤凰。这幅兰草琴条淡雅幽静,好似悬于山崖之上,虽脱色严重,但在残存的画意中仍然可以看出枝叶与根茎有半工笔半写意的画风。画面三处大开裂卷翘,最长处10~20厘米,少量绢丝丢失,有虫蛀、尘土覆盖画面。淡雅蓝绿色包边,压条。悬挂于乐寿堂西。

5.清人书绢本福、寿字斗方(代笔人屈兆麟)

屈兆麟(1866—1937年),字仁甫,家居北京,少年时拜清廷画师张乐斋为师,学习工笔画,因刻苦学习,青年时绘画技艺已颇具功底。光绪十年(1884年)十八岁时,经张乐斋向内务府推荐,进清宫造办处如意馆承差,做画工。擅长工笔花鸟,后升至如意馆"司匠长",成为如意馆最后一任馆长。承差时有自己独特的差使,一是仿郎世宁的画,二是慈禧太后的代笔。在慈禧太后赠予他人的画中,带有松、鹤、灵芝内容的画大部分是由屈兆麟代笔。清王朝结束后流入社会,靠卖画为生,成为职业画家。两幅字是书写在绘有龙穿云纹的红色绢上,寿字的载体上所绘的龙纹,大气磅礴,龙头憨厚,云纹舒展,绢丝稀疏,有清光绪早期的龙纹绘制风格。福字,龙纹鳞片呆板,龙头细瘦无神,绢丝密实,呈现出清光绪晚期国运衰败的气运。大红纸包边,黑墨题字,经过裱糊后,贴在面积与画心相同的木框之上。两件作品为典型的清代馆阁体,字迹圆润、乌黑、方正。悬挂在室内,随时可看吉祥喜庆,抬头见喜。福字因为木框变形画心从中间断开,边角有绢丝丢失和虫蛀。载体红色绢上绘制的龙穿云纹图案中,白粉突出,有修复过的痕迹,白粉遇水后脱落严重。寿字载体红色画绢上描绘的龙纹脱色严重,墨迹呈现龟裂纹,应该是以前墨中胶质成分过多。绢面四角有少量丢失、虫蛀。这组福寿方曾悬挂于宜芸馆明间面南(图七、八)。

三 修复方案及操作过程

1.琴条修复方案

四件琴条尺寸、质地、功能、风格相似,所以修复方案相同:(1)拍照留好现状;(2)测量画心压边,查看背纸处有无文字信息;(3)确定有无修复痕迹;(4)毛刷除尘加莜面吸附着物;(5)找出装裱顺序;(6)清洗拆卸,并将拆卸下的各种材料记录包好存放待用;(7)按照常规方案清洗、揭裱、托纸上墙;(8)木框用花椒水清洗防蛀;(9)按照原件装裱顺序装好;(10)覆背纸保留原件晚清大黄纸及文字。

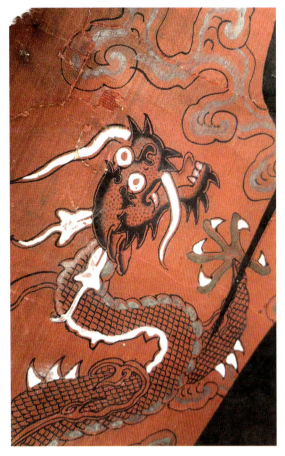

图七 寿字载体上光绪早期龙纹风格   图八 福字载体上光绪晚期龙纹风格

2. 琴条修复操作过程

（1）拍照记录文物的初始信息，测量原装裱的尺寸并记录。（2）用软毛刷除尘，如果有渗透在绢丝里的污渍可用莜面团滚动清洁。鸟粪、虫屎可用马蹄刀、针锥剔除。（3）除尘后用温水润湿琴条四边及背纸，大约两小时左右卸下画心、背纸。（4）将质地接近原状文物画心及装裱材料的绫绢、纸张托染上墙挣平，便于裁剪。（5）清洗揭去画心上的装裱材料，将染好的补绢与画心的接口处用马蹄刀刮出斜坡，补绢对好经纬线，边缘抹糨糊，托颜色与画心相似的宣纸。（6）木框后的覆背纸清洗时呈现出墨字，上面记录了裱件悬挂的殿堂位置。揭去覆盖在原来裱件上的高丽纸，晚清特有的大黄色再加工纸就呈现出来。这种加工纸通常用做颐和园各类木框悬挂书画的覆背用纸，有防蛀、防霉的作用。清洗后托裱上宣纸、高丽纸各一层（图九、十）。

图九 背纸修复前原貌   图十 润湿后显示文字

（7）花椒水清洗木框。再次检查有无历史信息，如果有破碎的纸绢碎片，能够取下来的尽量保留，作为附件同文物一起存放。矫正木框，花椒水清洗后压实定型。（8）装裱琴条。按照原物顺序先绢条包框，上背纸，干后用马蹄刀剔除四边废料。注意签条上、下位置要准确（图十一）。

图十一　琴条修复好的正反面效果图

3. 福寿方修复方案

（1）拍照保留原状及各种信息。（2）测量画心及边框尺寸。（3）观察字体有无脱墨及载体上的纹饰现状。（4）根据现状进行加固。（5）除尘。（6）福寿方都修复过，脱色严重需要固色。（7）冷水清洗、揭裱、覆背、上墙、装裱。（8）保留不能回用的原物残件制作成附件同修复文物一同保留存放。

4. 福寿方修复操作过程

（1）拍照记录文物原状信息。（2）测试每处书写绘画过的地方有没有掉色、脱胶、起层。（3）加固凸起的白粉及防止跑墨。福寿方的寿字载体上绘制用的白粉遇水脱落，用2%—5%的骨胶加固2—3次。黑墨有大面积龟裂纹，清洗前敷化纤纸保护。边缘起层，糨糊水固定，防止纸绢分离。（4）卸掉画心，红色纸绢不宜用热水，会跑色。所以用冷水润湿画心四边。两小时后卸下画心、背纸、边框包纸，平放收好。（5）清洗

光绪晚期福字

保留残缺签条

光绪早期寿字

保留残缺签条

图十二　修复好的福寿方

时注意，福寿方使用的再加工红绢以及红纸都会掉色，所以在清洗这类文物时应使用凉水，而且水不易过大，否则会冲洗掉绢上绘有的纹饰涂料，更会让红色纸绢掉色、丢失鲜艳明亮的色彩。（6）揭去托纸。（7）补洞，注意洞口要剔出斜口。（8）托裱时用与画心相近的红纸最好。（9）福寿二字都有修补痕迹，木框后背纸也替换过，只留下原件上有文字记录的一块纸片，为了保留文物的原有信息，我们对这块有文字记录的纸张进行保留。加图补画心，对纤维。（10）花椒水清洗木框，修理变形木框，重物压实。（11）托裱、方裁背纸、压条，将有文字记录的原件托在背纸上。（12）按照原物顺序装裱福寿方。红纸包边、上背纸，最后上画心（图十二）。

四　修复过程中的新发现

第一，修复时发现琴条、福寿方有一些是原工原材料没有修复过，也有在新中国成立初和20世纪八九十年代修复过的，被修复过的情况有两种：一种是将旧裱件全部拆除换上当时的材料；另一种运用比较多，不拆原材料，拆下画心直接在画心后补两层纸，背纸如果有破口也直接刷纸覆盖，而木框也是用新材料盖住旧的破损的材料。如果是第一种方法我们就无法找到历史信息，如果是第二种，我们在修复时还可以发现原件和原材料，并且将这些代表当时艺术审美特色的材料或拼接还原，或保存为每件作品的附件，和文物一同保留存放，作为参考和范本供大家研究。

第二，福寿方修复时发现所有的包边框红纸都是托好一层宣纸才使用的，因此，我们在以后修复时也应延续前人的方式。

琴条材料保留与运用也是笔者本次与大家探讨和研究的重点之一。在修复纸绢文物时，以往修复师们只注重画心与绫绢的复原，但是，笔者发现在颐和园晚清的琴条、

福寿方、寿条、匾额等这类有框文物中，它们最初使用的原材料背纸统一是当时的再加工纸、大黄纸，将大黄纸用于木框后当背纸，有防蛀防霉的作用。修复工匠有的保留签条部分，有的在上面覆一层高丽纸，只有一批没有修复过的还有历史原貌可寻。本次修复去掉大黄纸上面的覆盖物、托裱好后重新使用。原始纸张纤维已失去拉伸力度，但是用一层宣纸加一层高丽纸托裱加固后，既保留了历史原貌，又加固了覆背纸张的承载力度。

第三，修复中在拆卸清洗木框时笔者发现了新的历史信息。琴条木框后出现上下两个铜槽眼儿，之前一直包在背纸里面，后来询问颐和园老木匠后得知：这种形式的铜槽，通常叫暗销子，分为上和下两个销眼，

一般悬挂销子的物品处会对应着固定在墙上的卡扣，销子分大小眼儿，小眼儿处向上将销眼对准卡扣一推，向下一拉就卡好固定了。我们在四件琴条的覆背纸处寻找到签条上面书写当时挂件的位置与殿堂的名称。如果殿堂墙面没有大的修整我们也许还能找到原来悬挂琴条的卡扣，并将琴条悬挂起来。由于背纸覆盖住了销子，后人在不知情的情况下，在木框上方钉上羊眼圈，方便悬挂（图十三～十五）。

福寿方悬挂与琴条不同，在木框后对角处有两个铜蛐蛐，使用绳子穿过铜蛐蛐挂在悬挂处的钉子上，调试绳子使福寿方找好平衡摆放端正即可。这些木框后的历史也是这次修复时发现的，也可为殿堂内檐悬挂文物的方式提供一些信息（图十六）。

图十三　暗销子（方向为上）　　　　图十四　暗销子（方向为下）　　　　图十五　羊眼圈

图十六　悬挂方式图

五　结语

颐和园殿堂内檐纸绢文物，是民间没有出现的一种宫苑装裱形式。其装裱形式通常只出现于皇家殿堂，不够大众，与其他社会上装裱形式存在很大差异，通常在故宫、颐和园、避暑山庄、沈阳故宫等皇家内檐装饰书画中使用。宫苑式内檐装饰书画的系统修复比较少见。笔者就此次修复颐和园内檐纸绢书画琴条、福寿方过程中发现的问题和解决方法得出以下结论：

第一，宫苑纸绢书画文物修复，除了修复画心，其余的带有历史文化信息的装饰装裱材料都要有附件，并作文字说明。

第二，能够拼接、复原的装裱材料，可以按照纹饰拼接，局部使用。

第三，悬挂书画的木框后面覆背纸，应该保留原物原材料。将晚清覆背大黄纸尽量揭裱干净，托裱后仍作背纸使用。

第四，发现琴条木框后的暗销子、福寿方木框后的铜蛐蛐的作用及使用悬挂方法。

总之，笔者此次修复就是想将这种宫苑特色的装裱及修复方法和大家分享，并为此类文物的修复提供方法和借鉴。

参考文献

［1］李湜：《同治、光绪朝如意馆》，《故宫博物院院刊》，2005 年第 6 期。
［2］《清宫内务府造办处活字计档》胶片，光绪十六、十八年，中国第一历史档案馆藏。
［3］《清宫内务府造办处活字计档》胶片，光绪十九、二十三年，中国第一历史档案馆藏。
［4］颐和园管理处：《颐和园志》，北京：中国林业出版社，2006 年。

『园说Ⅳ——这片山水这片园』策展回顾与解析

隗丽佳　张利芳

2022年9月28日，由北京市公园管理中心主办、颐和园承办的"园说Ⅳ——这片山水这片园"展览在颐和园博物馆成功举办（图一）。本展览甄选展品171件/套，首次以文物为载体，系统讲述以三山五园为核心的古典园林集群在选址、营建、造园艺术、历史功能及保护发展等方面的内容。展览从策划到实施，历时252天，设置了专门的组织、人员和工作机制，通过了系统的研究、设计及多方面、多环节的协作过程。

一　展览缘起与目标

"园说"展览是在市领导的关心指导下，由北京市公园管理中心主办并推出的系列精品文物专题展览。自2019年以来，已如期举办了三期："园说——北京古典名园文物展"（2019）、"园说Ⅱ——颐和园建园270周年文物特展"（2020）和"园说Ⅲ——文物中的福寿文化与艺术特展"（2021）。这些展览是对习总书记"让文物活起来""让文物和历史说话"指示精神的贯彻落实，也

图一　"园说Ⅳ"展览海报

是园林文物工作者"以文物诉说园林""以园林讲述优秀传统文化"的初衷。2022年，正值三山五园国家文物保护利用示范区建设的关键之年，为展示以三山五园为核心的这片山水这片园的文化价值及其在当代的转化、创新与发展，特举办"园说Ⅳ——这片山水这片园"展览。

二 策展过程

展览是一个博物馆的"灵魂"。一个好的展览，是收藏、研究和阐释能力的一种综合体现；而一个好的策展团队，则是能把学术的内容合理转化、重构解析成好玩、好看、长知识的展陈空间，让公众在博物馆的学习环境中，深入思考、激发灵感、获得启迪、转变态度。

1. 研究与选定展览主题

展览主题，是展览的中心思想，是展览要传达和展示的核心要义。展览主题需通过多元化的策展视角去思考、探讨、论证和确定。它需要考虑各种因素、提出多种设想，以便从中选定最佳的方案，确定最适宜的选题。

"园说Ⅳ"作为颐和园博物馆的临时展览，其主题选择既要与本馆的性质、任务相适应，突出藏品特色、行业特性和区域特点，更要聚焦当下社会热点、满足社会发展需求，突显园林价值、文化内涵和人文印记，实现"在园林说、说园林事、让园林说"的初衷。策展团队自2021年10月底就着手准备展览选题策划工作，基于固有展品的研究及近些年一直想做三山五园文物展的展览规划，策展团队梳理了相关研究成果，并进行了研讨、吸收、概括和提炼。2021年11、12月，先后向上级单位汇报了"金声玉振"和"三山五园"两个选题的构思、大纲框架及展品情况。立足于三山五园国家文物保护利用示范区建设的大背景，综合考虑策展成

熟度、操作可行性、展期、规模与场地等因素，最终确定了"这片山水这片园"的展览主题。选题理由如下。

（1）中心辖属单位颐和园、香山公园、国家植物园（北园）位于三山五园区域范围内，拥有"两山（万寿山、香山）两园（颐和园、静宜园）"的文化遗产资源优势，具有一定的研究基础。

（2）以"三山五园"为核心的山水园林，是北京城市建置的重要组成部分，以此为选题，可展示传播园林之于城市的重要性，阐释园林丰厚的文化内涵。近年来有关"三山五园"主题展览多以图片展、数字展为主，个别以少量文物为支撑的展览，缺乏体系性、全面性。鉴于此，我们可依托品类丰富的文物资源，尝试从园林视角解读三山五园集群的历史、文化和遗产价值，让更多公众了解、关注文化遗产，传承弘扬优秀传统文化。

（3）2022年是颐和园博物馆挂牌成立两周年。为打造一流博物馆，深入推进颐和园博物馆建设，扩大其在文博领域的影响力，需策划推出具有较高品质及品牌效应的展览。

2. 拟定展览大纲结构、深化展览内容

从展览主题到形成展览大纲，是一个逐步完善的过程。展览选题确定后，还需深入研究文献资料，了解前沿学术动态，征询业内专家意见，拟定并反复推敲、修改大纲框架。

三山五园，集中国古典园林之大成，是一部浓缩的大清史。以往关于三山五园研究的史料、论著汗牛充栋，如何从庞杂的历史信息中梳理出一条展览脉络，并提取内容构建合理的展陈框架进行主题的诠释，是策展团队面临的首要问题，也是整个策展过程最难的环节。2022年1月至7月，整个策展团队共研读了数十本代表性著作、上百篇论文，定期组织研讨了数十次，调整了10轮大纲结构（表一）。期间，我们陷入几版大

纲内容优势与缺陷的取舍中。从结构上看，一类是从园林本身出发，讲述园林随时间推移而发生的变化，是关于园林集群宏大历史进程的总结与概括，各章节虽侧重不同的表达内容，但都是对园林文化内涵的挖掘和阐释；另一类则聚焦于人的活动，以"修身、齐家、治国、平天下"为主线，讲述园林中发生的一个个历史故事，由点及面，引发公众对园林承载功能的思考。从策展思路看，前者系统全面、历史纵深感强，主题深刻，后者角度新颖、代入感强、吸人眼球。之后，我们再次组织召开了专家论证会，听取了专家的意见、建议，将两版结构优化配置，以客观的态度、正确的政治立场，置身于展览的历史语境，最终确立了以时间序列为暗线，体现园林"自然环境—营建历程—造园成就—历史功能—保护发展"的内容框架（表二）。

考虑到博物馆展厅小而分散的空间特点，展览结构采用了时间顺序和并列顺序的结合，分为五部分（图二）：第一部分为山水毓秀，展示清代以前的山水环境及人文活动；第二部分为名园盛衰，讲述三山五园及周边赐园的营建历程；第三部分为移天缩

表一　10版展览大纲框架

大纲结构	第1版	第2版	第3版	第4版	第5版	第6版	第7版	第8版	第9版	第10版
第一单元	山水毓秀	山水毓秀	山水毓秀	山水毓秀	选址营建	生态人文园林建设浩劫复兴	五园话沧桑	五园迭兴	山水毓秀	山水毓秀
第二单元	五园筑兴	五园迭兴	五园迭兴	五园迭兴	山水养性	烟云供养（修身）	湖山存风雅	山水养性	五园迭兴	名园盛衰
第三单元	攸关国计	移天缩地	移天缩地	移天缩地	诗意栖居	和乐满堂（齐家）	园林尽平生	园林栖居	移天缩地	移天缩地
第四单元	劫尽新生	澄怀散志	澄怀散志	陈设琳琅	心系家国	勤政亲贤（治国）	山水勤文治	园居理政	修文崇武	园居理政
第五单元		攸关国计	攸关国计	攸关国计		尚武安民（平天下）	游园理军机		继往开来	古园新生
第六单元			继往开来							

表二　确定的展览大纲框架

	第一单元 山水毓秀	第二单元 名园盛衰	第三单元 移天缩地	第四单元 园居理政	第五单元 古园新生
单元设置	1.辽金元时期 2.明时期	1.园林兴造 2.两度劫难	1.一池三山 2.名胜写仿 3.宗教大观 4.玉殿华堂 5.中西合璧	1.捭阖内外 2.民族和睦 3.水利农桑 4.艺文起居	1.红色印记 2.保护利用
内容	优越自然环境	园林营建历程	造园艺术成就	多重历史功能	红色、保护与发展
时间线索	金元明	清			新中国成立前夕—现代

图二 展厅实景

地，概括三山五园的造园艺术成就；第四部分为园居理政，揭示这片山水园林承载的多元历史功能；第五部分为古园新生，展现新中国成立以来园林的规划与发展。同时，这五部分内容的设计也遵循一定的逻辑顺序，从园林的选址开始，逐步发展为营园、为园林活动、为保护规划，动态展示园林从无到有、由繁盛至衰落、之后获得新生的过程。这样，既避免了展览因学术性、全面性、系统性而产生的枯燥陈述，又解决了由专业学术成果向大众化、通俗化展览转化的实际问题。

展览框架确定后，就需进一步深化展览内容，撰写大纲文字。我们制定了大纲行文规范，从专业术语、纪年表示法、字体及字号、符号使用、前言、单元部题、文物说明、辅助展品说明等方面统一标准，力求简洁准确，通俗易懂。

3. 甄选文物

展览主题和大纲结构的确定，为我们挑选文物指明了方向。文物展的定位及用文物讲述园林文化的展览目标，让这个环节的工作显得尤为重要。颐和园作为现存三山五园中保藏文物数量最多的单位，我们积极发挥自身优势和主动性，与藏品保管部门开展业务交流，全面了解馆藏文物的现状，尽可能选择最能揭示主题的文物、与表现主题有关的文物及可起旁证作用的备用文物、资料品或复制品。

我们在研究现有文物资源的基础上，梳理大纲内容中难以用馆藏文物表现的薄弱环节和空白点：如第一单元体现辽金元明时期山水环境及在此建祠立庙的物证、史料，明代著名私家园林有关的器物、书画等；第二单元展示三山五园及赐园营建的图轴记卷等；第三单元反映名胜写仿的绘画、中西融合的建筑构件等；第四单元与园林功能密切相关的玺印、谕旨、兵符、西法仪器等。之后，利用全国各文物单位馆藏资源数据库、已发表刊物、图录等媒介，依据设定的展品

挑选标准，逐一遴选不同时代契合展览主题的具有艺术性、学术性和典型性的文物，划定借展范围。本次借展可以说是"从不确定中寻找确定"的过程，面对疫情起伏的态势，我们克服困难有序组织借展工作的洽商及协议的签订、展品的点交、运输、布展等工作事宜。

"园说Ⅳ"借展文物高达 67 件／套（含 50 件文物、13 件复制件和 4 件电子资料），约占展品总数的 40%，涉及京内外 15 家文博单位。展品选定后，对其进行了综合研究，将展品排列组合，成为一组组表达主题思想的群体。此次展览中，"山水毓秀"（辽金元时期）这一章节展品不理想，选定的文物具有一定的局限性，某一件或一类文物很难表现已设定的展览内容。为使观众更好地理解展览的意图及传达的历史信息，我们挑选了其中 4 件借展展品（辽代石碑、金代塔铭、元代石匾、高足杯）作为一组（图三），同时配以历史文献辅助解释，让观众一目了然，快速提取展览在"物"之上的文化信息。

4. 确定形式设计方案

展览的形式设计，是展览内容升华并转化为具体方案的创造过程，其主要任务就是准确、鲜明、生动地体现内容和主题思想。此展览作为颐和园博物馆的年度大展，设计内容包括博物馆空间布局、馆内外导览牌、展览主视觉、各单元海报、展厅平面布局、色彩应用、多媒体设置、展品定位、灯光效果、说明牌形式、参观游线、展览宣传册页等。为确保展览内容落地实施呈现"1+1>2"的妙笔生花之感，策展人员不厌其烦地给形式设计人员解析展览的结构、意图及配套的设计说明，只为将深刻的主题、抽象的内容、具象的园林要素通过独特的形式设计完美结合，呈现给公众一场集思想性、艺术性和观赏性为一体的展陈空间。

本展览空间的划分因地制宜。前言作为对整个展览内容的概括与总结，一般情况

图三　山水毓秀单元展品组合

下，多置于序厅。但在此展览中我们做了创新性的尝试，将前言与整个展览的主视觉设计合为一体（图四），安放于展厅空间组成的正院内，这样的设置不仅起到联结外部空间与展厅空间的过渡作用，同时，串联各个展厅，更加诠释了园林开阔舒朗的个性和包容世间万物的能力；我们的巧思还体现在色彩的运用上，五个单元从单元部题至展墙、展柜的色调均以绿色为主基调（图五），力求在设计元素中配合展品和单元内容不间断地浮现园林植物的绿、古建的绿、山水的绿和生态的绿，突显山水园林这一主题。此外，在单元部题的设计上也是十分考究，各单元部题分为四层：最底层为单元基础色的渐变，第二、三层则在一整块玻璃上分两层分别贴敷浅色山水和设色建筑，

图四　前言与展览主视觉设计

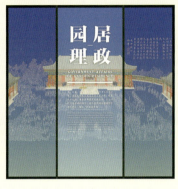

最外层用柔光效果渲染在单元部题及说明文字上。视觉效果上，使人仿佛置身于远山近景的园林画卷中，氛围感满满，身心惬意。概言之，以上手法都是在用形式设计化解空间问题，扬长避短。

　　为提升公众的观展体验，增强展览的感染力，策展团队还对重点展品《香山路程图》进行深入研究和再创作。从公众观展的需求出发，利用影像技术将古人线装书式的静态游览线路图转化为动态的、全景式的优美画卷（图六），以公众喜闻乐见的方式传递、延伸展览内容，让文物展变得更生动。

图六　《香山路程图》多媒体展示

三 展览亮点

1. 文物阐释名园

展览从园林的视角和逻辑，用文物来讲述这片园林的深厚文化内涵，策展思路独特而新颖。

2. 学术奠定基础

展览以学术研究为基础，以时空为轴线，梳理园林营建过程、造园艺术、功能定位，内涵挖掘全面，故事串联合理。

3. 展品异彩纷呈

展品共计171件/套，文物数量多、规格高、品类丰富、材质多样。其中，多件展品为首次展出。

4. 形式丰富多样

展览中，除运用图表、拓片、地图等辅助展品外，还运用数字化技术，以《香山路程图》为蓝本制作多媒体视频，打造沉浸式、漫游式的情境体验，以情感共鸣记忆，增强文化的传播力、吸引力、感染力，创新博物馆文化服务方式。

四 结语

"园说"系列展览的成功举办，凝结着各级领导、园林和文博专家的关怀和指导，得益于各文博单位的大力支持与协助，积淀了整个策展团队的智慧与心血。每一次策展，都是一次探索实践的经历，也是一次经验积累和能力提升的过程。未来，"园说"的故事还将继续，我们也将一如既往秉持以文物诉说园林，用园林阐释中华优秀传统文化的初心和情怀，凝聚科研的学术力量，激发文化的精神力量，用博物馆语言讲好中国故事。

参考文献

［1］王宏钧：《中国博物馆学基础》，上海：上海古籍出版社，2001年。

［2］高红清：《博物馆临时展览工作基础实务》，北京：北京燕山出版社，2015年。

［3］齐玫：《博物馆陈列展览内容策划与实施（修订版）》，北京：文物出版社，2015年。

颐和园西府海棠精细化养护管理

戴 培 李 洁 艾春晓

摘 要：根据2019年绿化普查数据，全园西府海棠共270株，分布在东宫门至北如意的主景区和耕织图、西区等区域，也有少量园中园点景种植。由于各景区的园林风格不同，故整形修剪方式也不同：宫廷古建区重短截，控制高度比例，保持树体与建筑之间的距离，延续古典皇家园林的意境；西部景区，修剪时要把控花枝的数量和树形的姿态、树与树之间的疏密。此外，本文还从水肥管理、病虫害治理、冬季防寒等方面总结了颐和园西府海棠的精细化的养护管理措施，以期能够为最终确定《颐和园绿化养护质量标准》提供依据。

关键词：西府海棠；整形修剪；病虫害；精细化养护

西府海棠（Malus micromalus Makino），蔷薇科苹果属，落叶灌木或小乔木，株高3～5米。树姿清丽雅秀，花色呈粉红色[1]，在颐和园一般3月底4月初开花，花期较长；适应性强，喜阳，稍耐阴，对土壤要求不严格，以疏松、富含腐殖质、排水良好的沙质壤土为宜，是观赏海棠中的精品。春季可以赏花，夏秋季观叶，冬季可以观赏到修剪后枝条的造型美（图一）。颐和园内栽植西府海棠的历史悠久，在慈禧寝殿乐寿堂院内，其与玉兰、牡丹、桂花相配置在一起，形成玉堂富贵的美好寓意。但由于西府海棠萌芽力和成枝力强，枝叶生长旺盛，内膛易紧密、不通透，放任其生长不仅有碍其观赏价值，更易导致病虫害蔓延，影响树体健康。所以，颐和园历来将西府海棠的科学养护视为一项十分重要的工作。因此从水肥管理、整形修剪、病虫害治理、冬季防寒等几方面入手，掌握西府海棠的精品化养护方法，对保持西府海棠健壮的树势和造就优美的树形，具有重要意义。

一 西府海棠的水肥管理

西府海棠生长情况的好坏离不开水肥管理。水、肥管理贯穿于植物生长的整个过程。如果西府海棠缺水、缺肥或水、肥供应过多，都会对其生长发育产生不利影响。对于西府海棠的养护进行科学合理的水、肥管理，既有利于植物的正常健壮生长，又有利于植株充分发挥观赏效果。

1. 浇水

西府海棠较耐干旱，但忌水涝。一般除早春及秋末注重浇足浇透，返青水3遍，封冻水1—2遍，其他季节不用着重浇水。但在夏季高温天气如遇连续干旱，适当的浇水是非常必要的。雨季前，要把春季开好的树堰进行回填。雨季时，要做好排水工作，以防雨天积水烂根导致植株死亡[2]。

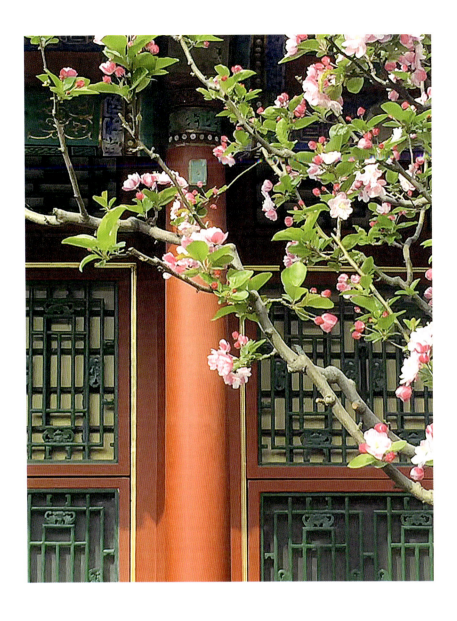

2. 施肥

基于西府海棠喜肥的特性，为了增加开花数量，提升花色，在生长期要施加足量的肥料，但要注重施加的比例[3]。花后追肥一次，施复合缓释颗粒肥，500—1500克一株，入冬前在10月中旬至下旬施麻酱渣颗粒，1000—1500克一株。施肥方法：穴施，于树冠投影外侧10厘米，均匀取点深埋，施埋深度宜低于地表10—15厘米。及时做好肥后的浇水工作，防止肥害发生。

二　西府海棠的整形修剪

随着近年来精细化养护的一步步完善，游客对观赏要求的提高，西府海棠的整形修剪成为一项重要工作。在此过程中，掌握正确的修剪方法，可养护出理想的主干和圆满、均匀、紧凑、牢固、优美的树形。整形修剪可以改善西府海棠的通风透光条件，减少病虫害，使植株健壮、树形优美、品质提高，从而达到最佳的观赏效果[4]。

1. 整形修剪的方式和特点

西府海棠应用最多的整形修剪方式为自然开心形，避免杯状形，多是采用领导干形。自然开心形的特点为树冠圆满，呈圆头形。因地制宜，先定干高，根据西府海棠的本身高度而定；再确定骨干枝，西府海棠一般有3—5个主枝，在主干上呈放射状斜生，主枝长粗后近于轮生，基角30°—45°。主枝截留长度40—60厘米,同级侧枝在同方向选留,侧枝多,背上有大枝组。

2. 整形修剪的时期和作用

西府海棠修剪以休眠期修剪为主,以生长期修剪为辅。休眠季修剪应在严寒以后,春季树液流动前为宜。主要是培养骨架和花枝组,使枝条充实,同时要剪除扰乱树形、影响美观的枝条,使树木健康而整洁地生长。生长期修剪主要是花后复剪工作和夏季摘心促分枝。通过修剪可以减少无效生长,节省养分;可以改善光照条件,利于枝条充实和花芽分化。进行合理及时的生长期修剪,对西府海棠优美姿态的及早形成起着决定性的作用[6]。

3. 整形修剪的方法

西府海棠修剪时要考虑到观赏效果和观赏面。树体修剪首先去除无用枝(枯死枝、病虫枝、伤残枝、过密枝等),然后进行骨干枝的培养,找到各主枝的枝头进行短截。如果主枝延长枝过长,要及时回缩。如果主枝很弱,可以在主枝上选出旺盛的、斜向上的分枝代替原枝头,并对新枝头进行适当短截。根据各枝头的生长势进行调整(即平衡树势)。主枝一定要高出其他枝,而且要留得长。用同样的方法修剪侧枝,做相应的短截和回缩修剪。由于要维持各枝的主从关系,所以侧枝的粗细、长短都不能超过所属的主枝。

(1)休眠期修剪方法措施

休眠期的修剪措施是按树体整形方式要求,确定树体的骨干枝,明确各主枝和各级侧枝的从属关系,以短截为主,通过抑强扶弱的方法,使枝势互相平衡。当主枝延伸过长时,要及时回缩,选合适的分枝代替原枝头,进行短截。根据空间大小安排大、中、小型各类枝组,长花枝多留,发育中等的长枝开花最好,应保留8—12个花芽短截,中花枝留5—6个芽,短花枝3—4个芽,剪口芽留叶芽,注意芽向,根据枝条之间的间距,一般留外芽、侧芽,花束状枝不短截。同时要疏除交叉枝、重叠枝、病枯枝、伤残枝、细弱枝及不必要的徒长枝(图二)。

图二　颐和园玉澜堂西府海棠冬剪后造型

（2）生长期修剪方法措施

西府海棠的夏季修剪常使用抹芽、除萌、摘心等技术手段。

抹芽、除萌及时抹掉树冠内膛的徒长芽、骨干枝上的背上芽、剪口下的竞争芽以及花后枝条卜部的芽；对幼嫩双梢"去一留一"、幼树除强梢留弱梢。通过这种方法可以减少无用的新芽、梢，节省养分，改善光照，尽可能减少冬剪时因疏枝而造成伤口的数量[6]。

摘心即折除枝条顶端的一小段嫩枝。通过摘心，可以控制枝条的加长生长，促使枝条下部形成较饱满的花芽。在新梢生长前期，摘心还可以促使早萌发副梢，这样的副梢可以分化较饱满的花芽（图三）。

三 西府海棠的病虫害治理

西府海棠的病虫害常发于春夏两季，作为园内主要观花树种之一，它的病虫害治理既是重点，又必须与其他养护管理措施相辅相成。加强水肥管理，提高树体抗性；做好修剪防寒，注意伤口保护；加强病虫测报，实施精准防治，颐和园逐渐形成了针对西府海棠病虫害切实可行的生态治理方案[2]。

1.病害

颐和园西府海棠常见病害有海棠腐烂病和苹桧锈病。

（1）海棠腐烂病
病原为苹果黑腐皮壳菌。学名为 Valsa-

图三　颐和园永寿斋西府海棠夏剪后造型

ceratosperma (Tode et Fr.) Maire，异名
Valsa mali Miyabe et Yamada；无性阶段为
Cytospora sacculus (Schwein.) Gvrtischvili。
病症：早春气温回升，扩展加快，海棠病部
树皮从正常的灰绿色变为红褐色，略隆起，
水渍状，稍具弹性，后皮层腐烂，渗出红褐
色黏液，湿腐状。腐烂病多发生在主干、主
枝和杈桠部位、剪锯口和干桩、枯橛基部、
粗枝树皮上的隐芽周围，树皮上的冻伤、日
灼伤和机械伤等干死皮周围。

生态治理：第一，起关键作用的是加强
水肥管理：增强树体在各个龄期的抗病能力；
第二，结合修剪，改善通风透光条件，降低
树冠内空气相对湿度，减少枝干树皮的结水
时间，降低病菌孢子的发芽率和侵染数量；
第三，生物防治：（1）有益微生物及代谢产
物：利用促生防病有益内生芽孢杆菌，通过
竞争占位、拮抗病菌、诱导植物抗性等生防
机制达到调控病害提高树势的目的；（2）植
物源药剂，如腐必清（松焦油）由红松根干
馏提炼而成，渗透性强，对树干上的腐烂病
有较强的预防和铲除作用，小檗碱、苦参碱、
烟碱等生物碱是中草药中重要的有效成分之
一，已经尝试应用于腐烂病的防治（图四）。

（2）苹桧锈病

病原为山田胶锈菌（Gymnosporangium
yamadai Miyabe）。病症：转主寄生。菌丝
在桧柏的菌瘿中越冬，菌瘿着生在桧柏小枝
的一侧或包围小枝呈球形，春季开裂，冬孢
子角萌发，遇雨后膨大成鲜黄色的"胶花"，
冬孢子萌发产生小孢子侵染海棠叶片，病斑
黄褐色，边缘红色，中间有小黄点（后变黑
色）即性子器，内有性孢子，其借分泌的黏
液，由昆虫传带到异性的受精丝上，形成双
核菌丝向叶背发展，叶组织加厚。秋季病斑
上长出锈子器（黄褐色胡须状物），产生大量
锈孢子，又飞回桧柏上，侵染桧柏形成菌瘿。

生态治理：第一，改善植物配置，新规
划绿地，苹果属植物与桧柏的栽植间距要在
5千米以上；第二，化学防治，由于颐和园

图四　海棠腐烂病

内桧柏多而苹果属植物少，故要阻断此病传
播，应以西府海棠为重点施药对象。一般年
份的春季，旬平均气温8.2℃—8.3℃以上，
日平均气温10.6℃—11.6℃，西府海棠叶
芽完全展开。此时，春雨即是防治的信号，
凡遇4毫米以上的降雨，就要于雨停后及时
喷施粉锈宁类药剂进行防治，直至平均气温
上升至16℃—17.1℃，约为5月中旬之后，
才可停止施药（图五）。

图五　苹桧锈病

2. 虫害

颐和园西府海棠常见虫害有绣线菊蚜、黄刺蛾等。

（1）绣线菊蚜 Aphis spiraecola Patch

绣线菊蚜属于刺吸类害虫，半翅目蚜科，颐和园一年发生10余代，以卵在寄主枝梢的皮缝、芽苞旁越冬。翌年3月芽萌动时即已孵化，初孵若蚜为害隐蔽，后又繁殖

迅速、扩散蔓延，故相对于其他蚜科害虫，此种较为顽固难防。4月下旬至6月上旬是为害盛期。

生态治理：保护天敌，如异色瓢虫、食蚜蝇、草蛉、蚜茧蜂、蚜小蜂等；药剂防治必须掌握好时机，于春季越冬卵刚孵化和秋季蚜虫产卵前各喷施一次10%吡虫啉可湿性粉剂2000倍液防治；冬季或早春寄主植物发芽前喷施石硫合剂等矿物性杀虫剂，杀死越冬卵；为害盛期结合修剪去除带虫嫩梢（图六）。

（2）黄刺蛾 Cnidocampa flavescens (Walker)

黄刺蛾是食叶类害虫，鳞翅目刺蛾科，颐和园一年1—2代，以老熟幼虫在枝杈等处结茧越冬，茧极似雀蛋，古书上的"雀瓮"即为黄刺蛾的茧。翌年5—6月份化蛹，6—8月出现成虫。

生态治理：冬季人工摘除越冬虫茧；灯光诱杀成虫；幼虫发生初期喷洒20%除虫

图六　绣线菊蚜

脲悬浮剂7000倍液、Bt乳油500倍或25％高渗氧苯威可湿性粉剂300倍液；保护和利用天敌，如刺蛾广肩小蜂、上海青峰、刺蛾紫姬蜂、爪哇刺蛾姬蜂、健壮刺蛾寄蝇和一种绒茧蜂。其中刺蛾广肩小蜂和上海青峰可互相重寄生（图七）。

图七　黄刺蛾

四　西府海棠的冬季防寒处理

北京冬天气温低，比较寒冷，为避免极端天气对西府海棠造成冻害，每年冬季对西府海棠要采取防寒处理，一般分为树干防护和浇封冻水两种方法。

1.树干防护

常用物品：草绳子。使用时间：11月10—30日。操作方法：树干基部外缠草绳子至分枝点或地面以上50—80厘米。操作要点：草绳子与树干紧贴，之后再把干基部的草绳子用土培好。

2.浇封冻水

时间：在表层土壤早冻午融是最佳时

图八　颐和园西府海棠盛开状态

机，一般在12月份大雪至冬至，但因颐和园喷灌系统在室外平均温度达到0摄氏度时就已关闭，所以一般浇封冻水会在洒水之前完成。作用：浇好封冻水，在秋缺雨、冬少雪的年份，能促使基肥的腐烂分解，有利于新根发生和根系吸收营养元素在植物体内的同化作用；保持土壤水分充足，防止越冬旱冻危害；控制地表温度变化，使地表昼夜温差减少，避免寒害对植物根系的危害。

综上所述，西府海棠的精细化养护是一个有机的整体，需要综合考虑水肥管理、整形修剪、病虫害防治、防寒措施等各方面。此外，作为管理者，还务必要在日常工作中随时观察植株周围生长环境的变化，记录气象条件及人类活动对植株的影响，对于植株长势强弱的变化及其在园林整体中所起的作用，要做到心中有数（图八）。

参考文献

［1］俞美霞：《花叶海棠种植技术研究》，《种子科技》2019年第6期。

［2］晶和：《海棠类栽培技术及其在园林设计中的应用分析》，《现代园艺》2017年第22期。

［3］闵宪梅：《海棠栽培技术及其在园林设计中的应用分析》，《现代园艺》2019年第7期

［4］张涛：《园林树木栽培与修剪》，北京：中国农业出版社，2003年。

［5］胡长龙：《观赏花木整形修剪手册》，上海：上海科学技术出版社，2005年。

［6］应学影：《园林树木学（华南本）》，广州：华南理工大学出版社，2002年。

［7］北京市颐和园管理处：《颐和园园林有害生物测报与生态治理》，北京：中国农业科学技术出版社，2018年。

5G 消息在景区的创新应用

——以颐和园为例

柏恩娟　武剑轩　许　达

摘　要：颐和园在全国5A景区中率先应用5G消息，将5G消息、景区管理服务以及智慧旅游相融合，打造5G消息＋智慧文旅新生态。颐和园5G消息应用不仅具有5G消息富媒体的所有优势，且与颐和园微信预约购票平台融合，形成联动，实现向特定目标人群发送5G消息，做到精准服务。

关键词：富媒体；5G；CSP平台；接口

2020年4月中国电信、中国移动、中国联通共同发布《5G消息白皮书》，在白皮书中首次定义了"5G消息"，自此5G消息业务就备受关注。目前三家电信运营商陆续宣布启动5G消息试商用或商用，标志着我国5G消息已经从设计建设期发展到商用准备期。在2021年合作伙伴大会上，中国联通发布了5G消息智信起航计划，上线5G消息冬奥应用，并明确5G消息是联通"大应用"战略的重点工程。2020年北京发布《北京市加快新型基础设施建设行动方案（2020－2022年）》，提出加快5G与应用服务平台、数据共享服务平台建设，推动5G+VR/AR、5G+直播等系列应用场景建设，丰富"5G+"垂直行业应用场景，率先开展智慧城市、超高清视频等5G典型场景的示范应用，并向民生服务、先进制造、城市管理延伸，实现5G行业应用引领。2021年7月，国家十部门联合发布《5G应用"扬帆"行动计划（2021－2023年）》的通知，提出大力推动5G全面协同发展，深入推进5G赋能千行百业，促进形成"需求牵引供给，供给创造需求"的高水平发展模式。

为进一步提升公园服务管理水平，加快5G智慧公园建设步伐，更好地服务游客，实现多元化服务方式、精细化管理、智慧化运营，颐和园率先启动5G消息应用场景建设，将5G消息与景区管理服务、智慧旅游相融合，打造新型消费方式，创新主动服务模式，努力打造5G消息＋智慧游园新生态。

一　颐和园5G消息服务内容

颐和园5G消息应用包括两大项内容：CSP平台服务、颐和园5G消息定制菜单及消息模板。

1.CSP平台服务

CSP平台服务包括首页、资源库、消息中心、会话服务、数字消息、通讯录、企业管理、数据统计等八大功能。首页显示Chatbot名称、数量、会话次数、5G消息剩余条数以及当天发送消息的数量趋势图；资源库中最主要的是素材中心，可实现图片、视频、音频、文件的上传、下载、保存等，5G消息菜单中的内容均来自素材中心，5G消息内容之所以便于完善、更新和优化，皆是因为有素材中心的存在，素材中心就类似整个系统的数据中心。

消息中心是整个平台的核心,包括消息模板、群发、发送任务、发送明细等功能,其中消息模板是5G消息中应用的多卡片和单卡片;群发消息实现给特定的手机号、通信录发送5G消息;发送任务实现指定日期发送消息的查询;发送明细实现指定日期发送信息的具体属性查询,包括发送时间、手机号、发送模板、运营商、状态码发送状态等。

会话服务中最重要的就是实现了用户与Chatbot会话的记录。而数字消息功能主要是为解决目前许多终端不支持5G消息接收专门开发设计,当用户手机终端不支持5G消息接收时,5G消息按照程序设计回落为数字信息以确保所有型号手机终端可接收。

2.颐和园5G消息定制菜单及消息模板

颐和园5G消息定制消息菜单共两级,一级菜单有任你购、愿你游、随你享3个版块(图一~三),每个一级菜单最多可开发5个二级菜单。其中任你购下包括颐和文创、游船信息、颐和餐饮、票务信息4个二级菜单,愿你游下包含游览时间、展览展陈、游园动态、颐和科普、园说Ⅳ 5个二级菜单,随你享下包含颐和风景、虚拟颐和、调查问卷、颐和出版4个二级菜单。

在颐和园5G消息的颐和文创、票务信息卜可以实现购买文创、提前预约订票的功能(图四、五)。

在颐和园5G消息的颐和餐饮、展览展陈两个菜单下可以实现听鹂馆、颐和园博物馆、苏州街、佛香阁、德和园、耕织图、益寿堂等7个特色地点的介绍和定位导航(图六、七)。

二 颐和园5G消息的创新应用

为解决景区服务方式雷同、主动服务难、经营方式传统的服务及经营痛点,颐和园借助5G消息为入园的游客主动提供游园便捷服务,实现消息即服务,消息即平台。颐和园5G消息主要有以下创新应用。

首先,颐和园是北京市乃至全国首个将5G消息应用于游客服务的景区。颐和园5G消息将颐和园公众号中的颐和科普模块

图一 任你购

图二 愿你游

图三 随你享

迁移到5G消息中，为颐和科普增加流量和客户关注度。同时首次将颐和园景点或古建的3D建模通过5G消息一级菜单"随你享"中的"虚拟颐和"展示给游客，将3D建模数据这一科研成果转化到为游客服务中去。

其次，通过接口打通微信预约购票与5G消息两个平台，实现两个平台间数据交互，做到精准服务，有的放矢。通过代码实现对微信预约购票且已通过身份证验票入园

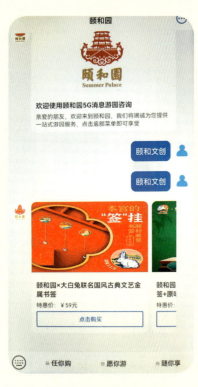

四	五
六	七

图四　颐和文创

图五　票务信息

图六　颐和餐饮

图七　展览展陈

的游客的手机号码这一单一数据采集，微信预约购票平台将采集到的手机号码按照验票时间排序每5分钟向5G消息后台自动发送符合条件的入园手机号码。5G消息后台接收到连接请求后，实现实时向接收到的手机号码发送5G消息。

再次，颐和园5G消息聚焦线上资源。颐和园5G消息不仅将单纯的信息转换为多维的用户服务界面，还将游客比较关心的购票、餐饮、游船、展览展陈、动态、导览等功能体现在短信界面上，并由原来常见的下拉式设计改为左右滑动的卡片菜单，在游客操作习惯与应用体验上进行了创新。另外也实现了对购票平台、微信公众号、颐和园APP及调查问卷H5页面的自由跳转，为游客提供服务的无缝衔接。

最后，颐和园5G消息创新了服务方式和经营模式，打造了5G智慧公园标准和标杆名片。传统的景区服务方式主要为线下人工，线上微博、微信和网站三种，5G消息无疑是一种全新的线上服务方式，并且实现了服务由被动转为主动。另外转变了经营模式，为年轻消费者提供了一种全新的消费模式，满足其消费需求，同时也促进了景区的二次或多次消费。更为重要的是5G消息应用的实施成本低，应用广，极具复制推广性，对提升景区品牌可信度，扩大颐和园LOGO影响力，带动周边地区整体商业升值都具有积极作用。

三　结语

目前《5G消息业务显示规范》《Chatbot名称规范》《双卡5G消息终端技术规范》三项5G消息团体标准已经正式发布，这将有利于协同规范5G消息产业链，推动5G消息新业态、新模式发展。

值得一提的是在进入第五届"绽放杯"5G应用征集大赛5G消息专题赛道技术能力方向复决赛的项目中可以看出，5G消息技术已具备解决安全认证、搜索、支付、应急预警通知、微信公众号一键迁移等能力。未来随着国家政策支持、5G消息标准的不断完善，以及社会各行业对5G消息的精细化需求和广泛应用，5G消息的应用必将会迎来新一轮突破和发展。

参考文献

[1] 程婧、徐才：《5G消息，信息传播的下一个风口》，《中国记者》，2021年第2期。

[2] 胡悦：《日本运营商布局RCS消息业务策略分析与启发》，《邮电设计技术》，2020年第11期。

[3] 中国电信、中国移动、中国联通：《5G消息白皮书》，2020年。

[4] 马亮、梁志：《国内运营商基于RCS技术的5G消息发展策略》，《通信设计与应用》，2021年第6期。

戴泽先生笔下的颐和流光

郑石如

戴泽先生是新中国美术历史中卓有贡献的耕耘者，是徐悲鸿先生艺术理想的实践者，更是中国现代美术教育事业的奠基者（图一）。亲历中国社会百年的沧桑巨变，肩负发扬写实主义精神的艺术使命，种种境遇与选择为戴泽先生的艺术人生与学术建树罩染上了一层宏阔的史诗背景与时代印痕，也为我们进一步梳理与研究戴泽先生艺术时自然而然地超越个案视野，在同历史语境的互动中得以开辟出多维度的思考与叙事空间。

为庆贺戴泽先生百岁诞辰，由北京市颐和园管理处主办，北京皇家园林书画研究会、戴泽艺术工作室、戴泽艺术基金联合承办的"期颐春和 —— 戴泽先生颐和园主题艺术特展"在颐和园德和园拉开帷幕。

图一　戴泽先生

一　因缘际会下的相遇

戴泽先生1922年3月出生于日本京都本愿寺。1942年考入国立中央大学艺术系，师从徐悲鸿、傅抱石、谢稚柳、黄显之、秦宣夫、吕斯百、陈之佛等先生。1946年任国立北平艺术专科学校（中央美术学院前身）校长徐悲鸿先生的助教、讲师。1949年协助徐悲鸿等人建立中央美术学院，此后于美术学院长期从事美术教育工作，为中国美术事业培养了大批人才，著名者有靳尚谊、姚钟华、孙为民、王沂东、龙力游等。

从1942年考入中央大学艺术系至2016年封笔，戴泽先生以艺术傍身七十四载，其创作成果数量之丰富、探索方向之多元、艺术思想之深刻、与历史语境关联之密切，在20世纪中国现代美术史中也是极为少见的。因此，对戴泽先生的梳理与评价需要建立在坚固的历史研究与学术解读的基础上。然而，从作品本身来看，其整体偏于写实的画风，以及对自然之美的直呈、对个体精神的颂扬又让他的画作能够跳出重重晦涩的认知壁垒，让观者直接感受到作品背后的所思所想。

此次展览以一件尺幅巨大的油画作品《慈禧画像》为中心。1979年，戴泽先生因《慈禧画像》的临摹复制工作暂居颐和园益寿堂，他也因此找到了一个能够安放心灵、抚慰精神的园地。

《慈禧画像》原件是1905年荷兰画家胡博·华士为慈禧皇太后绘制的油画像，画中慈禧端坐宝座，着金色寿字袍服，颈间围着寿字嵌珠花巾，头戴玉蝴蝶，耳饰珠坠，手持牡丹富贵团扇，指戴金护指。胡博·华士在作画时反复提醒自己皇太后本人并不喜欢脸上有过多的阴影，但肖像油画对光影的表现又是强化画面真实感的重要手段，因此他主动削弱了人物面部的阴影，而将人物的珠宝服饰以及周围的花卉静物部分描绘得尤为翔实，同时以几乎完全左右对称的构图来表现对象的威严感与象征性。据画家自陈："虽然我不得不避开阴影和线条，但我成功地画了一张三十岁左右的、沉静平和的、威严的面孔，人们仍然可以从这张面孔上看到与她的坚强个性非常吻合的东西。"[1]不难想见，这件肖像画作品背后的政治寓意与形象考量无不构成了远超作品本身的历史价值。

在园史档案中记录：慈禧油画1933年汇同故宫文物南迁至南京，1949年北返。在动荡岁月中，画像受潮泛黄，画布松弛，多处有皱褶纹，亟待修复。1979年初，颐和园管

理处耿刘同同志到中央美院请人修复这幅画像。时任院长艾中信想到戴泽先生曾修复过徐悲鸿的《徯我后》，便派他去完成这一工作。经过现场考察并考虑到修复的难度，戴泽先生向颐和园提出可以复制一张等大作品供展出使用。原画小心保存，以防因继续展出使画面损伤情况加剧恶化。园方经过讨论通过了复制方案。经过三个月时间的努力，戴泽先生终于完成了此幅作品（图二、三）。

2007年，由荷兰国家顶级的油画修复专家携专门设备来到颐和园修复了慈禧画像原作，当时戴泽先生的临摹作品成为修复原作的一项重要参考资料。修复完好的慈禧画

图二　1979年戴泽临摹《慈禧油画像》时的留影

图三　1979年戴泽临摹《慈禧油画像》时在益寿堂门口的合影

像作为珍贵的历史鉴证与重要文物被精心保护。观众们日常参观到的慈禧画像仍为戴泽先生的临摹作品。

在颐和园开展临摹工作的三个月中，戴泽先生于颐和园各处支起画架，取景写生。园区内处处皆景、帧帧入画的环境也为他提供了管窥自然不可多得的绝佳样本，营造出自由创造的艺术天地。这些写生作品以轻松写意的笔触、跃动绚烂的色彩、自然天成的明媚之光、中西媒介的无碍转换与大胆试验，投射出画者游于艺、乐于心的精神状态（图四）。

二 四季流光中的观审

此次展览以颐和园主题写生勾勒戴泽先生艺术的观审之界，以古建、风景写生为展陈主体，汇集其笔下充满暖意与生趣的颐和园四季景致。展览以颐和园四季景观为主题，略分"颐和冬趣""春和景明""荷塘夏影""秋境古桥"四个板块，借此凸显戴

泽先生艺术作品中至关重要的品读线索：时间。展览呈现了戴泽先生的部分精彩的花卉写生，辅以与展览主题、艺术家创作或生活相关的文献与历史图像，共同实现对戴泽先生新时期以来写生作品的梳理与赏读。

展览中最早的作品是创作于1946年的戴泽先生《自画像》，亦是展厅中的开篇之作。戴泽先生在其艺术生涯中画过许多自画像，展出的这件应是其最早的一件自画像作品。先生在回忆其求学期间的重要作品中，也明确提到了这件作品，足见对这件作品的重视程度。自画像是画家的自审之作，如伦勃朗画出对自我的怀疑，凡·高画自我的矛盾与悲怆，丢勒画出他的孤高与孤傲。而戴泽先生在这件作品中也画出了超出写实的深省意味。另一个值得关注的部分，是其创作时间之早，足以体现戴泽先生在绘画上早熟的才能与艺术天分，体现了戴泽先生在20世纪40年代已具备的写实能力与结构把握能力（图五）。

展览中以颐和园景为主题的写生作品

图四 戴泽《佛香阁》 布面油画 39.5厘米×59.5厘米 1999年

图五　戴泽《自画像》　纸本水彩　28.5厘米×18.5厘米　1946年

大多集中创作于戴泽先生暂居颐和园益寿堂的1979年。代表性的作品如《颐和园冬日晨曦》《颐和园半璧桥》《颐和园豳风桥》《颐和园后山的雪》《邀月门古玉兰》等，此后相关主题的作品从20世纪80年代开始不断涌现，在戴泽先生的写生创作序列中极为凸显，也能够间接反映出他对颐和园景的热爱与留恋（图六）。

　　如果说对时间的体会是观者进入戴泽先生视觉世界的一把钥匙，那么《颐和园冬日晨曦》则通过"冬日"与"晨曦"标定了作画时更加丰富的视觉感受，让观者体会到画家对颐和园景不同自然韵味的敏锐捕捉。画面中，清晨的雾霭为整个画幅罩上了整体的模糊效果，而升起的朝阳又让湖光山色在清冷中平添了难得的暖意。宁静、温暖的画境相信是戴泽先生动意描摹的灵光。在构图上，画家将大部分的空间留给了冰面和远景，初见看似乎是缺乏主体的一件平面化的作品，但如果我们能够仔细观察则不难发现，画家在这件作品中用多个层面一步一步

图六　戴泽《邀月门古玉兰》　纸本油画　41.5厘米×61.5厘米　1979年

地打开了画面的空间与深度：第一层是前景中的湖岸与寒风中的枯草，第二层是占画面一半区域的冻结的湖面，第三层是以冷暖亮色块面描绘的码头建筑与游船，第四层是昆明湖上著名的石舫，第五层是"听鹂馆""画中游"建筑群，第六层是远景晨光中熠熠生辉的佛香阁与众香界。不同层面的叠压以及色彩的变化让空间扩展令人信服，而这种微妙的光色变化借助极其薄透的油彩则真实地反映出戴泽先生在调色用色时令人叹服的深厚功力（图七）。

同样作于1979年的《颐和园半壁桥》表现了颐和园寂寥而安静的秋日场景。与冬日湖景的开阔式构图不同，半壁桥是一件几乎满构图的作品。前景的枝叶落尽的树木是表现秋日场景的重要意象，中景的半壁石桥和远景葱茏的树林层层叠叠地挤入眼前，令左右两棵老树的形象反而显得更为独特。戴泽先生用速度极快的笔触去表现没有被树叶遮挡的枝干线条，它们干枯但有力的形象不仅

象征生命的顽强，也预示着春暖之际再一次的枝繁叶茂与活力迸发。光与影的表现在这件作品中同样被得到强调，石桥上的阴影，以一种非常写意的方式描绘出来。用蓝绿色表现的光影亦非常具有印象派之后的那种松弛、跳动的光色表现方式（图七）。

展厅中最晚近的作品是戴泽先生于2014年创作的国画《颐和之春》。该作品描绘了画家从知春岛眺望排云殿、佛香阁的场景，也是统揽颐和园万寿山、昆明湖、佛香阁建筑群的最佳观景地之一。画中迎风抽枝的柳树生机勃勃，岛上或休憩、或观景，或拍照留念的游客尽入画中。尽管此时的戴泽先生因为手指颤抖已经难以顺畅地画出细长、均匀的墨线，但对颐和春景的欢喜之情仍然能够透过画面而引人共鸣。如今，画中那株羸弱的小柳树，而今已长得粗壮繁盛。正如画家曾经说过"最美的画，应该是画在时间之上的，时间会给出一切作品答案"（图八）。

图七　戴泽《颐和园冬日晨暖》　纸本油画　37.5厘米×51.5厘米　1979年

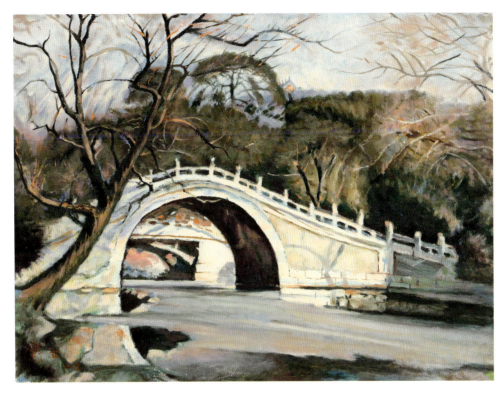

图七　戴泽《颐和园半璧桥》　布面油画　41厘米×55厘米　2002年

图八　戴泽《颐和之春》　纸本彩墨　69厘米×71厘米　2014年

戴泽先生笔下的颐和流光

三　画中之景与景中之画

如果说，中国古典园林之美在于建筑美与自然美的融合，那么将戴泽先生颐和园主题的写生置于原景之中，似乎是这批作品最恰切的展陈之所。

对于观者而言，跨入展厅，着眼的园景便归于形色，行于园中，历史的场景被拉入现场。画中世界与现实场域的连通，意为观者提供一个游、赏、思、语的艺术空间。而对于主体而言，这批作品的产生则更接近画家自我沉浸的切身状态，以上述的《颐和园冬日晨曦》《颐和园半璧桥》等作品为案例，我们可以从视觉性的语言中体会甚至体验画家彼时彼地的心境与感受。以此为前提，戴泽先生对颐和四季景致的观看亦是对自我的观看，更是我们能够借助这些作品自观与想象的基石。学者成中英曾指出："'观'是一个无穷丰富的概念，不能将它等同于任何单一的观察活动……""观"是视觉的，但我们可以把"观"看作是看、听、触、尝、闻、情感等所有感觉的自然统一体。"观"是一种普遍的、沉思的、创造性的观察[2]。倘若我们能够从中国哲学有关"观"的概念延伸而至此次展览，那么画中之景与景中之画的展览理念似乎能为我们提供一种"观"画的新的维度。

有别于戴泽先生更为人所熟知的《和平签名》《义和团廊坊大捷》《农民小组会》等带有鲜明时代气息的鸿篇巨制，此次展览推出的作品更加切近戴泽先生个人化的视觉呈现，饱含着他对自然的歌咏、对生活的珍重和对岁月的咀嚼。统揽这些作品，我们不难看出一些普遍的特征：一是对空间与画面纵深的表现；二是对选景视角的斟酌、对画面构图上的精巧安排；三是对具体在创作上技术问题的解决、对不同艺术语言的试验。如对不同光线下物色变化的捕捉、对建筑或花卉立体感的表现、对写实与写意的关系把握、对中西绘画技法的相互借用与试练等；四是对自我情感、观念、思想的投射与隐性表达（图一〇）。

诚然，对戴泽先生的艺术研究尚有诸

图一〇　戴泽《白玉兰》　纸本彩墨　29厘米×47厘米　1960年

图一一 戴泽《颐和园幽风桥》 纸本彩墨 34厘米×70厘米 1979年

多空间等待挖掘与梳理，而颐和园的历史与人文价值，以及对它的艺术转化与利用更孕育着无限的可能。丰富的历史信息与艺术灵光都让笔者在观看与解读戴先生的作品时常常自觉难尽其意。然而，我们也总能从戴泽先生的一句话中找到力量，即"相信你的眼睛"。直观地欣赏他的作品，直觉地去体会他所呈现的艺术与生活之真、之美，或许是我们进入戴泽先生精神世界的最重要的一把钥匙（图一一）。

注 释

［1］北京市颐和园管理处：《胡博·华士绘慈禧油画像：历史与修复》第27页，北京：文物出版社，2010年。

［2］（美）成中英：《易学本体论》第80～90页，北京：北京大学出版社，2006年。

西昆明池映瓮山阿，秋月春花阅几多究

启功在颐和园休养时

唐 润

启功（1912—2005年），字元白，北京人，满族。启功先生是我国著名的教育家、国学大师、古典文献家、书画家、文物鉴定家、诗词家，曾任中国人民政治协商会议全国委员会第五届委员，第六、七、八、九、十届常务委员，"九三"学社中央委员会顾问，中央文史研究馆馆长，国家文物鉴定委员会主任委员，中国书法家协会名誉主席，北京师范大学教授。

启功先生是我们这个时代杰出的学术大师、文化伟人，是一位成就卓著的学者，他留给我们的是高入云霄的道德丰碑。他的学术论著、书画创作、诗词题跋，是记载着一位教育家、国学与艺术大师的心路历程的丰碑，是蕴藏着取之不尽、用之不竭的文化财富的博物馆。

启功先生生前酷爱诗词，他不仅给学生讲授唐宋诗词，并且勤于笔耕，创作了六百余首脍炙人口的诗词作品，有题赠、记事、写景、咏史、忆旧、自嘲，以及论诗、论词、论人题画等，都明白晓畅，生动活泼，幽默深邃，真挚感人，这缘于他奉行着"我手写我口，我口道我心"的宗旨，是心声的自然流露，是写出来的，而不是"作"出来的。在其用心抒写出来的六百余首的诗词里，其中有十二首是写于颐和园，并有十首是抒写颐和园风景和赞美颐和园的。

1979年盛夏，启功先生到颐和园藻鉴堂小住数日。他在《藻鉴堂即事十二首》小序中谈道："颐和园西南角有藻鉴堂，前有石凿方池，殆堂所由名也。堂构已拆，改建小楼，妖姬曾踞之，蹄远可辨。今改招待所。1979年酷暑，余借数日，苦蚊不寝，口占短咏。"（图一）

启功先生是清世宗雍正九世孙，可谓清室皇裔（但他从不与人谈起家世），他是对这座皇家园林自然熟知和怀有深厚感情的。因此，他不惜笔墨，为之赞叹。这十二首诗大体有三部分内容。

首先，抒写了颐和园的由来，赞其美

图一　藻鉴堂岛

丽的湖光山色和亭台楼阁，可从启功先生的第一、二、三、四、五首诗中反映出来。

如：

（一）

古刹初题大报恩，忽倾金碧幻名园。

山巅无恙琉璃阁，螺髻仍飘五色云。

此诗主要概括了颐和园的由来和现状。"颐和园"称谓始于光绪十四年（1888年）。它的前身叫"清漪园"，是乾隆十五年（1750年）为其母做寿时，在明代瓮山、西湖的基础上建造成清漪园，将瓮山改称为万寿山，把瓮山泊改称昆明湖，在明圆静寺旧址上建大报恩延寿寺，如诗中所说"古刹初题大报恩，忽倾金碧幻名园"。当年的大报恩延寿寺专为乾隆皇帝母亲做寿用的。此寺规模宏大，金碧辉煌。据乾隆皇帝在御制《万寿山大报恩延寿寺碑记》里说："以瓮山，居昆明湖之阳，加号曰万寿，创建梵宫，命曰大报恩延寿寺。殿宇千楹，浮屠九级，堂无翼如，金碧辉映，燃香灯，函贝叶，以为礼忏祝釐地。"诚如诗中所描写的"山

巅无恙琉璃阁，螺髻仍飘五色云。"可谓美哉！壮哉！（图二）

又如，启功先生对颐和园的美赞道：

（二）

北人惯听江南好，身在湖山未觉奇。

宋玉不知邻女色，隔墙千里望西施。

（三）

人巧天公合最难，匠心千古不容攀。

宜晴宜雨宜朝暮，禁得游人面面观。

启功先生这两首诗是赞美颐和园的，但诗中无有一个"美"字，也没有一句直接描写此园如何如何的美，但仔细地玩味，确实使你感到颐和园的美。先生在诗中运用了隐喻的手法和比喻的技巧婉转地道出名园的美，即用"宋玉不知邻女色，隔墙千里望西施"的典故，阐述和赞颂了颐和园比杭州西湖更美。因为"宜晴宜雨宜朝暮，禁得游人面面观"是匠心独运，将自然景观与人文景观巧妙结合起来，兼有北方山川雄浑的气势

图二　万寿山佛香阁

和江南水乡婉约的风韵，又兼蓄自古帝王之宫室的富丽堂皇，以及民间宅居的精细巧妙与宗教寺庙的庄严肃穆，既气象万千，又协调和谐，浑然一体，成为中国园林艺术的瑰宝。总之，它是自然风光和人文景观结合得最好的皇家园林，它不但具有王者的霸气、大气和豪气，又有着江南景色的灵秀、婉约和妩媚（图三）。

那么，这么美的园林北人为什么没有感觉到呢？这是因为"北人惯听江南好，身

图三　西堤之夏

在湖山未觉奇"或曰"不识庐山真面目，只缘身在此山中"的缘故吧！

在启功先生第四、五首诗中，对颐和园的具体景点进行了描绘与歌颂。如：

（四）

昆明池映瓮山阿，秋月春花阅几多。
今日午晴逢我倦，松风无语水无波。

（五）

佛香高阁暮云稠，雨后遥青入小楼。
咫尺昆明无路到，真成廷尉望山头。

夏日七月时节，颐和园虽然较外边凉爽，但也很热，风平浪静。湖水映照万寿山的倒影；皎洁的秋月和春天百花盛开的情景已不复存在；碧波荡漾以及松涛阵阵的情形亦消失了，而变成了"松风无语水不波"了，闷热催人午睡、倦怠，就是那金碧辉煌、高耸入云的佛香阁在暮云遍布的天底下，也处在朦胧中，失去了夺目的光彩和威严，只有雨后才露出真面貌，楼台亭阁才清晰宜人。上述分析，表面看来好像流露出作者的失意

与不快的心情，其实深入斟酌、玩味，则可格外感到启功先生在写诗时善于用曲笔迂回的技巧，表达他的诗意。譬如把"昆明池映瓮山阿，秋月春花阅几多""佛香高阁暮云稠，雨后遥青入小楼"这四句诗联起来看，犹似一幅夏日的水墨画，有一种朦胧之美、雨后岚山之概。所以，我说这仍是启功先生对颐和园的点赞（图四）。

其次，再让我们看一看启功先生对其借寓之地藻鉴堂的描写和表达的感慨吧。这部分的内容集中体现于他的第六、七、八、九四首诗中。

（六）

旧凿方池迹已荒，新城琼宇树千章。
凋零帷薄依稀在，过客犹窥武媚娘。

（七）

满池秋水纳秋晴，石槛临流韵倍清。
暂豁双眸贪远眺，偏聋左耳任蛙声。

藻鉴堂始建于清乾隆十八年（1753年）。此建筑群位于西堤以西的外湖南面

图四　烟云入画

小岛上，由五开间堂组成，建筑前后出抱厦，匾曰"烟云舒卷"。建筑造型最为独特的是正殿两侧（堂两侧）用游廊各连接一条宽2.5米、长约百米，有20多间游廊组成的长廊，长廊的两端向南探入湖中，各自连接一座七米见方的重檐观景亭。堂前有月台状的钓鱼台，三面装饰栏杆，台下建有一个长方形的水池，池边环砌石栏，池中养鱼，供主人在台上垂钓。1860年，藻鉴堂被英法联军破坏，1891年，又复建了一些建筑，并修建了码头和酪膳房（图五）。光绪二十八年（1902年）后，藻鉴堂成为慈禧太后经常在此宴请外国使臣及其夫人们的媚洋场所。清朝灭亡后，此堂荒废。到1937年，其所有建筑被毁掉拆除。《北京志·颐和园志》记：至今，藻鉴堂存遗址，大部分

建筑未复建。此外，在藻鉴堂遗址上新建民族形式的一栋二层小楼，添筑由藻鉴堂岛至湖西岸的堤岸一条。它与南湖岛、治镜阁岛象征皇家园林造园中的海上仙山。这正如诗中所言的情景："旧凿方池迹已荒，新城邃宇树千章""满池秋水纳秋晴，石栏临流韵倍清。"为此，惹得启功先生"暂豁双眸贪远眺，偏聋左耳任蛙鸣。"由此，也引起启功先生抒发出其他几首诗，其中第八首诗是：

（八）

石栏点笔坐题诗，天宝年来又一时。
人事不殊风景异，万民今说六军慈。

1979年，是我国改革开放的第二年，举国上下开始了新的长征，神州大地也出

图五　藻鉴堂样式雷图

现欣欣向荣的景象。这时，启功先生重新登上讲坛执教，各种荣誉接踵而来，这怎么不让他欢欣鼓舞呢！于是，他情不自禁地要"石栏点笔坐题诗"。他要歌颂这个巨大变化，唱赞道"天宝年来又一时。人事不殊风景异，万民今说六军慈"。"天宝"年是唐玄宗统治唐朝时兴盛时期，是继唐太宗的"贞观之治"又一个繁荣时期，史称"开元之治"，诗中的"六军慈"系我国古代军队的一种编制，唯天子拥有，后以此泛指朝廷军队。唐代诗人白居易《长恨歌》中有"六军不发无奈何，宛转蛾媚马前死"之句。

启功先生非常幽默，可称幽默大师。他在六十六岁时写的《自撰墓志铭》中，这样写道："中学生，副教授。博不精，专不透。名虽扬，实不够。高不成，低不就。瘫趋左，派曾右。面微圆，皮欠厚。妻已亡，并无后。丧犹新，病照旧。六十六，非不寿。八宝山，渐相凑。计平生，谥曰陋。身与名，一齐臭。"

读后，使人捧腹大笑，或会心一笑，油然赞道：的确幽默，真不愧为大师。但从中体味道这几句打油诗，即使我们看到他的真实思想、真实情况（如学历及当时的职称），又使我们感到他谦虚、乐观，尤其对名与利、生与死的看法，更使人们感触到先生的旷达，令人崇敬钦佩。这种对待生死的态度，还表现他于鉴藻堂抒写的第十一、十二首诗中：

（十一）

病疾缠绵气管炎，今年心脏病新添。
西南一望程堪计，高突浓烟八宝山。

（十二）

一碧长空岂有涯，只身随处尽吾家。
危栏下是西郊路，八宝山头共晚霞。

启功先生在藻鉴堂这风景宜人的地方休养，怎么忽然道出未来的归宿呢？这是因为他的先妻葬于西郊八宝山。想必孤身享受如此舒适的休养，而未能与先妻共处，越发怀念；加上近年多病缠身，可能不久与先妻同穴相见了，故发出感叹。但他并非惧死、哀愁，而是坦然面对，死是每个人必然的归宿，"一碧长空岂有涯，只身随处尽吾家"，说得真好！

2005年6月30日晨，启功先生的心脏停止跳动，驾鹤西归，但遗爱永留人间，其音容笑貌也常常浮现在人们的眼前。

启功先生是一本读不尽的大书，是位大家，在他的墓前树立的碑上这样写道："启功先生是当代国学大师、著名的教育家、书画家、文物鉴赏家。"我想除此之外，还应加上一"家"，即诗词家。

《颐和园》
第十九辑

征稿启事

　　《颐和园》是由颐和园管理处主办的学术交流读物，创始于2002年。本书以深挖颐和园历史文化内涵、弘扬中国优秀传统文化为目标，以传达研究成果、交流学术动态、展示历史文化、提升遗产保护水平为核心内容。以立足名园、面向行业、放眼世界为视角，为研究和热爱颐和园的学者、专业人士提供一个学术交流的平台，特开辟以下十七个栏目：

◆ 视　　点：以简讯的形式总结颐和园及园林行业的大事；

◆ 园史钩沉：清漪园、颐和园时期的史料研究；

◆ 园林艺术：从造园、美学等方面诠释颐和园的造园艺术；

◆ 文物鉴赏：对园藏文物或与颐和园有关联的他处文物的研究、赏析；

◆ 园林建筑：颐和园古建筑的研究、保护与利用；

◆ 人物丛谈：与清漪园、颐和园有关联的古人、今人；

◆ 园林美化：颐和园绿化、美化、植物配置以及相关史料挖掘；

◆ 皇家览胜：颐和园及之外的园林、宫殿的介绍、研究；

◆ 文物保护：现代的文物保护技术及管理手段；

◆ 遗产经营：从保护世界文化遗产的角度理解颐和园的发展；

◆ 公园管理：公园各项管理工作及经验、成果；

◆ 聚焦名园：颐和园专项工程的特别报道；

◆ 规划建设：对颐和园未来建设项目及发展方向的规划性设想、方案；

◆ 文化交流：颐和园在行业内的或与外界的交流活动；

◆ 知识长廊：介绍园林、古建、文物、历史等方面的专业知识；

◆ 名园忆往：曾经工作于颐和园各个岗位的离退休老职工讲述颐和园过去的事情；

◆ 争鸣园地：发表对某一事件及事物不同的看法。

　　文章文体不限，篇幅5000字左右，要求稿件立意新颖、文字流畅、史料翔实。来稿文责自负，对于侵权、抄袭的图文，本书不承担连带责任。

　　来稿可通过电子邮件或邮寄形式发送。来稿要注明详细通讯地址、姓名、电话、单位。稿件由编委会审定通过后，在本书上刊发，按规定支付稿酬，并赠本样书两本。来稿一律不退，请作者自留底稿。

《颐和园》联系方式

地址：海淀区官门前街甲19号颐和园管理处研究室

邮编：100091

电话：62881144—6384

联系人：郜　峰

E-mail：yiheyuanyanjiushi@126.com